REFORMA DO ESTADO E ADMINISTRAÇÃO PÚBLICA GERENCIAL

REFORMA DO ESTADO E ADMINISTRAÇÃO PÚBLICA GERENCIAL

organizadores
Luiz Carlos Bresser Pereira
Peter Spink

7ª edição

ISBN — 85-225-0236-6

Copyright © 2006 Luiz Carlos Bresser Pereira e Peter Kevin Spink

Direitos desta edição reservados à
EDITORA FGV
Rua Jornalista Orlando Dantas, 37
22231-010 — Rio de Janeiro, RJ — Brasil
Tels.: 0800-021-7777 — 21 3799-4427
e-mail: editora@fgv.br — pedidoseditora@fgv.br
web site: www.fgv.br/editora

Impresso no Brasil / *Printed in Brazil*

Todos os direitos reservados. A reprodução não autorizada desta publicação, no todo ou em parte, constitui violação do copyright (Lei nº 9.610/98).

Os conceitos emitidos neste livro são de inteira responsabilidade dos autores.

1ª edição — 1998; 4ª edição — 2001; 5ª edição — 2003; 6ª edição — 2005; 7ª edição — 2006; 1ª e 2ª reimpressões — 2007; 3ª reimpressão — 2008; 4ª reimpressão — 2009; 5ª e 6ª reimpressões — 2010; 7ª e 8ª reimpressões — 2011; 9ª reimpressão — 2012; 10ª reimpressão — 2014; 11ª reimpressão — 2015; 12ª reimpressão — 2017; 13ª reimpressão — 2021.

Tradução dos textos de Adam Przeworski, Donald F. Kettl, William Glade, Peter Spink, Kate Jenkins, Ruth Richardson e Joan Prats i Catalá: Carolina Andrade

Revisão de originais: Maria Lucia Leão Velloso de Magalhães

Revisão: Aleidis de Beltran e Fatima Caroni

Capa: Sergio Filgueiras

Ficha catalográfica elaborada pela
Biblioteca Mario Henrique Simonsen / FGV

Reforma do Estado e administração pública gerencial / Orgs. Luiz Carlos Bresser Pereira e Peter Kevin Spink; tradução Carolina Andrade. — 7. ed. — Rio de Janeiro : Editora FGV, 2006.
316 p.

Inclui bibliografia.

1. Reforma administrativa. 2 Políticas públicas. I. Pereira, Luiz C. Bresser (Luiz Carlos Bresser), 1934-. II. Spink, Peter K. III. Fundação Getulio Vargas.

CDD - 351.0073

Sumário

Apresentação   7

Reforma do Estado   15
Fernando Henrique Cardoso

Gestão do setor público: estratégia e estrutura
para um novo Estado   21
Luiz Carlos Bresser Pereira

Sobre o desenho do Estado: uma perspectiva *agent* x *principal*   39
Adam Przeworski

A revolução global: reforma da administração do setor público   75
Donald F. Kettl

A complementaridade entre a reestruturação
econômica e a reconstrução do Estado na América Latina   123
William Glade

Possibilidades técnicas e imperativos políticos em 70 anos
de reforma administrativa   141
Peter Spink

Os avanços e os dilemas do modelo pós-burocrático:
a reforma da administração pública à luz da experiência
internacional recente   173
Fernando Luiz Abrucio

A reforma do serviço público no Reino Unido   *201*
Kate Jenkins

As reformas no setor público da Nova Zelândia   *215*
Ruth Richardson

Da administração pública burocrática à gerencial   *237*
Luiz Carlos Bresser Pereira

Governabilidade democrática na América Latina
no final do século XX   *271*
Joan Prats i Catalá

Apresentação

Se os anos 80 foram os anos da crise de um Estado que cresceu demasiadamente e foi capturado por interesses particulares, ao mesmo tempo que perdia autonomia relativa em face do processo de globalização da economia mundial, os anos 90 têm sido os anos da reforma do Estado e, particularmente, da reforma da administração pública. À medida que se tornava claro que a proposta neoconservadora ou neoliberal de atribuir ao mercado toda a coordenação da economia e reduzir o Estado ao mínimo não era realista, não correspondendo nem aos anseios da sociedade nem às necessidades das economias nacionais, a questão da reconstrução do Estado e da reforma de seu serviço civil tornou-se central. Este livro reúne uma série de trabalhos sobre o assunto, que partem de uma hipótese básica: configura-se neste final de século um novo marco teórico e uma nova prática para a administração pública — a abordagem "gerencial", que substitui a perspectiva "burocrática" anterior.

A abordagem gerencial, também conhecida como "nova administração pública", parte do reconhecimento de que os Estados democráticos contemporâneos não são simples instrumentos para garantir a propriedade e os contratos, mas formulam e implementam políticas públicas estratégicas para suas respectivas sociedades tanto na área social quanto na científica e tecnológica. E para isso é necessário que o Estado utilize práticas gerenciais modernas, sem perder de vista sua função eminentemente pública. "Gerenciar" difere de "controlar" quase da mesma forma que "fazer acontecer" difere de "evitar que aconteça". Essa perspectiva, desenvolvida na administração das empresas, é também válida para as organizações públicas. Não se trata, porém, da simples importação de modelos idealizados do mundo empresarial, e sim do reconhecimento de que as novas funções do Estado em um mundo globalizado exigem novas competências, novas estratégias administrativas e novas instituições.

Os estudos deste livro foram apresentados originariamente em um seminário realizado em Brasília, em 1996, que teve como anfitrião o Ministério da Administração Federal e Reforma do Estado do Brasil e contou com o apoio das Nações Unidas, do Centro Latino-Americano de Administração para o Desenvolvimento e, principalmente, do Banco Interamericano de Desenvolvimento. O seminário contemplou a troca de experiências e a identificação de tendências na região, comparando-as com outras experiências de reforma recentes, especificamente da Grã-Bretanha e da Nova Zelândia. Ao longo do seminário, outras contribuições foram reconhecidas e incorporadas à discussão, resultando neste livro.

O presidente Fernando Henrique Cardoso abre o livro, assim como abriu o seminário, reconhecendo tanto a necessidade de mudanças no sentido de uma administração gerencial, quanto os desafios que tais mudanças representam. Em seguida, Luiz Carlos Bresser Pereira, ministro da Administração Federal e Reforma do Estado, introduz a temática em debate, apontando para a configuração de um novo tópico: como reconstruir e repensar o Estado no contexto global.

Adam Przeworski, da New York University, e Donald F. Kettl, da University of Wisconsin, discutem os objetivos e dilemas da reforma do Estado. Para Przeworski, a meta da reforma é construir instituições que fortaleçam a capacidade do aparelho estatal de fazer aquilo que deve fazer e o impeçam de fazer aquilo que não deve fazer. Ele argumenta, a partir da perspectiva "principal-agente", que, para um governo ter bom desempenho, sua burocracia precisa ser efetivamente supervisionada por políticos eleitos, que por sua vez devem responsabilizar-se perante os cidadãos. Contrapondo-se ao pensamento neoliberal, Przeworski conclui que, se esses mecanismos são bem projetados, a economia de um Estado moderadamente intervencionista terá melhor desempenho do que uma que seja coordenada apenas pelo ajuste automático dos mercados. Kettl reconhece que a temática da reforma está presente em todo o mundo e que quase nenhum governo deixou de tentar intervir nesse campo. Entretanto, aponta e discute dois problemas persistentes e conexos. O primeiro refere-se às tentativas de construir Estados e administrações públicas que trabalhem melhor e custem menos. O outro prende-se à questão de decidir o que o Estado deve e o que não deve fazer. Frequentemente as táticas de curto prazo para reduzir custos e limitar atividades dificultam a obtenção de resultados a longo prazo e, consequentemente, fazem com que se deixe de focalizar o cerne do trabalho do governo e sua administração pública.

William Glade, da University of Texas, e Peter Spink, da Fundação Getulio Vargas de São Paulo, analisam a temática da reforma a partir da experiência latino-americana. Para Glade, três processos paralelos de mudança estão em curso na região. O primeiro, de democratização, tem como resultado o fortalecimento de organizações da sociedade civil, cujo papel é cada vez mais importante tanto na veiculação de informações e na definição de problemas quanto na qualidade dos atores engajados na implantação de programas. O segundo — consequência da reestruturação econômica — é a crescente liberalização e privatização. Por último, a necessidade de desenvolver novos tipos de serviços para proteger os cidadãos, os consumidores e o meio ambiente e para apoiar o funcionamento dos mercados impôs novas exigências para a criação de mecanismos regulatórios e de agências. As respostas iniciais dos governos da região a essas mudanças são vistas por Glade como positivas. Spink comenta a problemática da reforma administrativa a partir de um estudo longitudinal sobre estratégias de mudança administrativa. Salientando a longa experiência latino-americana com a temática, assinala que os resultados dos grandes programas sistemáticos de reforma têm deixado a desejar, a não ser em momentos políticos de exceção, em contraste com as muitas experiências de estratégias mais gradualistas ou incrementais. Assinala também que, apesar da relativa heterogeneidade das práticas e conceitos de reforma do início dos anos 60, a região tem hoje uma visão cada vez mais homogênea acerca da temática da reforma do Estado, uma vez que esta é considerada uma questão essencialmente técnica que ignora tanto a dimensão política quanto a diversidade de experiências que de fato têm sido implantadas. Alerta para o perigo de se esquecer que as questões de reforma são antes de mais nada políticas e também para as consequências que a falta de discussão de alternativas pode acarretar.

A introdução das experiências internacionais se inicia com um texto geral de Fernando Abrucio, da Fundação Getulio Vargas de São Paulo, seguido de duas descrições de experiências específicas de reforma, uma por Kate Jenkins, assessora do governo britânico, e outra por Ruth Richardson, ex-ministra de Finanças da Nova Zelândia. Ambas tiveram papel decisivo na reforma da administração pública de seus respectivos países. Abrucio discute a emergência da abordagem gerencialista na administração pública e descreve os principais elementos das reformas recentes na Europa e nos Estados Unidos, enfatizando a experiência inglesa. Ele assinala que, embora as diversas abordagens tenham um diagnóstico e um inimigo comum — o modelo burocrático clássico —, as propostas de ação diferem e contrastam entre si, refletindo um pluralismo organizacional e não um novo paradigma global. O principal problema desses modelos pós-burocráticos é definir que tipo de Estado pretendem construir. Nessas diversas tendências e caminhos, Abrucio chama a atenção para o debate em torno de novos conceitos de serviço público e de cidadania que emerge a partir dos processos de descentralização. Jenkins comenta as mudanças ocorridas no início dos anos 80 e que levaram o tradicional *civil service* britânico a assumir um papel mais gerencial. Entre as diversas inovações introduzidas ao longo de 14 anos num processo de mudança gradativa, assinala as quatro que, a seu ver e em retrospecto, foram as mais importantes. Primeiro cita a Iniciativa de Gestão Financeira, que levou à introdução de sistemas de informação gerencial sobre custos, responsabilidade e resultados. Seu complemento, o Programa de Escrutínios, focalizou a atenção no modo de implementar as estratégias. O Programa Próximos Passos foi introduzido para distinguir e separar a administração pública centralizada, formuladora de políticas públicas, das "agências executivas", e com isso reduzir também os sistemas de gerência centralizada nessas áreas. Por fim, o Programa dos Direitos do Cidadão procurou definir e tornar transparentes para a sociedade os indicadores de desempenho dos serviços que o governo se comprometeu a manter. Este último demonstrou ser um instrumento bastante eficaz para a responsabilização do governo. Richardson observa que a experiência da Nova Zelândia também se processou durante um longo período, de 1984 a 1994, sendo assumida por governos diferentes: inicialmente um governo trabalhista, depois um conservador. O processo de reforma da administração pública foi orientado de modo a complementar o programa de reformas econômicas implementado no mesmo período e que buscou utilizar mais efetivamente as forças de mercado para garantir a competitividade internacional do país. Na área da administração pública, deu-se maior ênfase ao controle estratégico, pelos ministros, da implementação das políticas públicas, a partir da definição de objetivos claros para os gerentes das agências públicas descentralizadas, criando-se condições mais adequadas para sua responsabilização perante os cidadãos, para uma maior competitividade entre as agências e para a constituição de parcerias com o setor privado. O papel ministerial foi orientado para a contratação dos serviços necessários junto a organizações do próprio Estado, a entidades não estatais e a empresas privadas. Os diretores e executivos das agências executivas públicas foram empregados sob o regime de contrato por prazo fixo, sendo seus níveis de desempenho organizacional esperado formalmente definidos. De modo semelhante, as empresas estatais tiveram que explicitar suas metas, objetivos e critérios de desempenho, a fim de que o Parlamento da Nova Zelândia pudesse acompanhar e avaliar sua atuação.

As implicações da reforma do Estado — este campo em constante transformação — são examinadas nos dois últimos capítulos por Luiz Carlos Bresser Pereira e Joan Prats i Català, da Escola Superior da Administração de Empresas (Esade) e da Universidade das Nações Unidas, em Barcelona. Bresser Pereira analisa a crise do Estado na América Latina e no Brasil, salienta a necessidade de reformá-lo ou reconstruí-lo e define as linhas básicas da reforma do aparelho do Estado que está sendo iniciada no Brasil no governo Fernando Henrique Cardoso. Argumenta que a intervenção do Estado, além de continuar sendo necessária nas áreas de saúde, educação, cultura e desenvolvimento tecnológico, assume um novo papel de apoio às economias nacionais, para que estas se tornem competitivas internacionalmente. Enquanto as reformas neoliberais retiraram o Estado da economia, a abordagem social-democrata busca aumentar e aprofundar a governança do Estado, ou seja, sua capacidade financeira e administrativa de transformar em realidade as decisões do governo. A necessidade de aumentar a eficiência do Estado é uma imposição do processo de globalização, que acirrou a competição entre os países. Em consequência, a administração pública burocrática tornou-se obsoleta e as burocracias públicas estão sendo levadas cada vez mais a adotar uma abordagem gerencial, baseada na descentralização, no controle de resultados e não no controle de procedimentos, na competição administrada, e no controle social direto. Em sua análise, distingue as atividades exclusivas do Estado dos serviços sociais e científicos competitivos e da produção de bens e serviços para o mercado, e propõe a criação de novas instituições — as "agências executivas" e as "organizações sociais" —, para realizarem as tarefas necessárias sob contrato de gestão e com ampla autonomia. Nas atividades exclusivas estão o núcleo estratégico do Estado, onde as políticas públicas são definidas, e os serviços de fiscalização e controle, onde o poder do Estado é exercido. Esses serviços devem ser realizados por agências executivas, segundo o modelo britânico. Os serviços sociais e científicos, por sua vez, que são e devem continuar a ser custeados pelo Estado, precisarão ser gradualmente "publicizados", ou seja, transformados em entidades sem fins lucrativos, públicas não estatais, que, na medida em que tenham autorização do Poder Legislativo para participar do orçamento público, serão chamadas de "organizações sociais". Finalmente, as empresas que produzem bens e serviços para o mercado e por ele são controladas e remuneradas continuarão a ser privatizadas. Prats i Catalá também assinala a importância cada vez maior de novas configurações em torno da temática da governança. Em todo o mundo, de 1950 a 1975, deu-se ênfase às reformas burocráticas orientadas para abordagens racionais da "administração para o desenvolvimento", mas em meados da década de 70 passou-se gradativamente a novas abordagens, que enfatizam a importância das políticas públicas, de sua efetiva implantação e avaliação. A percepção da complexidade da democracia e das relações interorganizacionais no setor público faz com que as reformas política e administrativa se complementem, e que programas recentes incluam o apoio à estruturação de partidos políticos e ao fortalecimento do processo eleitoral. É nessa justaposição que emerge a temática ampla da governança, que inclui não só governo e administração pública mas também novas formas de relação com a sociedade civil.

Se a tendência dos estudos parece em geral otimista com relação a novas práticas públicas e à presença contínua do Estado na prestação de serviços, reflete também o tom geral dos debates e discussões entre os participantes do seminário. Houve dúvidas e discordância, assim como posições políticas diferentes; entretanto, a proposição de um Estado mínimo, residual em relação ao mercado, teve pouco apoio. O Estado, não só como garantidor da propriedade e dos contratos, mas também como responsável por políticas sociais e científicas e como representação institucional das relações sociais ainda tem muito a contribuir, embora a sociedade ainda não se tenha acostumado às diferentes formas que essa contribuição pode assumir.

Independentemente de como os diversos participantes da reunião entendam a globalização — seja pelo prisma das novas formas de trocas entre países, seja pelo das implicações políticas da internacionalização das imagens de desigualdade —, houve consenso quanto ao fato de que as demandas de eficiência e efetividade feitas ao Estado com relação a seus papéis internos e externos extrapolam o escopo tradicional das práticas burocráticas. Aprofundar a profissionalização da administração pública e a criação de burocracias competentes e relativamente autônomas continua a ser uma prioridade, mas essas burocracias não podem tentar voltar ao modelo racional-legal de administração, baseado na centralização e no controle formal de procedimentos. Há processos de reforma em marcha em todos os países que estiveram presentes à reunião, alguns procurando facilitar uma abordagem gerencial, outros ainda se limitando a profissionalizar a administração pública. No geral, porém, são claros os sinais de uma profunda modificação na orientação das tarefas do Estado e no reconhecimento de que as burocracias devem deixar de ser autocentradas, como ocorre no modelo burocrático clássico, e se orientarem para o atendimento dos cidadãos. Houve discussão sobre os méritos relativos das abordagens incrementais ou gradualistas e das que buscam medidas mais compactas e de impacto em áreas selecionadas para criar exemplos de efeito aglutinador; foram poucos os adeptos de estratégias globais e sistêmicas gerais.

Na opinião de todos os presentes, os processos em curso nos países da América Latina são reconhecidamente complexos. Há contradições a serem trabalhadas e é preciso levar em conta novos parceiros no debate. A desconstrução da dicotomia público-privado gerou a apreciação das múltiplas relações entre "principal" e "agente" que compõem o agir público e, ao mesmo tempo, a tendência, numa situação imperfeita, de cada um procurar assumir não só seu papel, mas também o papel do outro. A natureza multifacetada da relação Estado-sociedade civil serviu de lembrete de que esta última também tem sua produção de significados, suas tradições e costumes, suas práticas de organização, oriundos de novas agremiações urbanas, movimentos populares, processos migratórios e dos povos indígenas. Cada vez mais, a pluralidade inerente a muitas sociedades latino-americanas haverá de se fazer presente.

Os processos de reforma na América Latina não envolvem ou focalizam apenas o Estado, mas também as múltiplas possibilidades de ação do estado federado e do poder local. A transferência — seja por razões de convicção, seja por falta de recursos — de atribuições e atividades dos governos nacionais para as diversas formas de governo local eleito estimula e gera novos fóruns de debate sobre a eficácia e a efetividade da gestão pública. Nestes, encontram-se não só os diferentes níveis de governo, como também as organizações comunitárias e as organizações não governamentais ou públicas não estatais. Estas, que durante muitos anos foram um dos poucos espaços disponíveis para a discussão da relação entre gestão pública e cidadania, assumem um papel cada vez maior na provisão de serviços públicos sociais e científicos, através de um processo de parceria entre a sociedade e o Estado. Se o Estado do século XX procurou proteger os direitos sociais provendo diretamente os serviços sociais através da contratação de burocratas estatais, o Estado do século XXI deverá garantir esses direitos principalmente através da contratação de entidades públicas não estatais, mais competitivas, mais eficientes, e mais bem-controladas pela sociedade.

O debate sobre a reforma do Estado e a melhoria das formas de gestão pública tornou-se um tema fundamental dos anos 90, uma vez que a crise do Estado dos anos 80 e o processo de globalização em curso mostraram ser necessário reconstruir o Estado ao invés de simplesmente reduzi-lo ao mínimo. Neste final de século, aprofundar um agir consciente e eficaz é uma característica essencial em muitas áreas e organizações, mas, na área pública, tornou-se um imperativo. Este livro — assim como o seminário internacional em que se baseou — pretende contribuir para esse debate.

Luiz Carlos Bresser Pereira
Peter Spink

Reforma do Estado
FERNANDO HENRIQUE CARDOSO*

Vivemos hoje num cenário global que traz novos desafios às sociedades e aos Estados nacionais. Não é nenhuma novidade dizer que estamos numa fase de reorganização tanto do sistema econômico, como também do próprio sistema político mundial. Como consequência desse fenômeno, impõe-se a reorganização dos Estados nacionais, para que eles possam fazer frente a esses desafios que estão presentes na conjuntura atual.

É imperativo fazer uma reflexão a um tempo realista e criativa sobre os riscos e as oportunidades do processo de globalização, pois somente assim será possível transformar o Estado de tal maneira que ele se adapte às novas demandas do mundo contemporâneo. É esse — creio — o objetivo precípuo deste seminário. Trata-se de exercício do qual nenhum governo deve — e nem pode — furtar-se, sob pena de comprometer as perspectivas nacionais de desenvolvimento.

Reformar o Estado não significa desmantelá-lo. Pelo contrário, a reforma jamais poderia significar uma desorganização do sistema administrativo e do sistema político de decisões e, muito menos, é claro, levar à diminuição da capacidade regulatória do Estado, ou ainda, à diminuição do seu poder de liderar o processo de mudanças, definindo o seu rumo.

Mudar o Estado significa, antes de tudo, abandonar visões do passado de um Estado assistencialista e paternalista, de um Estado que, por força de circunstâncias, concentrava-se em larga medida na ação direta para a produção de bens e de serviços. Hoje, todos sabemos que a produção de bens e serviços pode e deve ser transferida à sociedade, à iniciativa privada, com grande eficiência e com menor custo para o consumidor.

Insisto, assim, em um ponto: esta visão de um Estado que se adapta para poder enfrentar os desafios de um mundo contemporâneo não pode

* Presidente da República Federativa do Brasil.

ser confundida nem com a inexistência de um Estado competente, eficaz, capaz de dar rumo à sociedade ou, pelo menos, de acolher aqueles rumos que a sociedade propõe e que requerem uma ação administrativa e política mais consequente, nem tampouco significar a inércia diante de um aparelho estatal construído em outro momento da história de cada um dos nossos países que se concentrou seja no corporativismo e no assistencialismo, seja na produção direta de bens e de serviços.

Não há dúvida de que, nos dias de hoje, além desse papel de iluminar os caminhos nacionais e, de certa maneira, de apontar metas que sejam compatíveis com os desejos da sociedade, o Estado deve também concentrar-se na prestação de serviços básicos à população — educação, saúde, segurança, saneamento, entre outros.

Mas, para bem realizar essa tarefa — que é ingente e difícil —, para efetivamente ser capaz de atender às demandas crescentes da sociedade, é preciso que o Estado se reorganize e para isso é necessário adotar critérios de gestão capazes de reduzir custos, buscar maior articulação com a sociedade, definir prioridades democraticamente e cobrar resultados.

Muitos confundem a reforma do aparelho estatal com um mero exercício de aprovação pelo Congresso Nacional de diplomas legislativos que desenhem o Estado com uma face mais competente e mais atuante. É claro que a participação do Congresso na redefinição do papel do Estado é essencial, até porque muitas dessas mudanças exigem emendas constitucionais. Mas o verdadeiro processo de redefinição do Estado para que ele possa realmente atender os seus objetivos contemporâneos é um processo, não um ato. Envolve toda uma mudança de mentalidade; algo que é muito mais profundo do que se imagina, porque implica efetivamente a alteração de práticas que estão enraizadas nas nossas sociedades. E o que é ainda mais difícil de mudar: práticas enraizadas que cristalizaram interesses concretos.

Faço aqui uma ressalva: ao dizer que interesses se cristalizaram, não estou qualificando este fato, em si mesmo, de negativo. Mas, quando muda uma conjuntura e esses interesses persistem e não são mais adequados para responder aos desafios da nova época, eles passam a ter um papel politicamente negativo.

Muitas vezes, são interesses que podem ser até altruístas ou legítimos, vistos de certa perspectiva. Mas quando observamos esses interesses particulares de uma perspectiva mais ampla, do conjunto da sociedade, vemos que eles não mais se justificam.

Às vésperas de minha posse, realizamos um grande seminário internacional, aqui mesmo no Itamarati. Recordo-me de uma discussão a respeito do papel das organizações não governamentais e do Estado. No início, essa relação ONG-Estado era marcada por uma espécie de distanciamento, até mesmo de antagonismo. Havia ataques de parte a parte e isso levava o aparelho do Estado a ficar cada vez mais voltado para si mesmo, no intuito de defender a sua visão de como conduzir a coisa pública. Progressivamente, isso foi mudando. Hoje, para usar a expressão de Manuel Castells, sociólogo espanhol que eu prezo muito, as organizações verdadeiramente eficientes deixaram de ser "não governamentais": passaram a ser "neogovernamentais". Esta é uma realidade, uma forma de interação que tem que ser absorvida tanto pelas ONGs quanto pelo Estado.

O Estado tem que se abrir a certas pressões da sociedade, mas a sociedade também tem que aprender a dialogar com o Estado, de uma maneira que seja adequada aos objetivos da população. Infelizmente no Brasil, uma parcela pequena, é verdade, da população não quer o diálogo com o Estado. Quer pura e simplesmente sua destruição; não admite reconhecer a legitimidade dos governos quando eles são legítimos e democráticos.

Para avançar nessa interação entre Estado e sociedade é preciso liderança, é necessário haver um processo progressivo de convencimento. Estou seguro de que cada um dos participantes deste seminário tem experiências interessantes que confirmam esse enorme esforço contemporâneo de reconstrução do Estado, buscando criar novos canais que permitam que a sociedade e a burocracia possam, articuladamente, dialogar; que permitam que o poder político possa tomar as decisões pertinentes. Porque numa democracia, em última análise, o poder legítimo é o poder legitimado pelo voto, pela cidadania. Assim, nem a burocracia em si mesma, nem os grupos da sociedade civil que não passaram pelo teste das urnas têm legitimidade para liderar a mudança. Eles têm, isso sim, o dever de preparar a discussão, de pressionar os governantes. Mas a legitimidade da decisão tem que caber àqueles que são os detentores da vontade popular. Esta é a essência da democracia; esta é a essência do republicanismo.

Isso significa que nós temos que preparar a nossa administração para a superação dos modelos burocráticos do passado, de forma a incorporar técnicas gerenciais que introduzam na cultura do trabalho público as noções indispensáveis de qualidade, produtividade, resultados, responsabilidade dos funcionários, entre outras.

Estamos vivendo um momento de transição de um modelo de administração que foi inicialmente assistencialista e patrimonialista (que mais tarde deu um passo adiante, burocratizando-se, no sentido weberiano da palavra) para um novo modelo, no qual não basta mais a existência de uma burocracia competente na definição dos meios para atingir fins. Agora, o que se requer é algo muito mais profundo: um aparelho do Estado que, além de eficiente, esteja orientado por valores gerados pela própria sociedade. Um aparelho de Estado capaz de comunicar-se com o público de forma desimpedida. Essa passagem é um dos grandes desafios do mundo contemporâneo. É uma transição à qual todos devemos nos dedicar, a fim de reorganizar o aparelho de Estado.

E essa transição não será possível nem viável sem a participação dos funcionários públicos. Erram aqueles que identificam no funcionalismo público um foco de resistência à mudança. Eles não podem ser vistos como repositório do velho, do antigo, do antiquado, do arcaico. Reconheço com satisfação que a burocracia estatal tem um número expressivo de núcleos de competência e excelência.

É necessário que esses núcleos ganhem força, para que tenham a capacidade de contagiar o conjunto da administração. Porque a reforma apenas terá êxito se for sustentada pelas lideranças do serviço público. Não digo as lideranças sindicais que, infelizmente, estão atreladas às formas mais nocivas de corporativismo, mas sim as lideranças de mentalidade que querem renovar-se, que têm entusiasmo pela função pública, que têm o sentido de missão, de espírito público.

A reforma tem que ganhar o apoio do funcionalismo. É preciso que o setor que administra seja parte ativa nessa transformação. E que, como parte ativa desse processo, os próprios funcionários convençam-se de que é preciso deixar de lado os resquícios do patrimonialismo, da troca de favores, das vantagens corporativistas, do servilismo clientelista ao poder político, como ocorre em certas áreas da administração pública.

Precisamos acabar com a noção de que ser funcionário é ser privilegiado. O privilégio é servir ao público, à cidadania. E, servindo adequadamente ao público, ser compensado pela admiração por parte da sociedade. E essa admiração não pode se esgotar em belas palavras. Deve significar também a valorização das carreiras do serviço público, melhor remuneração. Mas, como tenho insistido, nada disso se conquista do dia para a noite. E tampouco podemos dar guarida à manifestação de interesses corporativos, que não merecem qualquer apoio da população.

A melhoria das condições de trabalho do funcionalismo crescerá com a estabilização da economia, não com a demagogia daqueles que sonham com a volta da indexação salarial, que só realimenta a inflação e penaliza os mais pobres. Viver numa economia estabilizada requer uma outra mentalidade, na qual obviamente os aumentos têm que estar condicionados à disponibilidade efetiva do orçamento e ao aumento da produtividade. Não há outra maneira de um país crescer senão aumentando a sua produtividade, a sua riqueza e, aí sim, simultaneamente, fazendo com que aqueles que são partícipes da construção da nação possam usufruir de parte crescente desse benefício, sem prejuízo, obviamente, das taxas necessárias de investimento.

Temos, portanto, um desafio tipicamente iluminista, no sentido que o termo tem desde o século XVIII: ou se introduzem graus de racionalidade no processo das reformas e esta racionalidade passa a ser sentida pelos próprios partícipes, que são os funcionários; ou então a reforma fracassa, porque ela vai ser obstaculizada por pessoas que pensam que o governo é capaz de fazer milagres, sobretudo no que diz respeito à remuneração. Se o governo for sério, não fará milagres, nem enganará ninguém.

Temos, assim, outra vez uma batalha, digamos, teórico-prática, político-ideológica de convencimento e de reorganização das visões de mundo. É indiscutível, porém, que é preciso haver reformas. É indiscutível que precisamos revalorizar o trabalho do funcionário público, a própria ação do Estado.

Uma coisa é certa: precisamos de uma reforma profunda do aparelho do Estado, pois de outra forma não estaremos à altura de enfrentar esse gigantesco desafio.

Gestão do setor público: estratégia e estrutura para um novo Estado

Luiz Carlos Bresser Pereira*

Na década de 80, logo após a eclosão da crise de endividamento internacional, o tema que prendeu a atenção de políticos e formuladores de políticas públicas em todo o mundo foi o ajuste estrutural ou, em termos mais analíticos, o ajuste fiscal e as reformas orientadas para o mercado. Nos anos 90, embora o ajuste estrutural continue figurando entre os principais objetivos, a ênfase deslocou-se para a reforma do Estado, particularmente para a reforma administrativa. A questão central hoje é como reconstruir o Estado — como redefinir um novo Estado em um mundo globalizado.

Também no Brasil ocorreu essa mudança de perspectiva. Uma das principais reformas a que se dedica o governo Fernando Henrique Cardoso é a reforma da administração pública, embora não constasse dos temas da campanha eleitoral de 1994. Entretanto, o novo presidente decidiu transformar a antiga e burocrática Secretaria da Presidência, que geria o serviço público, em um novo ministério, o da Administração Federal e Reforma do Estado. Ao acrescentar a expressão "reforma do Estado" ao nome do novo ministério, o presidente não estava apenas aumentando as atribuições de um determinado ministério, mas indicando uma prioridade do nosso tempo: reformar ou reconstruir o Estado.

Escolhido para o cargo de ministro, propus que a reforma administrativa fosse incluída entre as reformas constitucionais já definidas como prioritárias pelo novo governo — reforma fiscal, reforma da previdência social e eliminação dos monopólios estatais. E afirmei que para podermos ter uma administração pública moderna e eficiente, compatível com o capitalismo competitivo em que vivemos, seria necessário flexibilizar o estatuto da estabilidade dos servidores públicos de modo a aproximar os mercados de trabalho público e

---

* Ministro da Administração Federal e Reforma do Estado.

privado. A reação imediata dos funcionários civis, dos intelectuais e da imprensa foi bastante negativa. Reagiram contra a mudança, contra as reformas que lhes pareciam ameaçadoras. Passados alguns meses, contudo, o apoio surgiu, primeiro o dos governadores estaduais, depois o dos prefeitos, empresários, imprensa e, finalmente, da opinião pública. De repente, a reforma passava a ser vista como necessidade crucial, não apenas interna, mas exigida também pelos investidores estrangeiros e pelas agências financeiras multilaterais.

Depois de amplamente debatida, a emenda constitucional da reforma administrativa foi remetida ao Congresso Nacional em agosto de 1995. À emenda seguiu-se a publicação de um documento (Presidência da República do Brasil, 1995) sobre a reforma administrativa — o Plano diretor da reforma do aparelho do Estado —, cuja proposta básica é transformar a administração pública brasileira, de burocrática, em gerencial. Essa transformação passou a ser uma questão nacional.

Por que esse novo interesse pela reforma do Estado e, particularmente, do aparelho do Estado? Qual o conteúdo dessas reformas? São parte da ideologia neoliberal ou são passos necessários para a gestão do Estado capitalista contemporâneo? Que relação existe entre a estratégia gerencial e a estrutura do novo Estado que emerge de sua grande crise — a crise dos anos 80, que, de várias maneiras, estendeu-se até os anos 90? Estas são algumas das questões a que tentarei responder nesta palestra, sabendo muito bem que as respostas possíveis são limitadas e provisórias.

A reforma do Estado como questão central

Podemos encontrar muitas razões para o crescente interesse de que tem sido alvo a reforma do Estado nos anos 90. A razão básica, provavelmente, está na percepção generalizada de que não basta o ajuste estrutural para se retomar o crescimento. Desde meados dos anos 80, os países altamente endividados têm-se dedicado a promover o ajuste fiscal, a liberalizar o comércio, a privatizar, a desregulamentar. Os resultados foram positivos, na medida em que se superaram os aspectos agudos da crise: o balanço de pagamentos voltou a um relativo controle, por toda a parte caíram as taxas de inflação, os países recuperaram pelo menos alguma credibilidade. Mas não se retomou o crescimento. A premissa neoliberal que estava por trás das reformas — de que o ideal era um Estado mínimo, ao qual caberia apenas garantir os direitos de propriedade, deixando ao mercado a total coordenação da economia — provou ser irrealista. Em primeiro lugar porque, apesar do predomínio ideológico alcançado pelo credo neoconservador, em país algum — desenvolvido ou em desenvolvimento — esse Estado mínimo tem legitimidade política. Não há sequer apoio político para um Estado que apenas acrescente às suas funções as de prover a educação, dar atenção à saúde e às políticas sociais compensatórias: os cidadãos continuam a exigir mais do Estado.

Em segundo lugar, porque rapidamente se percebeu que a ideia de que as falhas do Estado eram necessariamente piores que as falhas do mercado não passava de dogmatismo. As limitações da intervenção estatal são evidentes, mas o papel estratégico que as políticas públicas desempenham no capitalismo contemporâneo é tão importante que se torna irrealista propor que sejam substituídas pela coordenação do mercado, nos termos sugeridos pelo pensamento neoliberal. Como Przeworski (1996:119) observa, "a visão [neoliberal] de que, na ausência de suas tradicionais 'falhas', os mercados seriam eficientes, parece estar morta ou, no mínimo, moribunda".

Por outro lado, tornou-se cada vez mais claro que a causa básica da grande crise dos anos 80 — uma crise que só os países do Leste e do Sudeste asiático conseguiram evitar — foi o Estado: uma crise fiscal do Estado, uma crise do tipo de intervenção estatal e uma crise da forma burocrática de administração do Estado.[1] Ora, se a proposta de um Estado mínimo não é realista, e se o fator básico subjacente à crise econômica é a crise do Estado, a conclusão só pode ser uma: a solução não é provocar o definhamento do Estado, mas reconstruí-lo, reformá-lo.

A reforma provavelmente significará reduzir o Estado, limitar suas funções como produtor de bens e serviços e, em menor extensão, como regulador, mas implicará também ampliar suas funções no financiamento de atividades que envolvam externalidades ou direitos humanos básicos e na promoção da competitividade internacional das indústrias locais.

A reforma do Estado é um tema amplo. Envolve aspectos políticos — os que se relacionam com a promoção da governabilidade —, econômicos e administrativos — aqueles que visam a aumentar a governança. Dentre as reformas que têm por objetivo aumentar a capacidade de governar — a capacidade efetiva de que o governo dispõe para transformar suas políticas em realidade —, as que primeiro foram iniciadas, ainda nos anos 80, foram aquelas que devolvem saúde e autonomia financeira ao Estado: particularmente o ajuste fiscal, a privatização. Mas igualmente importante é uma reforma administrativa que torne o serviço público mais coerente com o capitalismo contemporâneo, que permita aos governos corrigir falhas de

---

[1] Discuti longamente esse tema em Bresser Pereira, 1988; Bresser Pereira, Maravall & Przeworski, 1993; e Bresser Pereira, 1996a.

mercado sem incorrer em falhas maiores. Esse tipo de reforma vem recebendo crescente atenção nos anos 90.

A explicação é simples: os cidadãos estão se tornando cada vez mais conscientes de que a administração pública burocrática não corresponde às demandas que a sociedade civil apresenta aos governos no capitalismo contemporâneo. Os cidadãos exigem do Estado muito mais do que o Estado pode oferecer. E a causa imediata da lacuna que assim se cria não é apenas fiscal, como observou O'Connor (1973), nem apenas política, como Huntington (1968) destacou;[2] é também administrativa. Os recursos econômicos e políticos são por definição escassos, mas é possível superar parcialmente essa limitação com seu uso eficiente pelo Estado, quando não se pode contar com o mercado, isto é, quando a alocação de recursos pelo mercado não é solução factível, dado seu caráter distorcido ou dada sua incompletude.[3] Nesse caso, a função de uma administração pública eficiente passa a ter valor estratégico, ao reduzir a lacuna que separa a demanda social e a satisfação dessa demanda.

Há porém uma razão maior para o interesse que a reforma do Estado, e particularmente da administração pública, tem despertado: a importância sempre crescente que se tem dado à proteção do patrimônio público (*res publica*) contra as ameaças de "privatização" ou, em outras palavras, contra atividades de *rent-seeking*. A proteção do Estado, na medida em que este inclui a *res publica*, corresponde a direitos básicos que, finalmente, no último quartel deste século, começaram a ser definidos — direitos que podem ser chamados de "direitos públicos". No século XVIII, os filósofos iluministas e as cortes britânicas definiram os direitos civis, que, no século seguinte, foram introduzidos pelos políticos liberais (na acepção europeia) nas Constituições de todos os países civilizados. No século XIX, os socialistas definiram os direitos sociais, que, na primeira metade do século XX, foram introduzidos nas Constituições de todos os países pelos partidos social-democratas.[4]

O surgimento do Estado do Bem-Estar Social, para reforçar os direitos sociais, e o papel cada vez maior que o Estado assumiu ao promover o crescimento econômico e a competitividade internacional em nosso século significaram um enorme reforço à ideia de Estado como *res publica*. E também significaram um aumento considerável da cobiça de indivíduos e de grupos

---

[2] Para uma discussão recente sobre governabilidade e demandas ao Estado, ver Diniz, 1995.
[3] Sobre o assunto, ver as contribuições recentes de Stiglitz, 1995; e Przeworski, 1995.
[4] Marshall (1950) escreveu um ensaio clássico sobre esse tema.

desejosos de submeter o Estado a seus interesses particulares. A privatização da carga fiscal (forma principal da res publica) passava a ser o principal objetivo dos rent-seekers.

No século XVIII, historicamente, compreendeu-se a importância de proteger o indivíduo contra um Estado oligárquico e, no século XIX, a importância de proteger os pobres e os fracos contra os ricos e poderosos, mas a importância de proteger o patrimônio público só passou a ser dominante na segunda metade do século XX. Não por acaso, quase simultaneamente, um cientista político social-democrata brasileiro (Martins, 1978) escreveu pela primeira vez sobre a "privatização do Estado", e uma economista norte-americana conservadora (Krueger, 1974) definiu rent-seeking. Ambos se referiam ao mesmo problema: percebiam que era necessário proteger a res publica contra a ganância de indivíduos e grupos poderosos. Se, no século XVIII, foram definidos os direitos civis e, no século XIX, os direitos sociais, passava agora a ser necessário definir um terceiro tipo de direitos, também básicos — os direitos públicos: os direitos de que gozam todos os cidadãos, de que seja público o que de fato é público. Ou, em outras palavras, o direito de que a propriedade do Estado seja pública, isto é, de todos e para todos, não apropriada por uns poucos.

O Estado deve ser público, as organizações não estatais e sem fins lucrativos (ou organizações não governamentais) devem ser públicas. Bens estritamente públicos, como um meio ambiente protegido, devem ser públicos. Direitos públicos são os direitos que nos asseguram que o patrimônio público — a res publica —, entendido em sentido amplo, seja público; que seja de todos e para todos, e não objeto de rent-seeking, algo privatizado por grupos de interesse.[5]

À medida que a proteção aos direitos públicos passa a ser dominante em todo o mundo, foi-se tornando cada vez mais claro que era preciso refundar a república, que a reforma do Estado ganhava nova prioridade, que a democracia e a administração pública burocrática — as duas instituições criadas para proteger o patrimônio público — precisavam mudar: a democracia devia ser aprimorada para se tornar mais participativa ou mais direta, e a administração pública burocrática devia ser substituída por uma administração pública gerencial.

---

[5] Observe-se que o conceito de "privatização do Estado" ou de "privatização do patrimônio público" não deve ser confundido com a privatização de empresas que pertencem ao Estado — a venda de parte do patrimônio público a proprietários privados. Privatização, neste sentido, é venda regular — e não apropriação viciosa — de um patrimônio que a sociedade conclua que deva pertencer a entidades privadas, não a entidades públicas.

Patrimonialismo e burocracia

A característica que definia o governo nas sociedades pré-capitalistas e pré-democráticas era a privatização do Estado, ou a interpermeabilidade dos patrimônios público e privado. "Patrimonialismo" significa a incapacidade ou a relutância de o príncipe distinguir entre o patrimônio público e seus bens privados. A administração do Estado pré-capitalista era uma administração patrimonialista. Com o surgimento do capitalismo e da democracia, estabeleceu-se uma distinção clara entre *res publica* e bens privados. A democracia e a administração pública burocrática emergiram como as principais instituições que visavam a proteger o patrimônio público contra a privatização do Estado. Democracia é o instrumento político que protege os direitos civis contra a tirania, que assegura os direitos sociais contra a exploração e que afirma os direitos públicos em oposição ao *rent-seeking*. Burocracia é a instituição administrativa que usa, como instrumento para combater o nepotismo e a corrupção — dois traços inerentes à administração patrimonialista —, os princípios de um serviço público profissional e de um sistema administrativo impessoal, formal e racional.

Foi um grande progresso o surgimento, no século XIX, de uma administração pública burocrática em substituição às formas patrimonialistas de administrar o Estado. Weber (1922), o principal analista desse processo, destacou com muita ênfase a superioridade da autoridade racional-legal sobre o poder patrimonialista. Apesar disso, quando, no século XX, o Estado ampliou seu papel social e econômico, a estratégia básica adotada pela administração pública burocrática — o controle hierárquico e formalista dos procedimentos — provou ser inadequada. Essa estratégia podia talvez evitar a corrupção e o nepotismo, mas era lenta, cara, ineficiente. Ela fazia sentido no tempo do Estado liberal do século XVIII: um Estado pequeno dedicado à proteção dos direitos de propriedade; um Estado que só precisava de um Parlamento para definir as leis, de um sistema judiciário e policial para fazer cumpri-las, de forças armadas para proteger o país do inimigo externo; e de um ministro das Finanças para arrecadar impostos. Mas era uma estratégia que já não fazia sentido, uma vez que o Estado havia acrescentado às suas funções o papel de provedor de educação pública, de saúde pública, de cultura pública, de seguridade social, de incentivos à ciência e à tecnologia, de investimentos em infraestrutura, de proteção ao meio ambiente. Agora, ao invés de três ou quatro ministros, era preciso ter 15 ou 20. Ao invés de uma carga de impostos correspondente a 10% do PIB, necessitava-se de impostos que representavam de 30 a 60% do PIB. Ao invés da velha administração pública burocrática, uma nova forma de administração, que tomou de empréstimo os imensos avanços por que passaram, no século XX, as empresas de administração de negócios, sem contudo perder a característica específica que a faz ser administração pública: uma administração que não visa ao lucro, mas à satisfação do interesse público.

À nova administração pública não basta ser efetiva em evitar o nepotismo e a corrupção: ela tem de ser eficiente ao prover bens públicos e semipúblicos, que cabe ao Estado diretamente produzir ou indiretamente financiar. Se, nos países desenvolvidos, os direitos civis e sociais estavam razoavelmente protegidos, os direitos públicos não estavam: a *res publica* estava exposta a todo tipo de ameaças. O nepotismo e a corrupção mais visíveis foram controlados, mas surgiram novas modalidades de apropriação privada de uma fatia maior do patrimônio público. Empresários continuavam a obter subsídios desnecessários e isenção de impostos; a classe média assegurou para si benefícios especiais, muito maiores do que está disposta a reconhecer; os funcionários públicos eram muitas vezes ineficientes no trabalho, ou simplesmente não trabalhavam — no caso de excesso de quadros —, mas se mantinham protegidos por leis ou costumes que lhes garantem a estabilidade no emprego.

Nos países em desenvolvimento — nos quais emergiu, neste século, um Estado desenvolvimentista em substituição ao Estado de Bem-Estar Social — a situação era muito pior: os direitos civis e sociais continuavam quase sempre sem proteção; o nepotismo e a corrupção conviviam com a burocracia, que era beneficiária de privilégios e convivia com excesso de quadros.

Se, no século XIX, a administração pública do Estado liberal era um instrumento para garantir os direitos de propriedade — assegurando a apropriação dos excedentes da economia pela classe capitalista emergente —, no Estado desenvolvimentista, a administração burocrática era uma modalidade de apropriação dos excedentes por uma nova classe média de burocratas e tecnoburocratas. No Estado liberal, o preço da iniciativa empreendedora foi a concentração de renda nas mãos da burguesia, mediante mecanismos de mercado; no Estado desenvolvimentista, o excedente da economia foi dividido entre os capitalistas e os burocratas, que, além dos mecanismos de mercado, usaram o controle político do Estado para enriquecimento próprio. Se, nos países desenvolvidos, a *res publica* não foi bem protegida pela administração burocrática, dada sua ineficiência em administrar o Estado de Bem-Estar Social, nos países em desenvolvimento, a *res publica* foi ainda menos protegida, porque, nesses países, os burocratas não se dedicaram apenas à construção do Estado, mas também a substituir parcialmente a burguesia no processo de acumulação de capital e na apropriação do excedente econômico.[6]

Administração pública gerencial

A administração pública gerencial emergiu na segunda metade deste século como resposta à crise do Estado, como modo de enfrentar a crise fiscal, como estratégia para reduzir o custo e tornar mais eficiente a administração dos imensos serviços que cabiam ao Estado e como um instrumento de proteção do patrimônio público contra os interesses do *rent-seeking* ou da corrupção aberta. Mais especificamente, desde a década de 60, ou pelo menos desde o início dos anos 70, cresceu a insatisfação, amplamente disseminada, com relação à administração pública burocrática.[7]

Algumas características básicas definem a administração pública gerencial. É orientada para o cidadão e para a obtenção de resultados; pressupõe que os políticos e os funcionários públicos são merecedores de grau limitado de confiança; como estratégia, serve-se da descentralização e do incentivo à criatividade e à inovação; e utiliza o contrato de gestão como instrumento de controle dos gestores públicos.

Enquanto a administração pública burocrática concentra-se no processo; em definir procedimentos para a contratação de pessoal, para a compra de bens e serviços; e em satisfazer as demandas dos cidadãos, a administração pública gerencial orienta-se para os resultados. A burocracia atenta para os processos, sem considerar a alta ineficiência envolvida, porque acredita que este seja o modo mais seguro de evitar o nepotismo e a corrupção. Os controles são preventivos, vêm *a priori*. Entende, além disso, que punir os desvios é sempre difícil, para não dizer impossível; prefere, pois, prevenir. A rigor, uma vez que sua ação não tem objetivos claros — definir indicadores de desempenho para as agências estatais é tarefa extremamente difícil —, não tem outra alternativa senão controlar os procedimentos.

---

[6] Desenvolvo a ideia da emergência de uma classe burocrática, ou tecnoburocrática, em dois livros publicados no Brasil, na década de 70. Em Bresser Pereira (1981) foram publicados meus ensaios gerais, ou teóricos, sobre o tema. Em Bresser Pereira (1977) concentro-me no papel dessa nova classe associada à classe capitalista no governo dos países em desenvolvimento, nos quais emergiram regimes burocrático-capitalistas.

[7] Como diz Ostrom (1973:15): "a sensação de crise que se desenvolveu no campo da administração pública ao longo da última geração originou-se da insuficiência do paradigma inerente à teoria tradicional da administração pública".

A administração pública gerencial, por sua vez, parte do princípio de que é preciso combater o nepotismo e a corrupção, mas que, para isso, não são necessários procedimentos rígidos. Estes podem ter sido necessários quando predominavam os valores patrimonialistas, mas não o são agora, quando se rejeita universalmente que se confundam os patrimônios público e privado. Por outro lado, emergiram novas modalidades de apropriação da *res publica* pelo setor privado que não podem ser evitadas pelo recurso aos métodos burocráticos. O *rent-seeking* é quase sempre um modo mais sutil e sofisticado de privatizar o Estado e exige que se usem novas contraestratégias. A administração gerencial; a descentralização; a delegação de autoridade e de responsabilidade ao gestor público; o rígido controle sobre o desempenho, aferido mediante indicadores acordados e definidos por contrato, além de serem modos muito mais eficientes de gerir o Estado, são recursos muito mais efetivos na luta contra as novas modalidades de privatização do Estado.

Enquanto a administração pública burocrática é autorreferente, a administração pública gerencial é orientada para o cidadão. Como observa Barzelay (1992:8), "a agência burocrática concentra-se em suas próprias necessidades e perspectivas, a agência orientada para o consumidor concentra-se nas necessidades e perspectivas do consumidor".

A burocracia moderna surgiu no século XIX, quando ainda era preciso afirmar o poder do Estado em oposição a poderes feudais ou regionais. O Estado nacional nasceu na Europa, nas monarquias absolutas, nas quais a burocracia patrimonialista desempenhava papel central. As burocracias capitalistas modernas são uma evolução da burocracia patrimonialista e se autodiferenciaram por fazerem clara distinção entre patrimônio público e patrimônio privado. Mas ainda se mantiveram bem próximas da matriz inicial em tudo que diz respeito à afirmação do poder do Estado. Por isso as burocracias tendem a ser autorreferentes. Além de promoverem seus próprios interesses, interessam-se, primariamente, em afirmar o poder do Estado — o "poder extrovertido" — sobre os cidadãos.[8] Em contraposição, para a administração pública gerencial, esse poder já não está sob ameaça grave nos países desenvolvidos e semidesenvolvidos.[9] Assim, o serviço público já não precisa ser

---

[8] Observe-se que o Estado-nação, ou país, inclui o Estado e a sociedade civil. O Estado é a única entidade à qual compete o poder extroverso — o poder de impor leis e impostos à sociedade civil, ou seja, a um grupo organizado de cidadãos, que não é parte integrante direta do Estado, mas que, simultaneamente, é objeto do poder do Estado e fonte da legitimidade do governo.
[9] Exceto no caso de associações ou atividades ilegais, como a máfia. Nos países em desenvolvimento há também a ameaça representada por várias modalidades de fundamentalismo.

autorreferente, mas se orientar pela ideia de "serviço ao cidadão". Afinal, o "serviço público" é público, é um serviço para o público, para o cidadão.

Para que se proceda ao controle dos resultados, descentralizadamente, em uma administração pública, é preciso que políticos e funcionários públicos mereçam pelo menos certo grau de confiança. Confiança limitada, permanentemente controlada por resultados, mas ainda assim suficiente para permitir a delegação, para que o gestor público possa ter liberdade de escolher os meios mais apropriados ao cumprimento das metas prefixadas. Na administração burocrática essa confiança não existe. E é impensável pela lógica neoconservadora ou neoliberal, dada, nos dois casos, a visão radicalmente pessimista que têm da natureza humana. Sem algum grau de confiança, contudo, é impossível obter cooperação e, embora a administração seja um modo de controle, é também um modo de cooperação. O pessimismo radical dos neoliberais é funcional para avaliar a conclusão a que chegam quanto à necessidade do Estado mínimo, mas não faz sentido algum quando o Estado mínimo é visto como construção mental irrealista, ante a realidade do Estado moderno, que precisa ser eficiente e ser gerido de forma efetiva e eficiente.

Reforma neoliberal?

O enfoque gerencial da administração pública emergiu com vigor na Grã-Bretanha e nos EUA depois que governos conservadores assumiram o poder em 1979 (governo Thatcher) e em 1980 (governo Reagan), o que levou alguns analistas a verem, nesse enfoque, uma visão intrinsecamente conservadora. Na verdade, só na Grã-Bretanha o gerencialismo foi aplicado ao serviço público imediatamente após a posse do novo governo, e levou a uma reforma administrativa profunda e bem-sucedida. Uma série de programas — o das Unidades de Eficiência, com relatórios de pesquisa e avaliação; o Próximo Passo, com as agências autônomas; e o Direitos do Cidadão — contribuiu para tornar o serviço público na Grã-Bretanha mais flexível, descentralizado, eficiente e orientado para o cidadão. O serviço público britânico tradicional passou por profunda transformação, perdeu os traços burocráticos e adquiriu características gerenciais.[10]

---

[10] A melhor análise da experiência britânica que conheço foi escrita por um sociólogo da Universidade de Warwick, contratado por sindicatos britânicos. Fairbrother (1994) escreveu uma análise crítica moderada. Ver também Tomkins, 1987; Pyper & Robins (orgs.), 1995; Nunberg, 1995; e Plowden, 1994. Pollitt (1990) tem uma abordagem radicalmente crítica.

Reformas semelhantes, contudo, ocorreram na Nova Zelândia, na Austrália e na Suécia, sob governos no mais das vezes social-democratas. Nos EUA, Osborne e Gaebler (1992) — que cunharam a expressão *reinventing government* (reinventar o governo) —, em um livro que teve grande influência nos estudos sobre o tema, descrevem as reformas administrativas que ocorreram desde o início dos anos 70, mas que não se originaram no governo federal e sim nas administrações municipais e estaduais. Foi em 1992 que se estabeleceu a meta de reformar a administração pública federal norte-americana por critérios gerenciais, quando um político democrata — o presidente Clinton — converteu a ideia de "reinventar o governo" em programa de governo: a *National Performance Review* (Revisão do Desempenho Nacional).[11] Na França, reformas semelhantes começaram em 1989, durante o governo do primeiro-ministro Michel Roccard, social-democrata. No Brasil, a primeira tentativa no sentido de uma administração gerencial data de 1967 — muito antes de aflorarem as ideias neoliberais, consequência da crise do Estado.[12]

A administração pública gerencial é frequentemente identificada com as ideias neoliberais por outra razão. As técnicas de gerenciamento são quase sempre introduzidas ao mesmo tempo em que se implantam programas de ajuste estrutural que visam a enfrentar a crise fiscal do Estado. Como observa Nunberg (1995:11), "a primeira fase da reforma, geralmente chamada de 'gerenciamento diluído', consistiu em medidas para reduzir o gasto público e o número de funcionários, como resposta às limitações fiscais". Isso ocorreu na Grã-Bretanha, no Canadá, na Austrália, na Nova Zelândia, no Japão e nos EUA. E ocorre atualmente na América Latina, incluído o Brasil, onde a reforma administrativa é formalmente orientada para substituir a administração pública burocrática por uma administração pública gerencial.[13] Esse fato quase sempre desperta reações fortes nos servidores públicos,

---

[11] Para uma avaliação deste programa, ver Kettl, 1994; Kettl & DiIulio, 1994 e 1995. Nos artigos de Kettl & DiIulio (1995), os autores comparam o programa de reinvenção do governo de Clinton e Gore com o "Contrato com a América" republicano, que chamam de programa de "arrasamento do Estado": um programa gerencial realmente neoconservador.

[12] A reforma foi lançada durante a administração Castelo Branco, pelo Decreto-lei nº 200, que promovia uma radical descentralização da administração pública brasileira, incluindo as empresas de propriedade do Estado. Sobre este assunto, ver Beltrão, 1984; e Martins, 1995. Hélio Beltrão trabalhou pela reforma em 1967 e, mais tarde, em 1988, quando foi nomeado ministro da Administração Federal, lançou um programa de desburocratização. Depois da transição para a democracia, porém, em 1985, a reforma foi abandonada. O novo governo democrático tentou, sem sucesso, restaurar o pleno sistema burocrático.

[13] Após o fracasso da tentativa de restauração de um sistema burocrático no Brasil, em 1995, a administração Fernando Henrique Cardoso, orientada para a reforma, propôs e tem implementado uma reforma administrativa que adota a abordagem gerencial (Ministério da Administração Federal e Reforma do Estado, 1995; Bresser Pereira, 1995; e Bresser Pereira, 1996b).

além de levar a acusações de neoliberalismo. Como disse certa vez um indignado funcionário público britânico "*mais eficiente*, na verdade, quer dizer *mais barato*".[14]

Deve-se notar, porém, que a identificação de ajuste fiscal com conservadorismo ou neoliberalismo pode ter uma explicação histórica, mas não tem explicação lógica. O neoliberalismo surgiu de uma reação contra a crise fiscal do Estado e por isso passou a ser identificado com cortes nos gastos e com o projeto de reduzir o "tamanho" do Estado. Logo, porém, tornou-se claro para as administrações social-democratas que o ajuste fiscal não era proposta de cunho ideológico, mas condição necessária para qualquer governo forte e efetivo. Isso, aliado à óbvia superioridade da administração pública gerencial sobre a burocrática, levou governos de diferentes orientações ideológicas a empreenderem reformas administrativas, quase sempre visando a duas metas: a redução dos gastos públicos a curto prazo e o aumento da eficiência mediante uma orientação gerencial, a médio prazo.

O maior risco a que se expõe esse tipo de reforma é ser vista como hostil ao funcionalismo público e, assim, não conseguir obter a cooperação do corpo de servidores. Na Grã-Bretanha, um dos países onde a reforma mais avançou, este foi — e continua sendo — o mais grave problema para o governo. A reforma tornou-se possível por duas razões: porque, ao final da década de 70, a cúpula do funcionalismo percebia claramente a urgente necessidade de uma reforma e porque Margaret Thatcher estava visceralmente decidida a reduzir os custos da administração pública. Houve assim uma espécie de coalizão entre o governo e os escalões superiores do funcionalismo. Mas foi uma coalizão frágil, dada a evidente má-vontade de Thatcher e de seus aliados para com os servidores.[15]

As reações políticas à ideia da administração pública gerencial têm uma origem ideológica óbvia. O livro *Managerialism and the public service*, de Pollitt (1990), é bom exemplo desse fato. O *managerialism* é visto como um conjunto de ideias e crenças que tomam como valores máximos a própria gerência, o objetivo de aumento constante da produtividade, e a orientação para o consumidor. Abrucio (1996), em um panorama da administração pública gerencial, compara esse "gerencialismo puro", pelo qual designa a "nova administração pública", com a abordagem adotada por Pollitt, "orien-

---

[14] Plowden, 1994:4.
[15] Como Plowden observa, "a própria primeira-ministra repetidamente deixava clara sua opinião de que uma pessoa com talento e espírito empreendedor já teria trocado o serviço público pela iniciativa privada e estaria ganhando dinheiro" (Plowden, 1994:10).

tada para o serviço público" e que visa a ser uma alternativa gerencial ao modelo britânico. Na verdade, esse modo de ver as coisas é apenas uma tentativa de dar atualidade ao velho modelo burocrático, não é uma alternativa gerencial. A ideia de opor a orientação para o consumidor (gerencialismo puro) à orientação para o cidadão (gerencialismo reformado) não faz sentido algum. Um dos programas cruciais de reforma que está sendo implementado pelo governo britânico é o *citizen chart*. O cidadão também é um consumidor. Toda administração pública gerencial tem de considerar o indivíduo, em termos econômicos, como consumidor (ou usuário) e, em termos políticos, como cidadão.[16]

Reformando a estrutura do Estado

A administração pública gerencial envolve, como vimos, uma mudança na estratégia de gerência, mas essa nova estratégia deve ser posta em prática em uma estrutura administrativa reformada. A ideia geral é descentralizar, delegar autoridade. Mas é preciso ser mais específico, definir claramente os setores que o Estado opera, as competências e as modalidades de administração mais adequadas a cada setor.

Os Estados modernos contam com quatro setores: o núcleo estratégico, as atividades exclusivas, os serviços não exclusivos e a produção de bens e serviços para o mercado. O núcleo estratégico é o centro no qual se definem as leis, as políticas e como, em última instância, as fazer cumprir. É formado pelo Parlamento, pelos tribunais, pelo presidente ou primeiro-ministro, por seus ministros e pela cúpula dos servidores civis. Autoridades locais importantes também podem ser consideradas parte do núcleo estratégico. No caso do sistema ser federal, também integram esse núcleo os governadores e seus secretários e a alta administração pública estadual.

Atividades exclusivas são aquelas que envolvem o poder de Estado. São as atividades que garantem diretamente que as leis e as políticas públicas sejam cumpridas e financiadas. Integram esse setor as forças armadas, a polícia, a agência arrecadadora de impostos — as funções tradicionais do Estado — e também as agências reguladoras, as agências de financiamento, fomento e controle dos serviços sociais e da seguridade social. As atividades

---

[16] A ideia de opor uma orientação para o consumidor, que seria conservadora, a uma orientação para o usuário, que seria social-democrata, faz um pouco mais de sentido, se definirmos o consumidor como um indivíduo que paga pelos serviços que obtém do Estado, enquanto o usuário é financiado pelo Estado.

exclusivas, portanto, não devem ser identificadas com o Estado liberal clássico, para o qual bastam a polícia e as forças armadas.

Serviços não exclusivos são todos aqueles que o Estado provê, mas que, como não envolvem o exercício do poder extroverso do Estado, podem ser também oferecidos pelo setor privado e pelo setor público não estatal ("não governamental"). Esse setor compreende os serviços de educação, saúde, culturais e de pesquisa científica.

Por fim, o setor de produção de bens e serviços é formado pelas empresas estatais.

Considerados esses quatro setores, deve-se responder a três questões: que tipo de administração, que tipo de propriedade e que tipo de instituição devem prevalecer em cada setor, no novo Estado que está nascendo nos anos 90. A resposta à primeira questão pode ser direta: deve-se adotar a administração pública gerencial. É indispensável, porém, fazer uma advertência: no núcleo estratégico, no qual a eficácia é quase sempre mais relevante que a eficiência, ainda há lugar para algumas características burocráticas devidamente atualizadas. Uma estratégia essencial ao se reformar o aparelho do Estado é reforçar o núcleo estratégico e fazer com que seja ocupado por servidores públicos altamente competentes, bem treinados e bem pagos; com servidores que entendam o *ethos* do serviço público como o dever de servir ao cidadão. Nessa área, a carreira e a estabilidade devem ser asseguradas por lei, embora os termos "carreira" e "estabilidade" devam ser entendidos de modo mais flexível, se comparados com os seus correspondentes na tradicional administração burocrática. Nas atividades exclusivas, a administração deve ser descentralizada; nos serviços não exclusivos, a administração deve ser mais que descentralizada — deve ser autônoma: a sociedade civil dividirá, com o governo, as tarefas de controle.

A questão da propriedade é essencial. No núcleo estratégico e nas atividades exclusivas do Estado, a propriedade será, por definição, estatal. Ao contrário, na produção de bens e serviços há hoje consenso cada vez maior de que a propriedade deva ser privada, particularmente nos casos em que o mercado pode controlar as empresas comerciais. Quando há monopólio natural, a situação ainda não é clara, mas, mesmo nesse caso, com uma agência reguladora eficaz e independente, a propriedade privada parece ser mais adequada.

No domínio dos serviços não exclusivos, definir o regime de propriedade é mais complexo. Se entendermos que devam ser financiados ou fomentados pelo Estado, seja porque envolvem direitos humanos básicos (educação, saúde), seja porque implicam externalidades aferíveis (educação, saúde, cultura, pesquisa científica), não há razão para serem privados. Por outro lado, na medida em que não implicam o exercício do poder de Estado, não há razão para que sejam controlados por ele. Se não têm, necessariamente, de ser propriedade do Estado ou propriedade privada, a alternativa é adotar-se o regime da propriedade pública não estatal ou — usando a terminologia anglo--saxônica — da propriedade pública não governamental. "Pública", no sentido de que se deve dedicar ao interesse público, de que não visa ao lucro. "Não estatal" porque não faz parte do aparelho do Estado.

Nos Estados Unidos, todas as universidades são organizações públicas não estatais. Podem ser consideradas "privadas" ou "controladas pelo Estado", mas, a rigor, não visam ao lucro e também não empregam servidores públicos. São parcialmente financiadas ou subsidiadas pelo Estado — sua face "privada" é menor que a face "controlada pelo Estado" —, mas são entidades independentes, controladas por juntas que representam a sociedade civil e — em posição minoritária — pelo Estado. No Reino Unido, as universidades e os hospitais sempre estiveram sob o controle do Estado; agora já não é assim: hoje são "organizações quase não governamentais" ("*quangos*"). Não foram privatizadas: passaram do controle do Estado para o controle público.

Há três possibilidades com relação aos serviços não exclusivos: podem ficar sob o controle do Estado, podem ser privatizados e podem ser financiados ou subsidiados pelo Estado, mas controlados pela sociedade, isto é, ser convertidos em organizações públicas não estatais. O burocratismo e o estatismo defendem a primeira alternativa; os neoliberais radicais preferem a segunda; os social-democratas (ou democratas liberais, na acepção norte-americana) defendem a terceira. Há inconsistência entre a primeira alternativa e a administração pública gerencial. Esse tipo de administração tem dificuldade de conviver com a segunda alternativa, e é perfeitamente coerente com a terceira. Nesse caso, o Estado não é visto como produtor — como prega o burocratismo —, nem como simples regulador que garanta os contratos e os direitos de propriedade — como reza o "credo" neoliberal —, mas, além disso, como "financiador" (ou "subsidiador") dos serviços não exclusivos. O subsídio pode ser dado diretamente à organização pública não estatal, mediante dotação orçamentária — no Brasil costumamos chamar esse tipo de instituição de "organizações sociais" —, ou, por força de uma mudança mais radical, pode ser dado diretamente ao cidadão sob a forma de *vouchers*. E podem continuar a ser financiados pelo Estado, se a sociedade entender que essas atividades não devem ficar submetidas apenas à coordenação do mercado.

São duas as principais instituições usadas para implementar essa reforma: no domínio das atividades exclusivas, a ideia é criar "agências autônomas" e, no caso das atividades não exclusivas, convertê-las em "organizações sociais". As agências autônomas serão plenamente integradas ao Estado e as organizações sociais incluir-se-ão no setor público não estatal. Serão organizações não governamentais autorizadas pelo Parlamento a receber dotação orçamentária do Estado. O núcleo estratégico usará o contrato de gestão como instrumento de controle das atividades exclusivas e não exclusivas. As agências autônomas, no caso das atividades exclusivas, e as organizações sociais, no dos serviços não exclusivos, serão descentralizadas. Nas agências, o ministro nomeará o gerente executivo e firmará com ele o contrato de gestão; nas organizações sociais, o gerente executivo será escolhido pelo conselho, cabendo ao ministro assinar os contratos de gestão e controlar os resultados. Os contratos de gestão deverão prover os recursos de pessoal, materiais e financeiros com os quais poderão contar as agências ou as organizações sociais, e definirão claramente, quantitativa e qualitativamente, os indicadores de desempenho — os resultados a serem alcançados, acordados pelas partes.

Conclusão

Depois da grande crise dos anos 80, na década dos 90 está-se construindo um novo Estado. Esse novo Estado resultará de reformas profundas. Tais reformas habilitarão o Estado a desempenhar as funções que o mercado não é capaz de executar. O objetivo é construir um Estado que responda às necessidades de seus cidadãos; um Estado democrático, no qual seja possível aos políticos fiscalizar o desempenho dos burocratas e estes sejam obrigados por lei a lhes prestar contas, e onde os eleitores possam fiscalizar o desempenho dos políticos e estes também sejam obrigados por lei a lhes prestar contas. Para tanto, são essenciais uma reforma política que dê maior legitimidade aos governos, o ajuste fiscal, a privatização, a desregulamentação — que reduz o "tamanho" do Estado — e uma reforma administrativa que crie os meios de se obter uma boa governança. Neste trabalho, descrevi as características desta última reforma — a reforma do aparelho do Estado —, uma reforma que propiciará que se estabeleça, no setor público, uma administração pública gerencial.

Referências bibliográficas

Abrucio, Fernando L. O impacto do modelo gerencial na administração pública: um breve estudo sobre a experiência internacional recente. *Revista do Serviço Público*, 47(2), abr. 1996.

Barzelay, Michael. *Breaking through bureaucracy*. Berkeley, University of California Press, 1992.

Beltrão, Hélio. *Descentralização e liberdade*. Rio de Janeiro, Record, 1984.
Bresser Pereira, Luiz Carlos. *Estado e subdesenvolvimento industrializado*. São Paulo, Brasiliense, 1977.
──────. *A sociedade estatal e a tecnoburocracia*. São Paulo, Brasiliense, 1981.
──────. Economic reforms and the cycles of the State. *World Development*, 21(8), Aug. 1993. Uma primeira versão deste artigo foi apresentada no seminário Democratizing the Economy, patrocinado pelo Wilson Center e pela Universidade de São Paulo, São Paulo, jul. 1988. Publicado na *Revista de Economia Política*, em português, em 1989.
──────. A reforma do aparelho de Estado e a Constituição de 1988. *Revista del Clad: Reforma y Democracia* (4), 1995; Brasília, 1995. (Texto para Discussão Enap, 1.)
──────. *Economic crisis and the State reform in Brazil*. Boulder, Co., Lynne Rienner, 1996; ed. brasileira: Nobel, 1996a.
──────. Da administração pública burocrática à gerencial. *Revista do Serviço Público*, 47(1), jan. 1996b.
──────; Maravall, J. M. & Przeworski, A. *Economic reforms in new democracies*. Cambridge, Cambridge University Press, 1993.
DiIulio Jr., John J. *Fine print: the contract with America, devolution, and the administrative realities of American federalism*. Washington, The Brookings Institution, Center for Public Management, Mar. 1995.
Diniz, Eli. Governabilidade, democracia e reforma do Estado: os desafios da construção de uma nova ordem no Brasil dos anos 90. *Dados*, 38(3), 1995.
Fairbrother, Peter. *Politics and the State as employer*. London, Mansell, 1994.
Huntington, Samuel P. *Political order in changing societies*. New Haven, Yale University Press, 1968.
Kettl, Donald F. *Reinventing government? Appraising the National Performance Review*. Washington, The Brookings Institution, Center of Public Management, Aug. 1994.
────── & DiIulio, J. *Inside the reinvention machine: appraising governmental reform*. Washington, The Brookings Institution, Center for Public Management, 1994.
──────. *Cutting government*. Washington, The Brookings Institution, Center for Public Management, May 1995.
Krueger, Anne. The political economy of the rent-seeking society. *American Economic Review*, 64(3), June 1974.
Marshall, T. H. Citizenship and Social Class. [1950]. In: Marshall, T. H. & Bottomore, Tom. *Citizenship and social class*. London, Pluto Press, 1992.
Martins, Luciano. "Estatização" da economia ou "privatização" do Estado. *Ensaios de Opinião*, 2(7), 1978.

_____. *Reforma da administração pública e cultura política no Brasil: uma visão geral*. Brasília, Escola Nacional de Administração Pública, 1995. (Cadernos Enap, 8.)

Ministério da Administração Federal e Reforma do Estado. *Plano diretor da reforma do aparelho do Estado*. Brasília, Presidência da República, Imprensa Nacional, nov. 1995.

Nunberg, Barbara. Managing the civil service — reform lessons from advanced industrialized countries. Washington, World Bank, Apr. 1995. (Discussion Paper, 204.)

O'Connor, James. *The fiscal crisis of the State*. New York, St. Martin Press, 1973.

Osborne, D. & Gaebler, T. *Reinventing government*. Reading, Mass., Addison-Wesley, 1992.

Ostrom, Vincent. *The Intellectual Crisis of American Public Administration*. [1973]. 2 ed. Tucaloosa, University of Alabama Press, 1989.

Plowden, William. *Ministers and mandarins*. London, Institute for Public Policy Research, 1994.

Pollitt, Christopher. *Managerialism and the public service*. [1990]. 2 ed. Oxford, Blackwell, 1993.

Przeworski, Adam. Reforming the State: political accountability and economic intervention. In: Conference on Inequality, the Welfare State and Social Values, El Escorial, Spain, July 1995.

_____. On the design of the State: a principal-agent perspective. In: Seminário Reforma do Estado na América Latina e no Caribe, Brasília, 16-17 maio 1996.

Pyper, Robert & Robins, Lynton (orgs.). *Governing the UK in the 1990s*. London, Macmillan, 1995.

Stiglitz, Joseph E. Role of government in the contemporary world. In: Conference on Income Distribution and Sustainable Growth, Washington, D.C., July 1995.

Tomkins, Cyril R. *Achieving economy efficiency and effectiveness in the public sector*. Edinburgh, The Institute of Chartered Accountants of Scotland, 1987.

Weber, Max. *Economy and Society*. [1922]. Berkeley, University of California Press, 1978.

Sobre o desenho do Estado: uma perspectiva *agent* x *principal*
ADAM PRZEWORSKI*

> *"Ao modelar um governo para ser exercido por homens sobre homens, a maior dificuldade é esta: primeiro, é preciso aparelhar o governo para que controle os governados; o passo seguinte é fazê-lo controlar-se a si mesmo."*
> James Madison, Federalist, 51

Introdução

O objetivo da reforma do Estado é construir instituições que deem poder ao aparelho do Estado para fazer o que deve fazer e o impeçam de fazer o que não deve fazer.

O que se pensa do papel do Estado depende do modelo econômico e do modelo do próprio Estado. Uma das questões é: "o que o Estado deve fazer?" Outra: "que tipo de aparelho de Estado fará o que deve fazer, e apenas o que deve fazer?" Por isso, começaremos por uma breve recapitulação dos debates sobre o papel do Estado na economia, para só depois tratarmos da questão da reforma do Estado. Em primeiro lugar, examinaremos rapidamente a história dos debates sobre a relação entre Estado e economia, assinalando as consequências da teoria econômica dos mercados incompletos e da informação imperfeita, para compreendermos essa relação. Examinaremos então três tipos de relação entre *principals* e *agents*: entre governos e agentes econômicos privados (regulação), entre políticos e burocratas (supervisão/acompanhamento), e entre cidadãos e governos (responsabilização). Minha conclusão é que a qualidade do desempenho do Estado depende do desenho institucional de todos esses mecanismos e que instituições bem-concebidas podem permitir que os governos intervenham melhor na economia — e os induzir a fazê-lo — do que um Estado não intervencionista.

---

* Universidade de Nova York. Agradeço os comentários de Zhiyuan Cui, Gabriela Montinola, Susan Stokes e Elisabeth Wood.

Eis um resumo do debate que leva a essa conclusão. A teoria econômica mais recente mostra que os mercados não são eficientes e que a intervenção do Estado pode melhorar as soluções de mercado. O Estado tem importante papel a desempenhar não só no que diz respeito a garantir a segurança material para todos e a buscar outros objetivos sociais, mas também como promotor do desenvolvimento econômico. Nada assegura, contudo, que a intervenção estatal seja de fato benéfica. Operando com informações limitadas e sujeitos à pressão de interesses especiais, os funcionários públicos podem não saber como — ou não querer — se engajar em ações que visem a promover o bem-estar de todos, em vez de seus próprios interesses ou os interesses de seus aliados. Assim, a tarefa de reformar o Estado consiste, por um lado, em equipá-lo com instrumentos para uma intervenção efetiva e, por outro, em criar incentivos para que os funcionários públicos atuem de modo a satisfazer o interesse público. Alguns desses incentivos podem ser gerados pela organização interna do governo, mas não bastam. Para que o governo tenha um desempenho satisfatório, a burocracia precisa ser efetivamente supervisionada pelos políticos eleitos, que, por sua vez, devem prestar contas aos cidadãos. Mais especificamente, os políticos devem usar a informação privada que os cidadãos têm sobre o funcionamento da burocracia para monitorar os burocratas, e os cidadãos devem ser capazes de saber quem é responsável pelo que e de aplicar, em cada caso, a sanção apropriada, para que os governos com bom desempenho continuem no poder e para que os demais sejam alijados. Se esses mecanismos de responsabilização (*accountability*) são bem-concebidos, a economia de um Estado intervencionista pode obter melhores resultados que a economia de mercados livres.

Cabe fazer aqui uma retificação. Muitos dos problemas que surgem quando se criam instituições do Estado devem-se ao fato de os políticos eleitos e os burocratas nomeados terem interesses e objetivos próprios. Não digo que todos os funcionários públicos sejam motivados por interesses particulares. Sei que há muitos que se preocupam com o bem-estar público; na verdade, temos bons motivos para crer que muitos funcionários ingressam no serviço público porque desejam servir à população. O funcionamento das instituições, entretanto, não pode depender da boa vontade de quem trabalha nelas. Segundo Madison: "O objetivo de toda constituição política é, ou deveria ser, em primeiro lugar, guindar ao posto de governante os homens de maior sabedoria para identificar — e maior virtude para buscar — o bem público; o passo seguinte seria tomar todas as precauções para que os governantes se mantenham virtuosos, enquanto merecem a confiança do povo".

O Estado e a economia: perspectivas contrastantes

Para entender a razão de ser da reforma do Estado, é preciso voltar aos debates sobre o papel do Estado na economia. São debates que andam em círculos e nos quais os argumentos acerca das falhas do mercado são respondidos com argumentos sobre tentativas malsucedidas de regulamentação. Ao examinarmos a história dessas controvérsias, vemos que estas se assemelham a uma luta de boxe na qual o Estado e o mercado se veem, ora um ora outro, contra as cordas. Eis um breve resumo dessa história.

Em um modelo econômico neoclássico padrão, há mercados para tudo, hoje e sempre, todos sabem tudo e sabem a mesma coisa, não há bens públicos, não há externalidades, não há custo transacional nem retornos crescentes. Como, nessas condições, o mercado produz a melhor alocação de recursos possível, não há lugar para o Estado. A intervenção estatal, em todas as suas formas, é transferência de renda e transferência de renda que — por fazer com que as taxas de retorno sejam diferentes das taxas de mercado — reduz os incentivos e distorce a informação sobre oportunidades. Esta conclusão decorre diretamente do modelo de economia: como o Estado nada tem a contribuir, qualquer coisa que faça é perniciosa. O mercado vence o primeiro *round*.

Contudo, o simples fato de este modelo ser caracterizado, pelo menos em parte, negativamente — pela ausência de bens públicos, de externalidades, de custos transacionais e de monopólios — já sugere um problema imediato. Existindo essas "falhas", os mercados já não alocam os recursos com eficiência. Essa era a ideia que estava subjacente à doutrina da intervenção estatal, cristalizada em 1959 no Programa de Bad Godesberg para o SPD: "mercados, sempre que possível; o Estado, quando necessário". A receita geral que emerge dessa observação é que os mercados devem ser deixados em paz para fazer o que sabem fazer muito bem, ou seja, para alocar bens privados sempre que a taxa privada de retorno não difira da taxa social; o Estado, por sua vez, deve ser provedor de bens públicos, facilitar as transações, corrigir as externalidades e regular os monopólios criados pelos retornos crescentes. O Estado vence o segundo *round*.

Os neoliberais atacaram essa ideia por vários flancos: a) argumentando que, na ausência de custos transacionais, o mercado podia lidar eficientemente com suas imperfeições, desde que se fizesse uma redistribuição adequada dos direitos de propriedade (Coase, 1960); b) assinalando que a noção de imperfeições do mercado, inclusive a de bens públicos, não é clara e que nenhuma teoria as especifica *ex ante* (Stigler, 1975); c) afirmando que, mesmo que o mercado não atue com eficiência, nada garante que o Estado possa se sair melhor (Stigler, 1975; Wolf, 1979). Os neoliberais afirmam que as prescrições de intervenção estatal baseiam-se em um modelo ingênuo de Estado onisciente e benevolente. Para eles, os motivos que levam o Estado a intervir são os mesmos de todas as ações econômicas: os interesses particulares de alguém. Assim, embora o Estado seja necessário para que uma economia funcione, também pode ser — e é — prejudicial a ela. Eis o dilema básico do liberalismo econômico: "o economista reconhece que o governo pode fazer certas coisas melhor que o livre mercado, mas não tem motivos para crer que o processo democrático conseguirá impedir que o governo exceda os limites da intervenção ótima" (Posner, 1987:21). Na verdade, as análises do término do keynesianismo, apresentadas em meados dos anos 70 pela esquerda (Habermas, 1975), pelo centro (Skidelsky, 1977) e pela direita (Stigler, 1975), eram quase idênticas: o Estado fortalecia-se e, por essa razão, passava a atrair os interesses privados especulativos.[1] Como resultado, o Estado acabava permeado por interesses especiais, prevalecia a lógica privada e desintegrava-se a coesão interna da intervenção estatal. Assim, ao fim do terceiro *round*, o Estado está contra as cordas.

O objetivo da economia "constitucional" passou a ser impedir intervenções estatais, principalmente aquelas que discriminam entre projetos privados, reagem às condições econômicas vigentes, ou fazem transferências diretas de renda. Assim, por exemplo, na visão de Posner (1987:28): "um governo suficientemente forte para manter a lei e a ordem, mas fraco para lançar e implementar esquemas ambiciosos de regulação econômica, ou para se engajar numa redistribuição extensiva, é provavelmente o governo ótimo para o crescimento econômico". Como solução institucional, os neoliberais prescrevem que se impeça os Estados de intervir, porque a simples possibilidade de que o Estado faça alguma coisa já basta, dizem eles, para provocar danos à economia.

A tecnologia institucional neoliberal para restringir o Estado inclui: a) a redução do "tamanho" da administração pública; b) a redução do "tamanho" do setor público; c) o isolamento do Estado das pressões do setor privado; d) um apoio maior em regras do que em decisões discricionárias; e e) a delegação das decisões sujeitas a inconsistência dinâmica a unidades independentes que não se sintam incentivadas a ceder a pressões políticas. A administração pública deve ser reduzida porque o Estado está "inchado" e a produtividade dos serviços públicos é sabidamente menor que a do

---

[1] Ver Buchanan, Tollison & Tullock, 1980; e Tollison, 1982.

setor privado.² O setor público deve ser privatizado porque os governos são supostamente mais sensíveis às pressões políticas das empresas públicas do que às das empresas privadas. O Estado deve ser "isolado" das pressões políticas para que não se torne presa do *rent-seeking* por parte dos interesses privados. A política econômica deve ser regida por regras, como o padrão-ouro ou a emenda do equilíbrio orçamentário adotada pelos Estados Unidos, que eliminam arbitrariedades, superando assim a subotimização decorrente das inconsistências dinâmicas.³ Por fim, uma alternativa às regras é delegar as decisões de política importantes, principalmente na área monetária, a instituições que não sofram pressões políticas e, portanto, não sejam incentivadas a ceder a inconsistências dinâmicas.⁴

Apesar disso, mesmo na ausência das falhas "tradicionais", a ideia de que os mercados são eficientes parece estar morta ou, no mínimo, moribunda. As ineficiências que se originam da falta de alguns mercados e da informação imperfeita (mais precisamente, da informação endógena)⁵ são ambas mais profundas e devastadoras do que as imperfeições que pesam sobre o mercado neoclássico. Em um resumo recente, Stiglitz diz claramente: "o modelo neoclássico padrão — a articulação formal da mão invisível de Adam Smith, a discussão sobre se as economias de mercado garantiriam a eficiência econômica — pouco orienta a escolha de sistemas econômicos, uma vez que, se as imperfeições de informação (e o fato de que os mercados são incompletos) são incorporadas à análise, como certamente acontece, já não haverá o pressuposto de que mercados são eficientes".⁶ Quando faltam alguns mercados, como inevitavelmente acontece, e a informação é endógena, como fatalmente é, já não se pode exigir que os mercados se mantenham em equilíbrio, os preços já não incluem os custos de oportunidade e podem mesmo viciar a informação, a maioria das ações individuais provoca externalidades, a informação é quase sempre assimétrica, o poder do mercado é ubíquo e abundam os *rents*. Já não há "imperfeições": já não há

---

² Presumivelmente, o "tamanho" do setor governamental produtivo é ótimo quando o produto marginal dos setores público e privado, em relação ao *stock* principal (Barro, 1990) e ao emprego (Findlay, 1990), são iguais. Para evidências econométricas de que em muitos países o Estado é pequeno demais, segundo este critério, ver Ram, 1986; e Cheibub & Przeworski, 1996.
³ Ver Kydland & Prescott, 1977.
⁴ Ver Cukierman, 1992.
⁵ Um modo de pensar sobre mercados incompletos é sabermos que estaremos fazendo transações no futuro. Por outro lado, um bom modo de pensar sobre informação imperfeita é que aprendemos observando as ações dos outros, inclusive sua disposição de comprar e vender.
⁶ Ver Stiglitz, 1994:13.

quem ou o que culpar, não há "mercado" único, mas uma porção de arranjos institucionais possíveis, cada um com diferentes consequências.

Mas algumas formas de intervenção estatal são inevitáveis.[7] A economia só pode funcionar se o Estado oferecer garantias a investidores (responsabilidade limitada), empresas (falência) e depositantes (sistema bancário de resseguro). Mas esse tipo de envolvimento do Estado inevitavelmente introduz restrições ao orçamento. O Estado não pode, simultaneamente, oferecer garantias a agentes privados e não pagar o que lhes é devido, mesmo no caso de negligência induzida pelas garantias ("risco moral"). Se os mercados são incompletos e a informação é imperfeita, o risco moral e a seleção adversa impedem que se obtenham as melhores alocações possíveis.

Até mesmo os mais ardentes neoliberais admitem que os governos devem prover lei e ordem, salvaguardar os direitos de propriedade, fazer cumprir os contratos e se defender de ameaças externas. A economia de mercados incompletos e informação imperfeita abre espaço para que o Estado desempenhe um papel muito mais amplo. A complacência neoclássica no que diz respeito aos mercados é indefensável: os mercados simplesmente não alocam eficientemente. Mesmo quando os governos só dispõem da mesma informação de que dispõe a economia privada, certas intervenções do governo levariam, sem sombra de dúvida, a um aumento do bem-estar.

Portanto, o Estado tem um papel positivo a desempenhar. Mas o quarto *round* termina, no máximo, empatado. Tudo o que sabemos até aqui é que há coisas importantes que o Estado poderia fazer. Mas o "direto" dos neoliberais deixou sequelas: será que o Estado fará o que deve fazer e não fará o que não deve fazer?

Relações *agent* x *principal*

Quando se entende que os mercados são inevitavelmente incompletos e que os agentes econômicos têm acesso a informações diferentes, descobre-se que "o" mercado, como tal, não existe, apenas sistemas econômicos organizados diferentemente. A própria frase "o mercado" está sujeito às intervenções "do Estado" é enganadora. O problema que se nos apresenta não é "o mercado" *versus* "o Estado", mas instituições específicas que poderiam induzir os atores individuais — sejam eles agentes econômicos, políticos ou burocratas — a se comportar de maneira benéfica à coletividade.

---

[7] Ver Cui, 1992.

Suponha que seu carro comece a fazer barulhos estranhos. Você vai a um mecânico, explica o problema, deixa o carro e aguarda o resultado. No dia seguinte, o carro está pronto, o mecânico lhe diz que teve de trocar os amortecedores e que isso lhe tomou cinco horas. Você paga e sai com o carro da oficina. O barulho cessou. Você escolhe o mecânico e pode recompensá-lo voltando a usar seus serviços — se ficou satisfeito com o resultado — ou puni-lo, procurando outra oficina, se não gostou do serviço. Mas o mecânico sabe de muitas coisas que você não sabe: se ele se empenhou para fazer o melhor trabalho possível, ou se fez o mínimo necessário; se o carro precisava de um pequeno ajuste ou de um conserto maior; se ele executou mesmo o trabalho em cinco horas, ou se bastou uma hora. Você é o *principal*, o mecânico é o *agent*. Você o contrata para que ele atue em defesa dos seus interesses, mas você sabe que ele tem também seus próprios interesses. Cabe a você premiá-lo ou puni-lo. Mas você dispõe de informação imperfeita para decidir o que fazer, porque o mecânico sabe de coisas que você não sabe e faz coisas que você não vê. O que você pode fazer para induzi-lo a prestar a você o melhor serviço de que ele é capaz?

Quando faltam alguns mercados e os indivíduos têm acesso a diferentes informações, estabelecem-se entre as classes de atores relações do tipo *agent* x *principal*, regidas por contratos explícitos ou implícitos. Os *agents* dispõem de certas informações que os *principals* não observam diretamente: os *agents* sabem o que os motiva, têm conhecimento privilegiado sobre suas capacidades, e podem ter a chance de observar coisas que os *principals* não podem ver. Executam inclusive algumas ações que, pelo menos em parte, são feitas sem o conhecimento do *principal*. Em termos genéricos, portanto, o problema que o *principal* tem de enfrentar é o seguinte: Como induzir o *agent* a agir em seu interesse (dele, *principal*), respeitando ao mesmo tempo a restrição à participação — isto é, oferecendo ao *agent* a renda (ou o benefício) da próxima melhor oportunidade —, e a restrição de "compatibilidade do incentivo", isto é, permitindo ao *agent* que atue também em nome de seus próprios interesses. Você tem de pagar ao mecânico o suficiente para que ele queira que você volte e tem também que encontrar um meio de fazer com que ele saiba que você só voltará se ele tiver feito um bom serviço.

A "economia" é uma rede de relações diferenciadas e multifacetadas entre classes de *agents* e *principals*: gerentes e empregados, proprietários e administradores, investidores e empresários, mas também cidadãos e políticos, políticos e burocratas. O desempenho de empresas, de governos, e da economia como um todo depende do desenho das instituições que regulam essas relações. O que importa é se os empregados têm incentivos para maximizar seus esforços, se os gerentes têm incentivos para maximizar os lucros, se os empresários têm incentivos para só assumir bons riscos, se os políticos têm incentivos para promover o bem-estar público, se os burocratas têm incentivos para implementar as metas estabelecidas pelos políticos.

São as instituições que organizam essas relações — as que são puramente "econômicas", como as que se estabelecem entre empregadores e empregados, proprietários e administradores, ou investidores e empresários; as que são puramente "políticas", como as que se estabelecem entre cidadãos e governantes ou políticos e burocratas, e as que estruturam a "intervenção" do Estado, como as que se estabelecem entre governantes e agentes econômicos privados. Para que a economia funcione bem, todas essas relações do tipo *agent* x *principal* têm que ser adequadamente estruturadas.

À custa de parecer esquemático, permitam-me considerar apenas três classes dessas relações: (1) entre governo (políticos e burocratas) e agentes econômicos privados; (2) entre políticos eleitos e burocratas nomeados; e (3) entre cidadãos e políticos eleitos. Para deixar mais clara a estrutura dessa reflexão, eis um mapa dessas relações, com setas direcionadas do *principal* para o *agent*:

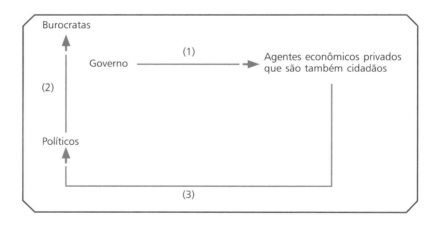

O desempenho de um sistema econômico depende do desenho de todas essas relações: entre o Estado e os agentes econômicos privados, entre políticos e burocratas, e também entre cidadãos e o Estado. Os agentes privados devem beneficiar-se quando se comportam de modo a favorecer o interesse público e devem sofrer algum prejuízo quando não o fazem. O mesmo se aplica a burocratas e políticos.

Discutiremos agora cada uma dessas relações.

Estado e agentes econômicos: regulação

O Estado desempenha um papel exclusivo, uma vez que define a estrutura dos incentivos para os agentes privados, exercendo o poder de coerção legitimado pela lei: obriga por lei a prática de algumas ações ou as proíbe, e pode alterar os preços relativos através do sistema fiscal.

Vejamos um exemplo. Suponhamos que eu tenha um carro e faça um seguro contra roubo. Dirijo até o meu destino e posso escolher entre estacionar alguns quarteirões adiante do lugar aonde quero ir, em local onde é improvável que o carro seja roubado, ou estacionar bem em frente, em local onde é maior a probabilidade de que o carro venha a ser roubado. Como tenho seguro, corro o risco e estaciono no local mais perigoso. É aí que o Estado entra em cena: cobra-me um imposto e usa o montante arrecadado para pôr um policial no local mais perigoso. Em função disso, diminui a probabilidade de que o carro seja roubado, a companhia seguradora perde menos dinheiro e diminui o valor do prêmio do meu seguro — tudo isso mais do que compensa o aumento do imposto. O Estado está inextricavelmente presente em meu relacionamento com a companhia de seguro: embora nossa relação seja estritamente "privada", é modelada pelo Estado. O Estado permeia toda a economia; é um dos fatores constitutivos das relações privadas. A simples retirada do Estado da economia não faz desaparecer os problemas de desenho institucional. É preciso enfrentá-los como tal.

Mas a intervenção do Estado na economia — que nos Estados Unidos é chamada de "regulação" —, se não é simples nem no papel, na prática é ainda mais difícil. Em termos genéricos, o problema é o seguinte:[8] a empresa regulada dispõe de informações sobre algumas condições, como seus custos de produção ou a demanda por seus produtos, que são superiores às informações de que dispõe o Estado (o agente "regulador" entendido em sentido amplo, como políticos eleitos ou burocratas nomeados). Mais que isso, a empresa regulada empreende certas ações que o regulador não pode observar diretamente, mas apenas inferir com base nos resultados ou monitorar a um custo. O regulador tem autoridade legal para determinar preços e regras. Definida a regulação, a empresa decide o que produzir e em que quantidade. O problema do regulador passa a ser estabelecer o melhor *trade-off* entre as vantagens (*rents*) auferidas pela empresa e o excedente dos consumidores.

---

[8] Ver Baron, 1995.

Como há informação oculta e ações ocultas, a primeira melhor regulação não é possível. A empresa sempre poderá tirar alguma vantagem. A regulação ótima estará sempre limitada à informação acessível ao regulador: na melhor das hipóteses, o regulador terá de fazer "a segunda melhor regulação ótima" (Baron, 1995:14).

Além disso, como qualquer tipo de intervenção do Estado na economia tem consequências distributivas, os diferentes grupos afetados pela regulação — firmas, indústrias, empregados, consumidores ou *lobbies* de ação pública — são incentivados a procurar a regulação que os beneficia e a resistir a qualquer outra que os prejudique. Os reguladores, por sua vez, podem auferir benefícios pessoais propiciando a intervenção esperada pelos atores. Esses ganhos particulares podem consistir apenas em serem (re)eleitos, ou também em enriquecerem durante o mandato ou depois de cumpri-lo. O resultado disso é uma regulação que pode induzir ao estabelecimento de laços clientelistas entre os reguladores e os grupos regulados. Nesse caso, a regulação é "endógena", ou seja, é criada para atender à demanda dos grupos potencialmente afetados por ela.

Como exemplo, consideremos uma situação simplificada de Laffont e Tirole (1994, cap. 16): são dois os períodos de tempo. No primeiro, uma empresa que seja um monopólio natural pode, com alguma probabilidade, operar com custos altos ou baixos. Uma empresa que tenha custos altos pode investir para reduzi-los. Esse investimento é socialmente benéfico. Uma boa intervenção — que maximize o excedente para o consumidor — é, então, aquela na qual o governo subsidia o investimento, se a empresa tem custos altos no período 1, e não paga de outro modo pelos investimentos. Uma má intervenção é aquela na qual o governo não consegue subsidiar o investimento de empresas que operem com altos custos, ou na qual o governo subsidia uma empresa que opera com custos baixos e divide os *rents* com a empresa.[9]

Nesse caso, o problema institucional é duplo: a) como *instrumentar* o Estado para que intervenha de modo positivo; e b) como induzi-lo a agir bem. Considerarei agora apenas o primeiro aspecto; o segundo será discutido mais adiante.

Para poder intervir acertadamente, o governo deve dispor de alguma informação sobre os custos da empresa; e precisa ser ou legalmente capaz de fixar os preços da empresa sob regulação (a fim de que o custo do in-

---

[9] Por exemplo, o presidente de uma agência reguladora subsidia a firma apenas para ser contratado como vice-presidente.

vestimento seja pago pelos consumidores), ou financeiramente capaz de subsidiar a empresa com a renda de impostos. Mas isso ainda não basta. Isso porque, mesmo que o investimento seja subsidiado pelos consumidores ou diretamente pelo Estado, a empresa não optará por fazê-lo a menos que seja razoavelmente garantido que o lucro advindo do investimento não será confiscado tão logo os custos sejam abatidos. Suponhamos agora que a empresa suspeite de que o governo vai mudar e de que o novo governo, a título de imposto, ficará com todos os ganhos extras auferidos depois de feitos os investimentos. Neste caso a empresa não investe, mesmo que receba incentivos; e o governo do período 1, por sua vez, sabendo de antemão que a empresa não vai investir, tem como intervenção ótima não subsidiar o investimento, ainda que este seja socialmente benéfico.[10] Logo, para poder intervir bem, o Estado deve comprometer-se a não confiscar lucros durante o período 2.

O problema do compromisso decorre do risco moral do *principal*. Mesmo que o governo deseje que a empresa invista, depois que a empresa investe, o Estado a faz pagar impostos sobre os lucros que aufere. Os *agents*, portanto, não podem ter certeza de que, se agirem bem, serão recompensados. Esse problema está presente em muitas das relações do tipo *agent* x *principal*, mesmo nas que são puramente privadas. Mas é inerente às relações políticas. A fonte essencial da soberania política — exercida no processo democrático — é o "povo", no singular, no sentido que o século XVIII deu ao termo. Isso significa que nenhum governo pode assumir, antecipadamente, compromisso por todos os governos futuros. Não é possível garantir de forma absoluta o direito de propriedade. É verdade que os direitos de propriedade podem, em diferentes graus, ser protegidos pela Constituição. Mas as Constituições não podem especificar tudo e têm que deixar espaço para o arbítrio do Legislativo e para a interpretação do Judiciário. Além disso, ainda que o processo seja difícil, nada impede que as Constituições sejam modificadas, *vide* a nacionalização da indústria chilena do cobre, feita por emenda constitucional em 1970. Logo, os direitos de propriedade são inerentemente inseguros.[11]

---

[10] Sobre as dificuldades de desenhar políticas ótimas sem comprometimento confiável, ver Laffont & Tirole, 1988.
[11] A ênfase quase exclusiva na segurança dos direitos de propriedade é, a meu ver, equivocada. A razão pela qual o investimento é baixo em muitos países não é a insegurança dos direitos de propriedade, e sim a ausência de instituições que ofereçam segurança a poupadores e investidores contra riscos razoáveis.

Além disso, mesmo que o custo da insegurança seja a subutilização dos recursos,[12] o comprometimento nem sempre é ótimo. Porque o perigo é que um determinado governo assuma um mau compromisso, que sirva aos seus próprios interesses, ou a interesses de seus aliados privados, e não aos interesses da nação.

Voltando ao nosso exemplo, observe-se que o comprometimento só é socialmente benéfico se o governo interveio bem no período 1, ou seja, se ele subsidiou uma empresa que operava com custos altos. Se o governo concedeu subsídios a uma empresa que operava com custos baixos, a empresa auferiu vantagens à custa do dinheiro público e, se os governos seguintes estiverem comprometidos em não aumentar os impostos sobre esta empresa, o novo governo não terá como recuperar a perda. Como observam Laffont e Tirole: "O custo do compromisso é que o governo pode se identificar com a empresa e impor à nação um mau resultado a longo prazo" (1994:620).

Há, pois, compromissos bons e compromissos maus.[13] Tomemos a seguinte situação apresentada por Calmfors e Horn (1985): no início do mandato o governo anuncia que, se os sindicatos forçarem o aumento dos salários e criarem desemprego, ele não irá compensar expandindo o emprego público. Porém, quando chegam as eleições, o governo quer ganhar e começa a empregar. O pronunciamento inicial, assim, não era confiável, os sindicatos forçam o aumento dos salários, o governo acomoda-se a isto e o resultado é subótimo. O governo deve se comprometer previamente, por lei ou delegação, a não aumentar o emprego público às vésperas de eleições. Este é um bom compromisso. Mas suponhamos que o governo não se comprometa previamente, que os sindicatos forcem o aumento dos salários e que cheguem as eleições. Agora o governo quer expandir o emprego público. Mas os sindicatos preveem que, se reeleito, o governo demitirá os recém-admitidos ao serviço público. O governo, então, compromete-se a não demitir — por exemplo, promulgando uma lei que garanta a estabilidade do servidor público. Este é um mau compromisso.

A diferença de estrutura temporal que os dois compromissos implicam pode ser facilmente observada se voltarmos a uma analogia com o Ulisses

---

[12] A partir de dados colhidos em entrevistas com empresários de 28 países, Weder (1995) constatou que a taxa de crescimento econômico era significativamente mais baixa quando os empresários diziam ter que enfrentar mudanças inesperadas na legislação e quando não esperavam que os governos cumprissem o que prometiam nos principais pronunciamentos políticos.

[13] Para uma discussão deste ponto, ver Przeworski & Limongi, 1993; Elster, 1995a e o comentário de Przeworski; e ainda Elster, 1995b.

de Elster (1979). No caso do bom compromisso, Ulisses prevê, na fase 1, que vai ouvir as sereias na fase 2 e toma sua decisão antes de ouvi-las. No caso do mau compromisso, Ulisses já ouviu o canto das sereias no período 1 e assume o compromisso cedendo ao seu canto. Se os governos efetivamente já se comprometem e cedem à pressão de interesses específicos, seu comprometimento não será ótimo. Logo, uma das questões centrais na reforma do Estado é o que fazer para aparelhar o Estado de modo a que assuma bons compromissos e, ao mesmo tempo, para impedi-lo de assumir maus compromissos.

Mesmo que só se deva admitir compromissos com boas políticas, é fácil dar-lhes confiabilidade. Spiller (1995) mostra a dificuldade de firmar compromissos confiáveis em diferentes contextos institucionais. Há três modos, em diferentes países, de fazer cumprir os compromissos assumidos: a) revisão judicial de decisões dos órgãos reguladores (que prevalece nos EUA, onde 80% das decisões da Agência de Proteção Ambiental são contestados nos tribunais); b) legislação extremamente detalhista (regulamentação do uso da energia elétrica no Chile, em 1980); ou c) contratos entre o governo e a empresa, regidos pelas leis sobre contratos (o Cobee boliviano, em vigor desde 1912). Spiller argumenta que, sem a revisão judicial das decisões regulatórias, o regulador acumula excessivo poder decisório. Para ele, isso é particularmente verdadeiro no caso dos países latino-americanos: "A razão básica dessa delegação é que as Constituições destes países preveem a 'regulamentação' presidencial das leis. Isto é, para que uma lei entre em vigor, exige-se que um decreto presidencial a sancione. Salvo no caso de a regulamentação da lei ser acintosamente contrária à Justiça, a regulamentação não está sujeita a revisão judicial" (Spiller, 1995:67). Assim, a única maneira de os Legislativos latino-americanos forçarem o comprometimento do Poder Executivo é elaborar uma legislação extremamente detalhada. Mas cria-se então um paradoxo: se o sistema político estabelece a disciplina e a maioria partidárias, então, mesmo essa legislação detalhada pode ser alterada sempre que se alterar a maioria legislativa. Por outro lado, quando o sistema político gera um sistema partidário extremamente fragmentado — os exemplos de Spiller são Bolívia, Brasil e Uruguai — é difícil alterar essa legislação depois de ter sido adotada, mas também é difícil adotá-la.

Tenho usado muito o exemplo da regulação governamental dos monopólios. Mas as mesmas considerações aplicam-se a outras formas de intervenção econômica. As mesmas considerações aplicam-se também à regulação "social": da saúde, da segurança, do meio ambiente, do emprego etc. (Baron, 1995). A intervenção estatal pode ser melhor que a não intervenção quando o desenho institucional permite que os governos intervenham na economia: quando os governos dispõem de alguma informação sobre os agentes privados, quando têm instrumentos legais ou fiscais para regular e quando a rede institucional permite que se firmem compromissos confiáveis.

Mesmo assim, nenhuma dessas condições assegura que a intervenção do Estado vise ao interesse público. A própria capacidade do Estado de intervir transforma-o em alvo atraente para a influência dos interesses particulares; e a própria capacidade de assumir compromissos abre espaço para o conluio. Logo, há bons motivos para supor que a qualidade da intervenção do Estado na economia depende da organização interna do Estado — em particular, das relações entre políticos e burocratas — e do desenho das instituições democráticas que determinam se os cidadãos podem ou não controlar os políticos.

Políticos e burocratas[14]

Em uma democracia, a autoridade do Estado para regular coercitivamente a vida da sociedade deriva das eleições. Muitas das funções do Estado, contudo, e todos os serviços que o Estado presta aos cidadãos são delegados a terceiros — especificamente à burocracia pública — pelos representantes eleitos. A delegação é inevitável. Como observam Kiewiet e McCubbins: "só se podem atingir os resultados desejados mediante a delegação de autoridade a outros" (1991:3).

A delegação nos leva aos problemas básicos do relacionamento *agent* x *principal*. Como é impossível formular leis que especifiquem todas as ações dos *agents* sob todas as contingências, as agências executivas e administrativas conservam um espaço considerável de autonomia para decidir.[15] Entretanto,

---

[14] Esta seção é, em grande parte, um comentário ao *Plano diretor da reforma do aparelho do Estado* (Brasil. Presidência da República, 1995). Esse documento apresenta um desenho excepcionalmente bem-justificado e claramente exposto para a reforma do aparelho do Estado no Brasil. Para uma análise do contexto da reforma do Estado no Brasil, ver Martins, 1996.

[15] O mesmo se aplica aos tribunais. Shihata (1995:221) observa, por exemplo, que, "embora os códigos jurídicos de um país possam negar que os tribunais de justiça tenham uma função criativa e os identifiquem, na ausência de texto escrito e de estruturas do direito consuetudinário, a fontes como o 'direito natural' ou os 'princípios gerais de moralidade', é provavelmente muito mais proveitoso reconhecer, como faz o Código Civil suíço, que, nesses casos, o juiz julga segundo lei que ele próprio teria estabelecido se tivesse de agir como legislador" (Shihata, 1995:221). Para uma análise dos problemas inerentes à reforma do Judiciário na América Latina ver Rowat, Malik & Dakolias, 1995.

os objetivos dos burocratas não têm necessariamente de ser idênticos aos objetivos dos cidadãos ou dos políticos eleitos que os representam. Os burocratas podem querer maximizar a autonomia que têm, ou a garantia de emprego de que gozam, ou prestar favores clientelistas a amigos e aliados, ou ser dispensados do "ponto", ou aumentar o orçamento de que podem dispor[16] ou, simplesmente, enriquecer — à custa dos cidadãos. Mais uma vez aqui, eles dispõem de informação especial quanto aos benefícios e aos custos de suas ações, e podem praticar atos que não são vistos diretamente e apenas podem ser inferidos dos resultados ou monitorados como itens de custo. Logo, inevitavelmente, a delegação faz aumentar os custos do agenciamento. A rigor, dado o inevitável grau de autonomia de que gozam os burocratas, a questão é como evitar que se estabeleça um regime de "política sem lei", expressão que Lowi (1979:92) adota para descrever o sistema político norte-americano.

Alguns dos problemas do agenciamento, inerentes à administração da burocracia pública, não são diferentes dos que as organizações privadas enfrentam. O principal deles é, provavelmente, a dificuldade de oferecer incentivos e de extrair informações, nos casos em que o resultado depende da ação conjunta de vários *agents*.[17] Em tais condições, o *principal* só pode observar a produção da equipe, não a produção de cada um dos membros da equipe. Esses membros, por sua vez, encontram incentivos para trabalhar pouco e sonegar informação. Holmstrom (1982) demonstrou que, em tais condições, é impossível projetar um esquema de incentivos que ao mesmo tempo seja respeitado, determine o total de esforço eficiente indispensável e preserve o equilíbrio do orçamento. Groves (1985), por sua vez, demonstrou que não há esquema de incentivo ao equilíbrio orçamentário que induza os membros de uma equipe de burocratas a revelar fielmente a informação privada de que dispõe. Esses teoremas indicam que, na burocracia pública, ou os membros das equipes têm de ter remuneração excepcional, ou parte da eficiência deve ser sacrificada.

Mas há diferenças importantes entre as burocracias públicas e privadas. Uma dessas diferenças advém da dificuldade de se estabelecer critérios para avaliar não só os agentes individuais do setor público, mas também as equipes. Embora as empresas privadas quase sempre desempenhem múltiplas tarefas, na medida em que enfrentam restrições de mercado, seu desempenho pode ser aferido por critérios financeiros. Mas os

---
[16] Ver Niskanen, 1971.
[17] Ver Miller, 1992:128-58.

burocratas públicos veem-se diante de múltiplos objetivos que não são fáceis de especificar[18] e impossíveis de reduzir a uma única dimensão. Vejamos o caso de clínicas de saúde públicas que são instruídas a atender determinado número de pessoas saudáveis para fazer medicina preventiva, determinado número de doentes, e não gastar mais do que prevê o orçamento.[19] Como o *principal* deverá avaliar, nesse caso, as seguintes combinações desses números?

Clínica	Nº de atendimentos preventivos	Nº de doentes atendidos	Gastos (% do orçamento)
A	1.100	2.300	128
B	1.000	2.000	100
C	700	2.700	112

Pelo critério de atendimentos preventivos, a Clínica A tem melhor desempenho que a Clínica B, que, por sua vez, tem melhor desempenho que a Clínica C, de modo que A > B > C. Pelo critério de doentes atendidos, C > A > B. Pelo critério de gastos, B > C > A. A menos que esses números sejam ponderados por sua importância relativa, é impossível comparar o desempenho das clínicas — A > B > C > A — e não se pode adotar nenhum sistema de incentivos para recompensar ou punir o desempenho das equipes. Mas o *principal* pode preferir estabelecer metas: digamos, 1.000 atendimentos preventivos, 2.000 doentes e nenhum gasto superior ao previsto. A Clínica B seria, então, recompensada e as demais, punidas. Mesmo essa solução, porém, pode ser ineficiente: a Clínica B pode ter se esquivado de cumprir suas obrigações, isto é, ela poderia ter atendido mais pacientes do que o mínimo estabelecido pelas metas sem extrapolar os limites do orçamento, enquanto a Clínica C talvez tenha sido injustamente

---

[18] Tirole (1994:4) cita como exemplos a dificuldade de avaliar o desempenho do Departamento de Estado norte-americano, cujo objetivo é "promover a longo prazo a segurança e o bem--estar dos Estados Unidos", ou o desempenho do Departamento do Trabalho, cujo objetivo é "fomentar, promover e desenvolver o bem-estar dos assalariados dos Estados Unidos".
[19] Exemplo adaptado de Roemer, 1996:24.

punida porque, no período da aferição, teve de enfrentar uma epidemia na região onde está instalada.

Outra diferença, embora relacionada a esta, entre empresas privadas e burocracias públicas é que estas últimas muito frequentemente são monopólios, o que, por sua vez, implica que não haja parâmetros pelos quais se possam comparar seus desempenhos. Como Tirole (1994) observa, podem-se comparar os desempenhos da gerência da Ford e da General Motors, mas não se dispõe desse modo de aferir o desempenho no caso de agências públicas monopolistas.

Diante dessas dificuldades, as burocracias públicas tendem a agir mais em conformidade com as regras do que através de incentivos. Esse estilo gerencial é chamado de "burocrático" no Plano Diretor de Reforma do Aparelho do Estado e de "patrulha de polícia" por McCubbins e Schwartz (1984). Consiste em fazer o controle *a priori* dos processos, em oposição ao controle *a posteriori* dos resultados.[20] Tirole observa que "a característica central das burocracias é que não se confia em seus integrantes o suficiente para permitir que cada um use informação que afete outros integrantes que não eles próprios, portanto, as decisões baseiam-se em regras rígidas".[21] O *principal* estabelece regras como "trabalho de 9 às 17 horas", "telefone de uso exclusivo da repartição", "20 minutos, no máximo, por usuário", e dispõe acerca da necessidade de redigir relatórios. Os *agents* são julgados por seu respeito às regras e pelo que fazem constar dos relatórios. Desnecessário dizer que este não é um modo muito eficaz de exercer controle: é caro (o *principal* tem de arcar com os custos do monitoramento e do tempo que os *agents* consomem para preencher relatórios) e, além disto, não permite que se estabeleça qualquer tipo de relação direta entre incentivo e desempenho. Contudo, é assim que funcionam muitas das burocracias públicas, e talvez por bons motivos: se monitorar o esforço individual e extrair informações privadas é proibitivamente caro, a opção de confiar nas regras pode ser a terceira melhor escolha.

O que é possível fazer para minorar essas dificuldades?

❑ Formulação de contratos adequados. Por mais difícil que seja monitorar o desempenho individual dos integrantes de uma equipe, o *principal* pode criar incentivos para os *agents*: a) fixando níveis salariais suficientemente altos para atrair *agents* altamente qualificados, que tenham custos de oportunidade mais altos; b) estabelecendo planos de carreira suficientemente

---

[20] Ver Brasil. Presidência da República, 1995:48-9.
[21] Ver Tirole, 1994:14.

atraentes (o que implica diferenciais de salário); e c) implantando sistemas de monitoramento que possibilitem a perda do emprego em caso de mau desempenho.[22]

❑ Triagem e seleção: o recrutamento para o serviço público deve ser sensível a sinais que indiquem alto empenho, como educação, que revelam o desempenho potencial dos *agents*.

❑ Fiscalização institucional. Kiewiet e McCubbins (1991:33) assinalam que "muitas vezes os *agents* estão em condições de causar ao *principal* danos mais graves do que, simplesmente, negar-lhe o empenho que ele poderia esperar: desvio de fundos, negócios marginais, corrupção de funcionários, abuso de autoridade e golpes de Estado são, todos, testemunhos desta possibilidade. Sempre que um *agent* esteja em condições de ameaçar gravemente os interesses do *principal*, é indispensável que o *principal* frustre a capacidade do *agent* de adotar unilateralmente aquele curso de ação". A solução, nesse caso, é "a fiscalização institucional [que] requer que quando se delegue autoridade a um *agent*, haja pelo menos outro *agent* com autoridade para vetar ou bloquear a ação daquele".

❑ Criação de múltiplos *principals* ou múltiplos *agents* com objetivos dissonantes. Tirole observa que a maioria dos governos é dividida de tal forma que não cabe a qualquer posição em particular ou a qualquer agência a tarefa de maximizar o bem-estar geral, embora se espere que a interação de todos leve a isso. Exemplo desse caso é a divisão do governo entre "ministérios que gastam" — os quais supostamente têm metas importantes a cumprir — e um Ministério das Finanças, incumbido de controlar os gastos. Tirole (1994) também defende a institucionalização do contraditório para determinadas políticas e projetos. A seu ver, as decisões se baseiam num número maior de informações quando as informações são coletadas por vários *agents*, cada um encarregado de encontrar argumentos a favor de uma dada política ou de determinado programa, e num número menor de informações quando a informação disponível é reunida por um único *agent*, a quem cabe encontrar todas as informações relevantes a todos os projetos.

❑ Estabelecimento de competição, seja entre agências estatais e privadas (por exemplo, para a entrega de correspondência), seja entre agências estatais, no caso de o setor estar monopolizado. Embora a duplicação de esforços e talvez a economia de escala tenham um custo, a concorrência facilita a aferição

---

[22] Estas são recomendações do Banco Mundial (Haggard, 1995).

do desempenho e, combinada a incentivos adequados, melhora o desempenho.[23]

❑ Descentralização. Este é um tópico complexo e controverso. Os argumentos a favor da descentralização baseiam-se tipicamente na observação de que a provisão local de serviços públicos favorece a responsabilização (*accountability*) do governo, porque o aproxima da população que ele serve. Os argumentos contrários à descentralização asseveram que ela reduz a capacidade do governo de diminuir as disparidades regionais de renda; que ela requer uma capacidade administrativa maior[24] e que ela pode induzir a uma restrição na distribuição orçamentária, na qual as jurisdições menos eficientes seriam mais subsidiadas pelo governo central.[25] Além disso, como observa Prud'homme (1995:204): "a descentralização de impostos e dispêndios trabalha contra a descentralização de atividades, e pode levar à concentração do crescimento em algumas localidades urbanas".

Finalmente, burocracias públicas diferem das empresas privadas num aspecto fundamental, que abre a possibilidade de um monitoramento mais efetivo. Os serviços estatais são produzidos e prestados por uma burocracia cujos membros são nomeados por políticos. Os cidadãos só podem exercer um controle indireto sobre a burocracia, uma vez que as instituições democráticas não contam com mecanismos que permitam aos cidadãos sancionar diretamente as ações legais dos burocratas. No máximo, os cidadãos consideram o desempenho da burocracia ao sancionarem, pelo voto, os políticos eleitos. Como Dunn e Uhr (1993:2) observam, nem sequer parecemos saber o que pensar acerca das relações *agent* x *principal* envolvidas na ação de controlar os burocratas: "não está absolutamente claro que papel se espera que os funcionários públicos executivos desempenhem como representantes do povo. Eles são *agents* do governo ou *agents* do povo?" Embora esperemos que a burocracia estatal preste serviços aos cidadãos, impomos a ela o dever de prestar contas aos políticos (ou a outras entidades cujos membros são

---

[23] Acabo de saber que terei de esperar três semanas para obter meu novo passaporte, e não tenho dúvidas de que teria de esperar menos se houvesse mais de uma agência emissora. O serviço continuaria sendo da competência exclusiva do Estado, mas com alguma competição entre as agências estatais.
[24] Haggard, 1995. Aedo e Larranaga (1994:3) observam que essas exigências administrativas impediram o progresso da descentralização da oferta de serviços sociais em vários países latino-americanos.
[25] Para maiores detalhes, ver Prud'homme, 1995 e os comentários de McLure e de Sewell.

nomeados pelos políticos, como os tribunais ou algumas agências administrativas de acompanhamento ou supervisão).

Contudo, precisamente pelo fato de a burocracia estatal prestar serviços aos cidadãos, são os cidadãos quem têm a melhor informação sobre seu desempenho. Além disso, se os políticos se preocupam com o bem-estar dos cidadãos, então os interesses dos cidadãos coincidem com os interesses dos políticos, que são os *principals*, e não com os interesses dos burocratas, que são os *agents*. O *principal*, portanto, pode confiar na informação prestada pelas partes envolvidas. Este é, na terminologia de McCubbins e Schwartz, uma supervisão do tipo "alarme de incêndio".[26] Esse tipo de supervisão apresenta duas vantagens: a) permite que o *principal* reúna informação a custo mais baixo que a supervisão do tipo "patrulha de polícia"; e b) provê melhor informação, particularmente sobre as violações mais graves praticadas pelos *agents*. Mesmo que a autoridade legal continue a caber aos políticos eleitos, a supervisão do tipo "alarme de incêndio" é um mecanismo de *accountability* da burocracia para os cidadãos. Como observa Roman (1991:143-4): "se o controle social direto sobre os 'serviços de interesse público' é eficaz, pode pressionar os executores para que procurem ser mais eficientes e 'derrubá-los', caso as queixas acumuladas gerem decisões das autoridades que fazem a supervisão ou a auditoria, e depois dos que fiscalizam os serviços públicos".[27]

A supervisão do tipo "alarme de incêndio" requer mecanismos institucionais que facilitem o monitoramento da burocracia por parte dos cidadãos, a transmissão de informações e a punição de violações. O *Plano Diretor da Reforma do Aparelho de Estado* propõe mesmo que se criem "mecanismos que viabilizem a integração dos cidadãos ao processo de definição, implementação e avaliação da ação do setor público".[28] Entre os mecanismos específicos previstos estão a participação popular nos conselhos administrativos de agências paraestatais[29] e um "sistema de recebimento de reclamações e sugestões dos cidadãos sobre a qualidade e a eficácia dos serviços públicos".[30] Não se especificam contudo detalhes da aferição dessas medidas.

---

[26] Ver McCubbins & Schwartz, 1984.
[27] Roman, 1991:143-4. Ver também Haggard, 1995:41-2: "A última instância de controle do governo devem ser as formas institucionalizadas de participação. Podem ser do tipo 'corporativista', como as que se têm formado pela participação das ONGs em áreas que conhecem bem, ou 'legislativa', com a adoção de formas locais de governo nas quais a participação dos cidadãos é maximizada".
[28] Ver Brasil. Presidência da República, 1995:37.
[29] Ver Brasil. Presidência da República, 1995:43 e 57.
[30] Ver Brasil. Presidência da República, 1995:58.

O "alarme de incêndio" é praticado em alguns países, especialmente na Dinamarca, por meio do escritório de um *ombudsman*, dotado de poderes para conduzir investigações independentes. Outro modo de conferir poderes aos cidadãos para controlar as ações da burocracia é permitir que, individualmente, qualquer cidadão possa contestar as decisões burocráticas, nas cortes e em tribunais administrativos. Esta é uma prática comum nos Estados Unidos.

Para resumir as conclusões das duas seções anteriores: afirmei que a intervenção estatal pode ser efetiva se as instituições regulatórias forem bem-projetadas, e que os políticos podem controlar melhor os burocratas quando solicitam a cooperação dos cidadãos. Mas continua em aberto uma questão: se os políticos desejam intervir bem e controlar a burocracia.

Cidadãos e políticos[31]

O problema dos cidadãos é induzir os políticos a melhorar seu (dos cidadãos) bem-estar, em vez de perseguir seus próprios interesses, mancomunados com a burocracia ou com interesses particulares.

Em muitos sistemas políticos, inclusive nos democráticos, as burocracias parecem autônomas em relação a qualquer controle, como que completamente à prova de qualquer exame por parte do público. Moe (1990) nos oferece uma explanação sugestiva desse modelo. Vale notar, em primeiro lugar, que, em uma democracia, os burocratas nunca sabem com certeza que forças políticas estarão futuramente no controle do governo e têm motivos para temer que um futuro governo seja menos favorável aos interesses da burocracia que o que está no poder. Logo, para se proteger do risco moral do *principal* — a possibilidade de que seu bom comportamento não seja recompensado por um governo futuro —, a burocracia tenta se livrar de qualquer tipo de controle político. Por outro lado, o governo que está no poder pode temer que, não sendo reeleito, as novas forças políticas venham a querer usar a burocracia em proveito próprio. Logo, quando os governantes temem perder o poder, sentem-se incentivados a deixar a burocracia fora do controle político, mesmo que, para isso, tenham de sacrificar sua própria influência sobre os atuais burocratas. Em consequência, políticos e burocratas entram em conluio para dar autonomia à burocracia, o que significa que a burocracia não será bem-projetada para atender a objetivos sociais e que os burocratas não terão incentivos para promovê-los.

---

[31] Esta seção baseia-se em Manin, Przeworski & Stokes, 1996.

Além disso, a relação *agent* x *principal* entre os políticos eleitos e os cidadãos é muito especial, sem paralelo no mundo privado. Como os cidadãos é que detêm a soberania, são eles os *principals* em relação aos políticos que elegem. Mas, como o Estado é um mecanismo centralizado e com poder de coerção, são os *agents* que decidem a que regras os *principals* devem obediência, e quem os obriga a obedecer. Como diz Moe (1990:232): "embora os cidadãos sejam nominalmente os superiores nessa hierarquia, são os legisladores que, na verdade, controlam o serviço público e têm o direito de fazer a lei. Seu papel, como *agents*, é exercer a autoridade pública, com base nos poderes de polícia do Estado, para dizer aos *principals* o que fazer". Por que, então, os políticos prestariam contas aos cidadãos, em vez de mancomunar-se com os burocratas ou com um determinado grupo ao qual devessem obrigações?

Duas respostas a esta pergunta afirmam que, no regime democrático, os governos podem ser controlados pelos cidadãos porque são eleitos. Em uma delas, o papel das eleições de induzir à responsabilidade é prospectivo; na outra, é retrospectivo.

Do ponto de vista prospectivo, os partidos ou candidatos apresentam propostas políticas durante as campanhas eleitorais e explicam como essas políticas afetariam o bem-estar dos cidadãos; os cidadãos decidem qual das propostas querem que seja implementada, e os governos as implementam. Assim, as eleições fazem o papel da assembleia direta e a plataforma vitoriosa passa a ser o "programa" que o governo deve cumprir.

Mas há um traço nas instituições democráticas para o qual Manin (1995) chama a atenção: os políticos não são obrigados, em nenhum sistema democrático, a cumprir sua plataforma eleitoral. Em nenhum sistema democrático os representantes do povo ficam sujeitos a esse tipo de restrição. Não há Constituição democrática no nível nacional que contemple a perda do mandato neste caso. Embora sejam comuns dispositivos de *impeachment* ou de voto de desconfiança, não há nenhum relativo à quebra de promessa feita em campanha eleitoral. Prevê-se a proposição de *referenda* nacionais a partir da iniciativa dos cidadãos apenas na Suíça e, em modalidades mais restritas, na Itália e na Argentina. Portanto, a partir do momento que os cidadãos elegem seus representantes, ficam sem instrumentos institucionais para obrigá-los a cumprir o que prometeram. Os mandatos eleitorais, além disso, tendem a ser longos; em média, 3,5 anos para as assembleias legislativas e 4,7 anos para a presidência.[32] Só nas eleições seguintes, os eleitores podem punir os

---

[32] Essas médias se aplicam a todas as democracias do mundo entre 1950 e 1990. Ver Cheibub & Przeworski, 1996.

políticos que tenham traído suas promessas de campanha, bem depois de terem experimentado os efeitos da traição. E como tais julgamentos retrospectivos são sempre e inevitavelmente matizados pelos resultados a que levaram os desvios do mandato original e pelo simples correr dos anos, os cidadãos *per se* não podem obrigar ao cumprimento de promessas.

Por que, então, não há mecanismos institucionais que forcem os candidatos eleitos a serem fiéis às suas plataformas eleitorais? Historicamente, o principal argumento tem sido que as legislaturas devem ser livres para deliberar. O povo espera que seus representantes aprendam pela convivência, uns com os outros. Além disso, quando as pessoas não se sentem seguras quanto a seus próprios julgamentos, talvez esperem que seus representantes consultem especialistas. Outro argumento histórico é que os eleitores talvez não confiem em seu próprio discernimento. Não só o povo então tema as próprias paixões, mas também, se for racionalmente ignorante, deve saber que não sabe. As eleições, presumivelmente, estabeleceriam o calendário de quando dever-se-ia fazer o acerto final de contas. Como Lippmann (1956) escreveu sobre os cidadãos: "Seu dever é encher o gabinete; não, dar ordens ao ocupante do gabinete". E Schumpeter advertia os eleitores de que "devem entender que, quando elegem um indivíduo, a ação política é assunto dele, não dos eleitores. Isso significa que os eleitores precisam desistir de instruí-lo sobre o que fazer...". Os cidadãos, pois, podem querer dar algum espaço para que o governo governe e avaliar a ação governamental no momento da eleição. Por fim, as próprias instituições dar espaço a mudanças. Nenhuma plataforma eleitoral pode especificar *ex ante* o que o governo deve fazer em todos os estados contingentes da natureza: os governos precisam ter alguma flexibilidade para enfrentar circunstâncias cambiantes. Se os cidadãos esperam que as circunstâncias mudem e que os governos respondam às mudanças, não hão de querer restringir o governo com suas instruções.

Há, portanto, boas razões para que as instituições democráticas não contenham mecanismos que limitem prospectivamente a representação. Escolhemos políticas que representam nossos interesses ou candidatos que nos representam enquanto pessoas, mas queremos que os governos sejam capazes de governar. Assim sendo, embora todos preferíssemos que os governos se mantivessem fiéis a suas promessas, a democracia não contém mecanismos institucionais que assegurem que nossas escolhas sejam respeitadas.

Mas, mesmo que em prospectiva os cidadãos não tenham como controlar os governos, poderão fazê-lo retrospectivamente, se puderem obrigar os governos a se responsabilizar pelos resultados de suas ações passadas. Os governos são responsáveis (*accountable*), se os cidadãos têm como saber se os governos estão — ou se não estão — atuando na defesa dos interesses públicos e podem lhes aplicar as sanções apropriadas, de tal modo que os políticos que atuaram a favor do interesse dos cidadãos sejam reeleitos e os que não o tenham feito percam as eleições. A *accountability* funciona da seguinte maneira: os governos preveem, antecipadamente, o julgamento que será feito, retrospectivamente, pelos cidadãos; prevendo o que pensarão os eleitores, o governo escolhe políticas e emite mensagens que, a seu ver, os cidadãos considerarão positivas à época das eleições seguintes.[33] Como assinalou Hamilton: "poucos homens deixam de querer (...), muito intensamente, cumprir bem o próprio dever (...), quando se dá aos homens o direito de esperar que, por seus próprios méritos, poderão continuar a cumpri-lo. Ninguém discordará disso, se admitir que o desejo de ser recompensado é um dos mais poderosos incentivos à conduta humana; ou que o modo mais seguro de garantir a fidelidade do homem é fazer com que seu interesse coincida com seu dever".

Mesmo que motivados por interesses particulares, os políticos serão induzidos a promover o bem-estar de todos se forem forçados a ter que escolher entre obter vantagens e perder o cargo, e não obter vantagens e permanecer no cargo. As instituições políticas devem: a) satisfazer a condição de "autosseleção", fazer com que pessoas que tenham outras oportunidades vejam como atraente a possibilidade da (re)eleição;[34] e b) satisfazer a condição de compatibilidade de incentivos, isto é, fazer com que seja do interesse dos políticos cumprir o que os cidadãos esperam que cumpram.[35]

Essas condições, contudo, não bastam para garantir a *accountability* dos políticos para com os cidadãos. Há várias outras condições que as instituições devem satisfazer para que os cidadãos possam exercer controle sobre os governos:

❑ Os eleitores devem poder saber a quem atribuir de fato responsabilidade pelo desempenho do governo. Essa capacidade fica limitada quando o go-

---

[33] Ver Downs, 1957; Fiorina, 1981 e Manin, 1995.
[34] Por exemplo, no modelo seminal de *accountability* de Barro (1973), a renda privada líquida é mais alta quando os salários pagos aos funcionários públicos são mais altos: pagar altos salários aos funcionários públicos aumenta o custo da perda do cargo e, consequentemente, a efetividade do controle eleitoral.
[35] Em relação a isso, as constatações de Remmer (1993) são assustadoras: em todas as 21 eleições ocorridas na América Latina entre 1982 e 1990, diminuiu o número de votos dados aos partidos da situação. O declínio médio foi de 13,1% e a constante de regressão das condições econômicas de aproximadamente -21. Os eleitores votam contra o partido "do governo" sem considerar o que efetivamente os governos fazem, mas os políticos eleitos, por sua vez, não têm nenhum incentivo para fazer coisa alguma pelos eleitores.

verno é fruto de uma coalizão partidária. Também é limitada quando a Presidência e o Congresso são controlados por diferentes partidos. Em tais condições, só uma elaborada teoria de governo permitiria estabelecer quem é responsável pelo quê.

- Os eleitores devem poder votar para destituir do governo os partidos responsáveis por mau desempenho. Pode parecer que se trate de um traço universal das democracias, mas há sistemas eleitorais em que isso é praticamente impossível, haja vista a permanência no governo dos democrata-cristãos na Itália, ou do PLD no Japão. Como diz Pasquino (1994:25) sobre a Itália: "os partidos da situação parecem destituir os eleitores de qualquer influência política fazendo e desfazendo governos, em todos os níveis, sem o menor respeito pelos resultados das eleições".

- Os políticos devem ter incentivos para querer ser reeleitos. Essa condição torna-se problemática quando há restrições à reeleição, frequentes nos sistemas presidencialistas, e quando os partidos políticos não são organizações burocráticas estáveis que oferecem "carreiras" a seus militantes. Paldam (1991) observa que os coeficientes da função que relaciona possibilidade de reeleição e resultados econômicos são mais altos quando o sistema partidário é estável.

- Os eleitores devem dispor de instrumentos institucionais para recompensar e punir os governos pelos resultados que produzem em diferentes domínios. Mas as eleições são, em essência, um instrumento "grosseiro" de controle: os eleitores têm de avaliar todo o pacote de políticas governamentais em apenas uma decisão.

A assimetria de informação entre governo e eleitores dificulta ainda mais a *accountability*. A visão padrão de como funciona esse mecanismo baseia-se no "voto retrospectivo". Nesse modo de pensar, os cidadãos estabelecem alguns padrões de desempenho pelos quais avaliam os governos: decidem votar "com o governo" se sua renda aumentou, no mínimo, 4% durante aquele mandato; se há maior segurança nas ruas; se a seleção de futebol se classificou para a final da Copa do Mundo. Não sendo satisfeitas essas exigências, votam "contra o governo". Os governos, por sua vez, desejando ser reeleitos e conhecendo as regras pelas quais os cidadãos decidem, fazem o possível para satisfazer esses critérios.

O problema é que nem sempre basta observar os resultados para poder decidir se o governo está fazendo tudo o que pode fazer para promover o bem-estar de todos ou se está servindo a interesses particulares. Os cidadãos só se interessam pelos resultados, mas querem saber se são os melhores possíveis em condições que não veem completamente. E têm de julgar a partir do que veem. Trata-se de fazer inferências e essas inferências são mais fáceis sob certas condições.

Suponhamos que os cidadãos não veem algumas das condições que os políticos veem. Entre essas condições pode estar o conteúdo dos cofres do governo: estarão cheios ou vazios?[36] Ou a postura que o país adota ao negociar com as instituições financeiras internacionais: é de acomodação ou de desafio? Os governos decidem se vão implantar a política A, que é melhor para os cidadãos se as condições são boas; ou a política B, que é melhor para os cidadãos se as condições são más. Suponhamos ainda que, em quaisquer das condições, as vantagens auferidas pelo governo serão maiores se adotar a política B.

A regra do voto retrospectivo só contribui para assegurar a *accountability* se os cidadãos conhecerem não só o resultado obtido, mas também os outros resultados possíveis, caso o governo tivesse feito outra coisa, ou se as condições fossem diferentes. Quando os eleitores podem inferir se o governo fez o que deveria ter feito considerando apenas o resultado obtido, o voto retrospectivo permite que os cidadãos controlem os políticos. Contudo, mesmo que os cidadãos tenham boas teorias acerca dos efeitos das políticas sobre os resultados, talvez continuem sem poder avaliar se o governo atuou bem. Suponhamos que os eleitores não saibam se determinado resultado não ocorreu porque as condições eram boas, mas o governo buscava auferir vantagens, ou porque as condições eram más e aquela era a política adequada às circunstâncias. Nesse caso, os cidadãos não podem fazer qualquer inferência, a partir dos resultados que experienciam ou observam, quanto à qualidade das ações do governo. Não há regra retrospectiva que sirva, se for baseada apenas em resultados.

Se os cidadãos estão inseguros quanto às condições objetivas ou quanto às relações causais entre políticas e resultados, devem se valer de outras informações para avaliar as ações do governo. Não basta fazer o julgamento retrospectivo baseado apenas nos resultados. Os cidadãos podem querer ouvir explicações, previsões e promessas; podem querer saber de onde vem o apoio financeiro com que contam os políticos, o que o irmão do presidente faz para ganhar a vida, ou que tipo de pessoa é "de fato" o presidente. Praticamente tudo pode ajudar: pistas como símbolos e identidades são úteis para

---

[36] Bresser Pereira (1992:4) conta que só soube que as reservas brasileiras estavam reduzidas a quase nada ao se encontrar com o presidente Sarney, depois de ter aceito a indicação de seu nome para o cargo de ministro da Fazenda.

se avaliar posteriormente as ações do governo. A rigor, o que pode parecer voto "de manifestação" (*expressive voting*) — o voto que se orienta por símbolos e identidades — pode ser bem útil quando os eleitores não dispõem de nenhuma outra informação para julgar o desempenho do governo.

O que conta é que a probabilidade de um governo atuar bem é sensível à informação a que os cidadãos têm acesso. Przeworski e Stokes (1995) fornecem uma lista das informações que os cidadãos podem usar para fazer avaliações retrospectivas dos governos. Constam dessa lista: a) motivações dos políticos; b) fontes de apoio financeiro aos partidos e às campanhas eleitorais; b) condições financeiras dos políticos; d) todas as condições objetivas consideradas pelo governo; e) relações causais entre políticas e resultados. As pessoas não precisam dispor, ao mesmo tempo, de todas as informações desta lista. Se sabem que os políticos estão enriquecendo, ou que são ligados a interesses específicos, essa informação já basta para que infiram que o governo está prejudicando seus interesses. Se sabem que os políticos são desprendidos (e competentes), podem inferir que o governo terá boa atuação. Se conhecem as condições objetivas e o efeito das políticas sobre os resultados, podem formar juízos objetivos. Assim, os cidadãos não precisam saber "tudo". Mas devem saber o suficiente para fazer avaliações confiáveis.[37]

Avaliações posteriores, baseadas nesse tipo de informação, não garantem que o comportamento do governo seja perfeito. A total *accountability* é impossível. Além disso, os cidadãos costumam punir certos governos que, de fato, agem de boa-fé e não deixar de recompensar alguns governos que agem de má-fé. Mas se os eleitores são bem-informados, podem pelo menos reduzir o risco de *rents*. Portanto, temos de perguntar outra vez que mecanismos institucionais amenizariam os efeitos desses problemas informacionais:

❑ O primeiro tem a ver com a oposição. Os cidadãos têm dois *agents*, não um: o governo que está no poder, que escolhe as políticas, e a oposição, que aspira a se tornar governo. A oposição é um *agent* dos cidadãos, posto que quer chegar ao poder e, para tanto, tem também que prever as avaliações retrospectivas que, nas eleições, os eleitores farão dos políticos que hoje ocupam o poder. Prevendo que juízo a população faz do governo, a oposição é incentivada a monitorá-lo e a informar (seja a informação verdadeira ou falsa)

---

[37] E as pessoas querem ter essa informação: segundo o *World Values Study*, por volta de 1990, 89% dos argentinos, 96% dos brasileiros, 84% dos chilenos, 82% dos mexicanos e 79% dos norte-americanos concordavam em que "nosso governo deve ser muito mais aberto para o público" (Turner & Ecordi, 1995:478).

os cidadãos sobre o mau desempenho do governo que está no poder. Vencerá as eleições se persuadir os eleitores de que o governo não atende aos anseios da população. Ainda que, a princípio, os cidadãos só se preocupem com resultados e não com as políticas que levam a eles, a oposição pode induzir os eleitores a se interessarem pelas políticas se conseguir persuadi-los de que outras políticas levariam a melhores resultados.[38] E se os partidos de oposição informarem os cidadãos sobre os descaminhos do governo ou apenas sobre sua fonte de dinheiro, estão reduzindo o custo da informação para o eleitor.

❑ Também os veículos de comunicação têm um papel específico a desempenhar. Devem não só informar, como também focalizar mais a atenção nas condições gerais do que nos interesses particulares. Para diminuir a possibilidade de que um governo manipule as maiorias cíclicas, os eleitores devem ter comportamento sociotrópico: devem basear suas decisões em certos estados gerais da economia ou da sociedade, e não se orientar exclusivamente pela especificidade de suas próprias condições.[39]

❑ Os mecanismos da *accountability* não são apenas "verticais" — dos políticos eleitos para os eleitores —, são também "horizontais" — entre os vários ramos do governo (O'Donnell, 1991). As eleições inevitavelmente têm características de plebiscito: por mais bem-informados que estejam os eleitores, a eleição permite apenas que ratifiquem ou rejeitem, de tempos em tempos, as decisões tomadas pelas equipes formadas por seus representantes, que competem e cooperam umas com as outras (Bobbio, 1989:116). Um processo legislativo deliberativo e aberto obriga os representantes a justificarem publicamente os cursos de ação que preconizam e a reunirem a informação de que dispõem: o processo legislativo é a ocasião de expor as relações técnicas entre as políticas e os resultados, em termos concretos e detalhadamente. Ele não só força o Executivo a justificar e a defender suas ações perante outros órgãos

---

[38] Ver Arnold, 1993.
[39] Se os eleitores não são sociotrópicos, os governos que estão no poder podem manipular a agenda para serem reeleitos, ao mesmo tempo em que prejudicam os interesses da antiga e da nova maioria (Ferejohn, 1986). Dewatripont e Roland demonstraram, no contexto de reformas econômicas, que o governo pode obter, em dois turnos, o apoio da maioria em decisões para as quais não alcança a maioria em um único turno, mesmo que os eleitores saibam que o governo voltará a apresentar a mesma proposta. O comentário dos autores desarma: "sob a regra da maioria, está demonstrado que é possível, para o governo, *obter o apoio da maioria para um esquema de reformas que, por tempo ilimitado, fere os interesses da maioria.* (...) Estes resultados indicam que, num contexto dinâmico, as restrições impostas pela democracia não devem ser superestimadas como obstáculo a reformas econômicas que visem a aumentar a eficiência" (Dewatripont & Roland, 1992:703).

do governo, mas também informa os cidadãos. O poder de governar por decreto, usado obsessivamente no Peru, na Argentina e no Brasil durante a última década, mutila esse processo e priva os cidadãos da oportunidade de conhecer a qualidade das políticas. Ao privar a legislatura de sua função deliberativa, e os cidadãos da informação sobre os méritos relativos de políticas alternativas, o decreto-lei reduz a eficácia dos mecanismos de *accountability*. Na verdade, governar por decreto quase sempre passa a ideia de que o Executivo está ocultando dos cidadãos, e do Legislativo, algumas das razões que o levaram a preferir determinadas políticas.

❑ Finalmente, mesmo que todas as instituições democráticas clássicas, tal como as conhecemos, estejam funcionando bem, elas não são suficientes para garantir a *accountability* e para capacitar os cidadãos a obrigarem os governos a cumprir com seu dever. Os governos sempre disporão de informação privada sobre seus objetivos, sobre algumas condições objetivas e sobre as relações entre as políticas e seus resultados. Isso é inevitável. Mas a qualidade e a quantidade da informação posta à disposição dos cidadãos para que julguem as ações do governo podem ser melhoradas através de inovações institucionais, de instituições independentes de outros órgãos do governo, e que ofereçam aos cidadãos a informação necessária para que aperfeiçoem sua avaliação *a posteriori* dos atos do governo, não apenas dos resultados. Essas instituições podem incluir: a) comissões independentes que garantam a transparência das contribuições de campanha e que tenham poder para fazer suas próprias sindicâncias; b) um ramo independente do Estado para auditoria, um auditor-geral, na linha da *controlaría* chilena;[40] c) uma fonte independente de informação estatística sobre o estado da economia; d) uma função privilegiada, para a oposição, de supervisão dos veículos de informação que pertençam ao Estado. Todos estes seriam, para usar os termos de uma comissão australiana, "agências de responsabilização".[41]

Conclusões

Vamos concluir com um exemplo. Tem sido amplamente divulgado que, em todo o mundo, apenas cerca de 40% do total de recursos alocados como subsídio à alimentação chegam à boca dos pobres; o resto desaparece ao longo do caminho. Diante desse fato, há duas reações possíveis: uma é

---

[40] Ver World Bank, 1994:32.
[41] Ver Dunn & Uhr, 1993.

dizer que, como os programas são ineficientes, não devem continuar a ser postos em prática. A outra é reformar os sistemas de distribuição: organizar os incentivos de tal modo que só se candidatem a recebê-los aqueles que realmente precisem deles; que as agências governamentais possam saber quem são essas pessoas; que os cidadãos possam informar aos políticos quem são realmente os necessitados, e se somente eles têm recebido ajuda; e que os políticos temam perder seus cargos se a maior parte do dinheiro acabar entrando no bolso errado. Afirmei que esta segunda solução é viável e melhor que a primeira. Isso não quer dizer que a alocação ótima é possível: os melhores programas de distribuição de alimentos consomem cerca de 20% das verbas só na distribuição, e esse custo é inevitável. Alguma ineficiência é inevitável, posto que os governos, como os cidadãos, são limitados pela informação e pelos custos transacionais. O que cabe à reforma do Estado é fazer o governo funcionar o melhor possível dentro dessas limitações.

A reforma do Estado deve ser concebida em termos de mecanismos institucionais pelos quais os governos possam controlar o comportamento dos agentes econômicos privados, e os cidadãos possam controlar os governos. A questão quanto a se um Estado neoliberal é ou não é superior a um Estado intervencionista não pode ser resolvida em termos gerais, uma vez que a qualidade da intervenção estatal depende de um desenho institucional específico. Porém, o Estado neoliberal é, pelo menos, um parâmetro pelo qual se pode aferir a qualidade da intervenção estatal: como as alocações do mercado não são eficientes, desaparelhar o Estado não é um objetivo racional de reforma do Estado.

A intervenção estatal pode ser melhor do que a não intervenção nos casos em que o desenho institucional permita que os governos intervenham na economia, que os políticos controlem os burocratas, e que os cidadãos controlem os governos. Mesmo correndo o risco de ser repetitivo, vale lembrar mais uma vez que todas essas exigências têm de ser satisfeitas: os governos devem poder discernir os casos em que a intervenção fará aumentar as taxas sociais de retorno e deve ter instrumentos para uma intervenção efetiva. Mas os próprios governos devem ter incentivos para intervir bem e precisam estar sujeitos a sanções quando não atuarem em prol dos interesses públicos. Os políticos eleitos devem querer, e poder, controlar as burocracias, que não estão sujeitas à sanção popular direta. Os cidadãos devem ser capazes de distinguir os bons dos maus governos e devem poder aplicar-lhes a sanção adequada, a fim de que os governantes que atuem bem sejam reeleitos e os demais sejam derrotados nas eleições.

Essas exigências são difíceis de cumprir e nunca são totalmente satisfeitas. Mas o desenho institucional é importante. A verdade é que, nos últimos

200 anos, pensamos pouco sobre o desenho institucional da democracia. Desde a grande explosão do pensamento institucional, quando se inventaram as instituições democráticas atuais — e, sim, elas foram inventadas — praticamente não se viu mais criatividade institucional. Salvo o caso dos dispositivos que previam a cogestão dos operários — que nunca foram implementados — da Constituição de Weimar, as últimas grandes invenções políticas foram a descoberta da representação proporcional, nos anos de 1860, e dos partidos de massa, nos anos de 1890. Todas as democracias que surgiram a partir do final do século XVIII, incluídas as mais novas, apenas combinam de modos diferentes porções — às vezes quase pitadas — de instituições já existentes. Há, portanto, muito espaço para a criatividade institucional.

Referências bibliográficas

Aedo, Cristian & Larranaga, Osvaldo. *Social service delivering systems: an agenda for reform*. Washington, D.C., Inter-American Development Bank, 1994.

Arnold, Douglas. Can inattentive citizens control their elected representatives? In: Dodd, Lawrence C. & Oppenheimer, Bruce I. (eds.). *Congress reconsidered*. 5 ed. Washington, CQ Press, 1993.

Baron, David T. The economics and politics of regulation: perspectives, agenda, and approaches. In: Banks, Jeffrey S. & Hanushek, Eric A. (eds.). *Modern political economy*. Cambridge, Cambridge University Press, 1995. p. 10-63.

Barro, Robert J. The control of politicians: an economic model. *Public Choice*, 14:19-42, 1973.

———. Government spending in a simple model of endogenous growth. *Journal of Political Economy*, 98:S103-S126, 1990.

Bobbio, Norberto. *Democracy and dictatorship*. Minneapolis, University of Minnesota Press, 1989.

Brasil. Presidência da República. *Plano diretor da reforma do aparelho de Estado*. Brasília, Imprensa Nacional, 1995.

Bresser Pereira, Luiz Carlos. Contra a corrente no Ministério da Fazenda. *Revista Brasileira de Ciências Sociais*, 19:5-30, 1992.

Buchanan, J. M.; Tollison, R. & Tullock, Gordon (eds.). *Toward a theory of the rent-seeking society*. College Station, Texas A&M University Press, 1980.

Calmfors, Lars & Horn, Henrik. Classical unemployment, accomodation policies and the adjustment of real wages. *The Scandinavian Journal of Economics*, 87:234-61, 1985.

Cheibub, José Antonio & Przeworski, A. An econometric evaluation of the impact of government spending on economic growth. Chicago Center on Democracy, University of Chicago, 1994. (Working Paper, 7.)

———. Democracy, elections, and accountability for economic outcomes. Documento apresentado à Conference on Democracy and Accountability, New York University, Apr. 26-28, 1996.

Coase, R. H. The problem of social cost. *The Journal of Law and Economics,* 3:1-44, 1960.

Cui, Zhiyuan. Incomplete markets and constitutional democracy. University of Chicago, 1992 (inédito).

Cukierman, Alex. *Central bank strategy, credibility and independence.* Cambridge, Mass., MIT Press, 1992.

Dewatripont, M. & Roland, G. Economic reform and dynamic political constraints. *Review of Economic Studies,* 59:703-30, 1992.

Downs, Anthony. *An economic theory of democracy.* New York, Harper and Row, 1957.

Dunn, Delmer D. & Uhr, John. Accountability and responsibility in modern democratic governments. Documento apresentado à Reunião Anual da American Political Science Association. Washington, D.C., Sept. 2-5, 1993.

Elster, Jon. *Ulysses and the Sirens: studies in rationality and irrationality.* Cambridge, Cambridge University Press, 1979.

———. The impact of Constitutions on economic performance. *Proceedings of the World Bank Annual Conference on Development Economics;* with comments by Adam Przeworski and Pranab Bardhan. 1995a. p. 209-26.

———. Ulysses revisited. Columbia University, 1995b (inédito).

Ferejohn, John A. Incumbent performance and electoral control. *Public Choice,* 50:5-25, 1986.

Findlay, Ronald. The new political economy: its explanatory power for the LDCs. *Economics and Politics,* 2:193-221, 1990.

Fiorina, M. P. *Retrospective voting in American national elections.* New Haven, Yale University Press, 1981.

Groves, Theodore. The impossibility of incentive-compatible and efficient full cost allocation schemes. In: Young, Peyton (ed.). *Cost allocation: methods, principles, applications.* Amsterdam, Elsevier, 1985. p. 95-100.

Habermas, Jürgen. *Legitimation crisis.* Boston, Beacon Press, 1975.

Haggard, Stephan. The reform of the State in Latin America. Documento apresentado à Conferência Anual do Banco Mundial sobre Desenvolvimento na América Latina. Rio de Janeiro, June 12-13, 1995.

Holmstrom, Benet. Moral hazard in teams. *Bell Journal of Economics,* 13:324-40, 1982.

Key, V. O., Jr. *The responsible electorate.* New York, Vintage, 1966.

Kiewiet, D. Roderick & McCubbins, Matthew D. *The logic of delegation: congressional parties and the appropriation process*. Chicago, University of Chicago Press, 1991.

Kydland, Finn E. & Prescott, Edward C. Rules rather than discretion: the inconsistency of optimal plans. *Journal of Political Economy*, 85:473-91, 1977.

Laffont, Jean-Jacques & Tirole, Jean. The dynamics of incentive contracts. *Econometrica*, 56:1.153-75, 1988.

―――. *A theory of incentives in procurement and regulation*. Cambridge, Mass., MIT Press, 1994.

Lippmann, Walter. *The public philosophy*. New York, Mentor Books, 1956.

Lowi, Theodore J. *The end of liberalism: the second Republic of the United States*. New York, W. W. Norton, 1979.

McCubbins, Matthew & Schwartz, Thomas. Congressional oversight overlooked: police patrols versus fire alarms. *American Journal of Political Science*, 28:165-79, 1984.

Manin, Bernard. *Principes du gouvernement representatif*. Paris, Calmann-Levy, 1995.

―――; Przeworski, A. & Stokes, Susan. Democracy and accountability. Documento apresentado à Conference on Democracy and Accountability. New York University, Apr. 26-28, 1996.

Martins, Luciano. Reforma da administração pública e cultura política no Brasil: uma visão geral. Enap, 1996. p. 9-39.

Miller, Gary J. *Managerial dilemmas; the political economy of hierarchy*. Cambridge, Cambridge University Press, 1992.

Moe, Teny M. Political institutions: the neglected side of the story. *Journal of Law, Economics and Organization*, 6:213-53, 1990.

Niskanen, William A. *Bureaucracy and representative government*. Chicago, University of Chicago Press, 1971.

O'Donnell, Guillermo. Delegative democracy? East-South system transformations. University of Chicago, 1991. (Working Paper, 21.)

Paldam, Martin. How robust is the vote function?: a study of seventeen nations over four decades. In: Northop, Helmuth; Lewis-Beck, Michael S. & Lafay, Jean-Dominique (eds.). *Economics and politics: the calculus of support*. Ann Arbor, University of Michigan Press, 1991.

Pasquino, Gianfranco. Shaping a better republic? The Italian case in a comparative perspective. Madrid, Instituto Juan March de Estudios e Investigaciones, 1994. (Working Paper, 62.)

Posner, Richard A. The Constitution as an economic document. *The George Washington Law Review*, 56:4-38, 1987.

Prud'homme, Remy. The dangers of decentralization. *The World Bank Research Observer*, 10:201-20, 1995. (Com comentários de Charles E. McLure, Jr. e David O. Sewell.)

Przeworski, Adam & Limongi, Fernando. Political regimes and economic growth. *Journal of Economic Perspectives*, 7:51-69, 1993.

────── & Stokes, Susan C. Citizen information and government accountability: what must citizens know to control politicians? Documento apresentado à Reunião Anual da American Political Science Association. Washington, D.C., 1995.

Ram, Rati. Government size and economic growth: a new framework and some evidence from cross-section and time-series data. *American Economic Review*, 76:191-203, 1986 (with comments by Jack L. Carr and V. V. Bhanoji Rao); *American Economic Review*, 79:267-84, 1989.

Remmer, Karen. The political impact of economic crisis in Latin America in the 1980s. *American Political Science Review*, 85:777-800, 1993.

Roemer, John E. *Theories of distributive justice*. Cambridge, Mass., Harvard University Press, 1996.

Roman, Jaime. Estado y administración. In: Tagle D., Matias (ed.). *Los desafíos del Estado en los años 90*. Santiago de Chile, Corporación de Promoción Universitaria, 1991.

Rowat, Malcolm; Malik, Waleed H. & Dakolias, Maria (eds.). *Judicial reform in Latin America and the Caribbean. Proceedings of a World Bank conference*. Washington, D.C., World Bank, 1995. (World Bank Technical Paper, 280.)

Schumpeter, Joseph A. *Capitalism, socialism, and democracy*. New York, Harper & Brothers, 1942.

Shihata, Ibrahim F. I. Judicial reform in developing countries and the role of the World Bank. In: Rowat, Malcolm; Malik, Waleed H. & Dakolias, Maria (eds.). *Judicial reform in Latin America and the Caribbean. Proceedings of a World Bank Conference*. Washington, D.C., World Bank, 1995. (World Bank Technical Paper, 280.)

Skidelsky, Robert (ed.). *The end of the Keynesian Era: essays on the disintegration of the Keynesian political economy*. New York, Holmes and Meier, 1977.

Spiller, Pablo T. Regulatory commitments and utilities' privatization: implications for future comparative research. In: Banks, Jeffrey S. & Hanushek, Eric A. (eds.). *Modern political economy*. Cambridge, Cambridge University Press, 1995.

Stigler, George. *The citizen and the State. Essays on regulation*. Chicago, University of Chicago Press, 1975.

Stiglitz, Joseph E. *Whither socialism?* Cambridge, Mass., MIT Press, 1994.

Tirole, Jean. The internal organization of government. *Oxford Economic Papers*, 46:1-29, 1994.
Tollison, Robert D. Rent seeking: a survey. *Kyklos*, 35:575-602, 1982.
Turner, Frederick C. & Ecordi, Carlos A. Economic values and the role of government in Latin America. *International Social Science Journal*, 145:473-88, 1995.
Weder, Beatrice. Legal systems and economic performance: the empirical evidence. In: Rowat, Malcolm; Malik, Waleed H. & Dakolias, Maria (eds.). *Judicial reform in Latin America and the Caribbean. Proceedings of a World Bank Conference.* Washington, D.C., World Bank, 1995. (World Bank Technical Paper, 280.)
Wolf, Charles, Jr. A theory of nonmarket failure: framework for implementation analysis. *Journal of Law and Economics*, 22:107-39, 1979.
World Bank. *Governance: The World Bank's experience.* Washington, D.C., World Bank, 1994.

A revolução global: reforma da administração do setor público
DONALD F. KETTL*

A reforma no mundo

Desde os primeiros anos 80, vê-se crescer em todo o mundo uma onda global de reforma do setor público. Praticamente todos os governos têm empreendido esforços para modernizar e agilizar a administração pública. Em todos os países, os governos têm sido abertamente pressionados a reduzir o tamanho do Estado. Em nenhum outro momento da história o movimento em favor da reforma da administração pública avançou tanto e tão depressa.

Embora a ideia de reforma do Estado tenha surgido em todo o mundo, muito pouco se sabe sobre suas causas. Os governos, de fato, têm-se proposto um conjunto heterogêneo de metas variadas e muitas vezes contraditórias, mas, ainda assim, certos temas afloram repetidamente. Os reformadores prometem agilizar a administração. Têm lutado muito para dotar os serviços públicos de maior eficácia, de maior eficiência e para reduzir custos. A grande maioria comprometeu-se com a ideia de reduzir o tamanho do Estado.[1]

O que chama a atenção é que o movimento favorável à redução do Estado tornou-se virtualmente universal, por maiores que sejam alguns deles. Estados que têm grandes aparelhos de administração pública, como a Suécia, deram início a reformas praticamente ao mesmo tempo que Estados nos quais o setor governamental é muito menor, como o Reino Unido. Da Coreia ao Brasil, de Portugal à Nova Zelândia, a reforma do setor governamental tornou-se um fenômeno verdadeiramente universal. Em todo o mun-

---

* Professor de administração pública e ciências políticas da Universidade de Wisconsin, Madison, e professor visitante da Brookings Institution.
[1] Um levantamento muito útil foi produzido pelo United States General Accounting Office (1995).

do, os cidadãos e seus representantes eleitos parecem simplesmente ter chegado à conclusão de que o governo de *seu* país, seja qual for o seu tamanho relativo, é grande demais e precisa ser reduzido, de que a administração pública é muito cara e deve ser modificada para oferecer maior eficiência e maior eficácia. É provável que a história registre este como o primeiro efeito verdadeiro da era da informação: intelectuais e funcionários do Estado servindo-se uns das ideias dos outros para difundir a necessidade de reduzir as dimensões da administração pública.

Dois dilemas

Apesar do interesse universal que desperta a ideia de reforma, há nesta dois dilemas. Um é o impulso para organizar governos que funcionem melhor e custem menos. Táticas de curto prazo para cortar gastos têm feito com que, a longo prazo, seja ainda mais difícil se obter melhores resultados. O outro dilema é decidir o que o governo deve fazer. Muitas reformas têm-se concentrado na identificação das partes do Estado que podem ser reduzidas. Esse tipo de proposta, contudo, não define nem o núcleo essencial do Estado que se quer ter, nem o que fazer para que ele funcione. É impossível encontrar as melhores soluções para a reforma do setor público sem antes entender a fundo os problemas.

Funciona melhor/custa menos. Um ótimo exemplo do primeiro dilema é o esforço que os Estados Unidos têm feito para "reinventar" a administração pública. Quando ainda candidato à presidência, Bill Clinton ficou fascinado por um *best-seller*, *Reinventing government*.[2] Depois de eleito, em 1993, Clinton incumbiu o vice-presidente Al Gore de conduzir um estudo de seis meses sobre o que fazer para melhorar o governo americano. Gore entregou-lhe um relatório no qual examinava, em varredura, toda a administração pública norte-americana (Gore, 1993). Embora alguns tenham criticado o relatório de Gore, a campanha pela reinvenção do governo produziu muitos resultados — mais, em alguns casos, do que esperava o governo Clinton.[3]

O esforço norte-americano chama a atenção, entretanto, para duas importantes questões que os reformadores têm tido de enfrentar em todo o mundo. Em primeiro lugar, os imperativos da política frequentemente fazem com que os reformadores procurem obter "vitórias" transparentes e rápidas. Nenhuma reforma começa por vontade própria; por trás de cada reforma

---

[2] Ver Osborne & Gaebler, 1992.

[3] Ver Kettl & DiIulio, 1995a, sobretudo o cap. 2. Ver também Kettl & DiIulio, 1995b.

sempre há um poderoso imperativo político a empurrá-la para adiante. A partir do momento em que as autoridades anunciam um plano de reformas começa a se formar e a crescer uma forte pressão por resultados. É importante que se obtenham alguns sucessos a curto prazo, para que se solidifique o apoio político que será muito necessário mais adiante, quando surgirem os desafios maiores. Nos Estados Unidos, como em outros países, o governo Clinton começou por duas medidas que tiveram muito sucesso: cortes no orçamento e redução do número de burocratas.

Em segundo lugar, embora resultados claros sejam vitais para promover a reforma, a preocupação em bons e rápidos resultados mediante cortes orçamentários tem frequentemente impedido melhorias de desempenho mais significativas a longo prazo. Reformas autênticas no setor público exigem esforço concentrado e duradouro. Nos Estados Unidos, porém, o interesse em obter resultados rápidos dirigiu a reforma para o corte do número de funcionários do Estado — os mesmos funcionários públicos dos quais o governo teria de depender se quisesse obter resultados a longo prazo. O entusiasmo pela reforma da administração pública evapora-se rapidamente quando ninguém vê vantagens no que está sendo feito, mas táticas que rapidamente produzam vantagens visíveis podem fazer com que, a longo prazo, seja ainda mais difícil obter resultados duradouros.

Os reformadores da administração pública têm tentado criar um Estado mais barato e mais eficiente. Na prática, porém, é difícil para os reformadores contemplar, ao mesmo tempo, economias de curto prazo e bons resultados futuros; dedicar-se a mudanças radicais e imediatas e ao processo contínuo de reforma; implementar decisões extremamente duras e táticas que visem a motivar os funcionários. *Para se ter uma reforma efetiva e duradoura é preciso encontrar mecanismos que conciliem interesses políticos imperativos de curto prazo e metas de longo prazo.*

O papel do governo. O segundo dilema diz respeito ao que cabe ao governo fazer. Os reformadores têm-se esforçado para fazer o maior número possível de cortes; o Estado tem sido definido a partir do que sobra, depois de todos os cortes. No Reino Unido e na Nova Zelândia, isso levou a um processo de privatização de empresas estatais que durou anos.[4] Nos Estados Unidos, cujo setor público era muito menor, o processo foi muito menos ordenado: jogou-se ao mar, para fora do barco do Estado, tudo quanto, à primeira vista, não tivesse utilidade imediata. Foi um jogo predominantemente

---

[4] Sobre a experiência neozelandesa, ver Boston et alii, 1991; e Boston (ed.), 1995. Sobre o Reino Unido, ver Campbell & Wilson, 1995.

negativo. Em alguns países pôde-se definir, com melhor estratégia, o que o Estado podia e o que não podia dispensar, mas várias nações acompanharam o profundo pragmatismo dos norte-americanos. A maioria das nações se preocupou em "aparar" os contornos da administração pública valendo-se para tanto de inúmeros mecanismos:

- limitação das dimensões do setor público;
- privatização;
- comercialização ou corporatização de órgãos públicos;
- descentralização para governos subnacionais;
- desconcentração no governo central;
- uso de mecanismos típicos de mercado;
- novas atribuições aos órgãos da administração central;
- outras iniciativas de reestruturação ou "racionalização" (OECD, 1995:13).

Não há dúvidas de que essas abordagens serviram de combustível para reformas extraordinárias, mas seus limites estão se tornando visíveis. Na Nova Zelândia, que começou antes e foi mais longe, houve comentários, dos próprios funcionários públicos, de que o setor público estaria sendo reduzido demais. Reduzir o setor público, na melhor das hipóteses, é uma resposta apenas parcial. Mais cedo ou mais tarde, todo reformador é obrigado a responder à pergunta da qual, no início da reforma, todos fogem. Façam o que fizerem, no momento de reduzir o setor público, os reformadores têm de decidir o que o governo fará com o que sobrar. Quais as funções essenciais e irredutíveis do Estado? Em algum momento do processo, a reforma deve dar uma guinada e passar de uma teoria negativa a uma teoria positiva de governo. Este não é um aspecto opcional ou negociável. O único problema, de fato, é saber quanto tempo as autoridades demorarão para chegar a uma nova teoria positiva de governo e se a encararão com entusiasmo ou se, ao contrário, tropeçarão nela como se fosse um grande refúgio que sobrou das fases iniciais do debate.

Ambição desmedida

Os dois dilemas não têm conseguido deter o ímpeto dos reformadores, nem tornado mais lento o ritmo do que já pode ser visto como uma revolução global. Os reformadores pressionam para que se façam reformas ambiciosas e muitas vezes precipitadas. Nas páginas a seguir, discutirei a revolução global:

as ideias centrais que a inspiraram, as mudanças nos processos de governo que levaram a ela e as mudanças que introduziu na estrutura organizacional do setor público. Todas essas reformas levam à maior e mais importante questão: a busca de meios que assegurem a *res publica*, o uso do Estado para promover o interesse público.[5] Para concluir, examinarei questões vitais, mas ainda sem resposta, que frequentemente têm comprometido o sucesso a longo prazo das reformas.

Ideias

A ideia de reformar o setor governamental não é nova. De fato, se há algo mais antigo que a própria ideia de governo é a ideia de aprimorá-lo. Mas a revolução global pela reforma da administração pública é diferente em dois aspectos. Primeiro, essa revolução se alastrou rapidamente por todo o mundo. Embora se tenham creditado aos países do *Westminster* (sobretudo Nova Zelândia, Austrália e Reino Unido) os méritos de terem começado antes e ido mais longe, o movimento em prol da reforma é caracteristicamente global: nos países desenvolvidos e em desenvolvimento, a necessidade urgente de reduzir o tamanho do Estado e de melhorar seu desempenho cresce e se espraia como uma onda. Por toda a parte, os formadores de opinião encarregam-se de difundir as ideias da reforma. Os reformadores do Estado, por sua vez, copiam rapidamente as ideias que lhes parecem interessantes. Contudo, os motivos que levaram o movimento pró-reformas a ter uma acolhida tão favorável e a se difundir tanto e em tão pouco tempo continuam a constituir uma pergunta importante e sem resposta; e as pesquisas para desvendar esse enigma retardaram os esforços para modificar o funcionalismo público. Mas a realidade dessa transformação global é incontestável.

Em segundo lugar, a revolução partiu de um novo conceito, batizado de *managerialism*: a estrutura de governo existente já não atende às necessidades dos governos. De modo especial, foi a tradicional hierarquia burocrática, com seus procedimentos baseados em regras e a rigidez que estas regras geram, que passou a ser vista como superada e inútil. Os cidadãos reclamavam da burocracia estatal autoritária que não funcionava; da inflexibilidade que ninguém conseguia alterar; dos programas e organizações que se superpunham e impossibilitavam a coordenação; dos organismos públicos, que pareciam mais interessados em promover seus próprios negócios do que

---

[5] Adotando uma perspectiva ainda pouco explorada, a reforma do setor público brasileiro tem-se centrado nesta questão. Ver Brasil. Presidência da República, 1995.

em servir aos cidadãos. Mesmo as teorias mais bem-estruturadas e desenvolvidas de autoridade e hierarquia que serviram de pedra de toque para os governos modernos por bem mais de um século foram sumariamente arrasadas pelos reformadores. O plano era substituir a autoridade e a rigidez pela flexibilidade; a atenção à estrutura, pela melhoria do processo. Mais do que tudo, porém, os reformadores basearam sua revolução na erosão da teoria da hierarquia burocrática baseada na autoridade que por tanto tempo havia dominado a gestão pública.

Trata-se de uma revolução de ideias e de uma revolução de política pública. No âmago da revolução das ideias, porém, há um conflito profundo quanto ao rumo que a luta deva tomar. A chave da reforma governamental estará em varrer todo e qualquer obstáculo antiquado e irracional e abrir caminho para administradores públicos esforçados e bem-intencionados? Ou devem-se reformar as condições de trabalho atuais dos administradores públicos para obrigá-los a deixar o relativo conforto dos monopólios estatais e enfrentar a concorrência, com o que acabarão por desenvolver seus talentos e chegarão a melhores resultados?

Meios de chegar à flexibilidade

Há um consenso quase unânime em torno da ideia de que os administradores públicos precisam de maior flexibilidade para trabalhar, e de que o grande obstáculo à introdução dessa flexibilidade são os padrões vigentes de hierarquia e autoridade. As autoridades públicas, contudo, têm escolhido abordagens muito diversas para dar início aos seus programas de flexibilização.

Em alguns países, particularmente na Austrália e na Suécia, os reformadores do Estado pregaram a necessidade de "deixar o gerente gerenciar". A filosofia subjacente, neste caso, garantia que os administradores públicos profissionais sabiam exatamente o que fazer, mas que havia regras, procedimentos e estruturas que os impediam. Para o analista Peter M. Senge, as políticas e as práticas de governo criam sua própria realidade, o que levaria os administradores públicos a adotarem posturas reativas, presas a procedimentos operacionais padrão e limitadas em visão. Para promover organizações adaptáveis e governos que funcionem melhor, dever-se-ia fazer com que o administrador público pudesse se concentrar nos problemas que têm de ser resolvidos e, então, dar-lhe flexibilidade para resolvê-los.[6] Deixem o

---

[6] Senge, 1990, esp. p. 231. Sobre a criação de organizações de ensino, ver Kettl, 1994:19-40. Para uma análise mais ampla, ver Barzelay with Armajani, 1992.

gerente gerenciar e avaliem com atenção os resultados, diziam os reformadores, e a flexibilidade poderá substituir a rigidez. Tratava-se, como disse Philip Howard em seu estudo sobre regulação nos Estados Unidos, de um retorno ao bom-senso.[7]

No âmago da abordagem "deixem o gerente gerenciar" está o interesse do usuário: o foco da atividade das organizações governamentais deve ser atender às necessidades dos cidadãos, não à conveniência dos burocratas. Em todo o mundo, os cidadãos reclamam de filas intermináveis, de atendimento descortês, de regras arbitrárias, da papelada, de questionários invasivos e até, ocasionalmente, de ter de subornar um funcionário para receber serviços aos quais têm pleno direito. Nos moldes existentes, a burocracia muitas vezes confere autoridade ao administrador para exercitar um poder discricionário e impede que bons funcionários cumpram suas funções do modo que gostariam e poderiam fazer.

O interesse pelo usuário dos serviços leva os administradores a se preocuparem em oferecer serviços, e não em gerir programas; em atender aos cidadãos e não às necessidades da burocracia. É o lado "funcionar melhor" do dilema "funcionar melhor/custar menos". Na Austrália, as autoridades concentraram-se muito mais em oferecer "qualidade tal como o usuário a define". As autoridades governamentais começaram avaliando a opinião dos cidadãos sobre seus contatos com os órgãos públicos: o tempo gasto, a acessibilidade, a confiabilidade, a rapidez dos resultados e o custo. De julho de 1991 a julho de 1992, por exemplo, 72% dos cidadãos pesquisados responderam que haviam sido "bem" e "muito bem" tratados nos contatos com órgãos públicos. A agência responsável pela arrecadação de impostos, por exemplo, estabeleceu metas a serem atingidas quanto à exatidão das informações fornecidas, ao tempo gasto para se obter uma resposta, à acessibilidade dos funcionários e à relevância da estrutura de apoio.[8] Nos Estados Unidos, a administração Clinton empenhou-se em definir padrões de atendimento ao público para 214 órgãos do governo federal.[9] Uma das divisões regionais da Administração Federal de Segurança Social foi recentemente considerada a melhor no quesito "qualidade dos serviços oferecidos", tendo obtido resultados melhores que os de várias empresas privadas reconhecidas pela boa qualidade de seu atendimento ao usuário (Bishop, 1995:1, 3-4). Segundo o relatório do governo Clinton:

---

[7] Howard, 1994. Ver também Australia. Public Service Commission, 1995.
[8] Australia. Task Force on Management Improvement, 1992:387, 396-7, 410.
[9] Ver president Clinton & vice-president Gore, 1995.

"Temos de nos reorganizar para servir bem aos usuários; nos organizar para exercer controle de cima para baixo. Temos de treinar os funcionários para que ofereçam resultados aos usuários e consumidores; os funcionários foram treinados para seguir o que o vice-presidente Gore chama de 'regras de entorpecimento mental'. Temos de criar sistemas que visem à satisfação do usuário e do consumidor; até agora, nossos sistemas visaram à satisfação do chefe, de algumas autoridades e de algumas comissões administrativas" (Clinton & Gore, 1995:3-4).

A filosofia do "deixem o administrador administrar" baseia-se na ideia de substituir a necessidade de controlar por uma filosofia de "melhoria contínua", a qual, por sua vez, é um dos frutos do movimento liderado por W. Edwards Deming, a "gestão da qualidade total".[10] Diz Deming que a chave para um verdadeiro aprimoramento da qualidade dos serviços é trabalhar sempre para oferecer o melhor, organizar de baixo para cima e não de cima para baixo, e estabelecer um sistema de cooperação entre os funcionários das diferentes agências governamentais.

Outros países, contudo, seguiram caminhos bastante diferentes. Em nações como a Nova Zelândia e o Reino Unido, as autoridades administrativas optaram pela filosofia do "faça o administrador administrar". Nesse caso, não bastaria "deixar" o administrador administrar; muitos órgãos e agências estatais são monopólios e, afastados da competição de mercado, não haveria estímulo algum para que os administradores procurassem administrar melhor. O único modo de garantir que ocorram de fato melhoras no desempenho da administração pública seria alterar os incentivos dados aos administradores e expô-los às forças do mercado.

No Reino Unido, por exemplo, o governo Thatcher desencadeou uma reforma batizada de "Próximos Passos". As autoridades da administração nacional definiriam as políticas gerais, mas dois terços dos serviços públicos deveriam ser realocados em agências. As agências seriam regidas por contratos, nos quais se especificaria o que lhes cabia fazer e os padrões pelos quais seu desempenho seria avaliado. Os acordos sobre desempenho e metas a serem alcançadas serviram de base para uma mudança radical no sistema *Whitehall*. Cada agência passou a poder se concentrar muito mais diretamente na melhoria do serviço que devia prestar a usuários ou consumidores.[11] O governo Major desde então tem procurado privatizar o maior número possível dessas "agências Próximos Passos".

---

[10] Ver Deming, 1986; e Aguayo, 1990.
[11] Ver Campbell & Wilson, 1995:45-7. Ver também Kemp, 1990.

Na Nova Zelândia, promoveu-se uma transformação ainda mais radical no setor público. Os funcionários mais graduados da administração pública foram contratados mediante contratos de desempenho para administrar órgãos cujo trabalho é definido por acordos de compra-de-serviços. É provável que nenhum outro país no planeta tenha sido mais agressivo do que a Nova Zelândia na venda de empresas estatais ao setor privado e na sujeição do restante de sua administração pública à concorrência de mercado. As funções das agências públicas obedecem a metas muito claras de desempenho. Os administradores mais graduados são remunerados de acordo com o desempenho e os que não atingem as metas propostas podem ser demitidos. Em resumo, é o mercado — e o desempenho da agência, de acordo com os padrões de mercado — que determina o sucesso de cada agência.[12]

As reformas, particularmente nesses dois países, seguiram rigorosamente a teoria econômica: o Estado, por ser monopolista, é inerentemente ineficiente; tende a crescer e a "inchar"; e por isso tem mau desempenho. Os que criticam o governo costumam argumentar que não há ineficiência, má gestão e desperdício só na administração pública; que o mesmo acontece em *qualquer* monopólio, público ou privado; e que só a livre concorrência é capaz de corrigir esses vícios.[13]

A Nova Zelândia e o Reino Unido fizeram conscientemente o que pregam essas teorias, ao se decidirem por uma agressiva privatização de empresas públicas. Terceirizaram (ou delegaram a outros) muitas das atividades que eram mantidas sob controle do Estado.[14] Procuraram passar do controle de produção (a atividade dos órgãos públicos) para a aferição dos resultados dessa atividade. Criaram novos mecanismos para testar, no mercado, os programas geridos pela administração pública, entre os quais a exigência de que os administradores públicos entrassem na competição de mercado para os próprios cargos que ocupavam. E introduziram sistemas muito mais amplos de controle dos gastos públicos. Todos esses sistemas, combinados, tinham principalmente como foco modificar o sistema de incentivos para "fazer os gerentes públicos gerenciar".

Muitos países introduziram também, nos dois tipos de abordagem, a reengenharia de negócios, para agilizar e aprimorar os programas governa-

---

[12] Ver Scott, Bushnell & Sallee, 1990.
[13] Para uma amostra desse tipo de argumento, ver Niskanen, 1971; Savas, 1982; e Blais & Dion, 1991.
[14] Os Estados Unidos têm, provavelmente, se voltado ainda mais agressivamente para a terceirização de bens e serviços governamentais.

mentais.[15] Para a reengenharia é preciso proceder a uma reavaliação profunda do que uma dada organização está fazendo e de como tem tentado fazê-lo. O primeiro passo é fazer com que os administradores passem a considerar as características dos usuários ou dos consumidores e dos concorrentes, e entendam que é preciso mudar. A seguir, faz-se o redesenho radical dos procedimentos de trabalho com vistas a assegurar que usuários ou consumidores encontrem o que procuram. Muito frequentemente, esse processo é complementado por mudanças profundas na estrutura organizacional (como a eliminação dos escalões administrativos intermediários e a criação de organizações menos verticalizadas) e por investimentos em novas tecnologias de informação. Diferentemente da administração pública tradicional, que tendia a se concentrar na *estrutura organizacional*, a reengenharia concentra-se no *processo*; tudo o mais é secundário no que diz respeito a, efetivamente, "fazer o serviço". Na administração pública, porém, simplesmente definir o que seja "serviço" já é um desafio constante e mutável.

Conflitos estratégicos

Comparados entre si, os processos de "deixar o administrador administrar", de "fazer o administrador administrar" e o da reengenharia de negócios incluem ideias extremamente úteis. Na verdade, um dos aspectos mais fascinantes desses processos de reforma é precisamente o quanto foram influenciados pelas ideias. As reformas têm sido como que o casamento de uma profunda reflexão teórica com um profundo pragmatismo.

Muitas nações do mundo, ademais, têm usado com êxito apenas partes de cada uma dessas abordagens. Seria um erro, porém, supor que essas abordagens constituam um menu de opções intercambiáveis. No fundo, são diferentes quanto aos fundamentos. Porém, como no dilema "funciona melhor/custa menos", a filosofia básica que inspira cada uma dessas abordagens impõe frequentemente uma tática francamente hostil a outras abordagens. "Deixar o administrador administrar", no fundo, é uma filosofia de transferência do poder. Visa a neutralizar qualquer restrição que possa ser feita à flexibilidade do administrador. "Fazer o administrador administrar", por outro lado, visa a modificar as restrições que pesam sobre o administrador. O administrador deve ser livre para resolver problemas administrativos. Con-

---

[15] Para um dos principais documentos dessa tendência, ver Hammer & Champy, 1993. Depois de publicar seu livro, Champy reconsiderou várias de suas afirmações. Ver também Champy, 1995.

tudo, pense ele o que pensar sobre o melhor modo de servir ao público, tem de cumprir objetivos que lhe são impostos de fora e enfrentar uma dura concorrência de mercado. A reengenharia de negócios, por fim, tende a rejeitar o segmento de aprimoramento contínuo que existe na filosofia do "deixar o administrador administrar" e prega a necessidade de mudanças mais dramáticas e fundamentais. A rigor, fundamenta-se na existência de uma feroz luta "de mercado" (como faz a filosofia do "fazer o administrador administrar") para impor a necessidade da reforma. E insiste, além disso, em estabelecer mais um supernível de controle, orientado pelo mercado, aos órgãos da administração pública.

Esses conflitos estratégicos estabelecem um inventário muito útil de possíveis abordagens ao problema da reforma do setor público. Permitem que se classifiquem algumas fontes possíveis de conflito, tanto na concepção da abordagem quanto na produção de resultados. E mostram por que determinado conflito é, ou pode vir a ser, relevante. Particularmente, no que diz respeito às seguintes questões fundamentais:

❑ *Ênfase*. As reformas administrativas tradicionais concentravam-se na reestruturação organizacional. Muitas reformas mais recentes do setor público, ao contrário, têm procurado modificar procedimentos. Onde estará o ponto de equilíbrio?

❑ *Responsabilização (accountability)*. A administração tradicional construiu para esse fim, nos escalões superiores, um sistema baseado na autoridade. As reformas mais recentes do setor público têm adotado mecanismos baseados no mercado. Como conciliar as metas de eficiência impostas pelo mercado com a necessidade das autoridades eleitas de cobrar responsabilidade legal por resultados àqueles a quem delegam poderes?

❑ *Resultado final*. A administração tradicional tendia a julgar os administradores com base no processo: se os administradores faziam o que mandava a lei, do modo como a lei exigia que o fizessem, dizia-se que a administração pública "era boa". As reformas mais recentes do setor público têm dado maior atenção à eficiência. Como conciliar a preocupação tradicional dispensada ao processo com a exigência de desempenho eficiente?

❑ *O papel dos funcionários públicos*. A administração tradicional recorria a funcionários públicos para executar as tarefas do Estado. As reformas mais recentes do setor público não partem do pressuposto de que as tradicionais tarefas do Estado tenham necessariamente que ser executadas pela administração pública — ou, no caso de os serviços precisarem ser pagos pelo Estado, não é necessário que os serviços sejam prestados por funcionários públicos. Como modificar o sistema de recursos humanos da administração pública para que se adapte às novas características do serviço público?

❏ *O papel dos cidadãos.* A administração tradicional tendia a tratar os cidadãos como clientes — presumia-se que os funcionários públicos conheciam melhor as necessidades dos cidadãos, e que os cidadãos eram recipiendários passivos dos serviços públicos. As reformas recentes do setor público têm tendido a ver os cidadãos como consumidores. Mas, como essa definição raramente é clara, quem é "o consumidor"? E que responsabilidades os cidadãos precisam assumir para que esse sistema funcione bem — e como os movimentos "de conscientização do consumidor" afetam os serviços públicos aos quais o cidadão tem pleno direito legal?

❏ *O núcleo do Estado.* A administração pública tradicional tendia a definir "serviços públicos" como algo que só o Estado podia — ou devia — fazer. As reformas recentes do setor público já não impõem limites conceituais muito claros. Há um núcleo mínimo de Estado a ser preservado, no qual não se possa fazer nenhum "corte"? E como delimitar este núcleo?

Um exame da estrutura e dos processos da administração pública e um reexame da natureza da *res publica,* ou do interesse público, lançam uma nova luz sobre essas complicadas questões.

O processo

Apesar de a revolução da reforma do setor público estar varrendo o mundo, é ainda difícil avaliar os resultados ou prescrever as reformas que levarão aos melhores resultados. A dificuldade deve-se, em parte, ao fato de que muitas vezes a opção entusiástica pelas reformas não incluía qualquer preocupação com a aferição dos resultados. Em parte explica-se essa dificuldade, também, porque ideias que são fascinantes no papel podem acabar, na prática, por trazer à tona problemas novos, graves e até então ocultos, porque colidem violentamente com práticas vigentes.

Em nenhum caso isso é mais verdadeiro do que nas reformas de processos que são o núcleo da "nova gestão pública". Essas reformas colidem, sutil mas diretamente, com o conhecimento convencional vigente na administração pública, segundo o qual o que mais importa é a estrutura organizacional; corrija os defeitos estruturais, que os resultados aparecem. O problema é que praticamente já não existe organização pública que consiga gerir e controlar diretamente os programas pelos quais é responsável. São tão extensas as superposições e as interdependências de políticas e programas públicos que a base de uma administração eficaz passou a ser a coordenação de unidades que, eventualmente, visam a objetivos totalmente divergentes. Essas unidades podem ser agências do próprio Estado ou organizações privadas sem fins lucrativos que trabalham como parceiras do Estado. Isoladamente, portanto, nenhuma das estruturas organizacionais existentes consegue resolver grandes problemas. Para preencher os vazios que surgiram, implementaram-se várias reformas baseadas em processos.

Administração baseada no desempenho

As tendências favoráveis à gestão pública "testadas no mercado" baseiam-se também na possibilidade de avaliar o desempenho do aparelho de Estado. Quando se criam incentivos à eficiência, devem-se criar também meios de avaliar diferentes alternativas. Determinado programa funciona bem? Há alternativas melhores? A resposta a essas questões fundamentais depende basicamente de que se possa aferir resultados e adotar o critério de avaliação para orientar as decisões de política pública. Os serviços ao consumidor, sobretudo, dependem de que se possa oferecer informação suficiente para que os cidadãos-consumidores façam escolhas inteligentes. A avaliação do desempenho, portanto, é a pedra fundamental de muitas reformas.

Desde meados da década de 80, os governos da Nova Zelândia e do Reino Unido vêm redefinindo drasticamente suas metas de desempenho e procedendo a avaliações de resultados. O modelo australiano é ligeiramente diferente e se concentra na avaliação de programas. Na Suécia, as autoridades optaram por relatórios anuais auditados. Os franceses instituíram "centros de responsabilidade", nos quais estabelecem quem é responsável por quê. Outros governos tentaram ainda outras abordagens, mas em todos os casos o esforço para avaliar os resultados e usar esses dados para servir de orientação às decisões político-administrativas tem sido vital à revolução global da administração pública.

A avaliação do desempenho, em sua modalidade típica, depende de os gestores setoriais tomarem uma série de passos:

❑ *Missão*. Qual a missão da agência? Em uma democracia, a missão de uma agência de serviço público nasce da própria democracia: dos setores que definem as políticas de governo e das leis que as estabelecem. A missão é a própria *raison d'être* da agência. Um serviço de saúde terá a missão de prevenir doenças e de ajudar a curar os doentes; um serviço de transporte poderá tornar mais fácil o tráfego de bens em direção ao mercado ou de trabalhadores em direção aos seus locais de trabalho. A missão de uma agência de serviços é parte um constructo legal, definido em lei, e parte um constructo cultural, que define as normas e procedimentos básicos a serem observados na própria agência.[16]

❑ *Metas.* Como a missão da agência se traduz em metas? As metas fluem diretamente da missão e, como a missão, as metas originam-se no que determina a lei e no modo pelo qual os formuladores de políticas a interpretam. No trabalho da prevenção de doenças, por exemplo, uma agência de serviços públicos de saúde pode se dedicar à vacinação da população para imunizá-la contra doenças contagiosas. Uma agência de transportes pode trabalhar para criar um sistema de vias expressas de alta velocidade.

❑ *Objetivos.* Como as grandes metas das agências de serviço público traduzem-se em objetivos específicos para os gestores de programas individuais? Dito de outro modo, como os gestores das agências de serviço público se movem do geral para o particular, das metas amplas e vagas, definidas em lei, para os regulamentos específicos que orientam a ação dos administradores dos escalões intermediários, até o usuário ou consumidor final do serviço. Este é um processo interno à agência. O gestor de uma agência de serviço público de saúde pode se organizar para vacinar toda a população em idade pré-escolar. O gestor de uma agência de transportes públicos pode se dedicar à construção de uma via expressa que ligue as cinco maiores cidades de sua região.

❑ *Aferição da produção.* Como o gestor pode medir o progresso positivo na direção de seus objetivos? É indispensável que sejam definidos indicadores específicos, claros e facilmente mensuráveis para que seja possível aferir a produção. Administradores de agências de saúde pública, por exemplo, podem aferir o total e estabelecer a percentagem de crianças imunizadas. Administradores de agências de transporte podem aferir o número de quilômetros realmente construídos de uma estrada. Ao se aferir a produção está-se aferindo, quase sempre, a atividade e o volume de serviços produzidos.

❑ *Aferição dos resultados.* Que espécie de avanço os programas trazem para a solução dos problemas, razão pela qual os programas foram criados? Para aferir a eficácia dos programas, o administrador compara resultados e metas. Os administradores de agências de saúde pública podem, por exemplo, examinar eventuais resultados da imunização sobre a saúde geral das crianças.

---

[16] Ver Wilson, 1989, especialmente o cap. 6.

Os administradores de agências de transporte público podem estudar os resultados da existência das novas estradas sobre o tráfego de bens para o mercado ou sobre o desempenho profissional dos trabalhadores que são usuários da nova estrada.

Em resumo, as avaliações de desempenho procuram determinar a eficiência com que uma agência de serviços públicos traduz, em termos de resultados, o investimento (em especial, dinheiro advindo de impostos e trabalho de funcionários) feito para que a agência pública exista; procuram determinar também quanto os resultados concorrem para que se alcancem as metas do programa. Pode-se dizer que o compromisso com a ideia de avaliar resultados é a base essencial do movimento global de reforma do setor público.

As nações mais avançadas não vacilam em admitir que ainda há muitos problemas a resolver. Outras nem sequer começaram. Até o presente, a experiência acumulada permite que se identifiquem alguns problemas críticos.

O que se deve medir: os resultados ou a produção? O dilema é simples e direto. Por um lado, o que mais interessa saber quanto ao desempenho das agências públicas é se elas resolvem os problemas em razão dos quais foram criadas. Criam-se agências da polícia para propiciar segurança aos cidadãos; agências públicas de saúde, para melhorar a saúde da população. Essas agências, afinal, só serão bem-sucedidas se os cidadãos se sentirem seguros, se melhorarem suas condições de saúde. Nesse sentido, a lógica da aferição de desempenho leva, inexoravelmente, à aferição dos resultados. Para que se alcancem essas grandes metas, contudo, concorrem vários fatores sobre os quais as próprias agências não têm controle. A criminalidade é resultado também de fatores sociais que continuam a produzir efeitos, por mais que a polícia trabalhe. Há atitudes e hábitos na população que, por mais adequadas que sejam as propostas das agências de saúde, podem influir no resultado final. Acompanhando esse raciocínio, conclui-se que o que se deve avaliar é a produção: só interessam as variáveis que possam ser controladas pelas agências, e deixam-se para os cientistas sociais as avaliações de resultados, mais complexas.

Os administradores públicos, naturalmente, se preocupam com a possibilidade de serem julgados — e punidos — por resultados sobre os quais não têm controle. Ministros, representantes eleitos e cidadãos querem ver resolvidos os problemas e raramente têm paciência para discutir a complexidade das causas e das soluções dos problemas públicos.

De certo modo, este é um falso problema, por duas razões. Primeira, porque a avaliação de produção é a chave de todos os sistemas de avaliação de desempenho de todas as agências públicas. Segunda, o processo é muitíssimo complexo. Os australianos, por exemplo, admitem que trabalham nisso há 10 anos e que ainda não chegaram a nada de satisfatório. Estabelecer um conjunto relevante de avaliações de resultados é projeto para décadas de trabalho, não para meses, mas qualquer avanço, por menor que seja, é uma conquista importante. Parece que o mais razoável é começar pelas avaliações de produção e dar tempo ao sistema para que amadureça.

As nações têm encontrado respostas diferentes para o mesmo quebra-cabeça. Os funcionários públicos neozelandeses são bastante explícitos ao afirmarem que o sistema deve se limitar a avaliar a produção. Com isso, dizem eles, mantém-se o sistema com os pés firmes no chão e se criam condições para analisar com clareza quem faz o quê. O governo britânico também defende a avaliação da produção. No Canadá e na Austrália, porém, as autoridades têm-se empenhado em ampliar os horizontes e praticam algumas avaliações de resultado, embora a avaliação de produção continue a ser a base do sistema.

Não há dúvida de que as avaliações de resultado são vitais. O que os cidadãos e os formuladores de políticas públicas mais precisam saber é se os programas funcionam ou não. E o funcionamento dos programas não depende apenas do desempenho individual dos funcionários da burocracia, mas também — e quase sempre mais — da interconexão entre as várias peças dos complexos sistemas políticos. Se cabe ao Congresso efetivamente supervisionar a política nacional, é indispensável que se conheça o funcionamento dessa interconexão. Eis aí um caso que deve servir de estímulo para que se desenvolvam boas avaliações de resultado.

Ao mesmo tempo, porém, é preciso saber se os administradores administram bem. Ainda que sejam raros os administradores públicos que têm controle direto sobre os resultados dos programas que dirigem, os cidadãos e os próprios administradores precisam saber qual a sua contribuição para os resultados. Eis aí um caso que deve servir de estímulo para que se desenvolvam boas avaliações de produção.

E assim está construído o dilema: se nos concentramos no que o administrador público pode fazer sozinho, corremos o risco de perder a visão do todo. Um sistema estreito de avaliação de produção, que se limite a contar atividades, é apenas um pouco melhor que um sistema baseado no controle dos investimentos, que se dedique a gastar dinheiro e consumir papel. Ninguém que esteja ligado à longa cadeia dos muitos programas federais em curso tem o direito de fugir à discussão sobre a sua contribuição individual para os resultados finais de um programa. Dedicar-se apenas à análise das questões de política pode levar os funcionários que participam da cadeia de implementação de programas a esquecer que são também pessoalmente responsáveis pelo próprio trabalho. Se um sistema de avaliação de desempenho concentrar-se nos resultados, e nenhum dos administradores públicos ao longo da cadeia de implementação de um programa puder ser responsabilizado pessoalmente pelos resultados, nada mais fácil para todos os envolvidos do que acusar o outro, sempre que surgirem problemas. Este, evidente e precisamente, é o problema de muitas das práticas vigentes em muitas das instâncias da administração pública.

As avaliações de desempenho, portanto, precisam ocorrer em dois planos diferentes: no da produção, para poder modelar o comportamento dos administradores e gestores; e no dos resultados, para que possam ser elaboradas políticas consistentes. Esses dois planos, é claro, são inter-relacionados. A avaliação de resultados pode ajudar os administradores a aprimorar suas estratégias; e a avaliação de produção pode oferecer a chave para a explicação de problemas que surjam nos resultados. Entretanto, seja qual for o sistema de administração, se estiver baseado no desempenho, terá de começar entendendo claramente que avaliações de resultado e avaliações de desempenho oferecem respostas diferentes para problemas diferentes; que envolvem de modos diferentes o administrador; e que estimulam de forma diferente o comportamento.

Distinguir entre aferição de produção e aferição de resultados pode parecer antiquado. Porém, se ignorarmos essa distinção ou se errarmos ao determinarmos os planos aos quais se aplicará uma ou outra medição (ou seja, se aplicarmos medições erradas ao tipo errado de problema), acabaremos por minar todo o sistema e estaremos encorajando os jogadores a inventar outros tipos de jogo.

Não é preciso, porém, fazer uma escolha do tipo "ou um ou outro". Os problemas envolvidos na criação de um sistema de avaliação de desempenho são, sem dúvida, substanciais. Para implantar um sistema desse tipo é preciso muito tempo; a rigor, a implantação nunca acaba. Contudo, o avanço que se consegue ao trocar de ponto de vista — ao tirar o foco do investimento e transferi-lo mesmo às mais simples avaliações de produção — é tão grande que não devemos aceitar que as dificuldades nos impeçam de ver as vantagens que se podem obter com uma administração baseada no desempenho. Pode-se começar pelo primeiro passo lógico: desenvolvendo sistemas de aferição de produção.

Que nível da administração deve ser avaliado? A lógica da avaliação por desempenho leva os que definem as políticas públicas a avaliar o desempenho das agências como um todo. De fato, os contratos por desempenho assinados pelos altos funcionários da administração da Nova Zelândia determinam explicitamente que se avalie a eficiência do desempenho do administrador que dirige cada agência pública. As agências "Próximos Passos" britânicas desenvolveram objetivos e indicadores específicos para avaliar o sucesso de cada agência.[17] Na prática, porém, há quatro diferentes níveis a serem avaliados: a agência, o programa, o grupo de trabalho e o indivíduo.

A agência pode ser, naturalmente, o ponto a ser enfocado. Esta opção tem a vantagem adicional de a avaliação poder levar em conta também o administrador responsável pelo desempenho da agência. Frequentemente, porém, interessa aos formuladores das políticas saber como estão funcionando os programas que criaram. Em alguns países, principalmente nos Estados Unidos, a agência à qual será atribuído um determinado programa é sempre muito menos importante que a criação do programa. Consequentemente, muitas agências públicas acabam se transformando em pouco mais que empresas *holding* de um grande número de programas praticamente sem relação uns com os outros. Nesse caso, o programa pode ser o ponto de partida para a avaliação do desempenho.

Mesmo que o administrador público possa saber se determinado programa está dando certo ou não, há casos em que é extremamente difícil determinar as causas dos resultados obtidos e os responsáveis por eles. Um bom planejamento estratégico poderia traduzir metas muito amplas em responsabilidades específicas, mas pode ser muito difícil implementar no setor público esse tipo de planejamento porque as metas mudam constantemente e pressões políticas externas podem comprometer a lógica do plano.[18] Os australianos começaram pela avaliação do desempenho geral dos programas e depois, como parte de uma ampla reforma dos serviços públicos, passaram a avaliar os grupos de trabalho de cada agência. Como a operação de organizações complexas exige cada vez mais que se considerem as equipes, ao avaliar o desempenho de seus grupos de trabalho os administradores da cúpula do governo australiano puderam também avaliar a conexão entre o comportamento dos gestores intermediários e o resultado obtido. Na verdade, o processo de avaliação faz parte de um sistema mais amplo de motivação dos funcionários. Como explica um relatório oficial: "a gestão por desempenho visa a aproximar entre si e a integrar os desempenhos individuais e por equipe, para atingir os objetivos da organização".[19]

---

[17] Ver Greer, 1994:68-75.

[18] Um excelente guia sobre planejamento estratégico no setor público é Bryson, 1991.

[19] Australia. Public Service Commission, 1995:3.

Por fim, os ministros e administradores interessados em atribuir responsabilidades pelos resultados e em saber como os resultados foram obtidos argumentam que os sistemas de avaliação de desempenho devem, em última instância, focalizar o desempenho individual. Até certo ponto, é teoria abstrata: se os incentivos baseados em desempenho no mercado foram criados para motivar um determinado comportamento individual, têm de ser reais para os indivíduos para os quais foram criados. Sob outro ponto de vista, é a realidade da prática: o que interessa, seja do ponto de vista político, seja do ponto de vista gerencial, é determinar quem é o responsável pela produção de quais resultados. Os planos de avaliação de desempenho individual e os planos de pagamento por desempenho sempre foram muito populares, embora seja sempre difícil criá-los e geri-los. Nos escalões administrativos inferiores, pelas razões que vimos explorando, continua a ser extremamente difícil determinar e avaliar resultados. Mas especialmente na Nova Zelândia e no Reino Unido já há contratos, para a cúpula da administração pública, que visam a modelar o trabalho e os prêmios (Greer, 1994:77). A avaliação por desempenho portanto tem sido aplicada, em avaliação de desempenho individual, apenas a altos funcionários e, nas avaliações por programa e por equipe, aos funcionários intermediários.

Os riscos. O objetivo básico da administração por desempenho é avaliar a eficiência do administrador quando converte objetivos políticos em resultados práticos. A incerteza comumente os protege de uma investigação mais detalhada. Os objetivos quase sempre são vagos, é difícil definir os resultados e o quanto o administrador contribuiu para que fossem obtidos. Nessas condições, pode ser extremamente arriscado para os administradores ser muito explícitos sobre o que querem fazer e sobre seus progressos.

O processo, além disso, exigiria que os setores encarregados fossem, desde o início, muito claros ao definir as políticas públicas. Muito frequentemente parece mais confortável estabelecer metas variadas, muitas vezes conflitantes entre si e, aos poucos, ir escolhendo entre elas. Os administradores podem determinar quais as metas viáveis e quais as inviáveis. Ministros e representantes eleitos podem intervir seletivamente no processo administrativo para forçar outros administradores a buscar algum equilíbrio entre metas conflitantes, mas que sejam do interesse do governante. Quando os ministros são obrigados a fixar exclusivamente metas cujos resultados possam ser avaliados pela administração pública, eles perdem parte significativa da agilidade que tinham nos sistemas anteriores.

Para resolver esses problemas seria preciso satisfazer, no mínimo, dois requisitos: a cúpula da administração pública deveria estar sob uma liderança forte e efetiva, contando com a confiança do governo para definir objetivos, analisar resultados e manter coeso o conjunto dos funcionários intermediários e inferiores; além disso, dever-se-iam estabelecer planos para recompensar a excelência no desempenho. Este segundo passo, em particular, exigiria muito tempo e uma profunda reforma no sistema do serviço público.

Para que serviriam as avaliações de desempenho? O novo sistema norte-americano exige que as agências públicas avaliem o desempenho dos programas que desenvolvem; não diz o que os funcionários encarregados de propor políticas públicas devem fazer com essas avaliações. Pode-se prever, contudo, que o sistema evolua, como aconteceu na Austrália, na Grã-Bretanha e na Nova Zelândia. Os encarregados de propor políticas públicas, informados sobre os programas mais bem-sucedidos e sobre os que não estejam dando muito certo, usariam esses dados para tomar as grandes decisões orçamentárias. A rigor, posto que a lógica fundamental das avaliações de desempenho é fazer com que se entenda melhor a conexão entre o investimento (inclusive o orçamento) e os resultados, pode-se prever que aquela informação reflua e venha a pesar na alocação dos recursos públicos. O conhecimento, nesse caso, seria muito útil às decisões sobre gastos marginais, item no qual muitos programas competem por pouco dinheiro (Beeton, 1987:89).

As avaliações de desempenho, porém, podem ter muitas outras utilidades. Combinados com as simulações de planejamento estratégico que integram os primeiros passos da avaliação de desempenho, os critérios de desempenho ajudam os administradores públicos a descobrir o que podem fazer para melhorar os resultados. Essencial nesse processo não é apenas a aferição dos resultados, mas a possibilidade de se determinar quem é responsável por que etapas do desempenho. É um processo, pois, que ajuda a identificar pontos frágeis na cadeia de produção e sugere as intervenções a serem feitas para reforçá-los. Para tanto, é preciso haver um sistema avançado e sofisticado de avaliação de desempenho, cujo potencial de rendimento máximo ultrapasse em muito o mais avançado dos sistemas atualmente em uso. A combinação sugere que, com outros avanços, virão mais frutos.

Perigos ocultos. Por mais promissora que seja a abordagem da administração pública via mensuração de desempenho, ela esconde alguns perigos.

❑ *A falácia do Super-homem.* Os casos de gerência por desempenho contados nos manuais, associados às fantásticas narrativas de sucessos de outros países (quase todas enfatizando os lucros e esquecendo os custos), podem levar analistas, administradores e servidores públicos eleitos a prometer mais do que o processo pode oferecer. Há evidências de sobra que mostram o quanto se pode, genuinamente, esperar da administração por desempenho. As evidências mostram, porém, o quanto é difícil construir um bom processo de avaliação, usar os resultados com eficiência e realimentar o processo ao longo do tempo. Uma administração baseada no desempenho tem de começar com uma alta dose de modéstia e ir sempre aumentando essa dose.

❏ *A produção não interessa.* Ao se verem obrigados a desenvolver critérios para aferir desempenho, há administradores que não resistem à tentação de estabelecer critérios tão baixos que, para os cumprir, basta um mínimo ajuste na rotina de produção. Há os que regridem aos velhos controles de investimento. Há administrador público que estabelece critérios para aferir a produção que só têm sentido em sua agência e são indecifráveis aos olhos de um observador externo. Este, como todos os processos, é um jogo sujeito a trapaças.

❏ *A irrelevância.* Os administradores podem desenvolver excelentes critérios para aferir desempenho e não saber como integrar a informação às grandes decisões de sua agência. Se o administrador vê o processo de mensuração de desempenho como uma intervenção não solicitada, que mais atrapalha do que ajuda o "verdadeiro" trabalho da agência, como uma exigência que precisa ser cumprida, mas cujos resultados podem ser ignorados, a avaliação dará emprego a alguns consultores, mas com certeza não provocará impacto significativo. Critérios de avaliação de desempenho só beneficiam a administração se evoluem e passam a ser critérios para uma melhor administração de desempenho e se as avaliações de produção ou de resultados estão integradas aos sistemas informacionais básicos e às estratégias administrativas das agências públicas.

❏ *Exuberância.* O contrário é igualmente perigoso. Entusiasmados ante a perspectiva de melhorar o sistema operacional, alguns administradores tendem a confiar demais nos números. Avaliações de desempenho servem para indicar o que está e o que não está funcionando bem, mas não explicam por quê. Pressionados, há administradores que se sentem tentados a se esconder atrás de números ou a usar os números para fugir das grandes decisões estratégicas. É perigosamente fácil chegar a conclusões que extrapolam as reais potencialidades do processo.

Avaliação ou comunicação? A mensuração do desempenho não é problema de avaliação: o que interessa é melhorar a qualidade da comunicação no sistema político. É um instrumento que permite falar com maior clareza sobre os resultados produzidos pelos programas governamentais e, além disso, escolher melhor, no momento de decidir o que deve ser feito, quanto deve ser gasto, e como executar melhor o trabalho. De fato, é mais útil trabalhar na direção de uma administração baseada no desempenho do que em uma baseada na avaliação do desempenho. Essa troca de palavras reforça a ideia de que deve haver um objetivo maior ao qual as avaliações de desempenho têm de estar integradas para que surtam efeito. O processo de desempenho rende mais quando os dados são usados para melhorar a administração. Além disso, usar o processo exclusivamente para aferir desempenho é praticamente o mesmo que entregar as decisões-chave aos aferidores.

A administração baseada no desempenho pode contribuir para que todas as pessoas envolvidas no processo pensem mais estrategicamente. Pode ajudar os administradores públicos a se concentrar no melhor modo de fazer seu trabalho e de explicar aos governantes o que estão tentando fazer para traduzir, em resultados, os objetivos da legislatura. Pode ajudar os governantes a analisar os muitos pedidos, que disputam recursos sempre escassos, e a alocar os recursos aos projetos que podem gerar os melhores resultados. E, ainda mais importante, pode ajudar os cidadãos a entender melhor o que lhes é oferecido em troca dos impostos que pagam.

Dito de modo mais simples, a administração baseada no desempenho é assunto de comunicação política e vale apenas na medida em que a favorecer. Apesar de todas as dificuldades, a mensuração do desempenho passou a ser o item mais importante da revolução global da administração pública. A substituição da autoridade tradicional por incentivos baseados no mercado talvez tenha sido a ideia inicial, mas o motor foi a mensuração do desempenho. É este o mecanismo que mantém em foco o mercado e os comportamentos de mercado e permite que os responsáveis pela elaboração das políticas públicas conheçam melhor o que recebem em troca do dinheiro que gastam.

Servindo ao consumidor

O mecanismo-chave para dar à administração pública uma orientação "de mercado" é ver o beneficiário dos serviços públicos como freguês ou consumidor. Dada a grande dificuldade de se desenvolver sistemas sofisticados de avaliação de resultados, viu-se que o nível de satisfação do consumidor poderia servir, em alguns casos, como indicador substituto e útil para avaliar o desempenho do Estado (Beeton, 1987:89).

A lógica é simples: como muitos programas oficiais constituem monopólios, o cidadão fica sem escolha quanto ao local ou ao modo de receber os serviços. Para os reformadores de todo o mundo, a privatização *per se* não é suficiente para dar eficiência aos serviços. Ter de disputar o interesse do consumidor, porém, é o incentivo que faltava a todos os provedores, públicos e privados, de serviços. Com a privatização, os serviços públicos chegam aos mercados privados — prossegue o mesmo argumento —, a concorrência é maior, o consumidor passa a ter opções e aumenta a eficiência dos serviços. Nos casos em que o Estado continue a administrar os serviços públicos, ter-se-á um bom substituto da concorrência de mercado se os provedores dos serviços passarem a dar maior peso às necessidades de cidadãos-consumidores que às necessidades de burocratas-gerentes.

A cultura organizacional de instituições baseadas na autoridade prega "obediência aos imperativos de uma cadeia de comando, e às exigências de uma tarefa rigidamente controlada", nas palavras de James Champy, consultor de administração. Em organizações transformadas, a "nova autoridade está em nossos mercados e quase sempre assume a forma de nossos consumidores" (Champy, 1995:75-6). Champy aqui escreve sobre organizações do setor privado; observe-se que tanto nas organizações públicas quanto nas organizações privadas, o foco central é servir ao cliente.

Há quem eventualmente discorde da ideia de que os serviços públicos devem enfocar o cidadão como consumidor ou cliente. O governo é governo, dizem, não é negócio; e é inadequado e perigoso usar, para a administração pública, modelos e metáforas do setor privado.[20] Ninguém pode, porém, fazer qualquer objeção a servidores públicos que trabalham pesado para ser mais responsáveis na prestação de seus serviços. Que contribuinte não preferiria filas mais curtas, rostos mais amistosos e melhores serviços? Nos Estados Unidos, o Serviço Alfandegário procurou melhorar os procedimentos para a liberação de volumes nas fronteiras. No Reino Unido, a orientação para o consumidor pressiona cada vez mais para que se aprimore a administração das ferrovias nacionais. Os australianos orgulham-se do quanto conseguiram melhorar o atendimento público aos idosos a partir da ideia de que o contribuinte é um consumidor. O governo sul-coreano está usando agressivamente o serviço ao consumidor para forçar a introdução de mudanças fundamentais na burocracia tradicional.

Tudo isso, é claro, pressupõe que se possa identificar claramente *quem* é o consumidor. Os críticos reclamam que a abordagem cidadão-consumidor descompromete os administradores profissionais de qualquer responsabilidade política, já que passam a poder levar em consideração o desejo do cliente e, não mais, exclusivamente, os princípios políticos dos encarregados de propor políticas públicas. Para poder estabelecer alguma diferença entre essa preocupação — que é legítima — e a vantagem incontestável que há em

---

[20] Ver, por exemplo, Frederickson, 1992; Moe, 1993; Rosenbloom, 1993; e Moe, 1994.

preferir uma administração pública que considere antes as necessidades do cidadão que as suas próprias necessidades, é preciso definir, com muito mais cuidado, diferentes tipos de consumidores de serviços públicos.

Há, no mundo, quatro diferentes modos de ver o "consumidor ou cliente" de serviços públicos. A cada um deles corresponde um modo específico de entender o que seja "administração" e o que seja "política"[21] (ver quadro 1). Muitos reformadores servem-se do conceito de consumidor de serviços públicos, usam-no para fazer promessas aos cidadãos, utilizam-no como argumento para forçar mudanças burocráticas, mas não conseguem lidar com os conflitos inerentes a essa estratégia.

Quadro 1

Consumidor	Perspectiva
Beneficiários de serviços públicos	Reatividade
Parceiros na oferta de serviços	Eficácia
Cidadãos-contribuintes	Eficiência
Formuladores de políticas	Responsabilização

Primeiro, os consumidores podem ser vistos como "beneficiários" dos serviços. É nisso, aliás, que se fundamenta toda a abordagem de "serviço", nascida diretamente da filosofia do "deixar o administrador administrar" e do conceito "funciona melhor". Em todos os aspectos, desde a redução de filas até a montagem de programas públicos para que atendam melhor às necessidades do cidadão, a meta dessa abordagem é a "reatividade". É a abordagem que os reformadores mais empregam e promovem. É tão sensata, de fato, que por vezes parece não haver outras alternativas. Na verdade, há três outros modos de abordar a questão cidadão-consumidor; e cada um levanta questões diferentes.

No caso da segunda abordagem, os clientes são entendidos como "parceiros" na provisão de serviços públicos. Há muitos funcionários públicos — muito mais do que supõem os encarregados de propor políticas públicas — que nunca têm de enfrentar face a face o cidadão-consumidor porque trabalham

---

[21] A discussão deste ponto acompanha o trabalho já desenvolvido em DiIulio, Garvey & Kettl, 1993:49-54.

praticamente sempre cercados de outros funcionários públicos. Esse quadro é particularmente verdadeiro no caso de governos nacionais e de funcionários de sistemas federais, como nos Estados Unidos e na Austrália. Cabe a eles coordenar, estabelecendo parcerias com outros servidores públicos do mesmo nível e de outros níveis de governo, a fim de que os programas funcionem melhor. Os parceiros, nesse caso, são clientes intermediários dos programas governamentais; os programas só funcionam bem quando a construção das parcerias é perfeita. As parcerias criam regras, processam formulários, administram fundos, modelam políticas e coordenam os programas entre as agências. Nos programas de promoção social de todo o mundo, por exemplo, já é comum uma espécie de *one-stop shopping center* no qual se reúnem, numa só agência de serviço público, vários programas diferentes: de treinamento e alocação de empregados, de pagamento de benefícios, de creches, de serviços médicos, de educação e de transportes. Essas superagências de serviços são organizadas por administradores públicos para facilitar a coordenação entre os diferentes programas e o acesso do público a eles.

Como no caso em que o consumidor é visto como destinatário do serviço público, a tática do *one-stop shopping center* de serviços públicos também se inspira na abordagem "deixe o administrador administrar". Ao contrário dessa abordagem, porém, esta visa a garantir a *eficácia* melhorando a coordenação entre os diferentes programas dirigidos aos mesmos cidadãos. Outra diferença em relação à anterior, que faz do cidadão o alvo de seu trabalho, é que essa tática de serviço público tem como consumidores-alvo outras agências governamentais e outros administradores: ajuda-os a desenvolver um trabalho melhor, a fim de servir melhor os cidadãos.[22]

Em terceiro lugar, como *contribuintes*, os cidadãos buscam *eficiência*. A demanda dos cidadãos por governos "menores" e por redução de impostos foi a pedra fundamental do movimento pela reforma da administração pública e o combustível para que as autoridades eleitas atacassem a burocracia existente. Não há em todo o planeta um único contribuinte que ache que o Estado lhe tire pouco, em impostos — ou que o Estado não poderia trabalhar melhor se arrecadasse menos. Em alguns países, entre os quais os Estados Unidos, algumas tentativas de reformar a administração pública começaram com propostas de cortes na arrecadação. Evidentemente há aqui um paradoxo. Como destinatários dos serviços públicos, os cidadãos sempre acham que o Estado faz pouco; como contribuintes, os cidadãos quase sempre acre-

---

[22] Esta abordagem aproxima-se de uma nova concepção da teoria organizacional, a *network theory*. Para explorar mais a fundo este tema, ver Nohira & Eccles, 1992.

ditam que se deva reduzir os impostos, que se for preciso cortar programas para compensar a queda na arrecadação as autoridades podiam começar cortando programas desnecessários. "Desnecessário", no caso de programas governamentais, é questão de ponto de vista: o que para um contribuinte é desperdício, para outro pode ser totalmente indispensável.

Esse paradoxo está presente em várias implicações importantes. Embora o conceito de servir ao cidadão-consumidor seja universalmente aceito, seus preceitos acabam mais cedo ou mais tarde deixando a administração pública em becos sem saída. Em todas as partes os cidadãos querem pagar muito menos e receber muito mais. A simples ideia de ser tratado como cliente ou consumidor pode induzir o cidadão a crer que isso seja possível. O movimento pró-eficiência leva os governantes a cortar programas. A privatização tem sido vista como alternativa política atraente. Não obriga os governantes a selecionar programas passíveis de eliminação, mas apenas a identificar os serviços que podem ser prestados pelo setor privado. Desse modo, os cidadãos podem continuar a receber serviços pelos quais estão dispostos a pagar e os governantes livram-se da dificuldade de selecionar os programas que devem ser cortados. Essa estratégia tem sido adotada em todo o mundo, de Portugal à Nova Zelândia. Nos Estados Unidos — onde, aliás, o setor público é relativamente pequeno e portanto há menor número de programas a privatizar —, a batalha que se trava há uma década sobre o que fazer para "diminuir" o Estado tem mostrado quão difícil um choque frontal pode ser.

Por fim, como formuladores de políticas públicas e supervisores do desempenho da administração pública, o que interessa aos governantes é a responsabilização (*accountability*). A teoria sobre o relacionamento democrático entre cidadãos, governantes e burocratas é antiga e fundamental: os cidadãos delegam o poder que têm, ao eleger os governantes; estes — que são administradores eleitos — propõem políticas públicas e delegam a responsabilidade por sua implementação aos burocratas; e os burocratas têm de prestar contas aos cidadãos, através dos governantes eleitos, de seu desempenho na administração daquelas políticas. Essa teoria, e a experiência de muitos anos, cria uma relação de cima para baixo (dos formuladores de políticas públicas, através dos administradores, até os trabalhadores da "linha de frente" ou dos guichês da administração pública). A proposta do movimento cidadão-consumidor, por sua vez, antecipa um tipo de relação de baixo para cima (dos cidadãos, via trabalhadores "da linha de frente", até os formuladores de políticas públicas).

Apesar do entusiasmo que a ideia do cidadão-consumidor vem despertando, a questão de como fazer para que a burocracia seja responsabi-

lizada ainda é um ponto de tensão. Nos programas centrados no cidadão-
-consumidor estabelece-se um vínculo direto entre os cidadãos e a burocracia. Com isso, os burocratas são incentivados a exercer sua autoridade de
modo a servir melhor aos interesses dos cidadãos (e este é um argumento
de peso). Ao longo do processo, contudo, o movimento dos cidadãos-consumidores pode acabar provocando uma inversão no modelo tradicional;
por essa inversão, o relacionamento tradicional, legal, prático e político entre
o governante e a burocracia acabaria subordinado ao cidadão-consumidor.
Essa subordinação cria desafios relevantes que a abordagem do cidadão-
-consumidor ainda não equacionou. Ao invés de fazer com que os burocratas olhem para cima, na cadeia de comando — em última instância, que
consultem os governantes — para orientar sua ação, a teoria do cidadão-
-consumidor faz com que os burocratas tenham de considerar o desejo dos
cidadãos a fim de modelar suas decisões fundamentais. Por quais transformações terá de passar a burocracia — tradicionalmente habituada às ações
controladas e comandadas de cima para baixo — antes que possa ser torna-
da plenamente responsável, como uma estrutura diferente de poder que se
legitima, precisamente, de baixo para cima? O que cabe à burocracia fazer
nos casos em que haja conflito entre o que os cidadãos exigem e o que os
governantes esperam que seja feito? O que cabe ao governante fazer nos
casos em que os burocratas comprometidos com o cidadão-consumidor dediquem maior atenção aos consumidores do que aos planos dos formuladores
de políticas públicas? E como reagirão os governantes ao descobrirem que
a função tradicional que sempre lhes coube, de "solucionador de casos"
criados pelos burocratas — e que em muitas democracias é um importante
ponto de contato com os eleitores — passou a ser desempenhada por burocratas especialistas em equacionar problemas?

    A corrupção da burocracia complica ainda mais a questão. A teoria
do cidadão-consumidor baseia-se fundamentalmente na possibilidade de
outorgar à burocracia mais autoridade para resolver problemas. Em muitos
países, porém, sobretudo nos países em desenvolvimento, há muito que os
altos escalões procuram restringir a autoridade conferida à burocracia, a
fim de minimizar a corrupção. Na Coreia, por exemplo, o governo descobriu
que esta é uma decisão extremamente difícil; optou por conceder maior
autonomia à burocracia para que tomasse decisões e, simultaneamente,
procurou criar novas regras (e limitar essa autonomia) na tentativa de in-
terromper uma longa tradição de corrupção burocrata.[23] Muitas iniciativas

---

[23] Ver Hahm & Plein, no prelo.

orientadas para o cidadão-consumidor entram em conflito direto com campanhas anticorrupção.

Nenhuma das dificuldades apontadas até aqui é argumento para que se conclua que o conceito de cidadão-consumidor é uma má ideia. Na verdade, como conceito, o cidadão-consumidor já é fato consumado. Em todo o mundo, os cidadãos têm deixado bem claro que desejam Estados melhores, menos onerosos e mais responsáveis. A ideia de que a administração pública deve se orientar para o cidadão-consumidor é muito mais importante do que seus críticos admitem, mas, ao mesmo tempo, é muito mais difícil implementá-la do que supõem muitos dos que a propõem e defendem. Implementá-la implica uma reforma ampla e necessária. Mas desencadear, calibrar e manter essa reforma exige atenção total e concentrada nos *trade-offs*, que, se não forem cuidadosamente administrados, podem comprometer tanto metas ambiciosas quanto o movimento mais amplo de reforma.

Recursos humanos

Muitas nações que empreenderam grandes projetos de reforma incluíram no pacote a reforma do serviço público.[24] As mudanças abrangem aferições de desempenho revolucionárias e iniciativas do tipo "servir ao consumidor". Poucos funcionários públicos poderiam efetuar tais mudanças sem considerável treinamento e reformas nos sistemas de pessoal. Houve mudanças de cultura organizacional, que incluíram o estímulo aos funcionários para que passassem a enfocar o cidadão como consumidor a ser servido e não mais como "cliente" a ser atendido. Houve mudanças técnicas, em que se desenvolveram sistemas de avaliação de produção e de resultados e se adotou o planejamento estratégico como orientação. Houve mudanças financeiras, que incluíram a implantação de sistemas de incentivos para promover o desempenho.

Seja como for, a adoção de sistemas mais influenciados pelo mercado já significaria uma grande "virada". Em muitos países, contudo, as mudanças foram introduzidas paralelamente a medidas que visavam ao enxugamento do setor governamental. Esse enxugamento ameaçou e em muitos casos sacrificou os empregos de muitos funcionários públicos. As fortes demandas, de cidadãos e governantes, para que se cortassem "as gorduras" e os custos da administração pública serviram de combustível a muitos dos movimentos

---

[24] Na América Latina, ver por exemplo Amjad et alii, 1994.

pró-reforma do setor público. Frequentemente, os funcionários públicos foram os primeiros alvos do movimento reducionista. O movimento "Reinventando o governo", do vice-presidente norte-americano Al Gore, estabeleceu como meta a demissão de 252 mil funcionários (número que o Congresso elevou para 272.900), uma redução de cerca de um oitavo do funcionalismo norte-americano. O serviço público no Reino Unido encolheu ainda mais — cerca de 30% — ao longo dos 15 anos das reformas Thatcher-Major. Em muitos países que promoveram reformas amplas, verificou-se alto *turnover* entre o funcionalismo civil. As reformas quase sempre acabaram com a estabilidade no emprego, introduziram novos benefícios financeiros e desafiaram os administradores a administrar melhor. Mudou a própria natureza do trabalho do Estado; e, no processo, muitas vezes o próprio ânimo dos funcionários públicos foi abalado.

O modelo da Grã-Bretanha/Nova Zelândia impôs mudanças, aumentou a flexibilidade, impôs novas exigências de resultados e criou estímulos para que fossem cumpridos e transferiu vários programas oficiais para o setor privado ou para novas agências de serviços públicos. Enfoques antigos baseados em um único sistema administrativo para todo o serviço público deram lugar a sistemas mais flexíveis, baseados na divisão administrativa por agências públicas, e as responsabilidades foram repassadas da agência central de serviço público para as agências administrativas. O trabalho individualizado e os contratos por desempenho substituíram os sistemas de trabalho baseados em regras e procedimentos. A administração, em todos os níveis do setor público, mudou radicalmente. Na Grã-Bretanha, alterou-se também o papel dos sindicatos que representavam os funcionários públicos, cujo foco abandonou a concepção da representação sindical como um grande "guarda-chuva" e se transferiu para os locais de trabalho (Fairbrother, 1994).

O modelo australiano procedeu de modo bem diferente e propôs, como pedra de toque de um amplo movimento de reformas, uma transformação fundamental nos recursos humanos. A reforma do serviço público foi o centro da reforma administrativa implantada na Austrália e, para fazê-la, os australianos concentraram-se no "desenvolvimento do principal recurso do serviço (público), seus funcionários. O forte sentimento positivo e o compromisso que os servidores públicos experimentam em relação a um melhor serviço público precisam ser destacados e usados como estímulo para que se estabeleça uma verdadeira cultura de aprimoramento contínuo". Os sistemas procuram "enfocar o desempenho individual e valorizar o trabalho feito, para assim auxiliar os funcionários a cumprir os objetivos e a melhorar continuamente o desempenho de sua agência" (Australia, Public Service Commission, 1995:1).

Até certo ponto, essa diferença é tão básica quanto a que existe entre "fazer o administrador administrar" e "deixar o administrador administrar". Os australianos concentraram-se em desenvolver as habilidades de seus administradores mediante o treinamento e o remodelamento do serviço público para estimular um melhor desempenho. Em nível mais profundo, a diferença nasce da escala e do escopo da mudança proposta. Os australianos fizeram, sem dúvida, um esforço descomunal, mas, no Reino Unido e na Nova Zelândia, os governantes tentaram fazer uma redução ainda mais fundamental no tamanho do Estado e introduzir mudanças muito mais radicais nos mecanismos utilizados pelo Estado para administrar seus programas.

Embora a variedade de estratégias seja tão ampla quanto o número de países empreendendo reformas, duas estratégias básicas resumem as opções básicas. O modelo da Grã-Bretanha-Nova Zelândia sugere mudança radical e rápida, baseada em contratos por desempenho individual e acompanhada por considerável privatização. O modelo australiano sugere mudança gradual e contínua, baseada em avaliações mais amplas do desempenho de cada agência. As estratégias e táticas diferem bastante, mas em nenhum dos dois casos o caminho é fácil. Administrar problemas relativos ao ânimo com que os funcionários encaram as mudanças, encontrar empregados qualificados para postos com maior responsabilidade e mais claramente orientados para resultados, enfrentar situações de demanda maior e menores recursos, e desenvolver a habilidade específica para lidar com mudanças radicais são habilidades cada vez mais necessárias aos administradores. Na medida em que os novos empregados, treinados no setor privado, são admitidos para suprir a demanda por estas habilidades, há a dificuldade adicional de ter de ensinar a eles, habituados à lógica estreita do lucro, o senso do dever público. A opção fundamental está em organizar a estrutura na qual os funcionários usam suas habilidades.

Independentemente da estratégia escolhida para resolver problemas de recursos humanos, é preciso enfrentar o problema da motivação — e entender que os incentivos monetários, em si, não bastam para fornecer a orientação de que os funcionários necessitam. Os melhores empregadores privados, em todo o mundo, encaram seus empregados como patrimônio, não como custos. Veem o pessoal como a mais importante ferramenta de que dispõem para cumprir sua missão.[25]

---

[25] Tyson, 1987:76; U.S. General Accounting Office, 1995; Kettl & Dilulio, 1995b; e Wyatt Company, 1995.

Isto cria um verdadeiro dilema para os reformadores. Por um lado, os reformadores anseiam por um Estado menor e mais eficiente, impulsionado por incentivos inspirados nas regras do mercado e administrado por profissionais de considerável experiência no setor privado. Por outro lado, a administração pública não é uma simples função de produção. O administrador público tem de ter senso público, tem de ser sensível ao interesse público. Como adverte um observador da reforma britânica: "O individualismo e a 'sobrevivência do mais apto' pelos mecanismos de mercado não coincidem com o desejo de promover o bem público" (Tyson, 1987:76). Uma reforma genuína deve procurar sempre o equilíbrio entre os novos mecanismos geradores de eficiência, sem jamais perder de vista as eternas questões relativas à *res publica*.

A questão da capacidade

A própria escala e o alcance da maioria das reformas do setor governamental são no mínimo impressionantes. Solicita-se aos administradores que façam coisas que nunca fizeram antes. Na verdade, vez por outra, solicitam-lhes coisas que ninguém jamais fez antes. Têm de trabalhar mais e com muito menos recursos, rapidamente e sob violentas pressões políticas. Pedem-lhes que modifiquem sistemas antigos para solucionar problemas novos e que adaptem novos métodos a sistemas antigos. Essas modificações sobrecarregam terrivelmente os sistemas gerenciais e os encarregados de administrá-los. "A solução que resulta daí — adverte um especialista britânico — "quase sempre, e compreensivelmente, assume a forma de um 'ferrolho' a mais nos mecanismos existentes; raramente se avalia corretamente o grau de mudança necessário para que as pessoas trabalhem de modo diferente, e o esforço que deve ser feito para que a mudança seja duradoura" (Exley, 1987:46).

Em parte, a solução exige que os que dizem que se deve "deixar o administrador administrar" reconheçam as demandas políticas que impulsionam o processo, a necessidade de mudanças seguras para que os resultados sejam claros e a função que os novos incentivos podem desempenhar. Também é preciso que os defensores da abordagem "fazer o administrador administrar" reconheçam que não se pode simplesmente impor uma reforma. Que elas precisam de tempo para se impor, de investimento em recursos humanos e em tecnologia (inclusive em tecnologia da informação, o que nem sempre é simples e fácil), e de atenção constante. Anunciar reformas é a parte mais fácil. Para que uma reforma "pegue", é preciso trabalhar muito e por muito tempo; o reconhecimento de que não basta lançar a reforma para que ela navegue sozinha; e de que o sucesso tão almejado depende da capacidade — de pessoas, tecnologias e processos — para lhe dar sustentação. Alguns dos mais aguerridos reformadores de todo o mundo aprenderam, a duras penas, que iniciar uma reforma e não mantê-la enquanto se desenvolve é o mesmo que fazer meia revolução. E "meia revolução não é melhor do que nenhuma revolução", diz James Champy, analista norte-americano em questões gerenciais. "Pode até ser pior" (Champy, 1995:3).

Estrutura

No passado, praticamente todos os Estados tentaram reformar seus sistemas operacionais reformando sua estrutura. Ao longo de todo o século XX, os reformadores vêm tentando obter maior eficiência promovendo o alinhamento de agências públicas ou com as missões que tenham a desempenhar, ou com processos, ou com os clientes, ou com outras agências que trabalhem na mesma área geográfica. Variavam as táticas, mas a estratégia era sempre a mesma: os formuladores de políticas públicas decidiam o que o Estado devia fazer; e os especialistas em administração se esforçavam para estruturar as organizações ideais para fazê-lo com a máxima eficácia e a máxima eficiência possíveis.[26]

A revolução global da reforma do setor público, porém, tomou um rumo muito diferente. Certos países adotaram algumas das táticas mais tradicionais. O vice-presidente Al Gore, por exemplo, no relatório que preparou,[27] propôs a consolidação das atividades de treinamento da polícia, que estavam sendo organizadas por diversos departamentos. Mas a maior parte das táticas acompanhava a onda de mudanças que varria o setor privado: "enxugar" a organização como um todo eliminando escalões burocráticos, sobretudo na administração intermediária; devolver aos escalões inferiores da burocracia o poder de tomar decisões; descentralizar as operações e dirigi-las mais diretamente para a linha de frente, inclusive transferindo algumas operações para as organizações setorializadas. "Enxugar" (ou "desinchar") a estrutura da administração pública quase sempre era o primeiro passo, como parte de um processo amplo de redução dos gastos e do funcionalismo públicos. Por causa dessa tendência ao "enxugamento" aconteceu a mudança dos processos de controle: do regime tradicional de autoridade para os controles basea-

---

[26] Ver Thomas, 1993. Trata-se de uma resenha magnífica dos casos em que a reorganização funcionou melhor.
[27] Ver Gore, 1993.

dos em mecanismos de mercado. Como tática central, adotou-se a "delegação de poder".

O porquê da delegação de poder

O argumento para adotar a delegação de poder é claro, como explicou o governo australiano: "a autoridade para tomar decisões administrativas estava concentrada nos níveis mais altos; a delegação de poder levará a uma significativa melhora nas práticas administrativas".[28] Se o objetivo é deixar (ou fazer) os administradores administrar, eles devem ter autoridade para fazê-lo. É claro que encontrar o ponto de equilíbrio entre o centro de decisão e as operações de campo tem sido o principal problema da administração por milhares de anos. Foi um dos problemas mais persistentes no vasto Império Romano. Na revolução global do setor público, porém, a delegação de poder tem sido usada de outro modo: com as reformas, os administradores de nível mais baixo passam a ter maior autonomia para decidir, mas, ao mesmo tempo, passam a ter de prestar contas (mediante as avaliações de desempenho) pelo exercício desta autoridade. Assim, o *quid pro quo* neste caso é mais explícito do que nas reformas anteriores: maior flexibilidade em troca da adoção de métodos sofisticados de controle mediante avaliações de desempenho. As mudanças estruturais, além disso, são subprodutos da delegação de poder e não fins em si mesmas, como era comum ocorrer nas reformas anteriores.

Os reformadores recorreram a dois tipos de delegação de poder: das agências centrais para as agências de linha e dentro de cada agência.[29] Pelo primeiro tipo de delegação de poder, transferiu-se o poder decisório sobre questões financeiras e orçamentárias das agências centrais (como a Secretaria do Orçamento e o Tesouro) para os administradores dos departamentos operacionais. Os administradores de agências públicas passaram a ter maior flexibilidade para propor sistemas de pessoal que se adequassem mais às suas necessidades específicas. Regras rígidas de orçamento e de administração de recursos humanos sempre foram o tormento dos administradores públicos. O sistema mais maleável deu maior liberdade de ação aos administradores; "podemos tomar nossas próprias decisões sobre como empregar nossos recursos", disse um administrador australiano.[30] Os administradores apoiaram

---

[28] Apud Australia. Task Force on Management Improvement, 1992:89.
[29] Ver Australia. Task Force on Management Improvement, 1992, cap. 3, para uma excelente análise dessas reformas.
[30] Ver Australia. Task Force on Management Improvement, 1992:92.

com entusiasmo a ideia de dar-lhes maior liberdade para administrar para terem melhores condições de produzir bons resultados.

A delegação de poder para as agências, porém, sempre foi bem mais rápida que a delegação de poder dentro de cada agência. O caso é o mesmo, mas o entusiasmo com o qual as reformas foram recebidas nem sempre foi igual. A administração britânica da seguridade social delegou enormes responsabilidades aos administradores distritais, desde o recrutamento de funcionários até a administração de seu orçamento e a organização de seus escritórios. Os altos escalões da administração pública chegaram a conceder aos administradores distritais um orçamento em que havia liberdade para decidir como gastar os recursos, inclusive para decidir quanto ao número de funcionários e os níveis nos quais alocá-los. Para decidir sobre recursos humanos, segundo os critérios do sistema de administração por desempenho, adotaram-se planos de administração de negócios (Fairbrother, 1994:78-9, 162-3).

Delegação de poder e descentralização

A delegação de poder progrediu em meio a uma substancial descentralização do trabalho para unidades de nível inferior. Na verdade, a "delegação de poder" e a "descentralização" estão intimamente ligadas. O termo e a expressão se assemelham e são quase sempre usados — erroneamente — como sinônimos. Tanto na teoria quanto na prática, porém, são bem diferentes, como os definiram definitivamente os australianos:

"Delegação de poder" é a transferência da capacidade decisória de níveis superiores da organização para os níveis inferiores, ou seja, diz respeito a "quem", em uma organização, está em "melhor posição" para "tomar decisões".

"Descentralização" é a redistribuição de funções e tarefas de unidades centrais da organização para unidades mais periféricas, ou seja, diz respeito a "onde" em uma organização as "funções são mais bem desempenhadas".[31]

Em resumo, "delegação de poder" diz respeito a quem cabe a responsabilidade pelas decisões; "descentralização" diz respeito a quem as executa.[32] Pode haver delegação de poder sem descentralização de funções.

---

[31] Ver Australia. Task Force on Management Improvement, 1992:89.
[32] Ver Australia. Task Force on Management Improvement, 1992:111.

Frequentemente, porém, surgem problemas quando se tenta manter a responsabilidade centralizada nos altos escalões e se descentralizam as operações. Em muitos casos observou-se um descompasso entre as expectativas e a autoridade, que criou dificuldades para que os funcionários da linha de frente das operações adotassem um enfoque centrado no consumidor e modelassem os serviços de acordo com os problemas a serem resolvidos. A descentralização excessiva pode impossibilitar os planos de carreira dos funcionários, pode impedir que a organização se beneficie da economia de escala, e pode impossibilitar a circulação do conhecimento institucional que faz com que as organizações funcionem.[33] Uma reforma efetiva exige que se combinem equilibradamente responsabilidade e ação.

Delegação de poder e liderança

A não obtenção desse equilíbrio pode prejudicar os resultados e o funcionalismo de carreira, ao qual cabe, ao longo do tempo, produzir esses resultados.[34] Mas ocorrem por vezes problemas quando os altos escalões delegam decisões a funcionários dos escalões inferiores. (Não há experiência que sempre dê certo; de fato, não há sistema administrativo que sempre produza bons resultados.) Os funcionários de alto escalão nem sempre confiam na habilidade dos colegas para administrar e resolver problemas. Funcionários britânicos sentiram-se tentados algumas vezes a recorrer ao controle e não à delegação de poder. E a cada problema que surge, reaparece a tentação de fazer a autoridade delegada retornar ao poder central. A dificuldade está em como delegar de fato responsabilidade por decisões e ao mesmo tempo manter a responsabilização (*accountability*) pelos resultados (Fairbrother, 1994:36-7). Pender ora para a delegação de poder ora para a re-regulação tampouco é a solução; isso só vai confundir a responsabilidade e comprometer o desempenho. Em resumo, para que a delegação de poder seja bem-sucedida, é indispensável que se definam, com clareza e sem ambiguidades, as responsabilidades específicas da agência central e das agências operacionais e, a partir disso, trabalhar incansavelmente para não desgastar a responsabilidade conferida pela delegação de poderes.

---

[33] Ver Australia. Task Force on Management Improvement, 1992:105.
[34] Ver U.S. General Accounting Office, 1995:57-8.

Quadro 2

Fator vital para o sucesso	Descrição
Comprometimento dos altos escalões da administração	Grande comprometimento e divulgação dos benefícios da delegação de poder da cúpula executiva para demais escalões administrativos.
Comunicação	Forte comunicação vertical, dos escalões administrativos até o *staff*, e partilha horizontal da informação entre todos aos quais se delegaram responsabilidades.
Treinamento	Treinamento formal abrangente e na função, para os que se delegam responsabilidades.
Sistemas efetivos de informação gerencial	Sistemas em rede de informação sobre pessoal e finanças, para automatizar serviços até então centralizados. Tais sistemas podem aumentar a produtividade e constituir um meio de obter responsabilização e os relatórios exigidos.
Enfoque no cliente (consumidor)	Criar uma relação provedor/cliente entre o serviço central de provisão e as áreas. *User-charging* para serviços corporativos centralizados, como instrumento para fazer com que os serviços centrais de provisão visem mais diretamente ao consumidor.
Avaliação	Avaliações formais e informais dos esforços de delegação de poder, para ajudar a identificar as causas fundamentais de problemas.

Fonte: *Devolution of corporation services*, apud General Accounting Office. *Managing for results*. p. 58.

No quadro 2, veem-se os seis fatores vitais identificados pelos administradores australianos para que a delegação de poder seja bem-sucedida. Esses fatores expressam o enfoque "deixar o administrador administrar"; os países que adotam o enfoque de "fazer o administrador administrar" não se concentram tão a fundo nos processos organizacionais implícitos nesses fatores. Todavia, o quadro 2 chama a atenção para alguns pontos muito importantes. Primeiro, para que a delegação de poder seja bem-sucedida é preciso encontrar o equilíbrio entre o centro e as linhas operacionais. Segundo, os administradores do centro devem se concentrar nas questões de liderança e de comunicação. Terceiro, para não se perder esse equilíbrio é preciso mantê-lo constantemente. Quarto, as reformas administrativas não fazem parte de um menu de opções, são um conjunto integrado de táticas que se reforçam mutuamente. A implementação seletiva de apenas algumas dessas táticas pode comprometer o resultado. Quinto, todo o processo exige capacidade muito diferente da que existe na administração atual. Essa capacidade deve ser criada e alimentada.

Essas demandas desafiam os reformadores e contrastam agudamente com as estratégias de reforma preexistentes. Os esforços empreendidos anteriormente permitiam que a cúpula das administrações públicas identificasse as estruturas organizacionais que pareciam mais eficientes, instituíssem as reformas e auferissem os lucros. A revolução global da reforma do setor público, entretanto, exige que a cúpula administrativa tenha uma visão muito mais ampla e nunca deixe de realimentar o processo. Na verdade, saber o que fazer para conquistar e conservar a adesão e a liderança dos altos escalões da administração pública tem sido quase sempre uma das peças mais importantes que faltam no movimento de reforma.

As peças que faltam

As ideias subjacentes à revolução global a impulsionam com excepcional elegância. Dar maior flexibilidade aos administradores, deixar (ou fazer) que administrem, responsabilizá-los pelos resultados, incorporar novos procedimentos de teste do mercado — essas proposições emanam diretamente das discussões sobre o que motiva o funcionalismo público e gerações de estudiosos de microeconomia. Cabe lembrar, porém, que tudo o que há de verdadeiramente interessante sobre microeconomia resulta de sondagens das lacunas, teóricas e práticas, que cercam a teoria básica da busca de satisfação do interesse próprio. Dá-se o mesmo no caso da reforma do setor público. Muitos dos elementos mais preocupantes e mais importantes da reforma do setor público resultam de peças que faltam nas abordagens mais abrangentes.

Administradores e autoridades eleitas

Praticamente todas as nações que percorreram o caminho da reforma do setor público descobriram que o movimento modificou radicalmente a democracia. As premissas básicas do movimento são muito simples e, pode-se dizer, relativamente convencionais: funcionários públicos eleitos, atuando no interesse dos eleitores, propõem políticas públicas e delegam aos administradores a implementação dessas políticas. A delegação é hoje maior do que no passado; assegura-se a *accountability* dos administradores aferindo seu desempenho. As avaliações de desempenho servem de instrumento para que as autoridades eleitas supervisionem a eficiência das ações dos administradores.

Não se pode subestimar o radicalismo dessa transformação na responsabilização democrática. Os formuladores de políticas públicas de todos os países aspiram a ter influência cada vez maior sobre as ações administrativas, mesmo sobre as decisões mais específicas, exercendo seu controle sobre investimentos, principalmente sobre orçamentos. A implementação de contratos baseados em desempenho obriga esses funcionários a rever os métodos de controle que estão habituados a empregar, a confiar no novo processo de contratação e a aprender a usar avaliações de desempenho como suplemento, ou em substituição, das antigas táticas adotadas para a tomada de decisões administrativas.

Assim, o movimento de reforma do setor público, seja mediante os contratos por desempenho para funcionários públicos adotados na Nova Zelândia seja pelo enfoque norte-americano da terceirização, transforma radicalmente a natureza da responsabilização democrática. Ele introduz no tradicional sistema de controle de cima para baixo uma importante influência que funciona de baixo para cima. Ele exige que os administradores desempenhem um novo papel e criem mecanismos de capacitação muito diferentes para exercê-lo. E exige que os parlamentares eleitos mudem seu modo de pensar e de agir em relação ao controle burocrático.

Em um regime não parlamentarista como o norte-americano, o desafio é ainda maior. Os congressistas são conhecidos por dar pouca atenção à maioria das questões administrativas e, simultaneamente, ser hipersensíveis a certos detalhes que são do maior interesse para seus eleitores. Nesse regime, estão em foco as ações simbólicas. A administração pública por contrato, por outro lado, distancia os administradores do controle de muitos símbolos, enquanto os obriga a focalizar mais de perto as avaliações de desempenho. Governar nesse sistema requer o estabelecimento de novos vínculos entre a formulação e a implementação de políticas e, ao mesmo tempo, a redefinição de papéis. Requer, logicamente, que se projete um sistema no qual os governantes eleitos possam controlar mais diretamente os gestores responsáveis pelos resultados. Isso, por sua vez, permite que os eleitores cobrem dos governantes eleitos as responsabilidades que assumiram. O regime norte-americano atual parece particularmente bem-projetado para transferir e diluir culpas. Há, portanto, riscos relevantes e praticamente ainda inexplorados no caminho da nação rumo ao *managerialism* (gerencialismo).

Nos sistemas ao estilo *Westminster*, a linha divisória entre a formulação de políticas e a administração de políticas é inevitavelmente menos nítida, posto que os legisladores eleitos chefiam as principais agências administrativas. Os ministros e secretários eleitos não gozam das mesmas vantagens que têm o presidente e os congressistas norte-americanos. Os funcionários públicos norte-americanos podem-se culpar mutuamente quando ocorrem problemas de desempenho. O governo por contrato — e o gerencialismo em geral — procurou separar mais claramente a formulação de políticas da administração das políticas. Governar nesse tipo de sistema requer a redefinição das funções existentes, mas de modo diferente do caso norte-americano. Os governantes teriam de assumir responsabilidade maior pela orientação dada às políticas e aprender a confiar no contrato baseado no desempenho e nos processos de avaliação de desempenho.

Em ambos os casos, o movimento na direção do *managerialism*, dos contratos e das avaliações de desempenho impõe enormes desafios ao comportamento dos governantes eleitos e à operação do próprio sistema democrático. Na pressa entusiástica para dar início às reformas, muitos dos líderes reformadores não têm dado a devida atenção ao caminho pelo qual têm enveredado; nem ao quanto terão de alterar o próprio comportamento; nem às capacidades que os novos papéis exigirão deles; nem em quanto as mudanças podem afetar os rumos da democracia.

Desempenho, resultados e orçamentos

A mecânica das aferições de desempenho e do enfoque cidadão-consumidor pode induzir os administradores públicos a uma visão mecanicista do processo. O planejamento estratégico, a construção de indicadores, os processos de aferição e as exigências do dia a dia da burocracia facilmente podem se transformar em fins em si mesmos. Mas, como o objetivo básico do processo não é produzir números, e sim melhorar os resultados, é muitíssimo mais útil pensar em termos de "administração por desempenho" do que em aferição de desempenho. Deixar que o processo de desempenho limite-se quase exclusivamente à mensuração e à aferição é, não poucas vezes, o mesmo que delegar ao aferidor poder para tomar as grandes decisões. Mais que isso, a administração baseada no desempenho traz melhores resultados para o administrador quando é incorporada o mais integralmente possível ao núcleo de outras grandes decisões de governo, principalmente às decisões sobre orçamento.

A administração baseada no desempenho pode ajudar todas as pessoas envolvidas no processo a pensar mais estrategicamente. Pode ajudar os administradores públicos a se concentrarem no melhor modo de fazer seu trabalho e de explicarem aos governantes o que estão tentando fazer para traduzir em resultados os objetivos da legislatura. Pode ajudar os governantes a ponderar os muitos pedidos que disputam recursos, sempre escassos, e a alocá-los aos projetos em que podem gerar os melhores resultados. E, ainda mais importante, pode ajudar os cidadãos a entender melhor o que lhes é oferecido em troca dos impostos que pagam.

Em resumo, a administração baseada no desempenho tem a ver com comunicação política. Só tem valor na medida em que melhora essa comunicação, que ocorre em três diferentes níveis:

- *Dentro da agência.* Os administradores de agências públicas têm grande poder de arbítrio. Precisam decidir que problemas exigem sua atenção máxima e qual a melhor maneira de resolvê-los. Quanto mais escassos forem os recursos (financeiros, de pessoal e de tecnologia), mais importante é resolver bem os problemas.

- *Entre a agência e os centros executivos.* As grandes decisões no nível de agência chegam inevitavelmente até os centros de decisão orçamentária, ao presidente ou ao primeiro-ministro. Algumas são orçamentárias: quanto uma agência pode gastar em quais programas, e como distribuir os recursos entre agências e programas. Outras são programáticas: que novas iniciativas deve-se tomar? E algumas são gerenciais: que programas atacar em primeiro lugar e como? A administração baseada no desempenho jamais resolverá questões como essas; não há sistema informacional ou de análise de dados que possa decidir as questões que implicam, fundamentalmente, um juízo político. Entretanto, pode fornecer informações adicionais úteis e, marginalmente, colaborar para que os governantes tomem decisões mais bem-fundamentadas. E é marginalmente — dadas a escassez de recursos e a escassez ainda maior de tempo — que são tomadas as grandes decisões, as mais cruciais.

- *Entre administradores de agências, ministros e parlamentares.* Os governantes eleitos não podem assumir a posição de espectadores desinteressados ou participar a distância do processo de administração por desempenho. Mas países com experiência mais longa, como a Nova Zelândia, descobriram que ministros e parlamentares tendem a se manter afastados da cadeia de responsabilidades. Sistemas bem-sucedidos de administração por desempenho dependem de uma integração cuidadosa entre política e administração. Os números da aferição do desempenho de uma agência devem interessar sobretudo aos administradores eleitos, porque permitem que tenham uma visão melhor do todo (é mais fácil fazer perguntas pertinentes sobre resultados quando se dispõe de informações baseadas em resultados). E oferecem também boas oportunidades para que os congressistas façam melhores orçamentos (é mais fácil destinar recursos orçamentários escassos à resolução de problemas importantes quando os governantes eleitos sabem de antemão os programas mais passíveis de produzir bons resultados).

Influência sobre parceiros não governamentais

A administração pública por desempenho enfrenta ainda outros problemas ao incorporar ao processo parceiros não governamentais. As pressões pela redução do tamanho do Estado têm feito com que o governo passe cada vez mais atividades ao setor privado, a organizações sem fins lucrativos, a concessionários (sobretudo nos sistemas federais) e a cidadãos. Já é muito difícil aferir o desempenho das organizações estatais, mas a dificuldade aumenta quando parte substancial da atividade governamental está fora do controle direto dos administradores públicos. O administrador público perde o controle sobre metas, indicadores e processos de aferição. Quanto mais o governo estabelece parcerias público-privadas para cumprir suas funções, mais difícil fica sua tarefa.

As empresas do setor privado, evidentemente, se veem diante dos mesmos problemas. Na verdade, também as empresas privadas, ao longo da última década, têm buscado cada vez mais a parceria, na tentativa de reduzir custos e aumentar a eficiência. Para isto, reduzem seus sistemas operacionais e passam a confiar mais nas redes terceirizadas. A experiência dessas empresas sugere um modo de se obter influência sobre parceiros não governamentais. As organizações que se engajam em terceirizações bem-sucedidas percebem que é indispensável se capacitarem para atuar como compradoras inteligentes: determinar de antemão o que querem comprar; definir detalhadamente as especificações, para que os fornecedores saibam precisamente o que oferecer; e calibrar a produção para que o comprador possa avaliar a qualidade do que compra.[35] Muitas organizações em geral, e em particular as agências do serviço público, não estão capacitadas a fazer isso. De modo geral, há poucas oportunidades de carreira na área de compras no serviço público e, quando existem, não oferecem nem prestígio nem remuneração para atrair os servidores públicos mais qualificados. Para uma boa administração da reforma do setor público, é necessário atentar para a capacitação para novas funções, razão pela qual a reforma do setor público não pode descuidar da reforma dos setores de recursos humanos. E isso sem jamais perder de vista o interesse público.

---

[35] Para uma aplicação desse processo à administração pública, ver Kettl, 1993.

Accountability e interesse público

Capacidade

Um tema recorrente neste estudo tem sido a necessidade de criar nova capacidade administrativa — um funcionalismo público com qualificações diferentes, tendo como suporte a nova tecnologia de informação e novos processos gerenciais. Administrar um sistema baseado em contratos por desempenho é muito diferente de administrar um sistema tradicional baseado na autoridade. Para fazer isso bem é preciso um esforço consciente para identificar a capacidade necessária e como criá-la. Pular essa fase do processo pode levar ao fracasso. Nas palavras pessimistas de um analista: "os países que mais precisam de reforma administrativa são os menos preparados para implantá-la" (Caiden, 1994:111). Para que as reformas sejam efetivas é preciso construir a capacidade para implantá-la.

As fronteiras do governo

As reformas exigem também que se passe de uma perspectiva negativa do Estado — que unidades podem ser privatizadas, incorporadas ou extintas? — para uma perspectiva mais positiva — o que o governo pode fazer, e como fazê-lo do melhor modo possível? Exigem também que se defina e reforce o núcleo do Estado. Por mais que os reformadores incorporem à administração pública modelos construídos para o setor privado, o governo não é e jamais será um negócio. Em uma democracia, a tarefa essencial é satisfazer o interesse público. Deve-se promover valores fundamentais como a equidade, a justiça, o respeito à lei.[36] O governo existe e sempre existiu precisamente porque os cidadãos descobriram que o mercado privado não pode satisfazer todas as suas necessidades nem servir a todos os seus objetivos, sobretudo aqueles como equidade e responsabilidade.

Para defender e promover esses valores, o governo deve ter capacidade e apoio suficientes para administrar a execução de suas funções inerentes. A definição dessa expressão vem atormentando os analistas há anos.[37] O governo costumava definir suas funções em termos do que só ele podia fazer, ou do

---

[36] Dois trabalhos muito úteis sobre este assunto são Appleby, 1945; e Allison, 1992:457-75.
[37] Para acompanhar um desses esforços de definição, ver U.S. General Accounting Office, 1991. Ver também Boston, 1995:78-111.

que as autoridades eleitas queriam que ele fizesse. Os reformadores, contudo, vêm insistindo em que o Estado seja o mais reduzido possível. O setor privado atualmente pode produzir e oferecer praticamente qualquer bem ou serviço "governamental", desde polícia e prevenção de incêndios até prisões e escolas. Dadas a potência do modelo do setor privado e a necessidade política de produzir reformas, muitos têm-se sentido tentados a empurrar o setor privado para a produção de tudo quanto ele "pode" produzir, sem sequer se perguntar se são bens ou serviços que o setor privado "deve" produzir. Reformas efetivas exigem que se assegure que só o Estado faça o que só o Estado deve fazer.

Democracia e mercados

A reforma do Estado ainda está num estágio experimental na maioria dos países onde foi implantada. As questões mais profundas são: que efeitos reais terá a reforma sobre o "tamanho" do Estado; sobre a capacidade que o Estado precisa para cumprir suas funções, e sobre os mecanismos fundamentais da democracia eletiva. A mensuração e avaliação de desempenho é essencial para que se discuta qualquer desses aspectos. Ela é importante porque ajuda a elucidar os resultados do governo. A administração por desempenho contribui para garantir que o Estado atente para o interesse público, seja qual for a definição a que cheguem os frequentemente tumultuados debates sobre o Estado e seus resultados.

Esta talvez seja a maior utilidade da administração por desempenho. O movimento do *managerialism* e suas variantes baseadas em contratos surgiram da profunda insatisfação do povo com o governo, seus programas, seu desempenho, seu modo de governar. Pela experiência e pela realidade política, seus criadores logo perceberam que não se tratava de uma máquina que se podia ligar e esquecer. Em essência, a tarefa do Estado é assegurar a satisfação do interesse público, a *res publica*. Para isso é preciso, antes, decidir o que o Estado deve fazer e, depois, o melhor modo de fazê-lo. A avaliação de desempenho pode ser muito útil aos dois processos. Como disse Alice Rivlin, diretora do U.S. Office of Management and Budget, a reforma da administração pública torna-se cada vez mais importante em todo o mundo, porque renova a confiança na democracia (OECD, 1996).

Uma administração atenta exige avaliação de resultados. A avaliação de resultados, por sua vez, dá nova feição ao debate público. Como certa vez me disseram funcionários da administração pública local em Phoenix, Arizona, se estiverem munidos de informações sobre custos e desempenhos dos contratantes e dos funcionários municipais, os governantes não poderão continuar decidindo a partir, simplesmente, de critérios de favorecimento político ou de apadrinhamento.

Isso não significa que os dados sobre desempenho sejam determinantes, ou que se deva sempre superestimar sua influência. Entretanto, sem dúvida introduz uma variável política absolutamente nova, que não deve ser ignorada nem pelos cidadãos nem pelos governantes. Tampouco significa que administrar por contratos e avaliações de desempenho seja garantia de um Estado melhor. Isso sem dúvida influencia a tomada de decisões e os processos administrativos, respondendo a algumas das questões que os criaram.

Referências bibliográficas

Aguayo, Rafael. Dr. Deming: the American who taught the Japanese about quality. New York, Simon and Schuster, 1990.

Allison, Graham T. Public and private management: are they fundamentally alike in all unimportant respects? In: Shafritz, Jay M. & Hyde, Albert C. (eds.). Classics of public administration. 3 ed. Pacific Grove, CA., Brooks/Cole, 1992.

Amjad, Shaid et alii (eds.). Civil service reform in Latin America and the Caribbean: proceedings of a conference. Washington, D.C., World Bank, 1994.

Appleby, Paul. Big democracy. New York, Alfred A. Knopf, 1945.

Australia. Public Service Commission. A framework for human resource management in the Australian public service. 2 ed. Canberra, Public Service Commission, 1995.

—————. Task Force on Management Improvement. The Australian public service reformed: an evaluation of a decade of management reform. Canberra, Australian Government Publishing Service, 1992.

Barzelay, Michael, with Armajani, Babak J. Breaking through bureaucracy: a new vision for managing in government. Berkeley, University of California Press, 1992.

Beeton, Danny. Measuring departmental performance. In: Gretton, John & Harrison, Anthony. Reshaping central government. New Brunswick, N.J., Transaction Books, 1987.

Bishop, Susan. Stop bashing social security: its customer service is tops. Market News, May 3, 1995.

Blais, Andre & Dion, Stephane. The budget-maximizing bureaucrat: appraisals and evidence. Pittsburgh, University of Pittsburgh Press, 1991.

Boston, Jonathan. Inherently governmental functions and the limits to contracting out. In: Boston, Jonathan (ed.). *The State under contract.* Wellington, Bridget Williams Books, 1995.
—— (ed.). *The State under contract.* Wellington, Bridget Williams Books, 1995.
—— et alii. *Reshaping the State: New Zealand's bureaucratic revolution.* Auckland, Oxford University Press, 1991.
Brasil. Presidência da República. Plano diretor da reforma do aparelho de Estado. Brasília, Imprensa Nacional, 1995. mimeog.
Bryson, John M. *Strategic planning for public and nonprofit organizations: a guide to strengthening and sustaining organizational achievement.* San Francisco, Jossey-Bass, 1991.
Caiden, Gerald E. Administrative reform. In: Baker, Randall (ed.). *Comparative public management: putting U.S. public policy and implementation in context.* Westport, CT, Praeger, 1994.
Campbell, Colin & Wilson, Graham K. *The end of Whitehall: death of a paradigm?* Oxford, Blackwell, 1995.
Champy, James. *Reengineering management: the mandate for new leadership.* New York, Harper Business, 1995.
Clinton, Bill & Gore, Al. *Putting customers first: '95 standards for serving the American people.* Washington, D.C., Government Printing Office, 1995.
Deming, W. Edwards. *Out of crisis.* Cambridge, Institute of Technology Center for Advanced Engineering Study, 1986.
DiIulio, John J., Jr.; Garvey, Gerald & Kettl, Donald F. *Improving government performance: an owner's manual.* Washington, D.C., Brookings Institution, 1993.
Exley, Margaret. Organisation and managerial capacity. In: Gretton, John & Harrison, Anthony. *Reshaping central government.* New Brunswick, N.J., Transaction Books, 1987.
Fairbrother, Peter. *Politics and the State as employer.* London, Mansell, 1994.
Frederickson, George. Painting bull's eyes around bullet holes. *Governing,* 6:13, Oct. 1992.
Gore, Al. *From red tape to results: creating a government that works better and costs less.* Washington, D.C., Government Printing Office, 1993.
Greer, Patricia. *Transforming central government: the next steps initiative.* Buckingham, Open University Press, 1994.
Hahm, Sunk Deuk & Plein, L. Christopher. Institutions and technological development in Korea; the role of the presidency. *Comparative Politics* (no prelo).

Hammer, Michael & Champy, James. *Reengineering the corporation: a manifesto for business revolution*. New York, Harper Business, 1993.
Howard, Philip K. *The death of common sense: how law is suffocating America*. New York, Random House, 1994.
Kemp, Peter. Next steps for the British civil service. *Governance*, 3:186-96, Apr. 1990.
Kettl, Donald F. *Sharing power: public governance and private markets*. Washington, D.C., Brookings Institution, 1993.
———. Managing on the frontiers of knowledge: the learning organization. In: Ingraham, Patricia W.; S. Romzek, Barbara et alii. *New paradigms of government*. San Francisco, Jossey-Bass, 1994.
——— & DiIulio, John J., Jr. (eds.). *Inside the reinvention machine*. Washington, D.C., Brookings Institution, 1995a.
———. *Cutting government*. Washington, D.C., Brookings Institution, 1995b.
Moe, Ronald C. Let's rediscover government, not reinvent it. *Government Executive*, 25:46-8, June 1993.
———. The 'Reinventing government' exercise: misinterpreting the problem, misjudging the consequences. *Public Administration Review*, 54:111-22, Mar./Apr. 1994.
Niskanen, William. *Bureaucracy and representative government*. Chicago, Aldine Atherton, 1971.
Nohira, Nitin & Eccles, Robert G. (eds.). *Networks and organizations: structure, form, and action*. Boston, Harvard Business School Press, 1992.
OECD (Organisation for Economic Co-Operation and Development). *Public management developments: update 1994*. Paris, OECD, 1995.
———. *News Release*, Mar. 6, 1996.
Osborne, David & Gaebler, Ted. *Reinventing government: how the entrepreneurial spirit is transforming the public sector, from schoolhouse to Statehouse, City Hall to the Pentagon*. Reading, Mass., Addison-Wesley, 1992.
Rosenbloom, David H. Have an administrative Rx? Don't forget the politics! *Public Administration Review*, 53:503-7, Nov./Dec. 1993.
Savas, E. S. *Privatizing the public sector*. Chatham, N.J., Chatham House, 1982.
Scott, Graham; Bushnell, Peter & Sallee, Nikitin. Reform of the core public sector: New Zealand experience. *Governance*, 3:138-67, Apr. 1990.
Senge, Peter M. *The fifth discipline: the art and practice of the learning organization*. New York, Doubleday, 1990.
Thomas, Craig W. Reorganizing public organizations: alternatives, objectives, and evidence. *Journal of Public Administration Research and Theory*, 3:457-86, 1993.

Tyson, Shaun. Personnel management. In: Gretton, John & Harrison, Anthony. *Reshaping central government*. New Brunswick, N.J., Transaction Books, 1987.

U.S. General Accounting Office. *Government contractors: are service contractors performing inherently governmental functions?* Nov. 1991. (GGD-92-11.)

———. *Managing for results: experiences abroad suggest insights for federal management reforms*. May 1995. (GGD-95-120.)

———. *Transforming the civil service: building the workforce of the future (results of a GAO-sponsored symposium)*. Dec. 1995. (GGD-96-35.)

Wilson, James. *Bureaucracy: what government agencies do and why they do it*. New York, Basic Books, 1989.

Wyatt Company. *The people factor: a global study of human resource issues and management strategies*. Washington, D.C., 1995.

A complementaridade entre a reestruturação econômica e a reconstrução do Estado na América Latina

WILLIAM GLADE*

Introdução

Durante os anos 80 e 90, dois processos seguiram trajetórias mais ou menos paralelas na América Latina: o ajustamento estrutural da economia e a reforma do aparelho administrativo do Estado. O primeiro foi o que, de longe, recebeu a maior atenção, tanto na formulação de políticas, quanto na análise delas.[1] No contexto mais amplo onde ambos estão ocorrendo, pode-se observar um terceiro processo: a democratização, composta de uma variedade de medidas para fortalecer a sociedade civil e aumentar as possibilidades de utilizar o que a União Europeia chama de princípio de subsidiariedade.

Foi no Chile que a revolução silenciosa na política econômica começou, para usar o termo apropriado, cunhado pelo Banco Interamericano de Desenvolvimento.[2] Nesse país, ambos os conjuntos de mudanças começaram nos anos 70. Desde então, a literatura sobre a experiência da estabilização e da reestruturação tornou-se volumosa, refletindo um interesse generalizado,

---

* Professor de economia da Universidade do Texas, em Austin, Texas, EUA.
[1] A reestruturação econômica tendeu a dominar o cenário devido a suas relações com a disponibilidade de recursos da qual depende todo o restante.
[2] A reestruturação econômica, para economias que acreditam no mercado, consistiu basicamente em: a) política fiscal mais apertada para reduzir o déficit e restrições na política econômica para auxiliar a estabilização macroeconômica; b) desregulamentação de preços, incluindo taxas de juros e de câmbio; c) liberalização do comércio; d) redução ou eliminação dos subsídios; e) privatização; e f) drástica redução nos controles e regulamentos dos investimentos domésticos e do exterior e nas operações de negócios em geral.

a favor e contra, engendrado por essa experiência marcante. Muitas das contribuições foram simplesmente impelidas pela curiosidade acadêmica de saber mais a respeito da trajetória inovadora que os chilenos estavam trilhando. Após 1982, o México iniciou programas abrangentes de liberalização e privatização, como parte de sua terapia de estabilização, revertendo assim uma trajetória política de mais de 50 anos. Isso também foi analisado minuciosamente pelos partidários e pelos oponentes da liberalização, bem como pelos que eram motivados por interesses puramente intelectuais. O mesmo pode ser dito do acelerado programa de abertura econômica da Argentina, durante os anos 90, que foi seguido pelas reformas econômicas no Peru, que, em certos aspectos, significaram uma resposta à liberalização implementada mais cedo, no final dos anos 40 e início dos anos 50.[3]

Há também observações sistemáticas e análises de casos de outras nações onde a reestruturação econômica teve menos força, ou foi paralisada ou, como na Venezuela, começou e foi revertida, pelo menos até bem recentemente. O notável, contudo, é o assincronismo da reforma do Estado, comparada com o projeto de reestruturação econômica. Existem menos análises aprofundadas e nenhum levantamento abrangente satisfatório, como encontramos na reestruturação. Ao mesmo tempo, o volume total de literatura sobre reformas do aparelho de Estado é ainda maior do que o de reestruturação, se bem que estendendo-se por várias décadas e de naturezas muito diferentes.[4]

Tudo isso se deve ao fato de a reforma do Estado não ter começado apenas recentemente, enquanto a parte principal das reformas quase sempre envolveu alterações razoavelmente modestas, ao invés de revisões maiores. Consequentemente, nessa massa bastante substancial de experiência analisada, existem muitos critérios úteis sobre o que favorece e o que resiste à reforma estrutural, bem como instrutivas descobertas sobre como um programa de reforma pode ser desenvolvido e como os vários esforços foram realizados.

---

[3] Ver Irurozqui, 1952.
[4] Os antecedentes da reestruturação do Estado são realmente antigos e se voltam para a América espanhola, para as reformas administrativas do Bourbon, no século XVIII, e, no Brasil, para as reformas pombalinas, mais ou menos na mesma época. Com a independência, a organização pública mudou mais uma vez. Porém, a América espanhola ingressava em um longo período de deterioração e desorganização. Algumas melhorias tiveram lugar em várias nações, no final do século XIX, mais notavelmente no Chile e na Argentina, enquanto, no Uruguai, os primeiros anos deste século trouxeram a instalação do primeiro Estado de bem-estar social nas Américas. O estabelecimento de bancos centrais, pelas missões Kemmerer, em 1923-33, representou importantes melhorias na administração pública, enquanto as várias formas de assistência técnica, que começaram nos anos 40, também podem ser entendidas como melhorias na administração pública.

Vejamos, por exemplo, o trabalho de Lawrence S. Graham sobre a reforma do serviço público no Brasil ou o memorável trabalho de Albert O. Hirschman sobre o "vendedor de reformas".[5]

Isto posto, cabe dizer que os mais recentes episódios de reforma administrativa, que foram tipicamente enquadrados em termos de descentralização, de *downsizing* e, algumas vezes, de democratização, têm sido menos ambiciosos e menos atentamente estudados do que seus equivalentes de política econômica. Executadas aos poucos, o alvo geral dessas reformas — que, no sentido mais amplo, envolveram uma mudança de administração pública para gerenciamento público — tem sido, pelo menos ostensivamente, tornar os processos decisórios mais transparentes e mais correspondentes a uma faixa mais ampla das necessidades da nação, aumentar a responsabilidade e a eficiência na implementação e, *como parte da reestruturação*, priorizar os gastos públicos com maior cuidado, aumentar a eficiência na coleta de impostos e economizar o uso dos recursos do setor público dentro de apertados limites fiscais impostos pela estabilização macroeconômica.

A íntima conexão entre o ajuste estrutural da economia e as reformas administrativas que reconstroem o Estado é sugerida pelo lugar que o imperativo "priorizar/economizar" tem na primeira e as condições que isso, por sua vez, acarreta à outra. O uso mais parcimonioso dos recursos fiscais, por exemplo, e o seu redirecionamento de operações que foram transferidas para o setor privado, é essencial para satisfazer um número enorme de clamorosas necessidades sociais, para reparar uma negligência de décadas. O déficit social, sobre o qual muito se tem escrito nos últimos tempos, resulta de anos de subinvestimento, na medida em que recursos fiscais foram desviados do investimento social para cobrir coisas como déficits de paraestatais, ou ser absorvidos no financiamento de burocracias demasiado florescentes e ineficientes. Na atualidade, contudo, a complementaridade entre a reestruturação econômica e a reforma do Estado estende-se para bem além disso.

Este ensaio se propõe explorar essas complementaridades e aprofundar a discussão da lógica da mudança do papel do Estado na América Latina. Conforme o Estado se retira do seu antigo papel de empreendedor, em favor

---

[5] Uma das primeiras análises externas foi a de Ebenstein, 1945. Mas, depois disso, um considerável volume de descrições e análises foi publicado. Para uma amostra mais ou menos representativa, ver Davis, 1958; Daland, 1963; Riggs, 1964; Daland, 1967; Graham, 1968; e Hirschman, 1973. Ver também a abundante literatura sobre administração do desenvolvimento, da qual um exemplo típico é Thurber & Graham, 1973. O Comitê Latino-Americano de Administração de Desenvolvimento publica os *Occasional Papers*, contendo várias considerações úteis sobre experiências dos anos 60 e 70.

da eficiência do setor privado, e deixa o processo de gerência dos sistemas políticos cada vez mais para as instituições emergentes da sociedade civil, existe uma vasta área de responsabilidade social a ser recuperada e efetivamente dirigida e uma estrutura transacional cada vez mais complexa para ser projetada e administrada, se a promessa da reestruturação econômica é para ser cumprida. De modo crescente, reconhece-se que a longa negligência no que diz respeito aos investimentos sociais prejudicou a acumulação do capital humano e social da qual dependem os avanços em produtividade. E a má distribuição das recompensas econômicas, pelas quais a América Latina ganhou tanta notoriedade, passou cada vez mais a ser vista não só como um problema de equidade social, por mais importante que seja essa consideração, mas também como uma condição adversa ao avanço econômico sustentado.[6]

Raízes da disfunção administrativa

Como já mencionado, a reforma do Estado e de sua projeção na economia através de agências reguladoras e empresas paraestatais não é, em hipótese alguma, um assunto novo. Embora o "avô" de todos os programas de assistência ao desenvolvimento, o Plano Marshall, não precisasse se preocupar muito com a estrutura institucional da reconstrução econômica da Europa, além do estímulo às consultas transnacionais de políticas e à cooperação no planejamento, o programa de assistência técnica sob os auspícios do Ponto Quatro e outros semelhantes reconheceram rapidamente que a construção das instituições, geralmente nas áreas limítrofes do setor público, era a própria essência daquilo que se propuseram.[7]

Em nome da modernização, importantes inovações foram introduzidas para reforçar a capacidade organizacional em diversos campos, como nas unidades de *servicio* que foram estabelecidas, frequentemente com assistências técnica e econômica estrangeiras, para lidar com uma variedade de funções de desenvolvimento, desembaraçadas dos entrincheirados caminhos das instituições centrais da administração pública.[8] Embora o caso não tenha sido amplamente estudado na América Latina na época, a "Operação

---

[6] Ver, por exemplo, a conferência organizada sob os auspícios do Banco Interamericano de Desenvolvimento, sobre "A Desigualdade como Restrição ao Crescimento na América Latina", resumida em Birdsall & Sabot, 1994.

[7] Existe um insistente reconhecimento disso em literatura mais antiga, como, por exemplo, Sadler, 1954; Mosher, 1957; Glick, 1957; Domergue, 1961; Weidner, 1964; Suprin, 1966; e Mosher, 1966.

[8] A mesma lógica foi usada no estabelecimento de organizações descentralizadas e semiautônomas, como as agências de desenvolvimento regional e as empresas paraestatais.

Bootstrap" realizada em Porto Rico dependeu, de forma substancial, de uma revisão muito abrangente da máquina da administração pública e da liderança propiciada pelas autoridades de planejamento e pelo Banco de Desenvolvimento.[9] Uma contribuição nada insignificante também foi feita pela habilidade da ilha em introduzir um ambiente fiscal e monetário estável, além de uma estrutura legal adaptada às necessidades da moderna empresa de negócios, e um confiável sistema de administração legal.

Com o tempo, a consciência do papel da modernização administrativa em estabelecer as condições para um desempenho econômico bem-sucedido tornou-se mais difundida, como por exemplo quando o Banco Mundial mudou a sua ênfase inicial em "reconstrução" para a agenda bem mais difícil e complexa do "desenvolvimento". Um dos mais antigos estudos de nações latino-americanas feito por uma missão do Banco Mundial, o *Report on Cuba*, identificou as operações disfuncionais do setor público como o principal impedimento ao crescimento e deteve-se longamente na necessidade de uma ação corretiva.[10] Outras referências de passagem foram também feitas em outros estudos do Banco Mundial sobre a necessidade de reconfigurar as agências e políticas mais centrais para o esforço do desenvolvimento, a fim de mobilizar e coordenar todos os recursos públicos disponíveis para o ataque ao atraso econômico. O fortalecimento dos sistemas fiscais (em seu desenho e administração) e a melhoria das políticas monetárias foram, claramente, as peças centrais das recomendações de políticas que envolveram um amplo leque de domínios organizacionais.[11]

O redesenho do setor público, em não poucos casos latino-americanos, antecipou a preocupação do pós-guerra com o desenvolvimento. As agências

---

[9] Ver, por exemplo, Chase, 1951.
[10] Economic and Technical Mission to Cuba, 1952.
[11] Acompanhando a evolução dos tempos, havia uma aceitação geral da inevitabilidade da expansão do setor público. Desde Bismarck, as funções do bem-estar social tinham se tornado cada vez mais respeitadas e aguardadas pelas sociedades urbano-industriais. A era dos cartéis e dos trustes tinha alimentado uma preocupação pública sobre incontroláveis negócios e justificava o crescimento de regulamentos; alguns Estados, como a França, transferiram sua tradição dirigista para a era moderna; o colapso do capitalismo nos anos 30 e a ascensão do keynesianismo, para não dizer nada dos pontos de vista "estagnacionistas", também daqueles anos, tudo ficou de acordo com um papel cada vez maior do Estado na administração macroeconômica e levou ao governo compromissos com políticas de pleno emprego na era pós-guerra; desenvolvimentos dos anos 30 e 40 criaram uma ampla aceitação de planejamento econômico, o que aparentemente foi ratificado no Plano Marshall, enquanto a crescente influência da social-democracia e as várias visões políticas marxistas contribuíam para o clima intelectual/político que, nas nações em desenvolvimento, colocou a ação do Estado no centro do "desenvolvimentismo".

descentralizadas e as empresas autônomas, para usar a terminologia mexicana, que começaram a aparecer nos anos 30 e 40, eram originariamente planejadas de forma a poderem executar funções específicas mais rápida e eficientemente do que se estivessem situadas no núcleo da máquina do Estado. Regimes legais especiais caracterizavam suas operações em certos aspectos, dando a elas, pelo menos no começo, mais flexibilidade em questões de procedimentos e mais margem para o desenvolvimento de estratégias organizacionais. Em alguns casos, essa versatilidade possibilitou até mesmo que, com o passar do tempo, missões institucionais fossem redefinidas de forma desejada. A Corfo do Chile, por exemplo, começou como uma agência encarregada da reconstrução de uma economia regional que havia sido severamente danificada por um terremoto. Acabou sendo um dos mais importantes bancos de desenvolvimento industrial da América do Sul, um híbrido de banco de investimento e companhia *holding* estatal, de certo modo acompanhando as linhas da Öiag austríaca. Sua similar no outro extremo da América Latina, a Nacional Financiera do México, foi criada para reforçar o mercado de ações — uma missão interessante para o que pretendia ser uma consolidação e renovação revolucionárias. Apenas 15 anos mais tarde, ela se tornou a principal agência de desenvolvimento industrial, ganhando o respeito internacional pelo profissionalismo da sua direção e integridade das suas operações. Mais ou menos na mesma época, a Comissão Federal de Eletricidade Mexicana começava a implementar alguns programas relativamente modestos, de eletrificação rural; mas, em duas décadas e meia, ela evoluiu, transformando-se numa entidade encarregada de toda a rede elétrica nacional.

Em meados da década de 40, siderúrgicas nacionais tinham sido adicionadas aos portfólios de uma série de países, para se juntarem a um conjunto de empresas estatais de petróleo, a primeira das quais foi instalada na Argentina nos anos 20, companhias de estradas de ferro, companhias aéreas, agências de desenvolvimento regional, companhias de energia elétrica, bancos com finalidades especiais, de propriedade do Estado, e gigantes da mineração, como a Comibol, Codelco e a Companhia Vale do Rio Doce, a maior delas. Companhias de seguros estatais, companhias químicas, companhias de navegação e uma série de outras, desde instituições financiadoras de filmes e um importante fabricante de aviões até companhias de *marketing* e cadeias de hotéis, foram se juntando no meio século entre os anos 30 e os anos 70. Ao lado dessa cobertura extremamente ampla dos empreendimentos supostamente estratégicos, novas entidades reguladoras proliferaram.

As oportunidades se multiplicaram para essas agências reguladoras e paraestatais, algo que James Q. Wilson e outros conseguiram examinar tão notavelmente,[12] e para incitar o comportamento do tipo *rent-seeking* que cresceu de forma tão luxuriante pelos corredores políticos e burocráticos do continente. De fato, as paraestatais eram frequentemente o atalho para que os interesses privados e burocráticos a elas associados obtivessem acesso privilegiado à máquina política do Estado. Além disso, a multiplicação dos órgãos de intervenção estatal, diretos e indiretos, constituiu um aparentemente irresistível convite à corrupção, para a qual o nepotismo e o favoritismo também contribuíram. Bem antes de a OIT e de os acadêmicos descobrirem os setores informais nos distritos das cidades africanas e latino-americanas, já existia uma ativa área informal operando, baseada na produção e distribuição do favor oficial, dentro e em torno da máquina de Estado, graças à qual as políticas públicas e também os processos políticos seriam de fato privatizados, anos antes que qualquer pessoa pensasse em privatizar tais ativos (e obrigações).[13] O autoenriquecimento de funcionários públicos e de seus correligionários no setor privado, o enfraquecimento do sistema fiscal e mesmo os variados meios de "regularizar" as falhas do sistema, como os "trens da alegria" no Brasil, tudo isso acabou sendo mais severamente julgado pela opinião pública, quando a austeridade geral aguçou o contraste entre os incluídos e os excluídos dos círculos de favores recíprocos. Nesse cenário, os episódios da reestruturação econômica e da reforma do Estado de anos recentes podem ser considerados como o fim (pelo menos em parte) do cativeiro babilônico do Estado, para onde a era do I-S-I levava.

A razão de narrar essa evolução não é reprisar as principais e mais conhecidas características da história das políticas do século XX e, sim, chamar a atenção para vários aspectos importantes do contexto no qual a reforma administrativa está ocorrendo hoje. Em particular, a dimensão e o caráter dos problemas a serem resolvidos e a probabilidade dos resultados dessa política em curso serem positivos derivam dessa genealogia institucional.

A primeira consideração no tocante à estratégia da reforma tem a ver com o tipo de problema a ser enfrentado e origina-se da própria natureza do que ocorreu nas últimas décadas. Colocado suscintamente, o resultado não desejado desses desdobramentos pouco padronizados, que respondem a uma ampla e mutante variedade de condições e circunstâncias, é que às

---

[12] Ver Wilson, 1980 e 1989.
[13] A exasperação pública com o aumento do volume de corrupção parece ter sido uma força na redefinição das funções do Estado e dos processos administrativos. Em várias nações importantes, entre elas o Brasil, México e Venezuela, a corrupção tornou-se um dos principais temas políticos nos tempos recentes.

deficiências do mercado, para as quais as medidas intervencionistas foram concebidas como remédio, juntou-se um suplemento de carências do setor público, cuja posterior avaliação constitui a principal tarefa do presente redimensionamento do Estado e de sua "penumbra" reguladora.

À medida que a estrutura do Estado tornava-se cada vez mais complexa, sem o aumento correspondente da capacidade de supervisão, tanto do Executivo, quanto do Legislativo, para não mencionar um Judiciário que não exerce, por razões estruturais, uma vigilância efetiva sobre os dois, foi criado um excesso de organizações, em resposta às necessidades políticas imediatas, mas sem qualquer determinação de "impacto ambiental" para detectar e avaliar as consequências disto tanto nos negócios como na política econômica e na definição de políticas. Contudo, na maioria dos casos, externalidades importantes foram geradas no processo de expansão do Estado, que afetaram o ambiente, tanto positiva quanto negativamente.

Variadas como eram as situações que deram origem às respostas institucionais que caracterizaram a era do desenvolvimento gerenciado pelo Estado, a verdade é que a proliferação e a diversificação do setor paraestatal e dos órgãos reguladores da economia sobrepujou, de longe, a capacidade da autoridade pública de monitorar e controlar essas operações e suas consequências. O encarecimento do custo das transações, por conta do ônus de regulamentos e complicados procedimentos oficiais, que afligiu a maior parte da América Latina foi amplamente observado e desempenha importante papel na explicação do crescimento do setor informal.[14] Mas os problemas eram mais profundos. Como a *accountability* e a reatividade democrática já eram um problema bastante difundido no cerne dos processos de governo, a expansão do aparelho do Estado simplesmente aumentou o impacto do problema do *agent/principal* na economia. No nível mais alto, isso se traduz numa função preferencial de planejamento que, numa estrutura administrativa tipicamente centralizada, era essencialmente de exclusão. Isto é, não representativa de uma grande parcela da população, que, para todos os propósitos práticos, era desprovida de direitos; insensível às necessidades das faixas de renda mais baixas e das pequenas empresas e descuidada com a situação da maioria das cidades menores e do campo, na distribuição de, digamos, investimentos de infraestrutura. A notoriedade da ineficiência e da corrupção governamentais corroeu seriamente a credibilidade das políticas públicas e encorajou a evasão fiscal, pois os cidadãos sentiam que não seriam bem servidos pelos seus setores públicos.

---

[14] Ver Soto, 1989.

Com o "inchaço do Estado", como um estudo recente norte-americano rotulou o aumento de níveis da burocracia,[15] um problema obviamente não confinado apenas à América Latina, as oportunidades de erros de direcionamento se multiplicaram, a integridade organizacional ficou mais inadministrável e, eventualmente, o custo de manutenção de uma estrutura de administração que se autoalimenta, especializada em interesses partidários burocráticos e no clientelismo, atingiu níveis insuportáveis, enquanto a própria falta de agilidade do aparelho de Estado levou à diminuição da governabilidade.[16] Além disso, como muitos países descobriram, dada a posição estratégica da "*bourgeoisie* do Estado" *vis-à-vis* o processo de políticas públicas, provou-se ser mais fácil destituir o Estado do seu papel econômico direto do que aparar e remodelar um aparelho administrativo maior, ao qual havia sido anexado o setor paraestatal — um desafio que os Estados Unidos também enfrentaram.

Consequentemente, como a expansão e a indefinição da estrutura paraestatal/reguladora cresceram, a transparência diminuiu em função do tamanho e da complexidade e, enquanto a *accountability* tendeu a sumir de vista, a desajeitada paisagem organizacional foi semeada com o potencial para manobras burocráticas, para prevenir mudanças fundamentais. O que realmente cresceu no meio dessa perda de coerência da máquina administrativa do Estado foi o aparecimento de nichos geradores de vantagens.[17] E quando nem a disciplina de mercado nem a disciplina administrativa podiam ser aplicadas, e quando um orçamento com pouco controle era de

---

[15] Ver Light, 1994. Como observa o autor, a evolução do setor público trouxe mais níveis hierárquicos entre o topo e a base do governo, com mais unidades administrativas e funcionários a cada nível. Em 1960, por exemplo, o gerenciamento *senior* consistia em quatro níveis: secretaria, subsecretaria, secretaria assistente e subsecretaria assistente. Em 1992, o número de níveis havia triplicado e, para citar apenas um exemplo, o número de secretarias assistentes subiu de 81 para 212. Graças à confusão burocrática, a responsabilidade declina, o fluxo de informações torna-se cada vez mais distorcido e uma orientação vinda de cima tende a se evaporar conforme vai descendo.

[16] Três tipos de estrangulamento são distinguíveis neste caso de superexpansão dos setores estatal e paraestatal: um estrangulamento fiscal, que se manifestou na excessiva absorção das receitas públicas para cobrir despesas operacionais correntes de paraestatais e do núcleo burocrático; um estrangulamento monetário, vindo das demandas das paraestatais e do próprio governo por empréstimos nos mercados de crédito locais e estrangeiros, e um estrangulamento institucional, que derivou da proximidade de altos funcionários junto ao processo político, o que permitiu-lhes o domínio da agenda política e, assim, jogar sombra em outros interesses concorrentes na formação da política.

[17] Buchanan, Tollison e Tullock (1980) exploram um campo analítico que elucida em grande parte as distorções das alocações de recursos ocasionadas por sistemas desse tipo.

fato bastante comum, o resultado final era — como é amplamente admitido — uma instabilidade estrutural que Rudiger Dornbusch e Sebastian Edwards rotularam de populismo macroeconômico.[18] Com tantos recursos fiscais exigidos para fazer face às necessidades dos setores estatais usuários de capital intensivo, para cobrir déficits operacionais e financiar obrigações eleitorais, as verdadeiras carências de investimento social tenderam a ser postas de lado, num tipo de processo fiscal engavetado por falta de espaço. Finalmente, a prodigalidade, o desperdício, a fraude e o desmazelo, engendrados inclusive pela falta de controle dos orçamentos, redundaram em detrimento dos programas de investimento público básico, que tiveram de ser cortados ou financiados por empréstimos externos, o que em si não era saudável, tendo em vista a crescente anorexia fiscal. Nos anos 80, as contradições internas da estrutura cresceram a tal ponto que o sistema não era mais viável. Uma ideia da sobrecarga de custos imposta pela inflação de despesas não produtivas e a elevação dos custos de transações pode ser obtida a partir dos custos de ajuste que várias economias latino-americanas tiveram de assumir nos processos de abertura econômica.

O fato de a reestruturação econômica e de a reforma administrativa terem se originado no mesmo conjunto de circunstâncias é, sem dúvida, a razão de o Banco Mundial, cujo interesse na reforma administrativa diminuiu após os anos 60, estar hoje apoiando programas de "enxugamento" do Estado e de melhoria do gerenciamento público em mais de duas dezenas de países. Reformas do serviço público, introdução de melhorias na contabilidade pública e nos sistemas de controle fiscal, desenvolvimento de sistemas aperfeiçoados de gerenciamento financeiro e de informações, reformas na administração da lei, mecanismos de auditoria, avaliação de desempenho nas saídas (*outputs*) e não apenas nas entradas (*inputs*), sistemas variados de treinamento e gerenciamento para lidar com a característica evasiva da burocracia, introdução de maior vigilância do Executivo pelo Legislativo, descentralização das funções para governos estaduais e locais a fim de combater o hábito do centralismo administrativo, introdução da competição no setor público para intensificar a *accountability* etc. — tudo isso visa a construir a capacidade institucional e a demonstrar o reconhecimento pelo Banco de que, afinal, a reestruturação envolve não só a mudança dos contornos da economia, mas também uma reconfiguração do sistema administrativo. Ciente da permanente tendência das agências públicas a reincidir nos erros e da dificuldade de realizar melhorias permanentes nas paraestatais, o Banco também encorajou

---

[18] Ver Dornbush & Edwards, 1989.

a privatização onde possível, como proteção contra o comportamento recidivo, que parece endêmico nas burocracias públicas. Na Argentina, por exemplo, atribui-se à expansão da privatização o mérito de ter reduzido significativamente a corrupção.

A complementaridade de origens partilhadas nas obstruções de um melhor desempenho, econômico ou administrativo, também levou o Banco Mundial e o Banco Interamericano de Desenvolvimento a apoiarem uma grande variedade de programas para aumentar a eficiência dos gastos sociais, para auxiliar o desenvolvimento da moderna informação, documentação e serviços de referências legislativas para legislaturas nacionais, para modernizar a administração no nível estadual (no Brasil), para desenvolver sistemas orçamentários integrados, para fornecer acesso instantâneo a dados orçamentários e informações sobre crédito público e instalar sistemas de contabilidade eletrônica (na Argentina), e para simplificar a administração alfandegária e estabelecer comunicação permanente entre funcionários e agentes através do país (no Chile). Por sua vez, os governos começaram a eliminar a legislação redundante, a abolir vários tipos de monopólios governamentais (como na exportação de café e açúcar no Brasil e na comercialização do trigo no mesmo país). Em resumo, enquanto a estrutura econômica e a eficácia administrativa interagiram para produzir uma ampla faixa de problemas em anos passados, a junção na origem de um problema aponta para a junção na solução. A relação entre o ajustamento estrutural e a reforma administrativa é, em outras palavras, igualmente interativa.

Uma segunda limitação, contudo, mas que funciona mais beneficamente do que a primeira, é que as grandes mudanças estruturais e o desenvolvimento institucional, que foram associados com políticas de desenvolvimento gerenciadas pelo Estado, resultaram em melhorias significativas, por várias décadas, na produtividade real de várias das maiores economias regionais, como Angus Maddison e seus colaboradores demonstraram.[19] Compensando o peso morto do setor público deficiente, em outras palavras, estava a acumulação de capital humano e organizacional, que ocorreu na esteira das inumeráveis mudanças institucionais politicamente induzidas. Mesmo no setor público, por exemplo, o sucesso de organizações como a CVRD e a Embraer, no Brasil; a PDVSA, na Venezuela; a Fundação Bariloche, na Argentina; a Corfo, no Chile; a Nafinsa, no México, e outras atesta a crescente capacidade do setor público. O pensamento de Thomas Trebat sobre o setor paraestatal brasileiro, apesar de realístico em apontar gorduras, reconhece o considerável

---

[19] Ver Maddison et alii, 1992.

número de ocasiões nas quais o desempenho era, no mínimo, satisfatório.[20] Entretanto, as forças regenerativas e elásticas de tantas economias pós-crise da dívida, a notável guinada na direção da exportação de manufaturados, a ascensão visível do investimento estrangeiro nas companhias latino-americanas e, realmente, a habilidade em executar, com sucesso, programas de privatização, tudo aponta para o amadurecimento da capacidade organizacional do setor privado, ao abrigo das políticas do I-S-I.[21]

As possibilidades de tal sistema têm sido frequentemente negligenciadas, na negatividade prevalecente que dá o tom em muitas das análises de política pública de tempos recentes, especialmente as avaliações retrospectivas da era que agora acabou. A esse respeito, a experiência do pós-guerra na Itália é particularmente relevante como correção de perspectiva, pois, numa nação afetada pela inércia e pela formalidade burocráticas, um modelo de intervencionismo extensivo, que refletiu tanto na intervenção indireta, quanto na direta, clientelismo, *rent-seeking* e assim por diante, incluindo uma taxa extraordinariamente alta de rotatividade política, e, como se entrevê, uma corrupção nada pequena, a economia, ainda assim, foi bem-sucedida durante anos, atingindo altas taxas de crescimento, igualando a mais amadurecida e, seria de se supor, mais bem-dotada economia da Inglaterra nas classificações regionais de produto *per capita*. As avaliações dos especialistas do Banco Mundial, que prepararam a análise do *Bureaucrats in business*, não podem ser contestadas,[22] mas o conjunto de políticas às quais a expansão das paraestatais e o acúmulo de regulamentos estavam associados, na América Latina como na Itália, também acabou se tornando uma sementeira razoavelmente fértil para o desenvolvimento do capital humano e social — e para a transferência dos recursos do uso tradicional para áreas de produção com maior potencial de dinamismo.

Assim parece ter ocorrido na Itália e, certamente, na América Latina, onde o território institucional foi quase totalmente reformado nos últimos 50 anos. Os custos parecem ter-se elevado ao longo dos anos em relação aos

---

[20] Trebat, 1983. Similarmente, Tendler (1968) chegou a um julgamento cautelosamente positivo no seu estudo anterior de uma parte-chave do setor paraestatal.
[21] Sem dúvida, os ganhos no setor paraestatal, além de todas as imperfeições epifenomenais, também foram substanciais. A YPF da Argentina, por exemplo, condensou os problemas da inépcia burocrática, pois em praticamente todos os aspectos ela não atingia os padrões de desempenho industrial internacionais. Contudo, uma vez privatizada, foi rapidamente reabilitada pelo capital e gerenciamento privados de tal forma que, em relativamente pouco tempo, pôde até mesmo retomar a lucratividade e partir firme para a conquista de operações no exterior.
[22] Ver World Bank, 1995.

benefícios produzidos em certas áreas da criação institucional, mas, em última análise, um modo de ver o assunto é dizer que o setor não governamental finalmente superou a necessidade de subsídios e estímulos especiais e é capaz de operar mais efetivamente num ambiente menos limitado. Além disso, considerando o ritmo e a extensão de algumas das reformas recentes, em notável contraste com as tentativas dos anos 60, poder-se-ia dizer que os recursos humanos e organizacionais, somados aos recursos de informação, disponíveis aos principais governos da América Latina, e a orientação política que tomou lugar em seguida, tudo leva a uma visão relativamente otimista das perspectivas de uma substancial reforma do setor público.

Muito adequadamente, a ênfase dos anos recentes foi dirigida para a desregulamentação e a remoção de controles para liberar o mercado, deixando-o fazer seu trabalho mais efetivamente. No entanto, um exame mais cuidadoso do que tem acontecido e do que é necessário para a operação satisfatória das novas estruturas econômicas mostra que, ao lado da desregulamentação, está se desenvolvendo um processo a ela relacionado que tem grandes implicações para a reconstrução do Estado: isto é, a necessidade de desenvolver uma nova estrutura reguladora mais afinada com as necessidades de um complexo sistema industrial. Essa faceta adicional da complementaridade toma várias formas, entre elas a da necessidade de proteger o ambiente, de estabelecer padrões para produtos em defesa da saúde e da segurança do consumidor (e também, de enfrentar as demandas mais exigentes do mercado exportador), de obrigar a competição, onde a abertura da economia não basta para estabelecer mercados disputáveis (especialmente, talvez, no setor produtor de bens não comercializáveis), de supervisionar a indústria de "utilidade pública", operada pelo setor privado, de obrigar a transparência no mercado de capitais, exigindo maior exposição das informações financeiras verificadas, e de assegurar a estabilidade e a integridade do setor financeiro, de obrigar melhor gerenciamento de intermediários financeiros, cujas operações criaram grandes dificuldades no México, Brasil, Venezuela e Argentina, por exemplo. Justamente por isso, a maioria das nações ainda está precisando de novos sistemas reguladores, para restaurar a saúde de seus programas de previdência social, lidar com problemas aparentemente insolúveis de saúde, fornecer serviços de educação mais adequados às necessidades de um mercado de trabalho em constante evolução, e com maior eficiência do que a que tem caracterizado o setor educacional até então, fornecer ao trabalhador ambientes saudáveis e seguros, que as principais economias industriais vão exigir cada vez mais como condição para receber os produtos importados de nações recém-industrializadas e em desenvolvimento.

Existem três importantes razões para efetuar essas reformas da gestão pública. Primeira: durante anos, as burocracias superdimensionadas absorveram uma porção substancial dos fundos alocados na produção e fornecimento de serviços sociais. Pouco se ganha se os recursos obtidos através de privatização de empresas forem consumidos por uma administração desastrada, por maior que seja a gritante necessidade de investimentos na infraestrutura social, como saúde, educação e previdência. Segunda: como os pré-requisitos de controle ambiental, as precondições relativas às condições de trabalho já começaram a surgir, digamos, nas relações comerciais entre Estados Unidos e o México, através do Nafta, e nas relações da União Europeia com os Estados da Europa central. Pode-se estar absolutamente certo de que esse tipo de condicionalidade "social", estimulada por interesses bem organizados nas economias industrialmente avançadas, vai se espalhar no futuro, cobrindo mais campos e aprovada por mais nações e aplicada com um rigor muito maior do que hoje. Assim, os ajustes correspondentes nas normas reguladoras dos países exportadores vão ser condição *sine qua non* para o sucesso na economia global que está hoje se delineando, dada a provável tendência de usar a crítica de *dumping* social para reduzir importações de fornecedores como os da América Latina. A terceira razão, é quase desnecessário dizer, é que a instalação de sistemas que monitorem a conformidade com o novo conjunto de regras é parte essencial da agenda da reforma administrativa. Com exagerada frequência, a modernização tem sido a aldeia Potemkin. A menos que, dessa vez, existam medidas de implementação efetivas, o redesenho da administração pública vai colher relativamente poucos resultados positivos.

Ainda existem duas outras áreas especiais da reforma do Estado, centrais para uma negociação bem-sucedida do ambiente pós-reestruturação. Uma é a da administração da justiça. Quando as economias abrem, o fluxo de ambos, produto e capital, aumenta e, com ele, o comércio de serviços, os custos de adjudicação, direta e indiretamente, como parte integrante do prêmio de risco, ambos vão se destacar ainda mais como um componente do custo de transações. Atrasos que consomem tempo nos processos legais, decisões arbitrárias e corruptas amarradas a um tratamento preferencial de alguns litigantes e outras falhas, tudo aumenta o custo de fazer negócios, sob o ponto de vista social e, assim, reduz a competitividade diferencialmente, atingindo com particular severidade as pequenas e médias empresas, que podem ser importantes geradoras de empregos, mas que mal aguentam comprar proteção do sistema de cortes. Que a classe pobre e mesmo a classe média estejam igualmente em desvantagem simplesmente contribui com um peso adicional à iniquidade social, que se tornou cada vez mais preocupante, nação após nação.[23] Como a nova economia institucional tem convincentemente demonstrado, embora essa descoberta fosse antecipada, há muito tempo, no trabalho de John R. Commons, a confiabilidade e a eficiência da estrutura transacional, incluindo os procedimentos que ela fornece para os litígios, contribui com diversas e importantes externalidades, que determinam parcialmente o que Harvey Leibstein chamou de eficiência-X, um conceito que se refere a fatores e condições que, de uma forma difusa, afetam a eficiência operacional sistemática.

A segunda área envolve o desenho do sistema administrativo como um todo. A descentralização fiscal acabou sendo reconhecida como desejável por razões econômicas, bem como por fortalecer a democracia e renovar a estrutura do gerenciamento público, ao trazê-la mais próxima do cidadão. A diminuição do centralismo administrativo tornou-se algo como um mantra e existem razões para se mover com cuidado ao implementar a transferência de funções para as entidades de níveis inferiores. Contudo, a descentralização é essencial e é encorajador notar que o Banco Interamericano de Desenvolvimento, não menos do que o Banco Mundial, tomou medidas para acelerar o processo, bem como nos empréstimos, com os fundos rotativos para apoio ao desenvolvimento municipal.[24] A essência do desenvolvimento institucional — no sentido de construção de capacidade organizacional — está refletida no objetivo de capacitar os governos municipais a levantar fundos nos mercados de capitais para financiar projetos de serviços públicos de interesse local, objetivo que, por sua vez, implica reprojetar os sistemas de rendimentos, construir a capacidade local em orçamentação pública, avaliação e gerenciamento de projetos e assim por diante. Até agora, a iniquidade socioeconômica — que inibe a formação de consenso social no qual a estabilidade política democrática pode finalmente repousar — tem sido exacerbada pela tendência, em muitos lugares, de subalocar recursos em muitas regiões distantes das principais concentrações metropolitanas, com o resultado de que imensas quantidades de recursos — naturais e de capital humano — são abandonadas ou subutilizadas pela falta de infraestrutura.

---

[23] Dakolias (1996) fornece sugestivas reflexões de como a situação pode ser melhorada.
[24] Um exemplo típico é o empréstimo de fundos IDB ao Banco do Estado do Equador, para capitalizar um fundo de empréstimos rotativo para municipalidades, para uso em apoio de serviços públicos, garantindo assistência técnica para o treinamento de autoridades municipais no gerenciamento dos mesmos e assim por diante. Uma característica interessante do financiamento é a exigência de que o governo central, tomador do empréstimo, reestruture o seu sistema de transferências de receitas, tornando as transferências de fundos do governo central para as municipalidades mais transparentes e mais facilmente direcionáveis por orientações específicas.

Em resumo, há muito a fazer para aumentar a adequação da estrutura fiscal central, tanto no lado das receitas como no dos gastos. A eficiência na administração fiscal está ainda abaixo do padrão, apesar dos esforços esporádicos realizados desde os anos 50, em geral teatrais, para reforçar o sistema e melhorar o seu impacto na economia.[25] Mas, até que os benefícios da reforma se estendam à multidão de comunidades e governos de províncias, nas quais vive o grosso da população, na maioria dos países, capacitando os provedores locais a corresponder mais efetivamente e aumentando as oportunidades para a participação local,[26] as já contraproducentes desproporções provavelmente se intensificarão, a responsabilidade vai permanecer baixa, assim como os desempenhos, abaixo do padrão. Sem, por exemplo, uma vigorosa participação nas decisões alocativas, muitas regiões seguramente permanecerão malservidas pelos serviços de telecomunicações, cruciais para promover o desenvolvimento, e continuarão a sofrer a falta de meios adequados de transporte para amparar a vital economia regional e continuar a sentir a falta de oportunidades para o capital humano e organizacional acumulado. Enquanto isso, as disparidades inter-regionais vão continuar a crescer e as pessoas vão lidar com elas nas duas únicas formas possíveis: ou se acomodando com uma vida permeada de privações, ficando sujeitas aos altos custos de oportunidade de recursos subutilizados ou migrando para os já lotados centros urbanos. Nesse e em tantos outros casos, as melhorias econômicas e governamentais andam de mãos dadas.

Referências bibliográficas

Birdsall, Nancy & Sabot, Richard. *Development policy, newsletter on policy research*. Washington, D.C., Inter-American Development Bank, Sept. 1994.

Buchanan, James M.; Tollison, Robert D. & Tullock, Gordon (eds.). *Toward a theory of the rent-seeking society*. College Station, Texas A&M University Press, 1980.

Chase, Stuart. *Operation Bootstrap in Puerto Rico. Report on progress*. Washington, D.C., National Planning Association, 1951.

---

[25] Ver, por exemplo, Eichengreen, Hausmann & von Hagen, 1996.

[26] Dada a pressão internacional para remover a discriminação na intervenção governamental, pode bem acontecer que as aquisições descentralizadas resultem em benefícios para os fornecedores locais. Existe uma soma razoável de evidências de que a concentração administrativa tende a aumentar o custo e a reduzir a efetividade das demandas dirigidas à burocracia pelas populações interioranas, e que os recursos locais, que poderiam contribuir para o desenvolvimento, tendem a ser negligenciados no processo de planejamento.

Dakolias, Maria. *The judicial sector in Latin America and the Caribbean: elements of reform*. Washington, D.C., World Bank, June 1996. (Technical Paper, 319.)
Daland, Robert T. (ed.). *Perspectives of Brazilian public administration*. Los Angeles, School of Public Administration, University of Southern California, 1963. v. I.
——. *Brazilian planning: development, politics and administration*. Chapel Hill, University of North Carolina Press, 1967.
Davis, Harold E. (ed.). *Government and politics of Latin America*. New York, Ronald Press, 1958.
Domergue, Maurice. *Technical assistance: definition and aims, ways and means, conditions and limits*. Paris, Organization for Economic Co-operation and Development, 1961.
Dornbusch, Rudiger & Edwards, Sebastian. *Macroeconomic populism in Latin America*. Cambridge, Mass., National Bureau of Economic Research, 1989.
Ebenstein, William. Public administration in Mexico. *Public Administration Review*, Spring 1945.
Economic and Technical Mission to Cuba. *Report on Cuba, findings and recommendations and development in collaboration with the government of Cuba in 1950*. Baltimore, Johns Hopkins Press, 1952.
Eichengreen, Barry; Hausmann, Ricardo & von Hagen, Jurgen. *Reforming budgetary institutions in Latin America: the case for a national fiscal council*. Washington, D.C., Inter-American Development Bank, 1996. (OCE Working Paper.)
Glick, Philip M. *The administration of technical assistance: growth in the Americas*. Chicago, University of Chicago Press, 1957.
Graham, Lawrence S. *Civil service reform in Brazil: principles versus practice*. Austin, University of Texas Press, 1968.
Hirschman, Albert O. *Journeys toward progress: studies of economic policy-making in Latin America*. New York, Norton, 1973.
Irurozqui, Manuel Fuentes. *Una experiencia interesante en el Peru. Del intervencionismo a la libertad económica*. Madrid, Cultura Hispanica, 1952.
Light, Paul C. *Thickening government*. Washington, D.C., Brookings Institution, 1994.
Maddison, Angus et alii. *The political economy of poverty, equity and growth: Brazil and Mexico*. New York, Oxford University Press, 1992.
Mosher, Arthur T. *Technical co-operation in Latin-American agriculture*. Chicago, University of Chicago Press, 1957.
——. *Getting agriculture moving: essentials for development and modernization*. New York, Praeger, 1966.

Riggs, Fred W. *Administration in developing countries: the theory of prismatic societies.* Boston, Houghton Mifflin, 1964.

Sadler, George E. *Industrial prospects in Ecuador in relation to establishment of an industry servicio under the Point IV Program of Technical Assistance.* Quito, United States of America Foreign Operations Mission to Ecuador, 1954.

Soto, Hernando de. *The other path: the invisible revolution in the Third World.* New York, Harper & Row, 1989.

Sufrin, Sidney C. *Technical assistance: theory and guidelines.* Syracuse, N. Y., Syracuse University Press, 1966.

Tendler, Judith. *Electric power in Brazil; entrepreneurship in the public sector.* Cambridge, Harvard University Press, 1968.

Thurber, Clarence E. & Graham, Lawrence S. (eds.). *Development administration in Latin America.* Durham, N.C., Duke University Press, 1973.

Trebat, Thomas J. *Brazil's State-owned enterprises: a case study of the State as entrepreneur.* New York, Cambridge University Press, 1983.

Weidner, Edward W. *Technical assistance in public modernization.* New York, Praeger, 1964.

Wilson, James Q. (ed.). *The politics of regulation.* New York, Basic Books, 1980.

——————. *Bureaucracy: what government agencies do and why they do it.* New York, Basic Books, 1989.

World Bank. *Bureaucrats in business; the economics and politics of government ownership.* New York, Oxford University Press, 1995. (World Bank Policy Research Report.)

Possibilidades técnicas e imperativos políticos em 70 anos de reforma administrativa

PETER SPINK*

Introdução

Quase sem exceções, todos os países latino-americanos estão, no momento, engajados em processos de reforma do Estado. Programas com o nome de "Modernização do Estado" e "Modernização do setor público" vêm sendo financiados pelo Banco Mundial em toda a região e, entre os anos de 1990 e 1995, o Banco Interamericano de Desenvolvimento (BID) aprovou cerca de 100 ou mais programas, nos quais os componentes "fortalecimento" e "reforma do Estado" estavam sempre presentes.

No começo de 1996, a Assembleia Geral das Nações Unidas adotou uma versão melhorada da resolução sobre administração pública e desenvolvimento.[1] Entre as 20 cláusulas que constituíam a resolução, as Nações Unidas exortavam as instituições de Bretton Woods a auxiliarem os Estados-membros envolvidos em programas de reestruturação econômica a adotarem políticas nacionais que visassem ao gerenciamento e à melhoria de seus recursos humanos; além disso, orientavam suas próprias agências a concentrar atividades, entre outras coisas, no fortalecimento da capacidade dos governos para o desenvolvimento de políticas, a reestruturação administrativa, a reforma do serviço público, o desenvolvimento de recursos humanos e o treinamento em administração pública.

---

* Programa de Gestão Pública e Cidadania, Escola de Administração de Empresas de São Paulo, Fundação Getulio Vargas.
[1] Agenda da 50ª Sessão, Item 12, Resolução nº 50/225, adotada pela Assembleia Geral na sua 112ª sessão plenária, em 19 de abril de 1996.

O tema da reforma do Estado também está presente em inúmeros seminários locais e em revistas nacionais de administração pública e é discutido por acadêmicos, profissionais, agências bilaterais e multilaterais, que estenderam o debate tanto às novas abordagens de organização dos serviços públicos quanto ao reconhecimento da importância da sociedade civil. Assim, os programas planejados pelo BID para a segunda metade da década já fazem referência ao fortalecimento da sociedade civil (bem como do Executivo, do Legislativo e do Judiciário) e já há um número significativo de publicações do Banco Mundial discutindo o papel das organizações não governamentais no desenvolvimento participativo.[2]

Tais notícias podem nos levar a crer que, tendo emergido da crise econômica dos anos 80 para a relativa calma da democracia generalizada e das novas iniciativas econômicas regionais, a América Latina esteja de volta ao caminho do desenvolvimento, com um claro e efetivo conjunto de estratégias de reforma, apoiado e aprovado pelo melhor do pensamento das principais agências internacionais. O objetivo deste estudo é pôr em xeque essa convicção, mostrando que ela reflete uma análise superficial das implicações do contínuo envolvimento latino-americano com a reforma administrativa, ao longo de mais de 70 anos.

Não é objetivo específico deste trabalho apresentar uma abordagem alternativa, ou mais adequada, de reforma, uma vez que isso faz parte de um conjunto mais amplo de questões sobre ação governamental e desenvolvimento. Mas salientamos aqui que um exame mais minucioso da história das tentativas de reforma da administração pública deve, no mínimo, levantar sérias dúvidas quanto ao otimismo e ao rumo das atuais atividades. Ao observar o contraste entre as conclusões extraídas das histórias específicas de cada país, nas quais a reforma administrativa pode ser vista em um cenário de fatos políticos, e as fornecidas por sucessivas gerações de modelos regionais de reforma geral, este estudo utilizará uma abordagem socialconstrutivista, na qual as teorias de ação serão vistas como narrativas produzidas no âmbito de uma matriz interorganizacional de relações institucionais cambiantes. A "visão corrente" resultante é muito mais uma consequência do espaço cada vez mais restrito dos negociadores de programas do que de uma análise crítica das conclusões acerca das experiências de reforma.

---

[2] Bhatnagar, B. & Williams, A. C. Participatory development and the World Bank. Washington, D.C., World Bank, 1992. (Discussion Paper, 183.); The World Bank's partnership with non-governmental organizations. Washington, D.C., World Bank, Poverty and Social Policy Department, 1996.

Estudando a reforma administrativa na América Latina

Tomamos por base para esta discussão um estudo sobre as atividades de reforma administrativa em 17 países latino-americanos: Argentina, Bolívia, Brasil, Chile, Colômbia, Costa Rica, El Salvador, Equador, Guatemala, Honduras, México, Nicarágua, Panamá, Paraguai, Peru, Uruguai e Venezuela.[3] Eles formam um grupo de países com diferentes inserções geográficas e econômicas, diferentes tamanhos e estruturas de mercado, mas com muitos vínculos e pontos em comum, que, embora não os tornem parecidos, mantêm essa disparidade dentro de limites razoáveis. Graham (1990), por exemplo, assinalou a centralidade do "Estado", tanto em seu papel, quanto em termos de conceito. Para os norte-americanos, o termo "Estado" refere-se em geral ao nível médio da ação governamental e ao lugar onde as pessoas vivem (como o estado de Vermont). No caso de muitos norte-europeus, o termo dificilmente surge nas conversas — são os governos e não os "Estados" os responsáveis pelas ações. Na América Latina, os regimes políticos tendem, quase sem exceções, a concentrar o poder político e administrativo em um sistema "Executivo" ou presidencial, cabendo ao Legislativo um papel bem reduzido, o que, apesar de tentativas analíticas em contrário, permanece de forma resiliente (Linz & Valenzuela, 1994). É este espaço difuso onde o Executivo, o Legislativo, o político e o administrador público se fundem em imagens de autoridade, com poderes discricionários, que precisam ser acessados por meios tortuosos de favorecimento, que caracteriza, na América Latina, muito da representação coletiva e da preocupação acerca do "Estado" e de seu papel.

O estudo do Estado e da administração pública na América Latina tem várias características distintas quando comparado a outros contextos da reforma do setor público. A primeira delas é que o processo de separação política entre a América Latina e a Europa, ou especificamente, Espanha e Portugal, ocorreu antes que os constructos relativos ao desenvolvimento do final do século XX estivessem socialmente formados (Sachs, 1992). Por isso, termos como "descolonização", "rico-pobre" e "nações emergentes", embo-

---

[3] O estudo "Reforming the reformers: the saga of the State and the public administration in Latin America" está sendo apoiado pela Swedish International Development Cooperation Agency (Sida).
    O autor gostaria de agradecer a ajuda prestada pelos funcionários da biblioteca e do arquivo do Instituto Centro-americano de Administração Pública (Icap), pela Benson Collection na Universidade do Texas, Austin, pela Sida e pela Fundação Getulio Vargas.

ra presentes hoje, não figuravam nos debates políticos e no discurso público de muitos daqueles que estiveram envolvidos nos quase 200 anos de sucessivas tentativas para mudar as sociedades da América Latina. De fato, foram as reformas dos Bourbon, na década de 1760, e a presença de Galvez, emissário do rei Carlos III que tinha por incumbência reorganizar as estruturas administrativas das colônias, que podem ser vistas como uma lição antecipada das inesperadas consequências de uma reforma. Os atos de Galvez geraram a ampla resistência das elites locais e foram um fator substancial de estímulo aos movimentos de independência.

Tenha sido ou não Galvez o responsável, o fato é que a América Latina certamente transformou a reforma administrativa e do Estado num item importante da agenda da discussão intelectual e política, investindo em estudos, seminários e compromissos políticos, para agir em relação ao Estado e à administração. O investimento financeiro direto e indireto foi imenso. Caiden comentou:

"O fato mais importante acerca da América Latina nas últimas quatro décadas foi a teimosia com que ela perseguiu a reforma administrativa, apesar dos inúmeros fracassos e desapontamentos. Possivelmente, em nenhum outro lugar do mundo, tantos governos tenham anunciado planos de reforma tão corajosos e imaginativos e obtido tão poucos resultados na prática" (1991:262).

A América Latina também já possuía suas próprias universidades, escolas e institutos há pelo menos um século e, em alguns casos, há muito mais tempo. As primeiras universidades, que em essência eram faculdades teológicas, mas propiciavam uma base importante para o debate intelectual local, foram abertas em Lima e no México em 1551. Por volta de meados do século seguinte, já havia universidades em Bogotá (1580), Córdoba, Argentina (1613), Sucre, Bolívia (1621), Yucatán, México (1624), Quito, Equador (1622), Ayacucho, Peru (1677) e na Guatemala (1676). Em 1650, Bogotá já contava com quatro universidades ou institutos de educação superior. O Brasil seria a última nação a desenvolver seu ensino de nível universitário, devido ao importante papel de Coimbra, mas, mesmo assim, já contaria com escolas, faculdades e, mais tarde, universidades no princípio do século XX. Consequentemente, as elites latino-americanas tiveram acesso e participaram com frequência de importantes centros de pesquisa técnica e científica de ponta. Com seus próprios advogados, economistas, cientistas sociais e administradores e organizações de referência como a Cepal e a Flacso, a região não pode ser descrita como receptáculo passivo do "saber oficial sobre o setor público".

Todo estudo de administração pública é, quase por definição, comparativo. Para que possamos pensar sobre como se estrutura um determinado fenômeno — por exemplo, governo e administração pública no país A —, é necessário desenvolver algum mecanismo que o diferencie de outro fenômeno semelhante. Como a maioria dos países costuma ter apenas uma administração pública — pelo menos em termos formais ou institucionais —, sua forma e natureza só emergem quando comparadas às de outro país. A dificuldade está em como fazer essa comparação. Deve-se baseá-la na questão "o que existe de diferente entre A e B", ou a pergunta, de fato, é: "onde B difere de A"? A dificuldade com relação à segunda, aparentemente uma forma igualmente inocente de questionamento, é que se, por qualquer motivo, se interpreta que A é "melhor" do que B, a pergunta seguinte acaba sendo "e como B resolve esse problema?". A força dessa suposição pode ser facilmente demonstrada considerando-se a descrença geral com a qual se receberia a notícia de que não há nada de intrinsecamente errado, ou de pior, a respeito da administração pública e do Estado na América Latina.

Para descrever o processo de reforma desde os anos 30 até hoje, é necessário retomar eventos que foram construídos ao longo de, no mínimo, três dimensões. A primeira, mais direta, é a história pública da reforma administrativa de cada país, tal como descrita em documentos originais e dos respectivos congressos. Isso nos dá acesso à forma pela qual os atores da reforma falam sobre o que foi feito, onde, por que motivo e com que finalidade. (Temos, porém, muito pouco acesso à história particular desses eventos).

A segunda dimensão introduz os contextos político, social e econômico das reformas, que, dependendo do período, podem ser regionais, nacionais ou internacionais. Assim, o contexto político do Paraguai pós-Stroessner é muito específico do Paraguai, enquanto os vários fundos sociais de emergência dos anos 80 têm como cenário a crise geral da América Latina no mesmo período.

A terceira dimensão diz respeito às estratégias de reforma da administração pública disponíveis e que circulam, como a melhor prática corrente ou como técnica predileta de intervenção, em numerosas agências, tanto dentro quanto fora da região.

É facílimo nos tornarmos excessivamente ambiciosos ao colhermos material de consulta e exemplos de reforma. Cada passo abre novas possibilidades e, quando passamos das descrições gerais para as mudanças e leis específicas do setor público, nos deparamos com uma fonte quase inesgotável de casos. O método adotado tem sido nos concentrarmos naqueles eventos aos quais os atores institucionais se referem quando falam uns com os outros sobre reforma administrativa e contam suas próprias ações reformistas, suas histórias e suas pretensões. Foram particularmente úteis os documentos elaborados por Lamas para o Icap em 1969, várias conferências locais sobre reforma administrativa nos anos 60 e 70, e os encontros realizados sob os auspícios do Clad e do Inap espanhol nos anos 80 (Clad, 1979, 1992; Inap, 1985, 1987, 1988). Os estudos comparativos são menos frequentes e não cobrem todos os países (por exemplo, Wahrlich, 1974; Hammergren, 1983; Salgado & Valdés, 1984; Kliksberg, 1984; Chaudhry, Reid & Malik, 1993; RAP, 1994), mas há alguns estudos sobre países específicos, cobrindo períodos isolados. Curiosamente, a reforma administrativa não ocupa um espaço significativo nas principais publicações de estudos latino-americanas (Hopkins, 1974, constitui uma das poucas tentativas genéricas de revisão teórica e de pesquisa que vale a pena reler em 1997). Utilizamos mais ou menos 200 livros de diferentes países, artigos e relatórios mimeografados, contendo mais de 400 referências, detalhadas, a atividades, histórias e planos de reforma da administração pública. O país menos presente foi o Paraguai (cinco fontes), mas a maioria figurava em 10 a 15 fontes e alguns, especialmente o Brasil, a Colômbia, o México e a Venezuela, apareciam mais de 25 vezes.

No amplo espectro econômico e político, o período em que começa a análise (da década de 30 em diante) marca a época em que, em muitas nações latino-americanas, as oligarquias tradicionais de produtores agrícolas e de matérias-primas, e seus agentes exportadores e fornecedores, se viram sob forte pressão, devido ao desmoronamento da base do modelo exportador/ importador. Isso aconteceu, primeiramente, durante a I Guerra Mundial, quando a demanda de matérias-primas era grande, mas sem a contrapartida do fornecimento de bens acabados, e depois na Depressão, quando não houve demanda de matérias-primas. Por muitos anos, as matérias-primas haviam fluído para fora e os bens acabados para dentro. O comércio, as finanças e a terra detinham o poder, enquanto uma pequena classe de profissionais urbanos representava a voz do liberalismo. O movimento gradual para a substituição de importações significou indústrias e uma força de trabalho urbana. Todavia, isso não ocorreu de maneira análoga ao surgimento do empresariado industrial do século XIX na Europa, cuja relação com a classe trabalhadora industrial iria desempenhar papel tão decisivo no surgimento do Estado moderno no norte da Europa.[4] Na América Latina, deu-se o contrário:

"Na realidade, o espírito empresarial da burguesia industrial das nações capitalistas era, na América Latina, uma característica do Estado, especialmente nos períodos de impulso específico. O Estado ocupou o lugar de uma classe social, de cujo surgimento a história necessita, mas que tem tido pouco sucesso" (Galeano, 1994:228).

---

[4] Ver Polanyi, 1944.

Ocorreram movimentos da classe trabalhadora no continente, trazidos pelos trabalhadores imigrantes, como parte de suas próprias tradições de organização do trabalho. Entre 1910 e 1925, houve uma onda de movimentos anarcossindicalistas, mas a resposta das oligarquias tradicionais e dos novos profissionais militares foi dura. Na melhor das hipóteses, os governos desses períodos foram "democracias cooptativas" (Skidmore & Smith, 1992), nas quais as elites dominantes envolviam a classe média em vários regimes liberais. O liberalismo latino-americano, sem a ascensão de uma forte classe média como força econômica e com a dependência dos profissionais urbanos das elites rurais, foi mais retórico do que efetivo e, certamente, não foi forte o suficiente para enfrentar as consequências da Grande Depressão. Como Calvert e Calvert (1990) comentam, entre 1930 e 1933, as forças armadas já haviam derrubado ou forçado mudanças nos governos de Argentina, Brasil, Bolívia, Chile, El Salvador, Equador, Guatemala, Honduras, Panamá e Peru e, em vários outros, como o Uruguai, o presidente atribuíra-se poderes excepcionais.

Em fins da II Guerra Mundial, a industrialização por substituição de importações era o tema dominante, sobretudo nos países cujo tamanho tornava insustentável o modelo exportador de matérias-primas. Pelo final dos anos 50, muitos países já se encontravam em rápido processo de desenvolvimento urbano e de industrialização, com crescimento da renda da classe média e incremento do proletariado urbano. Mas as condições nas áreas rurais, nos anos 50, permaneceram praticamente inalteradas e, de forma lenta mas segura, começaram a surgir problemas de reforma agrária nos países com grande contingente de trabalhadores rurais. O Estado, que assumiria papel ativo nas iniciativas empresariais, através de barreiras tarifárias, restrições às importações e investimentos em empresas estatais e privadas, também dificultaria, com raras exceções, a emergência de sindicatos urbanos, partidos políticos de trabalhadores e reformas rurais.

O colapso do modelo populista, no início dos anos 60, conduz a um período de organização política muito ativo, senão caótico, nos vários países, inflamados por discussões sobre desenvolvimento e por diferentes abordagens de planejamento social e econômico. Enquanto isso, o modelo recente da industrialização por substituição de importações expunha conflitos de classe e questões sociais não resolvidas a respeito da distribuição de renda. Em muitos países, a consequência do conflito seria militares politizados, não em um partido, mas quase como um partido, com uma teoria de ordem e desenvolvimento, de planejamento e soberania nacional, antiesquerda e anti qualquer grupo que não aceitasse a necessidade de uma abordagem gerenciada da sociedade. O modelo de desenvolvimento levado a efeito por essas várias coalizões em torno das forças armadas foi chamado por O'Donnell de autoritarismo burocrático (1973) e por outros de desenvolvimentismo militar (Calvert & Calvert, 1990). Só em meados da década de 80 a América Latina poderia se ver como um conjunto de países cujos governos resultavam de eleições relativamente livres, das quais, significativamente, uma parcela muito grande de suas populações estava participando pela primeira vez na vida.

Definindo reforma administrativa

Não é objetivo deste trabalho entrar no debate sobre o termo específico ou correto a ser usado para se referir às consequências e ações organizacionais relativas ao desenvolvimento do Estado e da administração pública. A nosso ver, as várias definições e redefinições do termo usadas na América Latina são parte da história da reforma. Para situá-las dentro de um contexto, é interessante identificar algumas tendências mais gerais de definição que têm sido internacionalmente articuladas ao longo dos anos.

No período que antecedeu as primeiras conferências sob a égide das Nações Unidas, no fim dos anos 60 e princípio dos 70, a expressão em uso era "reforma administrativa". O relatório das Nações Unidas de sua conferência em Brighton, em 1971, resume bem isso:

"São frequentemente essenciais programas de amplas reformas administrativas para que se criem as capacidades administrativas necessárias ao desenvolvimento econômico e social e para que se executem as funções governamentais em geral (...) Definem-se tais reformas administrativas como os esforços que têm por fito induzir mudanças fundamentais nos sistemas de administração pública, através de reformas de todo o sistema ou, pelo menos, de medidas que visem à melhoria de um ou mais de seus elementos-chave, como estruturas administrativas, pessoal e processos."

Desde então, a expressão tem sido subdividida e ampliada de modo a que o espaço resultante inclua procedimentos administrativos específicos, sistemas de pessoal e programas locais de mudança, revisão e reforma de ajustes estruturais do serviço público, programas de capacitação mista, programas de mudança temática na esfera pública e importantes reformas constitucionais do Estado.

Já se percebe essa mudança em 1981, no relatório da Conferência das Nações Unidas realizada em Bangcoc para Ampliar Capacidades para a Reforma Administrativa em Nações em Desenvolvimento:

"Em virtude do uso frequente da expressão nos últimos anos, talvez tenha surgido a tendência de presumir uma mesma visão de reforma administrativa. Contudo, um exame mais atento irá revelar uma considerável variação de significado e de abrangência na expressão reforma administrativa.

Há também uma nítida falta de critério bem-definido para distinguir a reforma administrativa de outras atividades tais como aperfeiçoamento, mudança ou modernização administrativas" (UN, 1983:4).

A síntese feita por Hammergren (1983) das definições disponíveis reflete bem esse período: "mudanças planejadas ou, pelo menos, premeditadamente sistemáticas nos processos ou estruturas administrativas, com o objetivo de efetuar uma melhoria geral no rendimento administrativo ou em características correlatas". Nos anos 90, a expressão havia sido ampliada ainda mais, podendo ser frequentemente encontrada dentro do contexto de "reforma do Estado" ou "modernização do setor público". O resultado foi um processo de inclusão, no qual novos eventos são acrescidos aos antigos, formando uma arqueologia institucional de questões administrativas. Caiden, em seu estudo de 1991, apontou cerca de 16 áreas importantes incluídas no significado de reforma administrativa:

- atribuições e atividades do Estado administrativo;
- planejamento nacional, estabelecimento de programas, indicadores de desempenho;
- organização e estrutura da máquina governamental;
- Constituições, *accountability*, direito à informação;
- formulação de políticas públicas;
- execução de programas;
- elaboração de orçamento público e administração financeira;
- emprego público, práticas e condições;
- regulamentação, salvaguardas e práticas públicas;
- preservação e manutenção do capital público;
- serviços gerais — consistência, desempenho, padronização;
- empresas públicas — impacto na economia e retorno do investimento;
- práticas de gestão pública — O&M, desburocratização, eficiência e qualidade;
- ética pública — honestidade, profissionalismo, anticorrupção;
- participação do público — voluntarismo, atendimento de reclamações;
- institucionalização da reforma — P&D, treinamento, agências e escolas.

Reformas pioneiras

A inclusão dos "70 anos" no título deste texto não foi fortuita. As reformas do funcionalismo público nos Estados Unidos mal haviam começado e os conceitos de rico/pobre, desenvolvido/subdesenvolvido ainda estavam para ser criados, quando as missões Kemmerer norte-americanas apareceram pela primeira vez na América Latina (Drake, 1989; Siedel, 1994). Essas comissões financeiras, assim chamadas devido a seu titular, dr. Edwin Walter Kemmerer, visitaram a Colômbia (1923, 1930), o Chile (1925), o Equador (1926/27), a Bolívia (1927) e o Peru (1931). Seu objetivo era aconselhar as nações amigas sobre vários aspectos da reforma monetária e da atividade bancária, incluindo bancos centrais e gerenciamento financeiro, fazendo diversas recomendações sobre a organização de controles contábeis. Utilizando como referência o General Accounting Office norte-americano, as comissões levaram à instalação de vários escritórios de "Controladoria Geral da República". A gestão orçamentária teve consequências específicas para a reforma administrativa, pois foi a ênfase atribuída à importância dos procedimentos práticos para o controle orçamentário que lançou as bases para a profissionalização nessa área. Mais tarde, quando começaram a surgir unidades de Organização & Métodos para propiciar maior eficiência, elas ficariam inicialmente subordinadas aos departamentos de orçamentos.

Tentativas de introduzir práticas de administração de pessoal e sistemas de mérito com estabilidade começaram a surgir depois, nos anos 30, como por exemplo no Brasil, através das reformas constitucionais de 1934; na Argentina, em 1937; na Colômbia, em 1938; no Paraguai, em 1944; e no Panamá, em 1946. Elas receberam um grande estímulo em virtude das reformas na carreira de administrador público nos Estados Unidos, mas são também parte da pioneira disseminação de práticas de administração de pessoal. Muitas, senão todas essas experiências, acabaram se tornando negativas, dado o retorno das práticas clientelistas. A atualidade dessa questão pode ser vista na constante presença de questões básicas de administração de pessoal e de carreira nas reformas dos anos 80, e ainda na conclusão de vários estudos recentes do Banco Mundial.[5]

Após os anos 40, começaram a surgir questões ligadas à eficiência. Em muitos países foram criados escritórios de Organização & Métodos, subordinados tanto ao sistema judiciário (regido pelo direito administrativo), quanto a departamentos de orçamento e finanças (com algum sucesso) ou, mais

---

[5] Ver Chaudhry, Reid & Malik, 1993; Nunberg & Nellis, 1995.

tarde, ao gabinete presidencial, quando este tomou forma e consistência. Por volta dos anos 50, apareceriam abordagens de treinamento administrativo e estruturação de instituições, estimuladas pelo Plano Marshall de 1948-51. A Escola Brasileira de Administração Pública (EBAP), em 1952, e a Esacap (Icap), na Costa Rica, em 1954, foram seguidas por muitas escolas e centros de treinamento de pessoal administrativo, que mais tarde se converteriam em Inap e Enap.

Boa parte do treinamento administrativo e da consultoria dos anos 50 foi influenciada tanto por um modelo racionalista de eficiência, quanto por uma clara separação entre "política" e "administração". Essa ideia, introduzida por Woodrow Wilson em seu ensaio de 1887 sobre administração pública, acabaria sendo uma estratégia concreta de Willoughby, do Departamento de Administração Geral norte-americano. Wahrlich (1974, 1984) tratou a influência do modelo POSDCORB de Gullick como uma doutrina para descrever a função administrativa (planejar, organizar, formar quadro de funcionários, dirigir, coordenar, relatar e orçar) e Salgado (1996) traçou um paralelo com o tratado geral de administração de Fayol, de 1925. Muitos dos instrumentos formais legais, decretos e descrições normativas de organizações públicas da região ainda descrevem deveres e responsabilidades de cargos e funções naqueles termos.

Embora a influência dos Estados Unidos seja evidente, por sua presença geográfica, política e técnica, é também importante reconhecer que a separação entre governo e administração, e os códigos resultantes de práticas administrativas, se encaixou bem em uma outra característica da vida administrativa da América Latina que raramente é lembrada: sua estrutura legal, que deve muito a Napoleão e ao "Código Civil".

Os movimentos de independência não precisam necessariamente de modelos para existir, mas, quando existem, são certamente influenciados por eles. No início do século XIX, havia dois exemplos possíveis de peso para servir de fundamento potencial ao debate: os recém-independentes Estados Unidos da América e a França pós-revolucionária. Na América do Norte anglo-saxônica, o desenvolvimento político ocorria muito mais no nível de condado e de estado, concentrado numa pequena faixa da costa atlântica, com funções federais conscientemente muito restritas. Nunca houve um forte "centro" colonial e não havia necessidade de se providenciar um; ideologicamente, seus fundadores buscavam outra orientação. Sua Constituição é que seria amplamente copiada e não seu sistema legal.

Os franceses haviam se livrado de um centro e criado outro, seguindo um modelo de Estado que concentrava e subordinava os poderes dos governos regionais e locais. Esse modelo se refletia na história da América

Latina. Mais ainda, era enunciado em uma linguagem e num contexto legal que compartilhavam a tradição romana de Espanha e Portugal. As "audiências" coloniais tinham assumido responsabilidade também pela supervisão administrativa; a lei e a administração estavam vinculadas.

Para Napoleão, a criação de um sistema de administração e de Estado exigiu o estabelecimento de regras e procedimentos para tal sistema. Parte dele derivava do modelo romano mais antigo, com suas claras linhas de comando militar, mas a prática francesa da época não estava mais restrita à lei básica "escrita"; as leis dos "costumes" (direito consuetudinário) também já estavam fortemente estabelecidas, levando tradições e práticas diferentes de uma parte da França para a outra. Napoleão modificou não apenas para clarificar parte, mas todo o ordenamento da lei, resolvendo os conflitos entre o "escrito" e os "costumes" em todos os aspectos da vida francesa. O Código Civil propagou-se pela força — pois Napoleão colocou mais e mais da Europa sob a hegemonia francesa — e pela identificação, pois foram aceitas pelas ex-colônias na América Latina, cujas raízes estavam na mesma tradição romana. Zweigert e Kotz fazem a seguinte observação:

"Os Estados recém-fundados na América Latina necessitavam de códigos civis nacionais e unificadores; o único modelo disponível era o Código Civil francês. A lei espanhola estava fora de questão, por ser a lei do poder colonial anterior; ademais, ela não estava nem codificada nem uniformizada, mesmo na Espanha, onde sobreviviam leis de costumes locais. Em contraposição, o Código Civil francês era produto da Grande Revolução, enraizado em um mundo de ideias a que os latino-americanos haviam frequentemente recorrido para justificar suas próprias lutas de independência. Em sua densidade e concisão, o Código Civil estava muito adiante de qualquer outro modelo e, além disso, estava tão repleto de conceitos e ideias tradicionais, especialmente do direito romano, que sua aceitação não representava um afastamento das instituições legais familiares aos colonizadores espanhóis e portugueses. Os códigos civis dos Estados latino-americanos são, consequentemente, bastante influenciados pelo Código Civil francês, ainda que em diferentes graus" (1987:117).

As adaptações latino-americanas do "Código Civil" produziram uma situação na qual são o direito público e o direito administrativo que determinam a orientação dada à maioria das ações administrativas e que especificam *o que pode ser feito*, enquanto, em nações influenciadas pelo modelo anglo-americano, boa parte da ação na área administrativa e de pessoal é considerada amparada pela lei comum existente e muda de caso a caso, com base nos limites impostos *pelo que não pode ser feito*. O reconhecimento de tais diferenças potenciais de postura diante da ordem e da forma pela qual ela é especificada e controlada é essencial para se entender por que, por exemplo, grande parte da reforma da administração pública latino-americana é efetuada segundo modelos administrativos ou códigos funcionais detalhados, que precisam ser aprovados por lei ou consagrados em extensas Constituições. Para as nações latino-americanas, o "Código Civil" não produz coisas por si mesmo e em si mesmo. Produto das circunstâncias, ele faz parte das contínuas adaptações dos sistemas dentro do modelo de Habermas (1984), dando ao mundo vivido uma racionalidade instrumental para o ordenamento dos eventos. A adoção do Código Civil propiciou tanto uma ligação com o passado no presente como manifestou uma vontade quanto ao futuro; mas, ao fazer isso, também tornou explícito o modo de pensar acerca desse futuro e o modo de realizá-lo. Os analistas que mais tarde criticariam a reforma latino-americana como "muito legalista" iriam se esquecer de que "legal" é qualidade e não quantidade.

As décadas das grandes reformas

Eficiência, efetividade, boa gerência e pessoal qualificado foram as questões gerais básicas para os institutos e escolas de administração pública que surgiram e para os primeiros seminários do pós-guerra. Serviram de base para o que viria a ser o período das grandes reformas e para a efetiva construção do "debate da reforma administrativa" nos anos 60. São várias as vertentes presentes: a primeira aparição dos consultores em administração pública das Nações Unidas para efetuar diagnósticos e fazer recomendações; a muito difundida influência e ênfase da Cepal no planejamento do desenvolvimento nacional (Prebisch, 1964; Cepal, 1965; Iglesias, 1992), com a consequente necessidade de um serviço público reorganizado para implementar planos; a também difundida introdução do orçamento programa, em muitos casos através da Usaid (América Central, Bolívia, Brasil, Chile, Colômbia, Equador, Paraguai, Peru, Uruguai e Venezuela) (Flores & Nef, 1984). A própria Usaid é um símbolo desse período, tendo sido criada por Kennedy em 1961 a partir do International Cooperation Administration and Development Loan Fund de Eisenhower, no âmbito da Aliança para o Progresso, formalizada pela Carta de Punta del Este (Lowenthal, 1991; Robertson, 1994).

Vários fatores contribuiriam, nos anos 70, para o estabelecimento de um conceito diferente de reforma da administração pública. A preocupação com abordagens integradas de desenvolvimento não foi somente um tema de debate para intelectuais e a esquerda democrática, mas também para a tecnocracia de direita, particularmente aquela ligada aos movimentos de modernização das forças armadas.

Abordagens integradas requerem articulação e coordenação, e logo o termo "sistema" seria adotado em larga escala para se referir a mecanismos de planejamento, elaboração de orçamentos, finanças, pessoal e suprimentos que precisavam abarcar várias agências diferentes, mas ligados a uma unidade central. "Reforma administrativa" tornou-se a expressão de referência para mudanças globais na estrutura e no pessoal destinadas a servir de apoio a planos de desenvolvimento nacional, que procuravam controlar a administração pública dotando-a de coerência estrutural, especificidade funcional e práticas de pessoal adequadas, com elaboração de orçamento geral e exigências de planejamento. Em diversos casos, como Argentina, Bolívia, Brasil, Chile, Equador, Peru e Uruguai, isso estava diretamente ligado a regimes militares e a suas concepções peculiares da teoria do desenvolvimento. Mas essa abordagem também foi estimulada pela expressão "mudança planejada", presente tanto nas agências de desenvolvimento quanto nas escolas de administração pública e de empresas, sob a bandeira do "desenvolvimento organizacional". As tentativas de reforma do México e da Venezuela são outros exemplos de países que não trilhavam o caminho militar.

No princípio, os anos 80 caracterizaram-se pela crise financeira[6] e, em meados da década, pelo novo modelo de reforma administrativa desenvolvido para lidar com a crise em escala nacional: o ajuste estrutural. Os modelos de ajuste estrutural — que mais tarde tornar-se-iam abordagens de *governance* (Dia, 1993) — tinham a ver com o ajustamento dos orçamentos do setor público aos níveis de renda e de impostos, a retirada do controle que o Estado exercia sobre as empresas do setor público, a abertura das economias e a redução do papel do Estado (Felix, 1992). Esses modelos eram frequentemente acoplados a fundos de investimento social semi-independentes e algo contraditórios (Siri, 1992; Glaessner, Lee, Sant'Ana & St. Antoine, 1994). O resultado, na virada dos anos 80 para os 90, frequente e especialmente nos países com ajustes estruturais em andamento, foi uma visão muito restrita de reforma da administração pública, sob o título de "reforma do serviço público", com ênfase na redução de quadros, em hierarquias eficientes e em melhores salários gerenciais. A Venezuela continuou a ser uma exceção.

Foram adotados termos como "*downsizing*", "reengenharia", ou "*rolling back the State*", extraídos do ambiente altamente competitivo e crescentemente neoliberal do mundo da administração de empresas. Embora não constituíssem específica ou unicamente um produto da filosofia do Banco Mundial, eles passaram a ser bastante associados ao Banco devido à sua es-

---

[6] Ver Cepal, 1985; Rosenthal, 1989.

tratégia de investimentos financeiros para a resolução de débitos (Eguren, 1990). Essa visão de reforma exercia considerável influência sobre uma abordagem mais nova, que vinha aparecendo gradualmente em seminários e em grupos de trabalho, estimulada, sem dúvida, pela experiência venezuelana com a Copre (Comissão Presidencial para a Reforma do Estado), pelo escritório técnico do Clad em Caracas, mantido pelo Pnud, pelo retorno generalizado da democracia na região e pelo número crescente de novas formas de cooperação econômica.

Em consequência, passou-se do tópico "administração pública" como tal para "Estado" (Faletto, 1989; Kliksberg, 1992; Oszlak, 1992; Clad, 1992; e RAP, 1994). "Reforma do Estado" tornou-se um amplo processo de reflexão sobre o Estado e a sociedade, processo que integrou e se expandiu tanto para a reforma administrativa global como para as reformas mais específicas do funcionalismo público. Incorporando as tentativas generalizadas de descentralização e a promulgação de legislação municipal, induziu também a reflexões sobre a natureza da sociedade civil e novas formas de organização social. Assim, numa mudança significativa, o Banco Interamericano de Desenvolvimento adicionou, a sua função mais tradicional de conceder empréstimos, um importante programa de assistência técnica na área de modernização do Estado e fortalecimento da sociedade civil. Ao mesmo tempo, o Banco Mundial desenvolveu estratégias específicas para melhorar o diálogo com as ONGs, passando a reconhecer a ineficácia de políticas de linha dura para lidar com o desenvolvimento sustentável, a fome e a pobreza.[7]

Atualmente a "reforma do Estado" vem assumindo muitas formas, mas seu uso é generalizado. Um de seus temas mais recentes tem sido o da importância de se passar da concepção burocrática de administração pública para o que vem sendo denominado "administração pública gerencial" (Bresser Pereira, 1996). Esse processo, segundo os autores e profissionais envolvidos, vem se formando gradualmente ao longo dos anos. Um alerta pioneiro a esse respeito apareceu, algo profeticamente, no discurso de abertura do Seminário das Nações Unidas realizado em Brighton, em 1971, quando lorde Fulton, chefe da comissão britânica de reforma, referiu-se ao fato de que os servidores públicos estavam se envolvendo cada vez mais na gestão das coisas (United Nations, 1971). Em função disso, as qualidades gerenciais estavam sendo solicitadas para "suplementar — e, algumas vezes, substituir — aquelas associadas a tarefas e métodos mais antiquados". A administração pública gerencial procura dar uma perspectiva diferente à

---

[7] Ver Serrageldin, Cohen & Leitmann, 1994; Binswanger & Landell-Mills, 1995.

análise da reforma do Estado e, em particular, está por trás dos atuais esforços de reforma no Brasil.

Embora a redução da intervenção estatal na economia, as tentativas gerais de descentralização do governo central e a crescente responsabilidade municipal na provisão de serviços tenham sido, frequentemente, muito mais consequências da falta de recursos do que uma vontade política consciente, a coesão cada vez maior em torno da "reforma do Estado" indica que, nesse nível mais amplo, uma nova teoria de ação vem sendo gerada. Mas quão nova ela é e qual será o seu destino?

Gestão financeira, organização e métodos, elaboração de orçamentos, administração de pessoal, capacidade gerencial, treinamento de pessoal, desenho organizacional, desenvolvimento de mecanismos e agências reguladoras, tudo isso são os tijolos básicos em torno dos quais a reforma vem ocorrendo. À medida que cada narrativa substitui a anterior, a estrutura geral cresce e se expande — de procedimentos a departamentos, a organizações, ao Estado e, mais recentemente, das ONGs à sociedade civil —, mas esse processo tem sido sobretudo cumulativo. Ao longo do caminho, pequenas seções dos departamentos de orçamento converteram-se em gabinetes de estudos de O&M; escolas de treinamento cresceram e se integraram à administração de pessoal nos departamentos nacionais do serviço público; centros nacionais de reforma foram criados juntamente com suas respectivas comissões, e essas várias áreas se deslocaram do setor de Finanças para o de Planejamento e para o Gabinete Presidencial e, em muitos casos, acabaram se transformando em ministérios. Da melhoria dos procedimentos, a discussão cresceu e passou à reforma do Estado, do prático e do concreto para o simbólico (Spink, 1992).

Ao mesmo tempo, nos modelos mais recentes não há qualquer tentativa de sugerir que os orçamentos não devam ser controlados, que os estudos de eficiência e de métodos não sejam de importância vital para a provisão de serviços, que não haja necessidade de procedimentos da administração de pessoal para se recrutar, selecionar, promover e remunerar pessoal, que o treinamento não seja relevante ou que as organizações não devam ser examinadas e redesenhadas e que não sejam necessários mecanismos para coordenar e processar informações. Pelo contrário, todos esses elementos e muitos outros que foram sendo conquistados ao longo do caminho podem ser encontrados nos planos de ação da maioria das abordagens recentes. É como se o insucesso tivesse levado não a uma reflexão sobre o motivo de a mudança não ter sido eficaz, e sim ao argumento de que algo mais precisava ter sido incluído, que era necessário um debate maior, com maiores poderes e amplitude.

É isso que leva ao que se pode chamar de visão técnico-voluntarista da reforma, na qual se supõe a clara e correta abordagem da administração (que é separada do governo e da política), que será efetiva se os líderes demonstrarem vontade e os funcionários públicos disposição de endossar e pôr a abordagem prescrita em prática. Fazem-se ajustes à abordagem técnica para aumentar sua capacidade e alcance e recomendam-se agências novas e mais centrais para garantir a importância da reforma e encorajar a disposição de efetuá-la.

Uma visão alternativa de reforma administrativa

Se focalizarmos a atenção nas nações isoladamente, situadas não horizontalmente em relação umas às outras, mas verticalmente, no contexto de sua própria história, surge uma imagem diferente de reforma. Embora a "reforma do Estado" seja *a* versão que circula no âmbito da comunidade da reforma, na prática, é apenas uma das várias narrativas possíveis que podem competir por espaço e recursos.

Para começar, as várias descrições de tendências até aqui mencionadas consideram a "reforma" como ações visíveis, coordenadas e planejadas, que podem ser descritas como tendo um propósito geral. Por isso, dispensam pouca atenção, se não ignoram, aos processos cotidianos das ações e melhorias administrativas, a fazer as coisas um pouco melhor, a tentar uma abordagem diferente. Assim, por exemplo, os representantes dos países da América Central, que se reuniram na Costa Rica, em 1970 (Icap, 1971), para discutir o tema reforma e ouvir os relatórios de Brasil, Peru e Venezuela, estavam todos de acordo sobre o quão pouco aquela região havia realizado no tocante à reforma. Apesar de vários dos presentes pertencerem a países que já haviam tido experiências com diversas ações menores e mais localizadas.

Um deles, a Costa Rica, só empreenderia de fato uma reforma administrativa específica no final dos anos 80, quando se juntou ao movimento "reforma do Estado" e, mesmo assim, de forma parcial. No entanto, nos 40 ou mais anos de vigência da Constituição de 1949, este país desenvolveu seu setor público, criou novas áreas de serviços e realizou uma infinidade de pequenas melhorias locais na área de eficiência, organização e treinamento administrativos. Isso nunca assumiria uma forma explícita; fazia parte de uma ênfase então adotada por profissionais e ministros de partidos distintos e concorrentes, de forma não coordenada.

A mesma descrição se aplica ao Chile, que também até 1973 nunca havia executado uma reforma administrativa. Pelo contrário, muitas ações locais ocorreram, num ministério após o outro, de modo relativamente autônomo, com regras e métodos muito idiossincráticos para distribuir ministérios e cargos entre os partidos. O processo foi de melhoria gradual, com conflitos, avanços e retrocessos ao longo de vários anos. A Argentina também apresenta uma história similar, de ações de desenvolvimento locais, depois do primeiro Conselho Nacional para Racionalização, em 1933. Em todos os casos, esse processo de adaptação apresentou resultados significativos. Em contraposição, em outros países, onde houve tentativas mais abrangentes de produzir reformas globais e planejadas de larga escala, deu-se o oposto, pelo menos durante períodos políticos de normalidade.

Examinando o histórico de reforma de cada país, juntamente com seus principais fatos políticos, pode-se afirmar, com alguma certeza, que as grandes reformas, como tentativas sistemáticas e coordenadas de mudar ampla e profundamente a administração pública, nunca foram implantadas com sucesso durante períodos pluralistas e democráticos. Elas podem ter sido e foram tentadas, mas seus resultados não atingiram sequer uma fração do esperado. Quando se tentaram grandes reformas em períodos de exceção, de regime militar, de suspensão de garantias civis e de forte presidencialismo (como na Argentina, Bolívia, Brasil, Chile, Equador, Peru e Uruguai, perto do fim dos anos 60, passando pelos 70 e, em alguns casos, entrando nos 80), os resultados, pelo menos na superfície, foram diferentes. Leis, sistemas e agências foram rapidamente rearranjados.

No Brasil, as comissões de reforma começaram a existir no primeiro período de exceção de Vargas, mas entraram num beco sem saída durante o período constitucional, ainda que todo o grupo da reforma tivesse se mantido ativo com o apoio institucional e internacional. Em 1967, três anos após o golpe militar, a reforma finalmente surgiria como o Decreto-lei nº 200. Na Argentina, a Copra é que se encarregaria de criar sistemas nacionais de administração em meados da década de 70, enquanto, no Chile, a Conara se anunciaria, após iniciar a reforma poucos meses depois do golpe, com um grosso volume publicado em 1976, medindo 22cm x 35cm x 4cm, com fotos da Bandeira Nacional, a estátua de O'Higgins e o Alto Comando chileno.

O Uruguai e a Bolívia fizeram tentativas infrutíferas de vincular a reforma administrativa ao planejamento nacional nos turbulentos anos 60, antes do anúncio das primeiras reformas nos anos 70. Os militares do Peru reivindicaram uma ligação direta com o modelo desenvolvimentista da Cepal e procuraram se manter distantes dos outros regimes, mas também, mais uma vez, a situação era de exceção.

A Venezuela, por outro lado, tem sido um importante centro de discussão da reforma administrativa desde os eventos de 1958, mas, a despeito do grande número de comissões e agências (CAP, Cordiplan, Copre, Prie) e de alguns dos mais importantes trabalhos teóricos sobre a natureza da reforma, suas tentativas globais estiveram longe de ser bem-sucedidas. Tudo o que foi empreendido, mais uma vez, foi incremental. A Colômbia nunca desenvolveu uma "escola de reforma"; manteve contato com uma variedade de agências e missões diferentes, criou diversas comissões e agências, mas, novamente, os resultados surgidos entre 1950 e 1980 foram fruto de ações esporádicas, consequências dos diferentes interesses dos governos que se alternavam e da atenção, no nível micro, de ministérios específicos.

A presença de governos militares ou de ditaduras em si não gera uma reforma. Quando há uma combinação de "escola reformista" e postura militar desenvolvimentista, então ocorrem ações globais; sem isso, o tópico da reforma da administração pública parece desaparecer. Tais circunstâncias tornaram a reforma praticamente irrelevante no Paraguai de Stroessner e na Nicarágua de Somoza. De fato, as poucas tentativas feitas de aceitar consultores estrangeiros e mostrar interesse pela reforma nestes dois países provavelmente tinham mais a ver com precondições para uma ajuda financeira. Em El Salvador, Panamá, Honduras e Guatemala, o padrão é mais variado, mas as turbulências, de novo, afetam as possibilidades de mudança. Há ações isoladas nos anos 60 e no princípio dos 70, mas pouco acontece, enquanto guerras e o crescimento de regimes internos fortes ligados a grupos elitistas criam situações extremas.

Se "a reforma", entendida como uma intervenção sistêmica de caráter amplo e global, teve um passado bastante questionável, colocar atividades voltadas para o nível micro e médio de mudanças e melhorias da administração pública como objeto de estudo — e não "reforma" e "modernização" enquanto tais — traz à baila um conjunto muito diferente de exemplos para discussão.

A esse respeito, já havíamos citado a Costa Rica e o Chile (antes de 1973), assim como a Colômbia. No México, apesar das várias comissões e agências, a maioria dos resultados também foi parcial e incremental. O México teve até a vantagem de, no final dos anos 70, seu então presidente, Lopez Portillo, já ter presidido a comissão de reforma administrativa. No Brasil, mesmo ocorrendo no crepúsculo do período militar, o programa de desburocratização conseguiu produzir alguns efeitos importantes através das múltiplas mudanças incrementais que promoveu nos procedimentos administrativos, algumas das quais sobreviveriam por um período considerável. Na Venezuela, mesmo com dificuldades, a Copre serviu como modelo para uma abordagem que estimulou uma ampla discussão sobre a função e a natureza do Estado e do governo, de uma forma que poderia interessar presidentes e ministros. Há ainda as experiências da Guatemala, com o retorno aos governos civis nos anos 80, quando se tentou integrar diferentes setores e grupos através de uma série de conselhos de desenvolvimento. Pouca atenção tem sido dada à experiência nicaraguense dos anos 80, sob o governo sandinista.[8] Mais recentemente, na Bolívia, a legislação do governo local, por exemplo, com a descentralização de 1994 e as leis de participação popular, está oferecendo uma ampla variedade de caminhos potenciais para a exploração das relações práticas entre governo, autoridades locais, sociedade civil, Estado e cidadão.

Essa variedade de experiências e conclusões parciais, circunscritas por potencialidades históricas e políticas, contrasta visivelmente com a emergente e aparentemente hegemônica narrativa da "reforma do Estado".

Ao examinarmos as histórias vertical e horizontal, aquelas que vêm dos próprios países e as que são articuladas nos múltiplos fóruns sobre reforma que ocorreram nos últimos 40 anos, fica evidente que, ano a ano, período a período, tem havido um gradual afunilamento do tema da reforma e das narrativas que envolvem ações da administração pública — desde as muito heterogêneas dos anos 30 e 40 até a notável homogeneização dos anos 90. Mesmo no começo dos anos 60, os países ainda diferiam consideravelmente com relação às estratégias de desenvolvimento da administração pública, não se mostrando, através de seus atores institucionais, particularmente preocupados com as diferenças existentes entre o que eles e os outros estavam fazendo. Na verdade, por vezes isso foi visto como um grande mérito (por exemplo, no Equador, nos anos 70). Nos anos 90, há muito mais conformidade e todos os representantes institucionais parecem interessados em informar sua adesão à "reforma do Estado". Do mesmo modo, a ampla variedade de termos usados ao longo dos anos para descrever tanto as ações quanto as agências foi sendo gradualmente reduzida; nos pronunciamentos feitos hoje é cada vez mais frequente um quadro comum de conceitos.

Sem dúvida, a Carta de Punta del Este de 1961, com seu grande apoio ao desenvolvimento da administração, e a ênfase da Cepal nos planos nacionais de desenvolvimento, que sempre incluíram um tópico sobre administração, desempenharam importante papel nesse processo, assim como a disponibilidade de fundos. Mas, o processo já começara antes desses eventos e continuaria pelos anos 90, quando o Banco Mundial e o Banco Interamericano de Desenvolvimento iriam involuntariamente assumir a função de subscrever a narrativa oficial da reforma.

---

[8] Para um ponto de vista muito interessante, ver Graham, in Conroy, 1987.

A construção de narrativas: a história como passado e o futuro como novo

O tema "ordem e progresso", muito discutido em relação aos países latino-americanos, tem implicação marcante na forma de encarar a modernidade (Faoro, 1994). A modernização, como o grande "salto adiante" para um futuro precisamente definido por meio do uso rigoroso de técnicas corretas, difere muito do processo conflituoso, contraditório e historicamente enraizado de grupos sociais, comunidades e sociedades operacionalizando suas ordens morais. A primeira tem estado visivelmente presente na forma em que as narrativas da reforma oficial têm surgido, reforçando uma visão cada vez mais ampla de reforma administrativa, de "virar a página da história", e ignorando as potenciais conclusões que as experiências incrementais poderiam trazer.

Esse processo se manifesta de várias maneiras, sendo apenas uma delas a menção seletiva do que está ocorrendo e em que circunstâncias. Outro exemplo são os nomes dados a conferências e seminários importantes.

Como já foi mencionado, as organizações das Nações Unidas realizaram importantes seminários inter-regionais sobre reforma administrativa em 1971 (Brighton, Inglaterra), em 1981 (Bangcoc, Tailândia), e em 1985 (Beijing, China), além de *workshops* específicos em níveis locais. Mais recentemente, surgiu o tema da descentralização, por exemplo em um seminário realizado em Santa Cruz de la Sierra, na Bolívia, em 1993, e também em relação à governança metropolitana (Rio de Janeiro, Brasil, 1991, e Tóquio, Japão, 1993). O Banco Mundial, o BID e a Cepal também entraram em ação com seminários específicos e conferências de especialistas em aspectos da reforma da administração pública. Contudo, raramente — ou nunca — se atribuiu a esses vários eventos uma sequência, sendo relatados simplesmente como encontros, seminários e conferências a serem realizados em certas ocasiões e lugares.

Isso contrasta nitidamente com outra sequência de congressos, seminários e encontros, organizados pelas agências representativas e os próprios atores institucionais das nações latino-americanas, frequentemente com apoio externo. Temos, assim, o *I Encontro* Interamericano de Administração para o Desenvolvimento, que ocorreu no Rio de Janeiro, em novembro de 1964, patrocinado pela Escola Interamericana de Administração Pública da Fundação Getulio Vargas (FGV). O evento foi realizado dentro do espírito do Acordo de Punta del Este, para estudar os problemas que afetavam a administração pública nos países do continente americano. Entre os motivos alegados para o evento, estavam: "a necessidade de adaptar as técnicas e os processos da administração pública às peculiaridades da problemática latino-americana". (Entre os participantes, figuravam Argentina, Bolívia, Brasil, Chile, Colômbia, Costa Rica, Equador, Estados Unidos, Inglaterra, México, Paraguai, Peru, Porto Rico, Uruguai, Venezuela, o BID, a OEA e a Unesco.) Em julho de 1970, o *Primero Seminario* Regional de Reforma Administrativa teve lugar no Icap, Costa Rica, com a presença de representantes da Costa Rica, Guatemala, Honduras, Nicarágua, Panamá e conferencistas convidados do Brasil, Peru e Venezuela. Em dezembro de 1973, o *Primeiro Seminário* Interamericano de Reforma Administrativa foi realizado no Rio de Janeiro, na FGV, com uma continuação, ainda como Primeiro Seminário, em Oaxtepec, México, no ano seguinte. Muitos países compareceram e diversos casos foram apresentados.

Em 1974, Bogotá, Colômbia, e a Esap sediaram o *I Seminario* Latinoamericano de Administración Pública. Estiveram presentes mais de 80 representantes da Colômbia, Equador, Uruguai, México, Bolívia, Porto Rico, Peru, Brasil, Chile, Argentina, Costa Rica e Venezuela. Um dos resultados foi o assim chamado "Compromisso de Bogotá", que continha, entre suas 16 considerações e 13 recomendações, a necessidade de: "combater a dependência ideológica e tecnológica produzida pela adoção de modelos que não atendem à situação e aos interesses da América Latina, pelo que é necessário definir uma doutrina particular e normas específicas que possam ser aplicadas aos nossos países". Além disso, um apoio adicional foi dado pela Alap (Associação Latino-Americana de Administração Pública), para a criação efetiva do Clad.

O Clad havia sido formalmente criado em 1972, por iniciativa do México, da Venezuela e do Peru, e seu Conselho era constituído de representantes dos governos dos países-membros. Chile, Bolívia, República Dominicana, Equador e Jamaica associaram-se logo depois, seguidos por Argentina, Barbados e Guiana, com Brasil, Colômbia, Costa Rica, Guatemala, Paraguai, Trinidad e Tobago e Uruguai como observadores em 1976, quando o Conselho se reuniu para o seu quarto encontro, sob a presidência do Chile (1975/76), em Santiago. Embora o Conselho se reunisse regularmente, o primeiro evento mais aberto só ocorreu no México, em 1979 — o *Primero Colloquio* del Clad sobre Experiências Nacionales en Reforma Administrativa.

Assim, entre 1964 e 1979, no auge da onda de reforma da administração pública em toda a América Latina, temos nada menos que cinco eventos extremamente importantes considerados "primeiros" eventos na área. Cinco vezes em que, por motivos simbólicos, senão políticos, todos começam tudo de novo. Por fim, em 1996, o Clad criou uma nova categoria, a de membro individual, e realizou seu *Primeiro Congresso* Interamericano sobre Reforma do Estado e da Administração Pública, no Rio de Janeiro. Mas, desta vez, o encantamento foi finalmente quebrado e uma segunda reunião será realizada na Venezuela, ainda em 1997.

Os congressos e seminários desempenham importante papel no que diz respeito à ratificação das narrativas emergentes, mas seus elementos são construídos a partir das teorias existentes sobre reforma e a partir das análises de fracassos e sucessos. Quase todos os documentos consultados neste estudo contêm algum tipo de diagnóstico ou descrição de problemas que as administrações públicas estavam enfrentando em seus respectivos países ou em várias regiões ou sub-regiões. Contudo, mais uma vez, todas essas descrições são usadas como uma forma de dizer: "veja o *quão* está errado". A resposta é quase sempre fornecida em termos de "o que é bom ou certo". Assim, o *"porquê"* do fracasso e o que isso pode significar, em termos de relação entre administração pública, Executivo, Legislativo, governo, sociedade e cidadãos, raramente são examinados pelos atores sociais e institucionais e pelos acadêmicos e profissionais que atuam no campo da reforma.

Não é comum encontrar comentários como o de Reid, referindo-se à complexidade e ao personalismo da estrutura de remuneração do funcionalismo no Uruguai, que combina múltiplos suplementos de salário para criar diferentes níveis de gratificação:

"...os funcionários públicos contratados dessa forma não cumprem necessariamente suas tarefas de modo menos eficiente do que aqueles contratados através de uma estrutura de remuneração do serviço público mais simples e menos tortuosa..." (Chaudhry, Reid & Malik, 1993:62).

Examinando as teorias e explicações sobre a reforma que têm surgido do debate acerca do assunto e que tiveram parte ativa nesse debate, é a dimensão técnico-voluntarista do "como fazer certo" que tem preponderado sobre qualquer discussão de adequação política. As teorias políticas de reforma, ainda que presentes na literatura de ciências políticas, raramente aparecem nos fóruns de reforma. Neles, são outros conjuntos de teorias que servem de base ao debate. De modo geral, estes podem ser agrupados de acordo com quatro temas recorrentes: "quantidade", "competência", "estratégia" e "poder".

As *teorias da quantidade* podem ser resumidas no sufixo "íssimo": muitíssimo, pouquíssimo ou tardíssimo. Nesse caso, a ênfase está em notar erros de escala, de tempo e de apoio que afetam as dimensões da reforma. Ela, em si, não é questionada, sendo portanto tida como válida. Um modo semelhante de entender as coisas se aplica ao segundo conjunto de pontos de vista. As *teorias da competência* costumam ser de dois tipos: o benevolente ou o extremamente estereotipado. No primeiro, presente na administração para o desenvolvimento, é a habilidade e o conhecimento que precisam ser incrementados para que a reforma seja mais eficiente. Ainda hoje, em quase todas as nações da região, as escolas nacionais de administração pública são influenciadas pelos modelos inglês, francês ou norte-americano de treinamento de pessoal. A versão negativa ou estereotipada da eficiência compreende os argumentos e autores para os quais o determinismo cultural, ou a falta de iniciativa generalizada dos latino-americanos, torna impossível a eficiência e as mudanças administrativas; uma visão resumida na expressão: "o que você esperava?"

As *teorias da estratégia* formam o núcleo das narrativas de reforma. Técnicas em sua abordagem, elas se utilizam de elementos de desenvolvimento organizacional, desenho organizacional, administração de pessoal, organização e métodos, teoria dos sistemas e gerenciamento de planejamento e de finanças. A história das teorias da estratégia tem sido, em grande parte, uma espiral sempre crescente, na qual cada vez mais são acrescentados novos itens à "caixa de ferramentas" técnica; raramente se rejeitam itens e raramente um item antigo volta a ser prioritário quando novos itens são adicionados. Dessa forma, a legislação de pessoal e a criação de planos de carreira e de mérito ainda fazem parte de uma estratégia de reforma do Estado mais ampla, mesmo que não haja qualquer evidência de implantação bem-sucedida de tais sistemas em escala global. Houve momentos em que foram prioritárias, o mais recente deles combinadas a estratégias de ajuste estrutural, sob o título de "reforma do serviço público", dado pelo Banco Mundial, mas nunca vão desaparecer de cena.

As *teorias do poder* derivam em parte de elementos das duas teorias anteriores e têm estado presentes, tanto diretamente quanto nas entrelinhas de muitos relatórios de consultoria, especialmente quando se debate a importância do apoio governamental. São a parcela "voluntarista" da visão técnico-voluntarista. Sua preocupação quase exclusiva é a importância de prover de sanção positiva e prioridade uma área técnica que, apesar de essencial, não é vista como politicamente atrativa. Geralmente democráticas, podem por vezes, como no caso do desenvolvimentismo militar, fornecer apoio ao autoritarismo em relação à reforma. Mesmo Kemmerer e sua equipe admitiriam que um governo forte e um pouco de exceção não fazem mal à causa da reforma. Siedel (1994) cita um memorando de uma missão no Equador, afirmando, em 1927, que: "não seria sensato restabelecer a constitucionalidade antes que o governo provisório possa reorganizar totalmente seus vários departamentos". Existem muitas outras versões mais suaves das teorias do poder, mas, certamente, têm em comum a ideia de que um governo forte ou comprometido é uma exigência necessária para "conduzir" uma reforma. Elas estão incluídas, como grupo, no conjunto das teorias técnicas porque seu principal argumento é que a teoria técnica está correta e a "política" pode constituir um estorvo. Só são políticas pelo fato de reconhecerem a presença de fatores políticos; no fundo, são técnicas porque exigem que esses fatores sejam mantidos à distância.

Com tal variedade de teorias disponíveis, não é de surpreender que o campo da reforma tenha uma aparência superficial de debate e discussão. No entanto, todos os grupos mencionados têm em comum o apoio direto ou indireto à reforma como narrativa técnica. As *teorias políticas* são claramente uma minoria no campo da reforma. Baseadas numa visão processual da ação econômica e social, elas enfatizam a natureza das contradições presentes e argumentam, de várias maneiras, que apenas através delas e por causa delas é que irá ocorrer uma mudança significativa, e que o mais provável é que tenham seu próprio gradual e conflituoso caminho e momento. Um grupo com essa visão surgiu no Brasil, no princípio da década de 60, na mesma instituição e em contraposição aos técnicos dominantes na Fundação Getulio Vargas (Guerreiro Ramos, 1970; Mello e Souza, 1994) e há outros, como O'Donnell (1978) e Oszlak (1981). Graham (no prelo) foi um dos poucos analistas a manter contato constante com o tema da administração pública, outros optaram por dimensões específicas.[9]

A discussão recente sobre "administração pública gerencial" apresenta visivelmente duas tendências, das quais a mais política — desenvolvida, por exemplo, pelo ministro da Administração Pública e Reforma do Estado do Brasil, Bresser Pereira (1996) — é claramente a minoria em relação à vasta maioria que vê, nas recentes reformas efetuadas na Inglaterra e na Nova Zelândia, o benefício evidente da transferência das boas práticas empresariais para o setor público, transformando este último em um conjunto de relações de mercado.

Coalizões advocatórias truncadas

A tendência de construir modelos dominantes de reforma baseados no pressuposto técnico-voluntarista, numa espiral de complexidade sempre crescente, sem dar espaço para uma análise crítica das abordagens anteriores de reforma — ou da "reforma" em si — deve lançar dúvidas sobre a atual safra de ideias de reforma, independentemente de seu mérito individual e

---

[9] Por exemplo, Geddes, 1991; Mainwaring, O'Donnell & Valenzuela, 1992; Przeworski, 1989; Schneider, 1993; Spink, 1987.

autônomo. Até que ponto os debates sobre reforma e as circunstâncias pelas quais as narrativas são criadas, numa matriz interorganizacional em expansão de ações e campos, geraram um processo de autocensura que, involuntariamente, tem limitado o alcance da discussão?

Assim, as regras implícitas da diplomacia que regem as agências bilaterais e multilaterais, aliadas à cortesia e à falta de conhecimento, dificultam ou inviabilizam que equipes técnicas e de consultoria façam comentários específicos sobre questões de política interna e suas relações com contradições sociais e econômicas. É raro, por exemplo, encontrar documentos de avaliação ou de projeto que considerem explicitamente efeitos de mudança política através do processo eleitoral e a forma pela qual este ou aquele partido pode ser mais ou menos favorável à reforma. Frequentemente, a história das reformas é relatada de forma totalmente atemporal, com datas e ocorrências desvinculadas dos acontecimentos sociais e políticos da época. Os seminários e encontros de cunho oficial também têm de chegar a conclusões aceitáveis por todos, expressas em termos tecnicamente satisfatórios.

Da mesma forma, e certamente desde as missões Kemmerer, os governos latino-americanos e suas agências têm ficado atentos às áreas para as quais se dispõe de ajuda programática, e seu pessoal técnico tem produzido sem cessar documentos de política e de projetos que atendem a suas necessidades desenvolvimentistas. Os vários eventos e técnicas de reforma administrativa trazidos para a região pela Aliança para o Progresso servem e bastam como exemplo.

A melhoria administrativa, como tantos outros tópicos de desenvolvimento, significa projetos, requer pessoal qualificado e oferece oportunidades de carreira, tanto dentro quanto fora de agências e fronteiras nacionais. É um tema que interessa às pessoas, gerando discussão e debate. Governos e presidentes criam e oferecem postos ministeriais a seus aliados nessa área e existem várias organizações nos níveis regional, sub-regional e internacional das quais é possível fazer parte e através das quais pode-se fazer contato com colegas de outros países. À medida que a espiral aumentou, também aumentou o número de atores e instituições envolvidos e seu compromisso com a manutenção da "reforma" como narrativa socialmente construída. Há muito por fazer, há muitos problemas e, com definições amplas, há espaço para tudo.

Sabatier e Jenkins-Smith (1993) apresentaram a abordagem da *coalizão advocatória* para a formulação de política pública em um campo específico. Embora se atenham sobretudo ao campo das políticas internas, mostraram como tais coalizões tendem a se formar durante períodos de tempo mais longos do que aqueles de governos específicos e envolvem um grande e diversificado conjunto de atores, que passam a compartilhar do mesmo modo de pensar acerca de prioridades e de como concretizá-las, o que pode ser chamado de "construção da sabedoria convencional". Segundo eles, as coalizões advocatórias revelam um raro grau de atividade coordenada ao longo do tempo e procuram traduzir suas crenças em políticas ou programas públicos (em metas, diretrizes e no fortalecimento das agências administrativas). Na medida em que diferentes coalizões advocatórias competem por espaço e atenção, a intermediação propicia um mínimo de reflexividade na qual as contradições entre narrativas podem se tornar parcialmente acessíveis.

O que acontece quando existem restrições sutis, embora autoimpostas, quanto à amplitude das questões permitidas, quando a disponibilidade de recursos significativos é vista como relacionada a um ponto de vista particular ou quando os agentes potenciais são, eles próprios, atraídos para a coalizão dominante? Esse não é o foco do trabalho de Sabatier e Jenkins-Smith, mas parece cabível argumentar que o resultado provavelmente deve ser um processo restritivo, que gera uma coalizão advocatória *truncada*, sem reflexividade. No caso em estudo, tem sido visto como a natureza heterogênea das diferentes abordagens de reforma acabou gradualmente se afunilando para formar um quadro relativamente homogêneo de reforma. Tal processo de afunilamento levou o futuro a substituir o passado enquanto objeto de análise; levou também ao esquecimento das circunstâncias de implantação de reformas sistêmicas e a uma situação em que a disponibilidade de recursos e a neutralidade técnica podem antecipadamente esvaziar certas áreas de debate. Toda coalizão advocatória é, por natureza, produto e produtora de suas circunstâncias e existe no *épistème* de seu tempo; mas a preocupação aqui não é com a natureza geral das narrativas coletivas, mas com as circunstâncias específicas que deram origem a versões específicas.

Os processos organizacionais e interorganizacionais, sobretudo do tipo institucional, contêm referências a padrões mais amplos de ação social. Assim, se as narrativas, como sistemas de símbolos, contêm estruturas de significação que podem ser mobilizadas para legitimar os interesses setoriais de grupos hegemônicos (Giddens, 1979), então talvez exista um conjunto diferente de explicações de que se possa lançar mão caso se reconheça a natureza truncada da coalizão atual.

Tomando como exemplo o muito discutido sistema de méritos, qual seria a abordagem alternativa, numa perspectiva incremental e historicamente específica? Caso se aceite a hipótese de que as posições de influência e comando nos serviços públicos são do interesse de grupos da elite, segue-se que, entre outros fatores, os mecanismos para preenchimento de tais postos refletirão as opções socialmente legitimadas que estão à disposição dos grupos de elite para que ganhem acesso aos postos em dado momento no tempo. Bourdieu e Passeron (1977) mostraram como os padrões de aquisição e de reprodução do capital social e econômico criam mecanismos de acesso e controle. A meritocracia, longe de ser considerada uma definição técnica de igualdade de oportunidades, que os procedimentos do serviço público ou têm ou almejam criar, pode, numa perspectiva alternativa, requerer uma análise do significado social atribuído ao próprio mérito, incluindo os mecanismos que garantem esse "mérito".

Entender a administração pública como inserida nas experiências práticas do cotidiano, como parte integrante — e não como algo independente — das contradições do desenvolvimento, pode fornecer um ponto de partida alternativo para a questão da reforma e para o tema da "reforma" em si. Certamente, o passado ainda tem muito a ensinar ao futuro a esse respeito.

Referências bibliográficas

Binswanger, H. P. & Landell-Mills, P. *The World Bank's strategy for reducing poverty and hunger*. Washington, D.C., World Bank, 1995. (Environmentally Sustainable Development Studies, 4.)

Bourdieu, P. & Passeron, J-C. *Reproduction in education, society and culture*. London, Sage, 1977.

Bresser Pereira, L. C. Da administração pública burocrática à gerencial. *Revista do Serviço Público*, 47(1):7-40, 1996.

Caiden, G. E. *Administrative reform come of age*. Berlin, De Gruyter, 1991.

Calvert, P. & Calvert, S. *Latin America in the twentieth century*. New York, St. Martins Press, 1990.

Cepal. *El proceso de industrialización en América Latina*. Nueva York, Naciones Unidas, 1965.

———. Crisis and development in Latin America and the Caribbean. *Cepal Review*, Aug. 26, 1985.

Chaudhry, S. A.; Reid, G. J. & Malik, W. H. Reid. Civil service reform in Latin America and the Caribbean. Proceedings of the World Bank Conference. Washington, D.C., World Bank, 1993.

Clad. Experiencias nacionales en reforma administrativa. In: Primer Coloquio del Centro Latinoamericano de Administración para el Desarrollo. México, 1979.

──── . Experiencias concretas en materia de reforma del Estado en América Latina, el Caribe y España. In: XXI Reunión del Consejo Directivo del Clad, Coloquio Tecnico. Madrid, jan. 1992. Madrid, Ministerio para las Administraciones Públicas, 1992.

Dia, M. A. *Governance approach to civil service reform in Sub-Saharan Africa*. Washington, D.C., World Bank, Africa Technical Department, 1993. (World Bank Technical Paper, 225.)

Drake, P. W. *The money doctor in the Andes: the Kemmerer Missions 1923-1933*. Durham, Duke University Press, 1989.

Eguren, A. *Adjustment with growth in Latin America*. Washington, D.C., World Bank, 1990. (Policy Seminar Report, 22.)

Faletto, E. The specificity of the Latin America State. *Cepal Review*, 38, Aug. 1989.

Faoro, R. *Existe um pensamento político brasileiro?* São Paulo, Ática, 1994.

Felix, D. Privatizing and rolling back the Latin American State. *Cepal Review*, 46, 1992.

Flores, G. & Nef, J. *Administração Pública: perspectivas críticas*. San José, Icap, 1984.

Galeano, E. *As veias abertas da América Latina*. São Paulo, Paz e Terra, 1994.

Geddes, B. A game theoretical model of reform in Latin American democracies. *American Political Science Review*, 85(2):371, June 1991.

Giddens, A. *Central problems in social theory*. London, McMillan, 1979.

Glaessner, P. J.; Lee, K. W.; Sant'ana, A. M. & St. Antoine, J. J. Poverty alleviation and social investment funds: the Latin American experience. Washington, D.C., World Bank, 1994. (World Bank Discussion Paper, 261.)

Graham, L. S. The impact of revolution on the State apparatus. In: Conroy, M. E. (ed.). *Nicaragua: profiles of the revolutionary public sector*. Boulder, Westview Press, 1987.

──── . *The State and policy outcomes in Latin America*. New York, Praeger, 1990.

──── . Transients and careerists in Latin America. In: Farazmand, A. (ed.). *Bureaucrats and politicians in modern systems of government*. California, Sage (no prelo).

Guerreiro Ramos, A. A nova ignorância e o futuro da administração pública na América Latina. *Revista de Administração Pública*, 4(2). jul./dez. 1970.

Habermas, J. *The theory of communicative action*. Boston, Beacon Press, 1984, 1988. v. 1 e 2.

Hammergren, L. A. *Development and the politics of administrative reform*. Lessons from Latin America. Boulder, Co., Westview Press, 1983.

Hopkins, J. W. Contemporary research on public administration and bureaucracies in Latin America. *Latin American Research Review*, 9(1), 1974.

Icap. Primero Seminario Regional de Reforma Administrativa. Costa Rica, 1971.

Iglesias, E. *Reflections on economic development: towards a new Latin American consensus*. Washington, D.C., Inter-American Development Bank, 1992.

Inap. Congreso Iberoamericano sobre Sociedad, Democracia y Administración. Alcalá de Henares, Madrid, Instituto Nacional de Administración Pública, 1985.

——. Los procesos de transformación en la administración pública iberoamericana: limitaciones y desafios. Alcalá de Henares, Madrid, 1987.

——. Administración e función pública en Iberoamérica. II Seminario de Antigos Alumnos del Inap. Alcalá de Henares, Inap, 1988.

Kliksberg, B. (org.). *La reforma de la administración pública en América Latina: elementos para una evaluación*. Alcalá de Henares, Madrid, Inap, 1984.

——. *Como transformar o Estado. Para além de mitos e dogmas*. Brasília, Fundação Escola Nacional de Administração Pública, Biblioteca de Administração Pública, 1992.

Lamas, E. R. Experiencia latinoamericana en reforma administrativa. San José, Costa Rica, Curso Regional de Reforma Administrativa, Icap, 1969.

Linz, J. J. & Valenzuela, A. (eds.). *The failure of presidential democracy*. v. 2: *The case of Latin America*. Baltimore, Johns Hopkins University Press, 1994.

Lowenthal, A. F. (ed.). *Exporting democracy: the United States and Latin America*. Baltimore, Johns Hopkins Univ. Press, 1991.

Mainwaring, S.; O'Donnell, G. & Valenzuela, J. S. *Issues in democratic consolidation: the new South-American democracies in comparative perspective*. Notre Dame, University of Notre Dame Press, 1992.

Mello e Souza, N. Reforma administrativa no Brasil: um debate interminável. *Revista de Administração Pública*, 28(1):54-70, jan./mar. 1994.

Nunberg, B. & Nellis, J. Civil service reform and the World Bank. Washington, D.C., World Bank, 1995. (World Bank Discussion Papers, 161.)

O'Donnell, G. Reflections on the patterns of change in the bureaucratic-authoritarian State. *Latin American Research Review*, 13(1), 1978.

——. Modernization and bureaucratic authoritarianism. Berkeley, Institute of International Studies, University of California, 1973. (Politics of Modernization Series, 9.)

Oszlak, O. Formación histórica del Estado en América Latina: elementos teoricometodológicos para su estudio. *Estudios Cedes*. Buenos Aires, 1(3), 1978.

———. The historical formation of the State in Latin America. *Latin American Research Review*, 16(2), 1981.
———. Estado y sociedad: las nuevas fronteras. In: IX Congresso de Administración Pública. Mendoza, 25-27 nov. 1992.
Polanyi, K. *The great transformation*. Boston, Beacon Press, 1944.
Prebisch, R. *Dinâmica do desenvolvimento latino-americano*. Rio de Janeiro, Fundo de Cultura, 1964.
Przeworski, A. Como e onde se bloqueiam as transições para a democracia? In: Moses & Albuquerque (orgs.). *Dilemas da consolidação da democracia*. São Paulo, Paz & Terra, 1989.
Revista de Administração Pública, 28(3), jul./set. 1994. (Edição especial: A reforma do Estado na América Latina.)
Robertson, A. F. *People and the State*. Cambridge University Press, 1994.
Rosenthal, G. Latin American & Caribbean development in the 1980's and the outlook for the future. *Cepal Review*, 39, Dec. 1989.
Sabatier, P. A. & Jenkins-Smith, H. C. *Policy change and learning — an advocacy coalition approach*. Boulder, Westview Press, 1993.
Sachs, W. (ed.). *The development dictionary*. London, Zed Books, 1992.
Salgado, I. P. Desarrollo y situación actual de la disciplina de la gestión pública con especial referencia a Latinoamerica. In: I Congreso Interamericano del Clad sobre la Reforma del Estado y de la Administración Pública. Rio de Janeiro, 7-9 nov. 1996.
——— & Valdés, M. Balance de los movimientos de reforma administrativa en América Latina. In: Flores, G. & Nef, J. (eds.). *Administração pública: perspectivas críticas*. San José, Costa Rica, Icap, 1984.
Schneider, B. R. The career connection: a comparative analysis of bureaucratic preferences and insulation. *Comparative Politics*, Apr. 1993.
Serageldin, I.; Cohen, M. A. & Leitmann, J. (eds.). *Enabling sustainable development*. Conference proceedings. Washington, D.C., World Bank, 1994.
Siedel, R. N. American reformers abroad: the Kemmerer Missions in South America 1923-1931. In: Drake, P. W. (ed.). *Money doctors, foreign debts and economic reforms in Latin America from the 1890's to the present*. Wilmington, Delaware, Jaguar Books, 1994.
Siri, G. The social investment funds in Latin America: a critical appraisal; report for the Swedish International Development Authority. 1992. mimeog.
Skidmore, T. E. & Smith, P. H. *Modern Latin America*. New York, Oxford University Press, 1992.
Spink, P. K. Continuidade e descontinuidade em organizações públicas: um paradoxo democrático. *Cadernos Fundap*, 7(13), 1987.

———. Reforma administrativa — modelos e processos. *Cinco, Revista de Administração Pública.* Praia, Cabo Verde, 7(13), 1992.

United Nations. Interregional Seminar on Major Administrative Reforms in Developing Countries. Falmer, Brighton, UK, Oct. 25-Nov. 2, 1971. (Volume I: Report of the Seminar. United Nations, ST/TAO/M/62.)

UN-UNDTCD. Enhancing capabilities for administrative reform in developing countries. New York, United Nations, 1983.

UNDP. Decentralización en América Latina y su financiamento. Seminario Clad, Santa Cruz de la Sierra, Bolivia, 1993.

Wahrlich, B. M. Reforma administrativa na América Latina: semelhanças e diferenças entre cinco experiências nacionais. *Revista de Administração Pública,* 8(4):5-47, out./dez. 1974.

———. Evolución de las Ciencias Administrativas en América Latina. In: Flores, G. & Nef, J. (eds.). *Administração pública: perspectivas críticas.* San José, Costa Rica, Icap, 1984.

Zweigert, K. & Kotz, H. *An introduction to comparative law.* Oxford, Clarendon Press, 1987.

Os avanços e os dilemas do modelo pós-burocrático: a reforma da administração pública à luz da experiência internacional recente*

FERNANDO LUIZ ABRUCIO**

Introdução

> *"(...) o setor público não está numa situação em que as velhas verdades possam ser reafirmadas. É uma situação que requer o desenvolvimento de novos princípios. A administração pública deve enfrentar o desafio da inovação mais do que confiar na imitação. A melhoria da gerência pública não é só uma questão de se estar em dia com o que está ocorrendo na iniciativa privada: significa também abrir novos caminhos."*
> Les Metcalfe & Sue Richards

Em âmbito mundial, a administração pública encontra-se hoje num contexto que os historiadores chamam de "revolucionário". Novos conceitos surgem para combater os antigos — administração por objetivos, *downsizing*, serviços públicos voltados para o consumidor, *empowerment*, pagamento por

---

* Este estudo baseia-se em trabalho realizado para a Escola Nacional de Administração Pública (Enap), cujo resultado final foi publicado sob o título "O impacto do modelo gerencial na administração pública: um breve estudo sobre a experiência internacional recente" (1996, mimeog.). Agradeço ao apoio da diretora de Pesquisa da Enap, Vera Petrucci, e ao ministro da Administração Federal e Reforma do Estado, Luiz Carlos Bresser Pereira, pelas críticas e sugestões feitas à versão preliminar do texto
** Cientista político, professor da Fundação Getulio Vargas (FGV-SP) e da Pontifícia Universidade Católica (PUC-SP) e pesquisador do Centro de Estudos de Cultura Contemporânea (Cedec).

desempenho, qualidade total, diversas formas de descentralização; todas essas propostas, e mais algumas outras, fazem parte de um conjunto de medidas cuja finalidade é modificar, no nível mais abrangente possível, os parâmetros da organização burocrática. Alguns autores acreditam que esteja surgindo um novo paradigma administrativo global (por exemplo, Osborne & Gaebler, 1994 e Kettl, 1996), ocorrendo assim uma verdadeira revolução nos alicerces da burocracia moderna.

Como em todo "contexto revolucionário", realmente estão sendo implementadas importantes inovações — da mesma forma que a cidadania foi em grande medida obra da Revolução Francesa; mas, ofuscando o olhar dos autores, também há a obsessão pela mudança e a crença de se ter encontrado todas as respostas para os problemas. Alguns obstáculos, assim como antigas conquistas do modelo burocrático, têm sido negligenciados. Acontece também o que Max Weber chama de "paradoxo das consequências", isto é, busca-se atingir determinada meta, e obtém-se resultados inesperados. Acima de tudo, a ênfase nos meios, pensados como instrumentos técnicos neutros, é a regra, ao passo que não se discute a fundo o que deve ser a administração pública; em suma, qual o seu sentido político.

O objetivo deste estudo é analisar os avanços efetuados e os dilemas encontrados pelas reformas administrativas realizadas a partir da década de 80. Não se trata de fazer uma descrição profunda do ocorrido nos diversos países; trata-se, sim, de um balanço acerca das principais características desse processo, focalizando o caso britânico, uma vez que este é tomado como modelo pela literatura. A partir dessa análise, percebe-se que uma série de medidas vêm sendo tomadas em prol da constituição de um modelo pós-burocrático, mas este não é completamente coerente e, ademais, não há uma via única adotada por todas as nações. Em linhas gerais, temos um diagnóstico e um inimigo comum (o modelo burocrático weberiano), novamente como em todo "contexto revolucionário". As alternativas propostas, no entanto, diferem entre si. Por enquanto, caminha-se não para um paradigma global, mas para um pluralismo organizacional (Hood, 1996:163).

O texto procura ainda mapear a evolução das propostas de mudança do antigo modelo administrativo. Em primeiro lugar, analisando as origens da crise da burocracia weberiana. Depois, mostrando que há nitidamente uma modificação no discurso e na prática vinculados às reformas administrativas, em comparação com o que fora dito e efetuado no começo dos anos 80, tendo como caso paradigmático de análise a experiência britânica.

Outro ponto abordado são os dilemas enfrentados pelos reformadores. A atual modificação dos parâmetros de organização do setor público não é uma tarefa consensual, nem tampouco neutra. Ao contrário, em jogo estão fortes conflitos políticos e valores diferenciados — às vezes, antagônicos — quanto aos rumos das reformas. A pergunta que fica desse embate é: que tipo de Estado se deseja para o século XXI?

As origens da crise do modelo burocrático: a redefinição do papel do Estado

As novas propostas e as transformações que atingem a administração pública situam-se num contexto maior de reformas, destinadas a redefinir o papel do Estado. Foi em meados da década de 70, sobretudo a partir da crise do petróleo, em 1973, que entrou em xeque o antigo modelo de intervenção estatal, quando uma grande crise econômica mundial pôs fim à era de prosperidade que se iniciara após a II Guerra Mundial. Teve fim a "era dourada" — na precisa definição de Eric Hobsbawm (1995) —, período em que não só os países capitalistas desenvolvidos, mas o bloco socialista e parte do Terceiro Mundo atingiram altíssimas taxas de crescimento. A principal receita para o contínuo sucesso que se estendeu por 30 anos foi a existência de um amplo consenso social a respeito do papel do Estado, que proporcionou, direta ou indiretamente, as condições para a prosperidade econômica e o bem-estar social.

O tipo de Estado que começava a se esfacelar em meio à crise dos anos 70 tinha três dimensões — econômica, social e administrativa —, todas interligadas. A primeira dimensão era a keynesiana, caracterizada pela ativa intervenção estatal na economia, procurando garantir o pleno emprego e atuar em setores considerados estratégicos para o desenvolvimento nacional — telecomunicações e petróleo, por exemplo. O Welfare State correspondia à dimensão social do modelo. Adotado em maior ou menor grau nos países desenvolvidos, o Estado do Bem-Estar tinha como objetivo primordial a produção de políticas públicas na área social (educação, saúde, previdência social, habitação etc.), para garantir o atendimento das necessidades básicas da população. Por fim, havia a dimensão relativa ao funcionamento interno do Estado, o chamado modelo burocrático weberiano, ao qual cabia o papel de manter a impessoalidade, a neutralidade e a racionalidade do aparato governamental.

Em linhas gerais, quatro fatores socioeconômicos contribuíram fortemente para detonar a crise do Estado montado no pós-guerra. O primeiro foi a já referida crise econômica mundial, iniciada em meados da década de 70 e agravada ao longo dos anos 80. O fato é que a economia mundial enfrentou um grande período recessivo, mesmo que fracamente revertido nos últimos anos, e nunca mais retomou os níveis de crescimento atingidos nas décadas de 50 e 60. Nesse momento de escassez, o Estado foi o principal afetado, entrando numa grave crise fiscal.

A crise fiscal foi o segundo fator a enfraquecer os alicerces do antigo modelo de Estado. Após décadas de crescimento, a maioria dos governos não tinha mais como financiar seus déficits. E os problemas fiscais tendiam a se agravar, na medida em que se iniciava, sobretudo nos Estados Unidos e na Grã-Bretanha, uma revolta dos *tax payers* (contribuintes) contra a cobrança de mais tributos, principalmente porque não enxergavam uma relação direta entre o acréscimo de recursos governamentais e a melhoria dos serviços públicos. Estava em xeque o consenso social que sustentara o Welfare State.

Os Estados estavam ainda sobrecarregados de atividades, acumuladas ao longo do pós-guerra, "com muito a fazer e com poucos recursos para cumprir todos os seus compromissos" (Peters, 1992:305). Além disso, os grupos de pressão, os clientes dos serviços públicos e todos os beneficiários das relações neocorporativas então vigentes não queriam perder o que, para eles, eram conquistas — e que, para os neoliberais, eram grandes privilégios. O terceiro fator detonador da crise do Estado contemporâneo, portanto, foi o que, na linguagem da época, chamou-se de situação de "ingovernabilidade": os governos estavam inaptos para resolver seus problemas (Holmes & Shand, 1995:552).

Por fim, a globalização e todas as inovações tecnológicas que transformaram a lógica do setor produtivo também afetaram — e profundamente — o Estado. Na verdade, o enfraquecimento dos governos no que diz respeito ao controle dos fluxos financeiros e comerciais, somado ao aumento do poder das grandes multinacionais, resultou na perda de parcela significativa do poder dos Estados nacionais de ditar políticas macroeconômicas.

Além disso, a disputa comercial globalizada leva cada vez mais em conta os custos trabalhistas, previdenciários e da carga tributária sobre o capital, fatores que podem constituir obstáculos à competitividade das nações e até dos blocos econômicos. E o Estado é quase sempre apontado como o principal responsável por esses custos, sendo pressionado pelas empresas a diminuir impostos e sua participação no mercado de trabalho (Flynn & Strehl, 1996:2).

A crise do Estado afetou diretamente a organização das burocracias públicas. Por um lado, os governos tinham menos recursos e mais déficits. O corte de custos virou prioridade. No que tange à administração pública, isso produziu dois efeitos. Primeiro, a redução dos gastos com pessoal, que era vista como uma saída necessária — os discursos das administrações de Thatcher e Reagan representaram o ponto máximo dessa tendência. Segundo, a necessidade de aumentar a eficiência governamental, o que, para boa parte dos reformadores da década de 80, implicava uma modificação profunda do modelo weberiano, classificado como lento e excessivamente apegado a normas. Em suma, considerava-se o antigo modelo ineficiente.

Por outro lado, o Estado contemporâneo vinha perdendo seu poder de ação, especialmente se levarmos em conta os problemas da "governabilidade" (governos sobrecarregados) e os efeitos da globalização. Portanto, *surgia naquele momento não só um Estado com menos recursos, mas um Estado nacional com menos poder*. Para enfrentar essa situação, o aparato governamental precisava ser mais ágil e mais flexível, tanto em sua dinâmica interna como em sua capacidade de adaptação às mudanças externas. Propunha-se, assim, a construção de uma nova burocracia.

Mas, além das condições materiais, havia também um contexto intelectual extremamente favorável às mudanças na administração pública. A ascensão de teorias extremamente críticas às burocracias estatais, como a *public choice* nos Estados Unidos e o ideário neoliberal hayekiano (principalmente na Grã-Bretanha), abriu espaço para a crítica ao antigo modelo de organização do setor público. Contudo, a visão negativa a respeito da burocracia não se vinculava apenas a teorias intelectualmente mais elaboradas. De modo avassalador, a perspectiva do senso comum contra a burocracia, normalmente anedótica, se expandia rapidamente no final da década de 70 e no começo da de 80. Nos Estados Unidos, o sentimento antiburocrático tomava a forma, na definição de Kaufman (1981), de uma epidemia generalizada.

Contribuía ainda mais para piorar a imagem da burocracia o fato de ela ser classificada à época muito mais como um grupo de interesse do que como um corpo técnico neutro a serviço dos cidadãos. O thatcherismo aproveitou-se bastante dessa situação. Rayner, um de seus principais ideólogos, dizia que "a 'burocracia' tem muitos amigos" (Rayner, 1984:8-9), numa alusão às relações clientelistas e corporativas mantidas pelo corpo burocrático.

Ao sentimento antiburocrático aliava-se a crença, presente em boa parte da opinião pública, de que o setor privado possuía o modelo ideal de gestão. Não por acaso Margaret Thatcher levou ao Estado um administrador do setor privado (Dereck Rayner) para comandar seu plano de reforma administrativa.[1]

Esse sentimento difuso contrário à burocracia estatal e favorável aos ideais da iniciativa privada precisou de um catalisador político para se impor.

---

[1] É interessante observar que várias pessoas ligadas a interesses empresariais participaram do debate sobre as reformas das burocracias públicas nos Estados Unidos e na Grã-Bretanha. Integravam a Comissão Grace, montada pelo governo Reagan para repensar o papel do Estado, por exemplo, diversos líderes empresariais preocupados em recomendar que o setor privado exercesse muito melhor certas atividades do que o setor público (Pollitt, 1990:137).

E ele veio com a vitória dos conservadores na Grã-Bretanha, em 1979, e dos republicanos nos Estados Unidos, em 1980, representando a vitória dos grupos que contestavam o antigo consenso social pró-*Welfare State*.

Foi nesse contexto de escassez de recursos públicos, enfraquecimento do poder estatal e de avanço de uma ideologia privatizante que o modelo burocrático entrou em uma profunda crise. Não obstante, é importante lembrar que esse processo não ocorreu nem no mesmo momento histórico nem da mesma forma nos diversos países. Mais do que isso, deram-se respostas diferenciadas para problemas muito parecidos. Contaram para isso a tradição administrativa, as regras do sistema político, o grau de centralização existente e a força do consenso pró-*Welfare State* presente em cada nação.

Do gerencialismo puro ao retorno do cidadão: as múltiplas faces do modelo pós-burocrático

Coube aos conservadores ingleses e aos republicanos norte-americanos a iniciativa de tentar implantar as primeiras reformas no antigo modelo administrativo, logo no início da década de 80. Antes de analisarmos a natureza dessas reformas, é preciso definir o modelo burocrático anteriormente vigente, intitulado aqui de burocrático weberiano. Posteriormente, faremos um breve histórico das críticas a esse modelo, cujo ápice foi a formação do arcabouço gerencial como resposta aos problemas do setor público. Adiante, estudaremos o caso inglês, mostrando por que o *managerialism*, apesar de mais forte nesse caso, não constituiu um corpo homogêneo e imutável — ao contrário, sofreu um conjunto importante de mudanças nos últimos 15 anos. Por fim, procuraremos comparar, de forma sucinta, alguns aspectos da experiência britânica com a de outros países.

A expressão "burocrático weberiano" não é unanimemente utilizada por todos os autores, nem em todas as nações. Na Grã-Bretanha, o modelo administrativo adotado desde a segunda metade do século XIX é intitulado de *Whitehall*; nos EUA, ele é muitas vezes vinculado à "era progressista", e portanto chamado de *progressive public administration* (ver Hood, 1996). Contudo, a escolha realizada justifica-se, uma vez que a burocracia weberiana é tomada como um tipo ideal classicamente referido às características do que hoje vem sendo classificado de antigo modelo administrativo — basicamente, uma organização guiada por procedimentos rígidos, forte hierarquia e total separação entre o público e o privado.

E é este último ponto que constitui a preocupação fundamental na formação da burocracia moderna, isto é, a delimitação nítida do domínio público em relação à esfera privada. Para isso, a burocracia deveria ser um corpo neutro e impessoal, como a descrevia Weber. E precisaria também ter capacidade técnica para lidar com as demandas crescentes da população, tratando-a de forma equânime. No entanto, o mérito administrativo tinha sua definição concebida, no mais das vezes, intramuros. Para muitos, isso protegia os funcionários públicos da interferência política; para outros, convertia-os em "mandarins modernos" (Dogan, 1975).

No intuito de separar radicalmente o público do privado, o modelo burocrático weberiano tornou a atuação dos funcionários cada vez mais autorreferida (Bresser Pereira, 1996:11). Foi a partir dessa percepção que surgiram as primeiras críticas mais contundentes ao modelo burocrático weberiano, na década de 60, em pleno auge do Estado de tipo keynesiano. Há dois exemplos nesse sentido. Primeiro, a pioneira Comissão Glassco (1961-63), montada no Canadá. Seus resultados questionavam a ação cada vez mais intransparente e ineficiente da burocracia pública, propondo um modelo gerencial para o setor público (Caiden, 1991:56). O segundo exemplo, todavia, é o mais importante. Trata-se da Comissão Fulton, que funcionou no Parlamento britânico de 1966 a 1968, e em cujo diagnóstico destacavam-se como problemas a falta de preparação gerencial do *civil service*, a excessiva hierarquização e a falta de contato entre os burocratas e a comunidade que serviam (Drewry & Butcher, 1991:51-4).

Na década de 70, a crítica à burocracia se acentuou à medida que a crise financeira tornou-se mais aguda. Os Estados Unidos foram o palco preferencial dessas críticas, pois os problemas fiscais do Estado aliavam-se à má gestão pública, simbolizada pela bancarrota da Prefeitura de Nova York. Como solução para esse quadro, surgiram importantes instrumentos de gestão orçamentária, tornando as finanças públicas mais vinculadas a objetivos do que a regras rígidas do serviço público. Em resumo, a solução foi introduzir mecanismos gerenciais na administração pública.

Mas foi na década de 80, em função do clima intelectual e político reinante e do esfacelamento do aparato estatal estruturado no pós-guerra, que a burocracia weberiana sofreu seu maior ataque. Nesse processo, o modelo gerencial, importado da iniciativa privada, foi o fio condutor das reformas, embora não exclusivo, nem tampouco imutável. Ressalte-se, porém, *que o chamado* managerialism *foi o propulsor inicial das grandes mudanças por que passa o setor público*.

A Grã-Bretanha foi o laboratório das técnicas gerenciais aplicadas ao setor público. Mesmo assim, apesar de começar seu período hegemônico no governo Thatcher, o *managerialism* tem seu ponto de partida do outro lado do Atlântico, nos Estados Unidos do século XIX, quando Woodrow Wilson escreveu seu célebre artigo "The study of administration", em 1887. Ali fundava-se o debate entre a *Public Service orientation* e a *Public Management orientation* que norteou grande parte da discussão da administração pública norte-americana neste século (Martin, 1993). Isto é, de tempos em tempos, propunham-se as mais diversas técnicas gerenciais como solução para os problemas do setor público, em contraposição às soluções de cunho mais weberiano ou, segundo uma expressão mais utilizada nos EUA, de medidas ligadas à *"progressivism public administration"*.

Nesse embate, entretanto, o *managerialism* nunca se converteu em modelo único da administração pública nos EUA, mesmo sendo este país o lugar por excelência das técnicas "revolucionárias" da administração privada, ao passo que na Grã-Bretanha tal modelo foi muito mais bem-sucedido. A explicação para esse fenômeno reside em dois fatores ligados à experiência norte-americana, e também nas características do sistema político britânico.

Primeiro, a patronagem existente no século XIX foi combatida com afinco pelos políticos reformadores da burocracia americana, que a tornaram de fato pública. A partir daí, um dos principais pilares da cultura administrativa do setor público norte-americano é evitar que a flexibilização das regras administrativas ponha em risco as salvaguardas políticas (Nigro, 1982).

Segundo, a real descentralização do poder presente no federalismo norte-americano dificulta o estabelecimento de um só modelo administrativo e facilita a profusão de padrões organizacionais. Ademais, o poder local norte-americano tem como alicerce a ampla democratização do sistema político, baseado no ideal do *self government*, como definiu Tocqueville as comunidades norte-americanas do século XIX. Dessa maneira, mais do que as demandas por eficiência — cada vez mais importantes —, a republicanização do poder público é uma bandeira fundamental dos cidadãos. Resumindo: o federalismo norte-americano é um empecilho à implantação de um modelo gerencial puro, ao mesmo tempo em que propicia condições para a adoção de um modelo híbrido, que procura responder tanto aos ditames da eficiência quanto aos da democratização.

O sucesso do modelo gerencial na Grã-Bretanha se deu exatamente em função das condições políticas existentes, o que demonstra a importância do estudo das instituições para se compreender o rumo das reformas administrativas. O caráter extremamente majoritário do sistema político britânico, no sentido definido por Lijphart (1985), ancorado em um sistema eleitoral distrital uninominal, em um bipartidarismo fortemente estruturado em termos organizacionais e nacionais, no parlamentarismo e num alto grau de centralização político-administrativa, levou a uma grande concentração de poder no Gabinete, o que, aliado à liderança política de Margaret Thatcher, forneceu as condições ideais para o florescimento e a consolidação do gerencialismo. Afora a experiência da Nova Zelândia, foi na Grã-Bretanha que o *managerialism* mais se desenvolveu.

Mas é exatamente em razão do êxito do gerencialismo na Grã-Bretanha que a análise desse caso se torna fundamental para comprovar uma tese-base do artigo: nem com tal grau de hegemonia, o *managerialism* enveredou por um caminho retilíneo. Ao invés de se estruturar a partir de uma doutrina rígida e fechada, o modelo gerencial britânico apresenta um grande poder de transformação, incorporando boa parte das críticas à sua prática, e assim modificando as peças de seu arcabouço.

No quadro a seguir, comparo três visões da administração pública inglesa que surgiram ao longo das décadas de 80 e 90 do debate sobre o *managerialism* aplicado ao Estado. Comparo-as, mais especificamente, quanto aos principais objetivos (linha 2) e em sua relação com a sociedade, ou melhor, com seu "público-alvo" (linha 3). As teorias são aqui apresentadas da esquerda para a direita, em ordem cronológica de criação.

Respostas à crise do modelo burocrático inglês (*Whitehall*)

Gerencialismo puro	*Consumerism*	*Public service orientation*
Economia/eficiência (produtividade)	Efetividade/qualidade	*Accountability*/equidade
Tax payers (contribuintes)	Clientes/consumidores	Cidadãos

Em primeiro lugar, é preciso deixar claro que a rígida divisão entre as teorias foi estabelecida apenas para facilitar a comparação entre elas. Na realidade, há um grau razoável de intercâmbio entre as teorias, principalmente no caso das duas últimas (*consumerism* e *public service orientation*). Entretanto, como ponto de partida para a discussão, essa classificação propicia duas importantes constatações. A primeira, e mais óbvia, é que há uma mudança substancial ao longo do tempo, desde o gerencialismo puro até a *public service orientation*. A constatação mais importante, no entanto, é que, embora haja diferenças entre as teorias, elas não são mutuamente excludentes. Ao contrário, percebe-se que pode haver uma incorporação dos aspectos positivos de cada teoria. A passagem de uma teoria a outra, portanto, pode ser realizada através de uma crescente inclusão de temas.

A seguir, trataremos sucintamente de cada uma dessas correntes.

Gerencialismo puro

O gerencialismo puro teve como principais objetivos reduzir os custos do setor público e aumentar sua produtividade. O fato é que, naquele momento, as modificações efetuadas na burocracia estavam vinculadas a um projeto de reforma do Estado que se caracterizava como um movimento de retração da máquina governamental a um número menor de atividades. A palavra de ordem da primeira-ministra inglesa era *"rolling back the State"*, o que na prática significou a privatização de empresas nacionalizadas no pós--guerra, desregulamentação, devolução de atividades governamentais à iniciativa privada ou à comunidade e constantes tentativas de reduzir os gastos públicos (Caiden, 1991:75-80; Butler, 1993:398-9).

Foi, portanto, sob o signo da questão financeira que se implantou o modelo gerencial puro na Grã-Bretanha — Reagan e Bush tentaram seguir a mesma receita, mas não conseguiram ser tão felizes (ver Crouzier, 1992). O *managerialism* seria utilizado no setor público para diminuir os gastos em uma era de escassez e para aumentar a eficiência governamental. Em suma, o gerencialismo puro tinha como eixo central o conceito de produtividade (Pollitt, 1990:2). Não por acaso um dos livros fundamentais à época chamava-se *Fazendo mais com menos* (*Doing more with less*) (Ukeles, 1982).

O primeiro passo do modelo gerencial puro foi procurar cortar custos e pessoal. Nesse particular, é interessante notar como o governo britânico foi muito mais bem-sucedido do que o norte-americano. O governo Reagan não conseguiu reduzir de fato os gastos sociais — ao contrário, naquele período eles cresceram 16% com relação ao PIB (Pollitt, 1990:90). Pouco também foi feito em termos de corte de pessoal. No tocante à atenuação dos problemas financeiros do governo federal, o grande triunfo dos republicanos foi diminuir as transferências de recursos para estados e municípios (Pollitt, 1990:96). Dessa forma, os governos subnacionais se viram com menos recursos e tiveram que inovar em suas administrações. Consequentemente, as principais tentativas de elaboração de um novo paradigma para a gestão pública norte-americana surgiram a partir do estudo das experiências dos governos locais, como mostra o livro *Reinventando o governo* — uma referência já obrigatória —, de David Osborne e Ted Gaebler, cujos exemplos de sucesso administrativo provêm quase exclusivamente dos níveis subnacionais de governo.

O ponto central do gerencialismo puro é a busca da eficiência. Para tanto, parte do pressuposto de que é preciso modificar as engrenagens do modelo weberiano. A burocracia tradicional é definida como uma organização com estrutura rígida e centralizada, voltada para o cumprimento dos regulamentos e procedimentos administrativos e em que o desempenho é avaliado apenas com referência à observância das normas legais e éticas. Em oposição a essa visão de administração pública, o governo Thatcher propunha:

❑ a clara definição das responsabilidades de cada funcionário das agências governamentais (Butler, 1993:399);

❑ a clara definição dos objetivos organizacionais, analisados em sua substância e não como processo administrativo (Caiden, 1991:85);

❑ maior consciência acerca do "valor dos recursos" (*value money*) públicos, procurando maximizar a relação financeira entre os recursos iniciais e os gastos realizados para a produção de políticas, ou seja, incorporando o valor da eficiência na lógica de funcionamento da burocracia.

Para cumprir cada um desses objetivos foram implementados determinados instrumentos gerenciais. Num primeiro momento deu-se maior atenção aos instrumentos de racionalização orçamentária, que deveriam possibilitar uma maior "consciência dos custos" (*cost consciousness*) no serviço público (Metcalfe & Richards, 1989:50). Foram utilizadas técnicas de avaliação de desempenho e controle orçamentário para atingir esse fim, sendo a principal iniciativa nesse sentido a Financial Management Iniciative (FMI).

A introdução dessas técnicas orçamentárias, fundamentais num momento de escassez de recursos, deu impulso à implementação das demais reformas administrativas (Caiden, 1991:85). Depois foram adotados, em larga escala, os instrumentos de avaliação de desempenho organizacional. Afinal, se o objetivo era alcançar uma maior eficiência, fazia-se necessário ter mecanismos objetivos de mensuração da *performance* governamental.

O governo inglês adotou três mecanismos para definir claramente as responsabilidades tanto das agências governamentais quanto dos funcionários públicos. No âmbito organizacional, foram encontradas duas saídas institucionais. A primeira foi a adoção da administração por objetivos (*management by objectives*), pela qual se procurou traçar linhas claras de ação para as agências, o que possibilitaria uma avaliação de desempenho baseada na comparação entre os resultados obtidos e o que fora previamente determinado.

A outra opção organizacional foi a descentralização administrativa, para dar maior autonomia às agências e aos departamentos. É importante salientar que a descentralização foi concebida a partir de uma definição clara dos objetivos de cada agência, os quais deveriam ser cumpridos sob a vigilância e o controle do poder central. Dessa forma, apesar da propaganda governamental favorável à descentralização, o que acontecia era uma desconcentração de poderes.

À estrutura extremamente hierárquica característica do modelo Whitehall foi contraposto um modelo em que se procurava delegar autoridade (*empowerment*) aos funcionários. No contexto da cultura gerencial, era preciso moldar mais gerentes, com habilidade e criatividade para encontrar novas soluções, sobretudo para aumentar a eficiência governamental. Assim, a delegação de autoridade era uma resposta, num primeiro momento institucional, que com o tempo poderia transformar a cultura da burocracia.

Mas, ao enfatizar em demasia a estratégia da eficiência, o modelo gerencial puro poderia estar relegando a segundo plano outros valores fundamentais na atuação dos gerentes. Em particular, a flexibilidade para decidir e inovar. Os critérios de medição da eficiência poderiam se tornar tão rígidos quanto as regras e os procedimentos do modelo burocrático weberiano, levando à ineficácia e à falta de capacidade adaptativa.

Enfocar apenas a eficiência governamental acarreta outro problema: não se atribui à avaliação da efetividade dos serviços públicos a devida importância. Efetividade é entendida aqui como o grau em que se atingiu os resultados esperados (Osborne & Gaebler, 1994:381). Portanto, "efetividade" não é um conceito econômico — como a eficiência pura —, e sim de avaliação qualitativa dos serviços públicos.

Com o conceito de efetividade, recupera-se a noção de que o governo deve, acima de tudo, prestar bons serviços. É a ótica da qualidade que começa a ser incorporada pelo modelo gerencial. Porém, a valorização do conceito de efetividade também traz de novo à tona o caráter político da prestação de serviços públicos, uma vez que são os usuários dos equipamentos sociais que de fato podem avaliar a qualidade dos programas governamentais. E aqui está um dos calcanhares de Aquiles do modelo gerencial puro: a subestimação do conteúdo político da administração pública.

A princípio, propunha-se o modelo gerencial como uma tecnologia neutra destinada a modificar o funcionamento e a cultura do setor público (Gray & Jenkins, 1995:81). Dessa maneira, alguns gerencialistas mais radicais afirmavam não existir diferença conceitual entre a administração da empresa privada e a administração pública (Murray, 1975). Outros reconheciam haver determinadas diferenças entre ambas; contudo, propunham reformas ao setor público, como se ele fosse uma organização homogênea — a burocracia vista caricaturalmente. O fato é que a administração pública constitui um sistema organizacional em que, internamente, há diferentes tarefas e valores, os quais pertencem a um contexto complexo de relações com a esfera política (Gray & Jenkins, 1995:85).

O gerencialismo puro, na verdade, tinha como base a separação entre a política e a administração. Assim, cabia aos reformadores implantar o *managerialism* na administração pública, independentemente do que ocorria na política. Essa perspectiva, porém, contradizia o próprio desenvolvimento do modelo gerencial na Grã-Bretanha, pois foi o forte apoio político obtido pelos conservadores que propiciou o avanço das reformas.

O que os gerencialistas puros não consideraram é que, tal como ocorre na iniciativa privada, a especificidade do setor público dificulta a mensuração da eficiência e a avaliação do desempenho. Na gestão pública estão em jogo valores como equidade e justiça, que não podem ser medidos ou avaliados por intermédio dos conceitos do *managerialism* puro (Mayordomo, 1990:278-80).

Essa "despolitização" da administração pública, aliada à ênfase no conceito de eficiência governamental, fez com que Christopher Pollitt (1990), um dos maiores críticos do modelo gerencial inglês, classificasse o *managerialism* como um "neotaylorismo", isto é, uma proposta calcada na busca da produtividade e na implantação do modelo de gestão da empresa privada no setor público.

Pollitt reconhece, no entanto, que o modelo gerencial puro obteve alguns êxitos. O principal deles está ligado à ênfase na questão financeira, que de fato tornou a burocracia inglesa mais consciente acerca dos custos das políticas públicas (Pollitt, 1990:85). Esse valor foi incorporado por todos os governos que realizaram reformas administrativas nos últimos anos. Isso mostra que a busca da eficiência governamental, embora em si não resolva todos os problemas da burocracia, é um legado positivo do modelo gerencial puro.

A discussão em torno do modelo gerencial tornou-se mais complexa e ganhou novos rumos a partir da metade da década de 80. A mais importante mudança foi a tentativa de se constituir de serviços públicos voltados para os anseios dos clientes/consumidores. É nesse ponto que o modelo gerencial traz à tona o aspecto público da administração pública, sem no entanto abandonar o conceitual empresarial vinculado à eficiência e à busca da qualidade dos serviços.

Novos caminhos do modelo gerencial: o consumerism

As críticas mais pertinentes ao modelo gerencial puro na Grã-Bretanha não visavam a volta ao modelo burocrático weberiano, e sim à correção do *managerialism*, a fim de que incorporasse novos significados. Primeiro, introduzindo o conceito de qualidade no setor público. Desde a metade da década de 80, o governo britânico, como outros ao redor do mundo, vem procurando se utilizar do referencial da qualidade na avaliação de resultados das agências e dos programas. Isso ocorreu, em primeiro lugar, por causa das críticas contra a ênfase atribuída inicialmente à mensuração da eficiência e não à efetividade dos serviços públicos. Nesse sentido, Norman Flynn afirma que "a imposição arbitrária da diminuição dos custos pode conduzir mais à redução do nível [de qualidade] dos serviços do que a um aumento de produtividade" (1990:113).

Vale notar que, mesmo no setor privado, houve, ao longo da década de 80, uma modificação no que se refere à antiga visão meramente quantitativa de avaliar o sucesso e o desempenho dos empregados e da organização. Foi na iniciativa privada que nasceu a abordagem da administração da qualidade total (*Total Quality Management* — TQM), posteriormente introduzida no setor público. Nas empresas privadas, a mudança se deu devido ao aumento da concorrência e do nível de exigência dos consumidores, o que obrigou os empresários a elevar a qualidade de seus produtos para sobreviver no mercado. Portanto, a busca permanente da qualidade tem relação direta com o direcionamento da produção para o atendimento dos anseios dos consumidores.

No setor público aconteceu fenômeno semelhante. A introdução da perspectiva da qualidade surgiu quase no mesmo momento em que a administração pública voltava suas atenções para os clientes/consumidores. Essa talvez tenha sido uma das principais revoluções no modelo gerencial.

A administração pública britânica vem implementando uma estratégia cada vez mais direcionada às demandas dos consumidores. Nesse sentido, o programa mais importante é o *Citizen's Chart*. Baseado no princípio de que os serviços públicos devem estar mais direcionados às necessidades definidas pelo público diretamente afetado (Butler, 1993:402), o *Citizen's Chart* consiste na implantação de programas de avaliação de desempenho organizacional de acordo com dados recolhidos junto aos consumidores. A importância do programa aumenta na medida em que ele tem sido uma das referências da atual gestão do primeiro-ministro John Major, que, defendendo o *Citizen's Chart*, disse que os "serviços públicos têm o dever específico de atender às necessidades de seus consumidores e clientes" (Clarke, 1993:24).

A estratégia voltada para a satisfação dos consumidores foi reforçada pelo governo britânico através da adoção de três medidas que fazem parte de uma estratégia para tornar o poder público mais leve, ágil e competitivo, desmontando assim o antigo modelo burocrático. A primeira dessas medidas é a descentralização. Como já vimos anteriormente, na Grã-Bretanha ocorre uma descentralização administrativa (desconcentração) e não uma verdadeira descentralização política. Não obstante, tem-se procurado fazer uma significativa delegação de autoridade, partindo do princípio de que, quanto mais próximo o serviço público estiver do consumidor, mais fiscalizado pela população ele será.

A descentralização, no entanto, não basta para aumentar o poder do consumidor. É preciso que haja opções, caso determinado equipamento social não esteja funcionando a contento. Para tanto, o governo britânico tem procurado incrementar a competição entre as organizações do setor público. Seguindo esse preceito, quando não há competição entre os serviços, existe uma situação de monopólio e, portanto, os consumidores não têm alternativa de escolha. O *Citizen's Chart* enfatiza muito esse aspecto, estabelecendo uma relação lógica entre a competitividade e o aumento da qualidade dos serviços públicos (Clarke, 1993:24).

A terceira medida é a adoção de um novo modelo contratual para os serviços públicos. Esse modelo possui três dimensões (Clarke, 1993:20):

❏ extensão das relações contratuais ao fornecimento de serviços públicos entre o setor público, o setor privado e o voluntário/não lucrativo, criando uma nova estrutura de pluralismo institucional, contraposta ao antigo modelo de monopólio estatal;

❏ extensão das relações contratuais ao próprio setor público, envolvendo descentralização, delegação de autoridade e mecanismos de *quasi market*;

❏ estabelecimento de contratos de qualidade entre os prestadores de serviço e os consumidores/clientes.

O estabelecimento de relações contratuais parte de três pressupostos. O primeiro é de que, numa situação de falta de recursos como a atual, a melhor forma de aumentar a qualidade é introduzir relações contratuais de competição e de controle. O segundo, quase como consequência do primeiro, é de que a forma contratual evita a situação de monopólio. Por fim, o último pressuposto refere-se à maior possibilidade que os consumidores têm de controlar e avaliar o andamento dos serviços públicos a partir de um marco contratual.

Embora tenha avançado muito com relação ao gerencialismo puro, o *consumerism* recebeu várias críticas, particularmente no campo em que mais transformou os conceitos, isto é, na relação entre o governo como prestador de serviços públicos e a população.

A crítica mais geral diz respeito ao conceito de consumidor de serviços públicos. Primeiro, à diferença existente entre o consumidor de bens no mercado e o "consumidor" dos serviços públicos. Como aponta Pollitt (1990:125), a relação do prestador de serviço público com o consumidor é mais complexa, já que não obedece ao puro modelo de decisão de compra vigente no mercado. Aliás, determinados serviços públicos têm caráter compulsório, isto é, não permitem escolha, como prova a utilização em determinados momentos de hospitais e serviços policiais.

O conceito de consumidor deve ser substituído pelo de cidadão. Isso porque o conceito de cidadão é mais amplo do que o de cliente/consumidor, já que cidadania implica direitos e deveres e não só liberdade de escolher serviços públicos (Stewart & Walsh, 1992:507).

Na verdade, a cidadania está relacionada com o princípio da *accountability*, que requer participação ativa na escolha dos dirigentes, na formulação das políticas e na avaliação dos serviços públicos. Dessa forma, mecanismos como os do *Citizen's Chart* — cujo nome não corresponde à realidade, pois o programa é direcionado ao consumidor — só enfatizam um aspecto da cidadania, o de controlar as políticas públicas. No mais das vezes, o consumidor é um cidadão passivo.

O conceito de consumidor também não atende adequadamente ao problema da equidade, valor fundamental na administração pública. A primeira pergunta não respondida pelo *consumerism* é quem são os consumidores/clientes? Em grande medida, são aqueles que se organizam para atuar no nível em que os serviços são prestados — o que, em última instância, pode se constituir num grupo de interesse. Os burocratas, por sua vez, podem fazer de tudo, inclusive atos discricionários, para atender ao grupo organizado de consumidores (Frederickson, 1992:18), já que, no modelo gerencial, os funcionários públicos dependem da avaliação dos clientes para obter avanço profissional, melhoria de salários e até, em último caso, para manter o próprio emprego. Entre a avaliação dos consumidores e os atos dos funcionários devem haver normas e regras que permitam garantir o interesse público.

A possibilidade de os consumidores se transformarem em grupo de interesse torna-se maior ainda numa era de escassez de recursos públicos como a que vivemos. Os que se organizarem mais poderão se tornar mais "consumidores do que os outros". Assim, os consumidores mais fortes se converteriam em "clientes preferenciais do serviço público". Ou, como argumenta Clarke (1993:22), "quando os recursos são limitados, o problema não é satisfazer os consumidores, mas que consumidores [satisfazer]".

O problema da equidade na prestação dos serviços públicos pode se agravar no caso de haver competição entre os equipamentos sociais. Isso porque a unidade de serviço público mais bem-classificada na competição receberá provavelmente mais recursos, seus funcionários terão melhores rendimentos (através de incentivos por produtividade), e portanto os mesmos consumidores que o aprovaram tenderão a utilizar esse serviço continuadamente. A premiação reflete, sem dúvida, um círculo virtuoso, saudável como técnica para tornar o Estado mais capaz de responder às demandas da população. Mas, por outro lado, os equipamentos sociais que não conseguirem as melhores avaliações dos consumidores cairão num círculo vicioso, ou seja, receberão menos recursos, seus funcionários não terão incentivos financeiros e ficarão desmotivados, e seus consumidores continuarão insatisfeitos.

O pressuposto do modelo da competição é de que os consumidores podem escolher a unidade de serviço público de maior qualidade. Contudo, esse pressuposto nem sempre é verdadeiro, pois nem todos os consumidores têm a possibilidade de escolher de fato o equipamento social que lhes agrada, em virtude da existência de obstáculos geográficos e financeiros, os quais dificultam o acesso a todas as unidades de serviço público. Ademais, se todos os consumidores (ou boa parte deles) escolherem um número limitado de equipamentos sociais, estes ficarão lotados e tenderão também a perder qualidade. Enquanto isso, as unidades de serviço público que tiveram inicialmente uma má avaliação ficarão abandonadas e com uma subutilização que por si só já resultará em desperdício de recursos públicos.

O modelo da competição pode levar ao que a ciência política denomina jogo de soma-zero. Isto é, o equipamento social vencedor (aprovado pela população) no começo do jogo "leva tudo" (*takes all*), ganhando todos os incentivos para continuar sendo o melhor. Já a unidade de serviço público que obtiver as piores "notas" dos consumidores "perde tudo", o que resultará indiretamente na aplicação de incentivos para que esse equipamento social continue sendo o pior. Nesse jogo, no entanto, o maior perdedor é o princípio da equidade na prestação dos serviços públicos (Pollitt, 1990:125), conferindo a alguns consumidores a possibilidade de ser mais cidadão do que outros.

Public service orientation (PSO): a construção da esfera pública

Esta seção resume a discussão existente na corrente da *public service orientation* (PSO).[2] Serei aqui mais breve do que nos outros tópicos por duas razões: primeiro, porque a PSO faz parte de um debate muito recente na

---

[2] Pollitt (1990) faz um excelente resumo das ideias da *public service orientation* (PSO) e dele faço uso em quase toda a discussão constante deste estudo.

Grã-Bretanha, e portanto seus conceitos ainda estão em fase de amadurecimento. Em consequência disso, a PSO é mais uma tendência que levanta novas questões e põe em xeque antigos valores do que uma corrente com um arcabouço teórico fechado.

Cabe ainda outra observação. A *public service orientation*, embora retome temas pouco discutidos ao longo da década de 80, não propõe a volta ao modelo burocrático weberiano. A PSO procura encontrar os novos caminhos abertos pela discussão gerencial, explorando suas potencialidades e preenchendo suas lacunas.

Toda a reflexão realizada pelos teóricos da PSO leva aos temas do republicanismo e da democracia, utilizando-se de conceitos como *accountability*, transparência, participação política, equidade e justiça, questões praticamente ausentes do debate no modelo gerencial. É interessante notar, contudo, que o "objeto" que gerou a corrente da PSO foi "criado" pelo modelo gerencial. Trata-se da problemática da descentralização, a partir da qual foram formulados quase todos os conceitos da PSO.

A visão de descentralização desses autores, no entanto, é extremamente crítica quanto ao modelo implementado pelo governo britânico. O argumento de Hambleton (1992) resume a posição da PSO com relação à descentralização.

"A justificativa central para defender o governo local não é que ele é um bom meio para prover os serviços [públicos] necessários, o que de fato ele é, mas que ele [o governo local] capacita os cidadãos a participar das decisões que afetam suas vidas e as de suas comunidades" (Hambleton, 1992:11).

Portanto, a PSO defende as virtudes políticas da descentralização. No gerencialismo puro, a descentralização era valorizada como meio de tornar mais eficazes as políticas públicas. Já no *consumerism*, o processo de descentralização era um meio de conferir aos consumidores o direito de escolher os equipamentos sociais que lhes oferecessem a melhor qualidade. O ponto que distingue o PSO das outras correntes é o conceito de cidadão, pois, enquanto o conceito de cidadão tem conotação coletiva — pensar na cidadania como um conjunto de cidadãos com direitos e deveres —, o termo consumidor (ou cliente) tem um referencial individual, vinculado à tradição liberal, a mesma que dá, na maioria das vezes, maior importância à proteção dos direitos do indivíduo do que à participação política, ou então maior valor ao mercado do que à esfera pública (Pollitt, 1990:129).

Ao trazer de volta para o debate os conceitos de *accountability* e de participação dos cidadãos, a *public service orientation* rebate os argumentos dos conservadores ingleses. Para estes, as demandas por participação política sempre foram equiparadas às formas neocorporativas de atuação que vigoravam no final da década de 70 (Pollitt, 1990:138). Os teóricos da PSO resgatam os ideais de participação política segundo um conceito mais amplo, o de esfera pública, que se utiliza da transparência como proteção contra novas formas particularistas de intervenção na arena estatal, como o são o clientelismo e o corporativismo.

Portanto, é a partir do conceito de esfera pública (*domain public*) que se estrutura o conjunto de ideias da *public service orientation*. Esfera pública vista como local de aprendizagem social. Isto é, a esfera pública não é só o locus por excelência da participação dos cidadãos, mas sobretudo onde os cidadãos aprendem com o debate público.

O conceito de esfera pública como *locus* de transparência e de aprendizado organizacional deve estar presente na atuação da burocracia, sobretudo quando da formulação das políticas públicas. O planejamento estratégico, por exemplo, não pode ficar confinado à burocracia. Os objetivos políticos definidos pelo planejamento estratégico devem ser discutidos e revelados num processo de debate público (Pollitt, 1990:150).

Outro conceito caro ao modelo gerencial — o de competição entre agências públicas — é repensado pela PSO. Não que a competição seja negada como princípio utilizável no setor público; mas o mais ressaltado pela PSO é a possibilidade de cooperação entre as agências, de modo a obter um melhor resultado global na oferta de serviços públicos. Dessa forma, garante-se o princípio da equidade, fundamental na PSO.

Por fim, a *public service orientation* tem como uma de suas ideias-chave a conjugação entre a *accountability* e o binômio justiça/equidade. Para tanto, é preciso que, no processo de aprendizado social na esfera pública, se consiga criar uma nova cultura cívica, que congregue políticos, funcionários e cidadãos.

Embora faça sérias críticas ao gerencialismo puro e ao *consumerism*, o fato é que a *public service orientation* não descarta as ideias desenvolvidas no âmbito do *public management*. Afinal, apesar de as discussões sobre eficiência, qualidade, avaliação de desempenho, flexibilidade gerencial, planejamento estratégico, entre as principais, não serem negadas, há a tentativa de aperfeiçoá-las em um contexto em que o referencial da esfera pública é o mais importante.

Porém, o grande problema da PSO é ter sido pensada segundo os parâmetros do poder local, onde os cidadãos poderiam exercer maior controle sobre a qualidade dos serviços públicos. Mas, como conceber a coordenação do serviço público no âmbito nacional? E quais as medidas a tomar para atenuar as desigualdades regionais — menores no caso inglês, mas enormes em países como o Brasil — e garantir assim uma verdadeira equidade?

Essas respostas o modelo da PSO ainda não oferece. Uma das principais origens dessa deficiência é a concepção extremamente otimista com relação à possibilidade de os cidadãos resolverem todos os problemas do setor público na esfera local (Pollitt, 1990:1.550). A complexidade do mundo contemporâneo e da democracia representativa — que não pode ser meramente substituída pela democracia direta — demanda respostas mais abrangentes e articuladas. Entretanto, a PSO tem uma grande virtude, que é dizer não só como o setor público deve ser, mas principalmente o que deve ser. Essa é uma das principais lacunas da experiência do modelo gerencial implantado nos últimos anos, como apontam Malcolm Holmes e David Shand (1995:556).

A experiência internacional se assemelha em diversos aspectos à britânica, mas também possui uma gama enorme de peculiaridades. Numa comparação efetuada por Norman Flynn e Franz Strehl de sete modelos administrativos europeus, os autores perceberam importantes diferenças na área de recursos humanos. Enquanto na França, na Alemanha e na Áustria o recrutamento de pessoal é centralizado e a estabilidade no emprego público é mais rígida, na Suécia, na Holanda e na Grã-Bretanha a contratação é descentralizada e o vínculo empregatício tem uma base contratual, e portanto menos segura (1996:14). Em outro aspecto — a promoção —, a França, a Alemanha, a Áustria e a Suíça adotam critérios de senioridade; na Suécia, na Grã-Bretanha e na Holanda, ao contrário, a promoção só ocorre quando há uma vacância ou alguém, por mérito, independentemente da senioridade, a mereça.

Mas é em outro ponto fundamental que se encontra uma diferença crucial entre o caso britânico e os de outros países desenvolvidos. Trata-se da dimensão do cidadão. Enquanto na Grã-Bretanha só agora o conceito de cidadania vem retornando ao debate da reforma administrativa, na França, na Suécia e nos Estados Unidos, para citar apenas alguns exemplos, o cidadão sempre foi tomado como variável-chave para se repensar o modelo burocrático. A partir dessa constatação, não se trata de levantar a hipótese inversa à deste texto, isto é, afirmar que as técnicas gerenciais e outros novos padrões administrativos constituem instrumentos vinculados apenas e tão somente à experiência de países neoliberais, sobretudo ao caso britânico. Tal hipótese, cara a certos círculos de esquerda, não percebe que para se reformar o Estado é preciso conjugar a temática da cidadania com a da introdução de um novo modelo organizacional para o setor público. É este o desafio, e o fracasso está em se agarrar apenas uma das "pontas da corda".

Conclusão: cinco dilemas básicos do modelo pós-burocrático

A reforma da administração pública tornou-se um dos principais temas políticos deste final de século. É importante sublinhar o caráter político desse processo, muitas vezes imerso em um linguajar técnico que esconde o seu potencial conflitivo. Sem dúvida, a redefinição do papel do Estado depende impreterivelmente da reforma da burocracia pública.

Mas, para atingir tal meta, alguns problemas devem ser enfrentados. Apenas cinco dos principais são tratados aqui, dada a escassez de espaço. No entanto, eles resumem bem a problemática geral da administração pública atual.

Reforma administrativa e processo político

Toda tentativa de reconstruir a burocracia pública deve levar em conta o contexto político institucional. Um bom estudo dessa variável foi feito por Michel Crouzier, que estudou processos de reforma do Estado ocorridos na década de 80 em três países: Suécia, Japão e EUA. O autor concluiu que as estratégias de construção de consenso junto aos atores envolvidos — como ocorreu no caso japonês — foram mais bem-sucedidas do que as propostas de atuação tecnocrática, destinadas, conforme Crouzier, "necessariamente ao fracasso" (1992:14). O grau de consenso variará de país para país, mas o fundamental é ter uma estratégia para buscar esse consenso. O dilema aqui é que, por definição, a estratégia deve levar em conta as preferências de todos os grupos envolvidos e, portanto, ao contrário da ideia de plano, dificilmente será igual ao modelo ideal desejado.

A estratégia de implementação da reforma, por fim, deve levar em conta o convencimento de dois setores importantíssimos, muitas vezes negligenciados por propostas essencialmente tecnocráticas: os funcionários públicos e a população. Os primeiros são sempre atingidos em cheio pelas reformas e podem apresentar resistências a elas. Mais do que isso, é importante frisar que as transformações na administração pública não visam a acabar com o corpo burocrático, pois, após a instalação das mudanças, serão necessários servidores públicos que manejem o novo arcabouço de regras — o que parece óbvio, mas na prática de vários países não tem sido.

Nesse sentido, como bem afirma Schiavo Campo, "reformas bem-elaboradas devem conter promessas de benefícios potenciais para todos os servidores públicos do sistema: a criação de um 'papel para a esperança' pode reduzir a resistência à mudança e revitalizar os recursos humanos do serviço público" (Campo, 1996:13).

A população também deve ser convencida da necessidade das reformas. Para tanto, é preciso envolver a sociedade o máximo possível, conscientizando-a da importância de se reconstruir o aparelho burocrático.

Lógica fiscal versus lógica gerencial

Na atual era de escassez de recursos por que passa o Estado, duas lógicas antagônicas aparecem como alternativas. Uma é a fiscal, preocupada em controlar os *inputs* do sistema para evitar o aumento dos custos. Outra é a gerencial, que busca aumentar a eficiência e a efetividade, de tal forma que sua lógica se baseia em atingir os objetivos, ou seja, obter melhores *outputs*. Nesse embate, enquanto a primeira lógica praticamente só se preocupa com o quanto se gasta nos serviços públicos, atuando apenas no curto prazo, a segunda pretende tornar mais produtiva a ação da burocracia, o que implica a profissionalização dos funcionários, processo cujo retorno, sobretudo financeiro, somente ocorre no médio e longo prazos.

Os mecanismos contratuais, que representam um dos principais instrumentos da administração pós-burocrática, perdem sua efetividade quando da hegemonia da lógica fiscal sobre a gerencial. Tanto em sua versão francesa (os contratos de gestão), quanto na britânica, o fato é que os respectivos ministérios das Finanças inviabilizam a real introdução de uma administração por objetivos. Isso porque a flexibilidade administrativa requerida é barrada pela constante vigilância e pela atuação preventiva sobre os custos. Assim, a autonomia gerencial das agências "é limitada pela necessidade do ministro das Finanças de exercer controle sobre os gastos públicos, muitas vezes detalhadamente" (Flynn & Strehl, 1996:11).

Esse dilema, quando não resolvido, inviabiliza a implementação integral da lógica gerencial no setor público.

Descentralização

Embora a descentralização possa ser fundamental para aumentar a democratização e a eficiência do sistema, mesmo que isso também não ocorra de imediato, o fato é que políticas descentralizadoras radicais em geral aumentam as desigualdades entre as regiões e fragmentam a prestação do serviço público.

De fato, quando não acompanhada de mecanismos de coordenação e de políticas compensatórias, a descentralização pode se transformar "na mãe da segregação", como argumenta Remy Prud'Homme. Isso é mais perceptível nos países federativos, porém está também presente naqueles que utilizam a descentralização como instrumento para aumentar o *empowerment*. Um bom exemplo disso é a competição entre as agências inglesas, como na experiência da reforma educacional. Nesse caso, como cada equipamento escolar deve competir com o outro para aumentar ou manter seus recursos, o que ocorre é um isolamento quase completo das unidades, alheias umas às outras. Normalmente, como foi argumentado anteriormente, as escolas mais ricas se saem bem e as mais pobres vão mal. A equidade não é alcançada, o que causa problemas para um Estado que não só pretende ser mais efetivo em suas políticas, como também quer distribuir melhor o poder entre os níveis de governo.

Separação entre a formulação e a implementação das políticas

Para aumentar a flexibilidade e a agilidade do sistema, o novo formato organizacional do setor público defende a distinção radical entre os que concebem as políticas e os que a executam. Desse modo, quase sempre os formuladores da política a avaliam sem ter experiência de campo, desconhecendo os verdadeiros problemas do dia a dia administrativo; por outro lado, quem executa a política muitas vezes não sabe por que o faz e, mais do que isso, fica impossibilitado de repassar sua experiência para os formuladores. Essa incomunicabilidade dificulta a realização de um dos principais pontos revolucionários da moderna teoria da administração pública: o conceito de aprendizado organizacional, capaz de aprimorar constantemente a prática administrativa (ver Ranson & Stewart, 1994).

Mas o maior problema da separação entre a formulação e a implementação das políticas é que não se identifica com clareza o responsável pela prestação global dos serviços públicos. Dessa maneira, a responsabilização do Estado, vinculada à *accountability*, torna-se difícil de ser obtida, o que coloca o setor público de costas para o cidadão. E essa possibilidade é um dos maiores problemas enfrentados pelo modelo pós-burocrático.

O principal desafio do modelo pós-burocrático, no entanto, é definir que tipo de Estado deve ser construído para o século XXI. Tal pergunta é ainda mais decisiva se o foco for centrado nos países que não integram o "clube dos desenvolvidos". Nessa parte do mundo, não ocorreu a adoção integral de um modelo burocrático weberiano, mesmo quando o Estado vivenciou uma expansão gigantesca de suas funções, como nos casos da Índia e do Brasil (ver Evans, 1993). De modo que essas nações hoje precisam reformular suas burocracias públicas para lidar com os novos desafios econômicos mundiais e também para resolver seus graves problemas sociais, que não foram equacionados quando da anterior expansão das atividades estatais. Mas para isso terão que ingressar num novo estágio administrativo, sem terem de fato construído um Estado completamente moderno. É aqui que a urgência e os dilemas para reconstruir a burocracia aparecem com mais força.

Referências bibliográficas

Aberbach, J. D.; Putnam, R. D. & Rockman, B. A. *Bureaucrats and politicians in Western democracies.* Mass., Harvard University Press, 1981.

Aucoin, P. Administrative reform in public management: paradigms, principles, paradoxes and pendulums. *Governance,* 3(2), 1990.

Barnes, M. & Prior, D. Spoilt for choice? How consumerism can disempower public service users. *Public Money and Management,* 15(3), 1995.

Barzelay, M. *Breaking through bureaucracy — a new vision for managing in government.* Los Angeles, Calif., University of California Press, 1992.

Bellone, C. J. & Goerl, G. F. Reconciling public entrepreneurship and democracy. *Public Administration Review,* 52(2), 1992.

Bresser Pereira, L. C. Managerial public administration: strategy and structure for a new State. Washington, D.C., Woodrow Wilson International Center for Scholars, 1996. (Working Paper Series, 221.)

_____. Da administração pública burocrática à gerencial. *Revista do Serviço Público,* ano 47, v. 120, n. 1.

Butler, R. The evolution of the civil service — a progress report. *Public Administration,* 71(3), 1993.

Caiden, G. E. *Administrative reform comes of age.* Berlin/New York, Walter de Gruyter, 1991.

Campo, Salvatore Schiavo. A reforma do serviço público. *Finanças & Desenvolvimento,* set. 1996.

Carter, N.; Klein, R. & Day, P. *How organizations measure sucess: the use of performance indicators in government.* London/New York, Routledge, 1992.

Cassese, S. *Tendenze recenti della riforma amnistrativa, Il.* Bologna, Mulino, 1989.

Chandler, A. D. *The visible hand: the managerial revolution in America.* Cambridge, Belknap Press, 1977.

Clarke, T. Reconstructing the public sector: performance measurement, quality assurance and social accountability. Chemnitz, Germany, Institut fur Wirtshafts und Sozialforschung, 1993.
Crouzier, M. *Como reformar al Estado. Tres países, tres estrategias: Suecia, Japón y Estados Unidos*. Ciudad de México, Fondo de Cultura Económica, 1992.
Dogan, M. *The mandarins of Western Europe: the political role of top civil servants*. New York, Sage, 1975.
Drewry, G. & Butcher, T. *The civil service today*. Oxford, Basil Blackwell, 1991.
Dunleavy, P. & Hood, C. From old public administration to new public management. *Public Money & Management*, 14(3), 1994.
Evans, Peter. O Estado como problema e solução. *Revista Lua Nova* (29), 1993.
Flynn, N. *Public sector management*. New York/London, Harvester Wheatsheaf, 1990.
_____ & Strehl, F. *Public sector management in Europe*. New York/London, Prentice Hall/Harvester Wheatsheaf, 1996.
Frederickson, G. H. Hacia una teoría del público para la administración pública. *Gestión y Política Pública*, 1(1), 1992.
_____. Comparing the reinvent government movement with the new public administration. *Public Administration Review*, 56(3), May/June 1996.
Gray, A. & Jenkins, B. From public administration to public management: ressessing a revolution? *Public Administration*, 73(1), 1995.
Hambletom, R. Decentralization and democracy in UK local government. *Public Money and Management*, July/Sept. 1992.
Hobsbawm, E. *Era dos extremos: o breve século XX (1914-1991)*. São Paulo, Companhia das Letras, 1995.
Holmes, M. & Shand, D. Management reform: some practitioner perspectives on the past ten years. *Governance*, 8(4), 1995.
Hood, C. Emerging issues in public administration. *Public Administration*, 73(1), Spring 1995.
_____. Beyond "progressivism": a new "global paradigm" in public management? *International Journal of Public Administration*, 19(2), 1996.
Jenkins, K. The civil service reform in the United Kingdom. In: Seminário Internacional A Reforma do Estado na América Latina e no Caribe, Brasília, 16 e 17 maio 1996.
Kall, M. & Collins, P. Governments and transition: towards a new public administration. *Public Administration and Development*, 15(3), Aug. 1995.
Kaufman, H. Fear of bureaucracy: a ranging pandemic. *Public Administration Review*, 41(1), 1981.

Kettl, D. The global revolution: reforming government sector management. In: Seminário Internacional A Reforma do Estado na América Latina e no Caribe, Brasília, 16 e 17 maio 1996.

Koontz, H. & O'Donnell, C. *Essentials of management*. New York, McGraw-Hill, 1978.

Lijphart, A. *Democracies*. New Haven, Yale University Press, 1985.

Martin, D. Competing motives in the formation of American public administration. *International Journal of Public Administration*, 16(2), 1993.

Mayordomo, X. M. Técnicas gerenciales y modernización de la administración pública en España. *Documentación Administrativa*, Madrid (223), 1990.

Metcalfe, L. & Richards, S. *La modernización de la gestión pública*. Madrid, Inap, 1989.

Minelli, A. R. *Aministrazione, politica, società*. Milano, Franco Angeli, 1990.

Murray, M. Comparing public and private management: an exploratory essay. *Public Administrative Review*, 34(4), 1975.

Nigro, F. A. Civil service reform in the United States. *Public Administration*, 60(2), 1982.

Osborne, D. & Gaebler, T. *Reinventando o governo — como o espírito empreendedor está transformando o governo*. Brasília, MH Comunicação, 1994.

Peters, B. G. *The politics of bureaucracy*. New York, Longman, 1989.

———. Reorganizando o governo em uma era de contenção e compromisso. *Dados*. Rio de Janeiro, 35(3), 1992.

Peters, T. J. & Waterman, R. H. *In search of excellence*. New York, Harper and Row, 1982.

Pollitt, C. *Managerialism and the public services — the Anglo-American experience*. Oxford, Mass., Basil Blackwell, 1990.

———. The Citizen's Charter: a preliminary analysis. *Public Money and Management*, 14(2), 1994.

Potter, J. Consumerism and the public sector: how well does the coat fit? *Public Administration*, 66(2), 1988.

Prud'homme, R. The dangers of decentralization. Aug. 1995. (The World Bank Research, 10.)

Ranson, S. & Stewart, J. D. Citizenship and government: the challenge of management in the public domain. *Political Studies* (37), 1989.

———. *Management for the public domain: enabling the learning society*. New York, St. Martin's Press, 1994.

Rayner, L. *The unifinished agenda*. London, Athlone Press, 1984.

Stewart, J. & Ranson, S. Management in the public domain. *Public Money and Management*, 8(2), 1988.

―――― & Walsh, K. Change in the public management of public services. *Public Administration*, 70(4), 1992.

――――. Performance measurement: when performance can never be finally defined. *Public Money and Management*, 14(2), 1994.

Ukeles, J. *Doing more with less: turning public management around*. New York, Amacom, 1982.

Walker, D. Descentralización: tendencias recientes y perspectivas desde un enfoque administrativo comparado. *Revista Internacional de Ciencias Administrativas*, 57(1), mar. 1991.

Walsh, K. Quality and public services. *Public Administration*, 69(4), 1991a.

――――. Citizens and consumers: marketing and public sector management. *Public Money and Management*, 11(2), 1991b.

A reforma do serviço público no Reino Unido
KATE JENKINS*

As origens da reforma

No Reino Unido, o tema da reforma administrativa vem de longa data. Os governos têm lutado contra a incompetência e a ineficiência desde que a burocracia governamental existe. Nos últimos 100 anos tem havido tentativas importantes de reformas, mais ou menos a cada 10 anos, que culminaram com a Comissão Real em 1966. Algumas tiveram forte impacto no modo de funcionamento do governo; outras não deram em nada. Mas os objetivos sempre foram mais ou menos os mesmos: melhorar o funcionamento do governo, aumentar a eficiência, reduzir custos, eliminar o empreguismo e a corrupção e aumentar a eficiência.

Muitos analistas do serviço público britânico remontam ao tempo da II Guerra (1939-45) para examinar as origens das mudanças. Estas eram, então, surpreendentes e impressionantes: enormes contingentes de pessoal não treinado, convocados para atuar numa máquina em vertiginosa expansão, que continuou a trabalhar num ritmo frenético por seis anos ou mais. Porém, isso foi há 50 anos e as pretensões e a experiência dos envolvidos eram muito diferentes das atuais. A tendência agora é examinar os últimos 25 anos à procura dos desenvolvimentos mais recentes, mas mesmo este período experimentou mudanças importantes, que já foram superadas.

O governo trabalhista estabeleceu, em meados dos anos 60, uma Comissão Real para examinar o serviço público. Ela foi presidida por *sir* (mais tarde lorde) John Fulton. O relatório do trabalho por ela desenvolvido, conhecido como o Relatório Fulton,[1] deixou subsídios significativos para o serviço público moderno.

---

* Senior advisor do governo britânico.
[1] *Report on the Committee on the Civil Service 1966-1968*. London, HMSO, 1968. (Command 3638.)

O relatório refere-se à importância de uma administração competente nos negócios públicos; suas propostas para treinamento, análise e reestruturação refletiam o que havia de melhor nas práticas de gerenciamento da época. O que também é significativo é que, hoje, ele mais parece uma peça histórica. O relatório Fulton ainda era relevante (na verdade, ele ainda estava sendo implementado, 12 anos atrás) — 15 anos depois de ter sido escrito —, mas hoje descreve um outro mundo. Foram as mudanças ocorridas a partir do início dos anos 80 que alteraram radicalmente a fisionomia do serviço público britânico.

O governo conservador de 1979

Essas mudanças tiveram origem numa iniciativa puramente política. O novo governo eleito em 1979, de direita por inclinação e profundamente desconfiado do serviço público, estava determinado a mudar o modo de funcionamento do serviço público. Queria diminuir o tamanho da máquina, reduzir seu custo e atenuar sua influência na economia britânica. Essa não foi, de maneira alguma, a primeira vez que se tentou introduzir o setor privado no serviço público na Grã-Bretanha. A forte convicção de que o empresariado sabia fazer tudo melhor foi um ingrediente importante nas tentativas iniciais de reforma, tanto nos anos 20 quanto durante o governo Heath, no início dos anos 70. Mas o governo conservador de 1979 tinha uma determinação incomum e exerceu forte pressão nesse ponto.

Devido a essa pressão, o tamanho da administração central foi reduzido de mais de 700 mil pessoas para aproximadamente 600 mil. Estabeleceu-se o importante princípio de que não seria possível dispor de mais pessoas e, assim, teriam de ser encontrados novos métodos de operação, mais simples ou pelo menos intensivos em mão de obra. Controlaram-se também os custos. O estabelecimento de limites de caixa funcionou e continua a servir de mecanismo de controle dos gastos públicos.

Mas, como a máquina era grande e complexa — ainda 600 mil pessoas em 1984 —, foram necessárias soluções complexas, conforme as políticas evoluíam. As opiniões estavam divididas entre os que achavam de pouca importância o modo de funcionamento da máquina pública e os que achavam que isso era crucial para operacionalizar a política governamental. Esse desacordo de pontos de vista levou 15 anos para ser resolvido. Agora é elogiável se interessar em como o governo é administrado. Em 1979, isso era considerado uma excentricidade.

No decorrer desses 15 anos, o próprio serviço público assumiu a "questão da administração". A administração deixou de ser apenas parte de uma agenda política imposta a um serviço público apático e ressentido. O funcionalismo tornou-se em alguns casos um defensor entusiástico de mudanças surpreendentemente radicais. O radicalismo dessas ideias surpreendeu até mesmo os políticos que defendiam os princípios originais. O assunto "reforma do serviço público", embora ainda de natureza política, não era mais objeto de disputa política. No final dos anos 80, os dois partidos políticos mais fortes já haviam adotado as principais mudanças e aceitado que não haveria mudança de rumos, qualquer que fosse o partido que assumisse o poder. O fato de o mesmo partido ter permanecido no poder por 16 anos indubitavelmente contribuiu para o progresso firme da reforma, mas é duvidoso se as coisas teriam sido muito diferentes se tivesse havido uma mudança de governo durante esse período.

As principais iniciativas

As principais iniciativas introduzidas nos últimos 15 anos originaram-se da política inicial de reduzir o tamanho e o custo do setor público. Esses objetivos simples influenciaram os melhoramentos efetuados no gerenciamento e as mudanças mais importantes nas atividades do Estado, pois a necessidade de reduzir tamanho e custo e de melhorar o serviço pressionaram por mudanças.

A primeira e, em vários sentidos, a mais crucial iniciativa foi a Iniciativa do Gerenciamento Financeiro (IGF). Ela foi adotada em decorrência de um documento de política sobre eficiência no governo, publicado em 1982,[2] que estabelecia os princípios básicos da boa administração a serem seguidos pelo governo. O documento enfatizava a importância da informação, de deixar claras a responsabilidade e a autoridade e a importância de delegar decisões ao nível mais efetivo. O primeiro passo foi a IGF desenhada para introduzir sistemas de informação gerencial nos departamentos do Estado. Até então, existia uma enorme quantidade de informações, mas produzidas de modo a atender às necessidades do sistema de contabilidade do governo central. Para que os departamentos administrassem com eficiência seus recursos, era necessário um sistema de informações que mostrasse o quanto era gasto, no que e por quem, em cada departamento. À medida que as atividades do governo se tornaram mais complexas, o sistema de contabilidade por autorização passou a não mais atender às suas necessidades e a dificultar a administração eficiente do dinheiro ou dos programas.

---

[2] *White Paper on Efficiency in the Civil Service*. London, HMSO, 1981. (Command 8293.); *Financial management in government departments*. London, 1983. (Command, 9058.)

Foram desenvolvidos em cada ministério sistemas de informações computadorizados, baseados num desenvolvimento interno da informação, de baixo para cima. A supervisão geral do desenvolvimento era feita por uma unidade central bastante reduzida — a Unidade de Gerenciamento Financeiro —, que foi corretamente extinta em 1985, já que sua principal missão estava cumprida. Num período de três anos, cada ministério dispunha de um sistema de informações que exibia os gastos e as responsabilidades com alto grau de detalhamento.

Esses sistemas de informação permitiram passar à próxima etapa — a implementação de um sistema de orçamentos por delegação em todos os ministérios. Utilizando as informações fornecidas pelos novos sistemas, pôde-se começar a delegar responsabilidades por orçamentos específicos nos ministérios e a identificar responsabilidades e delegar autoridade com relação ao orçamento. O sistema de informação permitiu identificar áreas e programas adequados e, mais importante, vincular o titular do orçamento ao que foi orçado, pois a necessária informação sobre a produção fora fornecida. O processo de introdução de sistemas de orçamentos era supervisionado pelo Tesouro em meados dos anos 80.

Por trás dessas iniciativas havia uma grande ênfase no gerenciamento das operações executivas do Estado britânico. A primeira-ministra havia criado uma pequena unidade para dirigir o que era conhecido por "escrutínio". Escrutínio era um processo de revisão e avaliação que examinava uma área específica de uma política, ou programa, no que dizia respeito aos gastos, e fazia algumas perguntas simples sobre as suas operações, do tipo "quanto custou", "quem foi o responsável" e "quais foram os resultados". Os escrutínios eram realizados por um pequeno grupo do ministério responsável, trabalhando com a assessoria da Unidade de Eficiência — o grupo central. Eles produziam um relatório resumido em três meses; as decisões eram tomadas nos três meses seguintes e tudo estava completamente implementado num prazo total de dois anos.

Os anos de 1979 a 1986 presenciaram o desenvolvimento e o fortalecimento desses novos mecanismos de revisão do trabalho dos ministérios. Eles deram aos mesmos um controle bem maior sobre os gastos e possibilitaram a descoberta de melhores formas de empregar o dinheiro. Por exemplo, em 1985, um pequeno escritório do Departamento de Empregos podia usar seu próprio orçamento para contratar um decorador local para renovar as dependências e podia comprar material na papelaria local. Até então, toda a decoração tinha que ser feita mais vagarosamente e por um custo maior pela unidade central de serviços, e todas as compras através da unidade central de pedidos. Quando um grupo de escrutínio examinou como eram pagas as subvenções do Ministério da Agricultura descobriu que custava mais caro administrar a subvenção para o desenvolvimento de uma reserva florestal do que a quantia paga para esse fim. Numa escala bem maior, o pagamento de benefícios a desempregados, com um orçamento girando na casa dos 100 milhões de libras, teve seus custos substancialmente reduzidos pela revisão dos métodos de pagamento e pela simplificação e redução dos processos.

O trabalho realizado nesse nível de detalhamento mostrou que, por meio de mudanças simples e práticas, podia-se conseguir muito. O escritório da Auditoria Nacional, na sua revisão do Programa do Escrutínio,[3] em 1985, descobriu que mais de 1 bilhão de libras haviam sido poupados nos primeiros quatro anos do programa, por causa das economias feitas pelos 150 escrutínios realizados pela Unidade de Eficiência. Foi a partir desse processo que se desenvolveram as mudanças conhecidas como "Iniciativa Próximos Passos".

Em 1986, a Unidade de Eficiência da primeira-ministra produziu um pequeno relatório: *Aperfeiçoando o gerenciamento no governo: os próximos passos*. Ele analisava a situação da administração no governo central e observava que "os novos sistemas estão demonstrando o quanto as atitudes e as instituições têm que mudar para serem sentidos os verdadeiros benefícios das reformas da administração. Faz-se necessária uma mudança radical na liberdade de administrar para que se obtenham resultados substancialmente melhores".

A solução da Unidade de Eficiência foi recomendar que o trabalho de cada departamento fosse organizado de forma que focalizasse o serviço a ser feito: "os sistemas e as estruturas devem fortalecer a efetiva prestação do serviço". Esse relatório levou ao processo de delegar a responsabilidade pela administração às agências executivas e de reduzir os sistemas centralizados de administração do serviço público.

O serviço público britânico agora possui cerca de 65% do seu contingente trabalhando em agências. Elas variam em tamanho, de muito pequenas — um centro de conferências, com um *staff* de 20 pessoas — até as enormes agências de benefícios, com 30 a 40 mil servidores. Os traços característicos dessas agências é terem sistemas de gestão separados da administração central e estarem cada vez mais gerindo seus próprios *staffs*, pagamentos e negociações, e trabalharem mediante acordo com seus departamentos (secretarias) responsáveis, conhecido como documento de referência.

---

[3] *Thirty Ninth Report from the Committee of Public Accounts, the Rayner scrutiny programmes 1979-1983*. London, HMSO, 1986. (HC, 365.)

Como o processo de estabelecimento das agências tem sido conduzido numa programação contínua, o progresso inicial foi muito gradual, enquanto se acumulava experiência. A flexibilidade administrativa aumenta quando e conforme cada agência vai ficando pronta para a mudança. A mudança não segue um padrão uniforme, cada agência tem seu próprio ritmo, apesar de já existirem sinais de que alguma rigidez se insinua no programa, conforme as metodologias vão se tornando mais assentadas e a orientação central mostra a escala e a complexidade do mesmo.

O relatório Próximos Passos surgiu em meados dos anos 80, quando a Unidade de Eficiência começou a achar que tudo o que estava sendo feito no tocante à administração não estava produzindo os resultados esperados. O relatório examinou a situação interna do serviço público e se concentrou nas evidências colhidas através de conversas com servidores de todos os níveis. As conclusões foram relatadas à primeira-ministra.[4] O processo de implementação levou sete anos e o programa agora está praticamente completo. Ele produziu efeitos substanciais na estrutura do serviço público, separando as unidades operacionais dos centros formuladores de políticas dos ministérios.

Enquanto as mudanças estruturais do programa Próximos Passos estavam em andamento, o projeto de terceirizações do governo também ganhava impulso. Nos anos 80, muitas das atividades de menor importância do Estado foram passadas a terceiros. Os estágios iniciais não foram estimulantes. Os servidores públicos tinham pouca ou nenhuma experiência em elaborar, monitorar e gerenciar contratos. As falhas eram muitas. O programa era direcionado a pequenas áreas — pessoal de segurança, mensageiros, serviços de limpeza, mas não cobria áreas maiores.[5]

A administração central estava engatinhando no tocante a terceirizações, mas o governo local e o Serviço de Saúde já terceirizavam muitos de seus serviços por força de uma lei aprovada em 1988 e, por isso, já tinham bem mais experiência no assunto. O processo conhecido como CCT (*Compulsory Competitive Tendering*) exigia que os servidores da jurisdição local competissem com o setor privado para prestar serviços segundo um contrato definido, a custo menor. Essa mudança foi bastante impopular e vista como de cunho político, mas levou os serviços ineficientes à ação. Em um hospital de South Wales, os funcionários, que tinham elaborado as especificações dos contratos, reuniram-se novamente e chegaram à conclusão de que eles mesmos, que trabalhavam no hospital, poderiam prestar os servi-

---

[4] *Improving management in government: the next steps*. London, The Efficiency Unit, HMSO, 1988.
[5] *Progress report on next steps*. London, The Next Steps Unit, Dec. 1994.

ços que seriam terceirizados, com maior qualidade e por dois terços do custo. Esse novo modo de pensar melhorou o controle sobre os custos dos serviços. E também começou a persuadir as pessoas de que o dinheiro estava sendo desperdiçado e de que era possível encontrar formas melhores de utilizar recursos escassos.

Em 1992, o governo Major iniciou um novo processo de contratação externa, conhecido como "teste de mercado". Foram oferecidas áreas de gastos do governo central, mediante um elaborado procedimento de contratos e licitações, para que empresas do setor privado fizessem suas propostas e concorressem para prestar serviços especializados. Houve muito alarde em torno do programa porque ele cobria áreas do governo central, como aconselhamento jurídico, que eram consideradas de difícil contratação externa, mas o resultado foi relativamente pequeno.

Os testes de mercado, bem como as contratações externas, reforçaram a ideia de que era possível encontrar outros meios de realizar tarefas, até no centro do governo, de forma menos onerosa e mais efetiva. Demonstraram que partes do setor privado estavam preparadas para oferecer e gerir atividades do setor público. Também demonstraram que muitas áreas da administração pública central (destacando as mais antigas) ainda permaneciam relutantes às mudanças.

Para surpresa de muitos, a iniciativa mais efetiva foi o Citizen's Charter (Carta-Compromisso com os Cidadãos). A primeira carta foi elaborada pelo governo em 1991[6] e abrangeu vários serviços do Estado. Foi desenvolvida como um processo de declaração pública de metas de serviços específicos a serem prestados aos cidadãos pelo serviço público. Começou, de forma bem pouco convincente, com os serviços-alvo escolhidos pelas organizações e não pelos cidadãos. Mas estimulou a imaginação num nível surpreendente. Há cartas-compromisso agora para muitos serviços e organizações, tanto no setor público, como no privado. Uma declaração de níveis de serviço é agora, vários anos depois, vista como algo a ser exigido e usado, quando a organização não consegue atingir suas metas.

É importante ser realista em relação a uma iniciativa como essa. Ela provou sua eficácia em chamar a atenção das pessoas para a qualidade do serviço que recebem. Colocou na agenda do administrador o serviço oferecido e, em alguns casos, fez os funcionários pensarem, pela primeira vez, naquilo que seus usuários ou clientes realmente desejam. Tudo isso é para o bem, mas é um processo lento e tortuoso fazer as pessoas compreenderem

---

[6] *The citizen's charter*. London, HMSO, 1991. (Command 1599.)

a importância de prestar serviços públicos com um nível razoável de cortesia e eficiência.

O serviço público também começou a dar alguns passos na direção de uma maior abertura. A preferência britânica pelo secreto ainda permanece. Mas permite-se o acesso a mais informação: diz-se agora que se supõe que a informação deva ser pública, a menos que haja razões para mantê-la em segredo. Mas essa situação ainda está muito longe do reconhecimento do direito dos cidadãos de serem informados sobre fatos e eventos. Atualmente os altos funcionários, e não apenas os ministros, vêm a público justificar suas ações, especialmente se pertencem a agências executivas. As metas e objetivos das agências são publicados em seu documento de referência. Por exemplo, o serviço penitenciário tem metas públicas sobre a qualidade das prisões e o custo unitário dos serviços de custódia. Essas mudanças, embora pareçam pequenas, são marcos importantes da abertura das atividades do Estado. Assim, as mudanças encorajam os servidores a serem mais abertos acerca de seus trabalhos e de suas ideias.

Tem ocorrido outras mudanças nos sistemas do Estado que contribuem para o quadro geral. Os sistemas de gestão financeira foram adaptados pelo Tesouro para atender às necessidades das novas organizações. Existe uma flexibilidade muito maior nos objetivos anuais e as metas financeiras estão cada vez mais dirigidas a resultados e a *outputs* do que a *inputs*. O próprio sistema de gastos públicos passou por uma revolução na forma de apresentar, desenvolver e usar a informação. Essas são pressões bastante significativas sobre o sistema que contribuem para institucionalizar as mudanças que já ocorreram. O Trading Funds Act reconheceu as pressões que sofre a administração de negócios do setor público, criando um regime para os serviços públicos operarem suas contas como as empresas privadas, e o Agency Trading Funds Act propiciou um regime financeiro diferenciado para as agências, a fim de que possam atingir suas metas. Cada uma dessas mudanças sinalizou ao serviço público que estas eram permanentes e que até mesmo os sistemas financeiros do Tesouro estavam se adaptando para incorporá-las.

A administração e o treinamento de pessoal também se desenvolveram à medida que a organização mudava. Existe agora ampla delegação de poderes para recrutar, treinar, promover e despedir pessoal dos ministérios e das agências. As regras centralizadas do velho regulamento do serviço público foram transferidas para os departamentos e agências e agora existe uma abundante variedade de formas de administrar pessoal no serviço público. Esse processo levou muitos anos. Em 1982 foi realizada uma revisão no trabalho do funcionalismo público e, em função disso, ocorreram muitas das mudanças mais radicais. A influência das agências executivas e a redução dos quadros do serviço público encorajaram uma crescente delegação de responsabilidades e políticas das organizações centrais do Gabinete e do Tesouro.

Implementação

O processo de implementação de novas iniciativas reflete a nova atitude de identificar e obter resultados. Foram dois os principais processos que asseguraram a implementação. Primeiro, qualquer mudança importante é reforçada pela utilização do sistema normal, através da linha de gerenciamento direto, usando o sistema de gastos públicos. Segundo, quando havia necessidade de monitoramento e apoio mais detalhados, pelo estabelecimento de pequenas unidades, responsáveis pelo estímulo às mudanças e pela remoção dos obstáculos à implementação.

O primeiro sistema foi usado nas mudanças mais rigorosas — a redução de custos e de pessoal. O Tesouro fixou e impôs exigências numéricas aos ministérios e deu-lhes apoio contábil para cumprirem tais objetivos. Esse é, de longe, o mais poderoso sistema no governo central do Reino Unido. Como o dinheiro para pagamentos, na vasta maioria dos casos, passa pelo Tesouro, essa é a forma mais eficiente de assegurar uma implementação efetiva. Era mais difícil quando os altos funcionários do Tesouro não compreendiam ou não concordavam com o que estava sendo feito ou quando a tarefa era simplesmente muito complicada para ser adicionada aos sistemas normais de contabilidade.

O método suplementar — a pequena unidade central — também era um modelo conhecido para estabelecer uma direção mas, até meados dos anos 80, foi pouco usado na implementação. Mudanças administrativas foram implementadas em todo o serviço público e necessitavam um enfoque mais amplo. A Iniciativa do Gerenciamento Financeiro (IGF) estava a cargo da competentíssima Unidade de Gerenciamento Financeiro; a reforma da administração de pessoal era de responsabilidade do Escritório de Gestão e de Pessoal, que não era uma pequena unidade e sim um ministério. A desregulamentação coube a uma unidade inspirada na Unidade de Eficiência, que coordenava e persuadia os departamentos a reduzir o impacto da burocracia sobre os negócios, seguindo a política do governo.

A Unidade de Eficiência tinha uma responsabilidade mais ampla: acompanhar as melhorias na administração em todo o serviço público e executar avaliações específicas para a primeira-ministra. A implementação dos escrutínios era claramente da responsabilidade do ministério interessado. O papel da Unidade era verificar o cumprimento dos princípios da implementação dos escrutínios, se as decisões eram tomadas com rapidez e implementadas com efetividade, e não o teor dessas próprias decisões. Mas o governo continuava convencido da eficácia de uma pequena unidade especializada, que daria o enfoque e o impulso necessários à implementação de políticas complexas.

Quando se tomou a decisão de implementar o relatório "Próximos Passos", a responsabilidade foi atribuída a uma pequena unidade central. Diferentemente de muitas outras unidades, seu diretor sênior, um cargo no nível de secretário-geral, era responsável pela implementação. Ele não era apenas responsável pelo funcionamento da Unidade, como no caso das outras unidades. Pela primeira vez, seguindo a recomendação do relatório, uma pessoa específica era responsável pelo sucesso da implementação, e não apenas pela fiscalização do andamento correto dos processos.

O Citizen's Charter seguiu um padrão similar: uma pequena unidade, localizada nas dependências do Gabinete, foi criada desde o lançamento da carta em 1992. Era um modelo comprovadamente eficiente e suficientemente flexível para responder a mudanças de demanda. As unidades que têm um único objetivo precisam ter um período de vida curto e definido. A Unidade Próximos Passos, com sua tarefa principal completada, é agora dirigida por um funcionário menos sênior. A necessidade de persuadir terminou e as agências provaram seu valor. A nova Unidade de Eficiência, agora parte do Gabinete, assume responsabilidade pelo programa de testes de mercado e continua a realizar alguns escrutínios centrais.

O ponto mais significativo da implementação dessas iniciativas é o fato de ter sido necessária uma pressão adicional, que operasse de várias formas, para garantir que as grandes organizações do serviço público compreendessem e executassem as mudanças previamente acordadas nos seus sistemas de gestão. As mudanças nos sistemas de gestão são um tipo diferente de mudança de política. A máquina para alterar políticas importantes funciona razoavelmente bem e possui uma longa tradição. Uma decisão do Gabinete, devidamente registrada e acompanhada pelo sistema do Gabinete, vai ser implementada pelo departamento responsável segundo a lógica; mas mudanças na forma de trabalho desse departamento são, de longe, mais difíceis de ser implantadas e mantidas do que uma simples mudança de rumo numa área de política pública.

Muitas tentativas de reforma falham porque a reforma na administração pode ser confundida com uma alteração de política. Geralmente se conclui que a mudança nas regras é suficiente para persuadir as pessoas a agir de forma diferente. Os serviços públicos estão muito acostumados a mudanças de políticas; no entanto, usarão instintivamente velhos instrumentos para lidar com essas situações. Mudanças na administração envolvem mudanças nesses instrumentos, uma tarefa muito mais difícil, desestabilizadora e de longa gestação, se comparada com uma mudança de política, por mais complexa que seja.

As lições da reforma

Muitos países têm sistemas de administração que possuem uma raiz comum e que estão se mostrando inadequados para as tarefas de um Estado moderno. O Reino Unido teve que se valer de uma série de processos diferentes para conseguir as mudanças. Vale dizer que, na Grã-Bretanha, não houve uma estratégia de longo prazo ou um plano bem estudado, com cronogramas planejados.

A princípio, no Reino Unido, não se pensava muito em utilizar objetivos avançados; as pessoas pensavam em termos de insumos e não de resultados e, em consequência, a implementação deixava a desejar. A comunicação era pior ainda. Fracassávamos totalmente em explicar aos cidadãos o que estava acontecendo. Em parte porque, no princípio dos anos 80, ninguém estava particularmente interessado no que acontecia no governo, a menos que estivesse diretamente envolvido. E como pouco havia no tocante a uma estratégia, a não ser a vontade política do governo de melhorar o serviço público reduzindo quadros e salários, pouco sobrava de construtivo para se dizer.

Agora, a administração do setor público demonstra mais profissionalismo. Os servidores públicos aprenderam a ser mais específicos quanto aos resultados que pretendem alcançar, e isso significa que existe algo para ser mostrado ao público, quando esses resultados forem alcançados. Uma das lições importantes é saber quais são os objetivos e ter sólidas informações para gerir, decidir e avaliar os resultados.

No Reino Unido, foram realmente os sistemas de informação que começaram a persuadir as pessoas a questionar custo e valor, o que levou a decisões mais racionais e efetivas. Sob certos aspectos, isso torna a tarefa do governo mais difícil. Há muito menos espaço para decisões dúbias ou corruptas quando se sabe a situação real das coisas.

Há a questão de qual deve ser o papel do Estado. Essa não é uma questão puramente de preconceito político. Ela também se origina de usos e costumes. Uma lição muito importante foi a de que as pessoas não gostam de mudanças, mesmo que, em alguns casos, sejam para melhor. Mudanças de prestadores de serviços têm de ser conduzidas com muito cuidado para que a oposição do público não destrua os benefícios das mesmas. Algumas lições são desconfortantes: menos gente em geral faz um trabalho melhor. Um efetivo maior indica a necessidade de um processo burocrático, que pode se tornar mais importante do que a melhoria da qualidade do serviço. Num setor público bem conduzido, é importante que as coisas sejam feitas rapidamente e que se reconheça que as necessidades dos indivíduos não são apenas uma intrusão no bom funcionamento de um sistema administrativo, e sim a própria razão de ser do sistema.

A terceirização de serviços do governo tem demonstrado que o caminho do setor privado pode ser impraticável onde não há um setor privado efetivo. No Reino Unido, tentamos, em particular no setor do governo local, privatizar serviços onde não havia mercado do setor privado. Levou algum tempo, mesmo numa economia de mercado desenvolvida, para as empresas privadas perceberem o mercado potencial e começar a responder. Essa demora em desenvolver um novo mercado pode tornar a mudança quase inadministrável. O risco de privatizar um monopólio, que é frequentemente a única solução, tem sérias consequências para o custo e a qualidade de serviço.

A inexistência de um setor privado efetivo também pode significar que não existe um mercado de trabalho desenvolvido no referido setor. No Reino Unido, isso acabou sendo um problema em algumas áreas nas quais o Estado tem sido o principal empregador. Nessa situação, a privatização ou o fechamento de um serviço público e as perdas de postos de trabalho decorrentes acabaram se tornando um grande problema para o mercado de trabalho local. Há várias experiências úteis de como ajudar a colocar a mão de obra excessiva. O valor do treinamento, da assistência no estabelecimento de um pequeno negócio, da aposentadoria precoce e das pensões favorecidas pode ter impacto no custo, mas alivia as consequências de um choque maior.

Os resultados

É difícil julgar o sucesso e o fracasso de uma reforma no serviço público. Provavelmente, não existe sucesso absoluto e sim um processo de melhora. O fator mais importante é a vontade e a determinação políticas de compreender esse tema difícil e nada glamouroso e torná-lo realidade. O segundo fator mais importante talvez seja ter uma ideia clara das consequências. O caminho pode variar, quase infinitamente, dependendo do tempo, dos recursos, das pressões políticas e de muitos outros fatores. Mas, se o final da fase seguinte estiver claro, é possível definir um caminho realista. O terceiro fator crucial é o comprometimento dos indivíduos envolvidos. Essa não é uma mudança que se consegue apenas com diligência: ela requer vontade, visão e determinação.

O que é realmente encorajador é que as pessoas agora reconhecem a importância de um setor público eficiente. Trabalhar duro vale a pena se um serviço público simplificado e efetivo tornar possível o desenvolvimento social e econômico. Em alguns países, a situação é tão grave que a reforma é uma questão de sobrevivência, enquanto em outros é apenas um problema de melhoria. Em ambos os casos, e nos casos intermediários, o desperdício de recursos, que se origina de serviços públicos incompetentes, deve ser tratado em regime de urgência. A necessidade é sempre maior do que a disponibilidade, por isso é imperdoável a incompetência enquanto houver necessidade.

No Reino Unido, temos agora informações e sistemas, e orçamentos delegados. Quase três quartos do funcionalismo público central está trabalhando nas 108 agências executivas. Os contratos de gestão, suas metas e objetivos, são de domínio público. Sob o Citizen's Charter a maioria dos serviços públicos possui agora metas de serviço detalhadas e monitoradas, divulgadas publicamente. Cerca de 56 cartas-compromisso estão agora publicadas e os padrões de serviço estão melhorando, pois a pressão da publicidade encoraja o estabelecimento de metas cada vez mais exigentes.

Os sinais de melhoria são relativamente claros. Os serviços estão melhorando em rapidez, eficiência e honestidade. Os servidores públicos são responsáveis por seus recursos de forma bastante profissional e procuram constantemente melhores meios de utilizar esses recursos. O grande público sente que está sendo razoavelmente bem tratado — eles raramente são entusiastas do serviço público. Existem bem menos oportunidades de corrupção quando os processos do governo são transparentes e acessíveis. Houve um progresso real, mas ainda há um longo caminho a percorrer.

As reformas no setor público da Nova Zelândia
RUTH RICHARDSON*

Entre 1984 e 1994, a Nova Zelândia submeteu-se a um programa de reformas econômicas sem paralelo na OCDE quanto ao seu campo de ação, coerência e consistência. O tema principal dessas reformas era o uso muito maior das forças de mercado, aliado a um enfoque mais a médio prazo das políticas fiscal e monetária.

Houve uma grande liberalização econômica, através da desregulamentação dos mercados de produtos domésticos e de uma redução nas restrições à importação; grande liberalização dos mercados de capital e de trabalho; mudanças significativas na política social para fortalecer a autoconfiança; e — no nível macroeconômico — uma nova ênfase na redução da dívida do governo e na obtenção da estabilidade de preços.

Essas reformas fizeram com que a economia de pior desempenho na OCDE se transformasse em uma das economias de crescimento mais rápido e estão propiciando à Nova Zelândia uma das maiores taxas de geração de empregos.

As peças-chave nas reformas da Nova Zelândia foram as mudanças no modo de operar dos setores do Estado. Similarmente à maioria dos outros países, a Nova Zelândia viu seu setor público expandir-se consideravelmente nas últimas décadas.

Em 1984, o Estado tinha uma presença extensiva na economia, prestando serviços sociais, executando numerosas funções econômicas, regulamentando o setor privado e traçando políticas. A qualidade do governo tinha impacto no desempenho geral da economia de numerosas maneiras, tanto diretas quanto indiretas. Se a Nova Zelândia desejava se transformar em uma economia mais produtiva e internacionalmente competitiva, estava claro que

---

* Ministra das Finanças da Nova Zelândia de 1990 a 1993.

era necessário que os setores do Estado desempenhassem seu papel nessa transformação.

Como outros países já puderam notar no decorrer de programas de liberalização da economia, obter uma virada econômica bem-sucedida é muito mais difícil quando as reformas no setor privado não são acompanhadas de reformas semelhantes no próprio Estado.

No caso da Nova Zelândia, assegurar uma melhor *performance* do Estado envolveu uma transformação tão profunda como qualquer transformação no setor privado. A Nova Zelândia não era o único país no mundo a ter um setor público estruturado de forma a inevitavelmente produzir ineficiência e a tomar poucas e erradas decisões. Havia poucos incentivos para que os recursos fossem bem administrados diretamente pelo setor público.

A condição de monopólio das atividades do Estado era quase ubíqua. Os sistemas eram extremamente burocráticos e centralizadíssimos, dando aos chefes dos departamentos pouco poder para administrar. A maioria dos departamentos tinha pouca consciência de sua missão; os objetivos eram pouco específicos ou contraditórios. Muitos departamentos se encarregavam de atividades que inerentemente lhes criavam conflitos de interesse.

Nesse contexto, governantes e ministros sempre encontravam grandes dificuldades para exercer controle sobre as políticas que os ajudariam em seus objetivos estratégicos. Eles se tornavam reféns de um setor público baseado em *inputs*, no qual só se podia exercer controle exigindo a aquiescência a uma série de regras burocráticas sobre decisões e comportamentos institucionais. Isso geralmente tornava mais lenta a implementação das políticas desejadas, ou as frustrava completamente.

Um dos principais funcionários do Estado, responsável pelo processo de reformas do setor público na Nova Zelândia, resumiu assim o antigo sistema:

"Confusão de objetivos, falta de *accountability*, inadequada adaptação para mudanças, mecanismos de controle por demais centralizados, estruturas complexas de administração, excesso de papelada, dispersão de responsabilidade, mecanismos muito difundidos de proteção interna e, finalmente, inabilidade para exercer o controle correto sobre os gastos do Estado... caracterizavam grandes áreas do setor público."

Dr. Roderick Deane, presidente, Comissão de Serviços do Estado da Nova Zelândia, 1986/87

Esta frase poderia descrever muitos outros setores públicos de todo o mundo.

Os objetivos da reforma

As reformas da Nova Zelândia tinham como objetivo melhorar o desempenho e aumentar a *accountability* do setor público em todos os aspectos. Acima de tudo, procuravam:

❏ melhorar a relação custo/eficiência na produção de bens e serviços pelo setor público;

❏ melhorar a qualidade desses bens e serviços;

❏ tornar a atuação do setor público como provedor de bens e serviços mais sensível às necessidades dos consumidores;

❏ dar aos representantes eleitos maior controle sobre a utilização do dinheiro dos contribuintes;

❏ aumentar a transparência do setor público;

❏ restringir os gastos públicos em geral, dentro dos limites de uma administração fiscal responsável.

Muitas linhas de pensamento teórico podem ser encontradas na estrutura das reformas. Três devem ser destacadas. A primeira, a Escola da Escolha Pública, deu ênfase à natureza do interesse próprio dos políticos (cuja principal motivação é obter votos) e burocratas (motivados pelo tamanho do orçamento de uma repartição). Esses interesses podem não corresponder ao interesse público. A linha de pensamento da Teoria do *Principal-Agent* analisa a relação entre o *principal* e o *agent*, na qual o *agent* é alguém que é contratado para realizar a tarefa em nome do principal. Uma vez que o *principal* e o *agent* quase sempre possuem incentivos diferentes, o *principal* tem o problema de estruturar um contrato que assegure que o *agent* realizará a tarefa designada. Esse tipo de problema acontece tanto no setor público quanto no setor privado. O enfoque do *Managerialism* dá ênfase a um grupo de princípios universais de administração que, acredita-se, tem grande aplicação em diferentes tipos de organização, públicas e privadas.

Os princípios da reforma

Vários princípios-chave estão por trás das reformas do setor público da Nova Zelândia:

❏ *Controle estratégico*: controle excessivo baseado em regras na maioria das vezes acaba impedindo o cumprimento dos objetivos estratégicos buscados pelos ministros. Os ministros precisam ser capazes de exercer "controle" no sentido estratégico.

❏ *Objetivos claros*: os administradores não devem encontrar uma infinidade de objetivos conflitantes ou administrar organizações sem nenhum senso de sua missão.

❏ *Descentralização*: estruturas por demais centralizadas dificultam inovações, impedem os administradores de administrar e impõem pesados níveis de burocracia. Por exemplo, os ministros não deveriam ser solicitados a tomar decisões sobre o dia a dia de um departamento do Estado. Na verdade, a decisão deveria ser tomada no nível mais bem situado para julgar corretamente. No caso da Nova Zelândia, isso significou uma substancial descentralização da tomada de decisões rotineiras.

❏ *Accountability*: o conceito de *accountability* precisa ser tão fundamental para o setor público quanto o é para o setor privado. Para ter sentido, a *accountability* precisa envolver níveis específicos de desempenho, liberdade administrativa para buscar os resultados e sanções por falhas. Portanto, uma relação efetiva de *accountability* exige: especificação antecipada dos níveis de desempenho; autoridade para determinar como os recursos serão empregados para produzir os resultados desejados; um processo de avaliação para saber se os resultados foram obtidos.

❏ *Competição*: a condição de monopólio reduz em muito a eficiência do setor público e impõe responsabilidades substanciais ao setor privado. Por essa razão, os serviços prestados pelas agências públicas e as atividades comerciais do Estado não devem ser protegidos da competição.

❏ *Pressuposto do setor privado*: o setor privado mostrou-se, em geral, mais eficiente na produção de bens e serviços do que o Estado. Consequentemente, essas atividades só devem ser executadas pelo Estado quando existir uma razão convincente para isso.

Dada a importância de se ter objetivos claros e incentivos corretos no setor público, a separação de funções entre diferentes agências era uma característica bastante difundida nas reformas da Nova Zelândia. Antes das reformas, um grande número de departamentos tinha objetivos inatingíveis, nos quais havia conflitos de interesse e grande domínio dos fornecedores.

Muitos departamentos desempenhavam funções operacionais enquanto elaboravam políticas para essas mesmas funções. Alguns departamentos tinham sido regulamentadores de atividades nas quais eles mesmos estavam envolvidos. Além disso, as atividades comerciais do Estado eram sempre levadas a subordinar seus objetivos comerciais a uma variedade de outros objetivos. Isso era insatisfatório.

Consequentemente, muitos departamentos foram desmembrados ou reestruturados de forma a: separar a elaboração de políticas do exercício das funções operacionais; retirar as funções regulamentadoras das agências operacionais; separar arrecadação de fundos da provisão de serviços; separar as atividades comerciais das não comerciais e fazer com que os fornecedores públicos enfrentassem a competição dos fornecedores privados na prestação de seus serviços.

Por exemplo, a ciência pública agora é da responsabilidade de vários institutos de pesquisa corporativizados, que concorrem por fundos de uma agência de financiamento. A elaboração de políticas na área de ciência é feita por um único ministério.

A separação das atividades comerciais das não comerciais levou a uma clara divisão entre o núcleo do setor estatal, de um lado, e as empresas de negócios do governo, de outro. Os dois setores possuem estruturas de organização e regimes de *accountability* muito diferenciados.

O núcleo do setor estatal

Os ministros têm dois tipos de interesse em seus departamentos: o de um "proprietário" e o de um "comprador" de serviços. Como proprietário de um departamento, um ministro precisa ser assegurado de que o capital destinado àquele departamento está sendo utilizado eficientemente. Na condição de comprador de serviços em nome dos cidadãos, o ministro vai querer saber se seu dinheiro está sendo bem gasto.

De acordo com o princípio de que as atividades comerciais rotineiras são mais bem desempenhadas pelo setor privado, houve uma grande difusão da tendência da terceirização no núcleo do setor estatal. A licitação para a terceirização é agora uma prática comum.

Para as reformas do núcleo do setor estatal, foi fundamental uma mudança de enfoque: de um pensamento baseado em insumos (*inputs*) para uma perspectiva baseada em resultados (*outputs*). Existe também uma importante distinção entre *outputs* e *outcomes*. Os *outcomes* são os resultados econômicos e sociais buscados pelo governo e determinados pelos ministros. O enfoque nos *outcomes* permite aos ministros a concentração de seus esforços no nível estratégico e define prioridades para a alocação de recursos públicos. Os *outputs* são os bens e serviços produzidos pelo núcleo do setor estatal. Os *outputs* de departamentos auxiliam o governo a alcançar seus *outcomes* maiores e desejados. Os *outputs* de um departamento são determinados pelo ministro e especificados em um contrato anual do departamento, que é firmado entre o ministro e o chefe-executivo do departamento. Todas as alocações de orçamento ocorrem com base nos *outputs*. Isso possibilita ao ministro observar claramente o que ele está "comprando" de seu departamento e a que preço. Finalmente, os *inputs* são os recursos usados para produzir os *outputs*. Previamente, os departamentos estavam sujeitos a uma ampla série de controles sobre seus *inputs*. Esse sistema era extremamente centralizado, arbitrário e ineficiente. Com a mudança para um pensamento baseado nos *outputs*, os departamentos agora podem gozar de uma liberdade substancial na aquisição e na mescla de *inputs*, incluindo pessoal e capital.

Um regime baseado no desempenho e na *accountability* não tem espaço para o emprego vitalício, ou para sistemas de remuneração nos quais pagamento e posição não reflitam o desempenho. Por isso, os executivos-chefes de departamento estão submetidos agora a um contrato de trabalho por tempo determinado (geralmente cinco anos).

Um "acordo anual de desempenho" é negociado entre cada ministro e o executivo-chefe de departamento, detalhando os *outputs* desejados e os padrões esperados no fornecimento de serviços. O executivo-chefe de departamento é responsável pelo fornecimento dos *outputs* do seu departamento e pela defesa dos interesse do governo no seu departamento. Seu contrato de desempenho e o contrato departamental mais amplo são documentos muito relacionados.

Enquanto os chefes-executivos são, em primeiro lugar, responsáveis em relação ao seu próprio ministro, eles também têm a responsabilidade de auxiliar o primeiro-ministro e o gabinete. Antes de cada ano fiscal, o governo publica um relatório das políticas do orçamento, que define as prioridades estratégicas para o orçamento. O governo também define um número de áreas de resultados estratégicos para o setor público.

Um contrato de desempenho de um executivo-chefe de departamento deve identificar as áreas de resultados estratégicos com as quais o seu departamento pode colaborar e especificar, portanto, áreas-chave de resultados para seu departamento, o que auxiliará o governo em suas áreas de resultados estratégicos. Isso contribui para garantir a coerência de propósitos no núcleo do setor estatal, no qual todos os departamentos estão auxiliando o governo em sua estratégia maior.

Cada contrato de emprego de um executivo-chefe é estabelecido com a Comissão de Serviços do Estado, que reavalia anualmente seu desempenho.

O executivo-chefe do departamento é, por sua vez, a autoridade responsável pela contratação de pessoal do departamento. Anteriormente, todo o pessoal era contratado pela Comissão de Serviços do Estado. As relações patronais eram supercentralizadas e não manejáveis. Agora, o executivo-chefe de cada departamento tem poder total para determinar a quantidade de pessoal e negociar as condições de contratação. Os departamentos estão em uma posição muito melhor para implementar um sistema de pagamento baseado no rendimento e em outros mecanismos que maximizem o uso de seus recursos humanos. Por exemplo, mais de um terço dos empregados do Estado estão agora sob contratos individuais. As relações patronais no núcleo do setor estatal, portanto, melhoraram consideravelmente tanto em flexibilidade quanto em *accountability*.

Os novos sistemas de administração de pessoal e a distinção na Nova Zelândia entre os *outputs* dos departamentos e os *outcomes* procurados pelos ministros permitem que a *accountability* no governo seja desenvolvida localmente, com o nível apropriado de autoridade.

Portanto, o contrato de desempenho do executivo-chefe está restrito a áreas sobre as quais se espera que ele tenha controle. Por exemplo, no caso do Departamento de Impostos, é feita uma distinção entre, de um lado, o desempenho de seu executivo-chefe no que diz respeito à receita destinada à manutenção de um departamento (sob o qual ele tem controle) e, por outro lado, a receita de todo o governo, onde a incidência e a escala de impostos são áreas sobre as quais o executivo-chefe tem pouco controle.

Os executivos-chefes são agora responsáveis pela administração financeira de seus departamentos e devem viver estritamente com as dotações anuais do Parlamento. Eles também têm liberdade de administrar o balanço do departamento. Muitos departamentos contrataram contadores especializados do setor privado, o que provocou grandes mudanças na cultura dessas organizações.

Todas as dotações parlamentares são, agora, baseadas em *outputs*, sob a forma de competências. Um sistema de contabilidade de competência é fundamental em um sistema baseado no desempenho. Apenas com esse tipo de sistema é possível avaliar o custo correto dos recursos utilizados na produção de *outputs*. Portanto, a introdução da contabilidade de competência, na Nova Zelândia, foi uma iniciativa tomada com vistas a apoiar um regime mais amplo, baseado no desempenho.

A nova administração financeira, além de reconhecer o interesse do governo em um departamento na condição de comprador, reconhecia também seu papel de proprietário. Portanto, além de alocar fundos para a produção de *outputs*, o Parlamento também deve autorizar o tamanho do balanço de um departamento. Foi instituído um sistema de remuneração de capital para criar melhores incentivos para os departamentos aplicarem eficientemente o capital.

São grandes as exigências de relatórios. Cada departamento do Estado e cada entidade da Coroa precisa, agora, produzir os seguintes relatórios: relatório de posição financeira, relatório de operação (despesas e receitas), fluxo de caixa, relatório de objetivos; relatório de desempenho dos serviços, comparando o desempenho atual com os objetivos; relatório de compromissos; relatório de obrigações contingentes; relatório de gastos não apropriados; relatório das regras de contabilidade e comparativos entre os números atuais e os do ano anterior.

As atividades comerciais do Estado

O novo regime de atividades comerciais do Estado é muito diferente do regime aplicado ao núcleo do setor estatal. As atividades comerciais dos departamentos do Estado foram tiradas por completo do campo institucional dos departamentos e reconstituídas como empresas estatais (EEs).

Pretendia-se que a estrutura legislativa que rege as EEs reproduzisse ao máximo os incentivos encontrados pelo setor privado. Portanto, as EEs foram incorporadas como empresas sob a Lei das Companhias, com uma diretoria escolhida por sua experiência em administrar empresas do setor privado. O principal objetivo de cada EE era ser uma empresa de sucesso. Cada EE deveria dar lucros e ser eficiente, como as empresas do setor privado, ser um "bom empregador" e agir de maneira socialmente responsável. As EEs foram subordinadas às mesmas leis comerciais que regem os negócios privados. Elas deviam tomar empréstimos por conta própria (sem garantias do governo), pagar impostos e pagar dividendos ao governo.

Ao mesmo tempo, foi desenvolvida uma estrutura para monitorar o desempenho das novas corporações. As ações das EEs foram transferidas formalmente para dois ministros de gabinete, que seriam auxiliados no monitoramento do desempenho das EEs pelo Tesouro e por uma unidade especial de acompanhamento criada pelo Estado. Cada EE deveria, em conjunto com os ministérios que detinham suas ações, elaborar um relatório anual de metas corporativas. Esse documento declarava a natureza, o enfoque e os objetivos dos negócios, regras de contabilidade, metas de desempenho e política de dividendos. O relatório anual de metas corporativas era arquivado no Parlamento, e o desempenho da EE era submetido a um exame minucioso por um comitê de parlamentares. Portanto, de acordo com o princípio da separação de propriedade e controle, existia uma relação de distância entre o governo e a diretoria da EE. Os ministros detentores das ações da EE não tentavam adivinhar as decisões cotidianas da diretoria da EE. Ao invés disso, sua função principal era indicar os membros da diretoria e monitorar o desempenho dessa diretoria em manter o valor do investimento do contribuinte na empresa.

Em conjunto com a transformação das atividades comerciais do Estado em EEs, o governo também retirou a maioria dos privilégios especiais relativos a antigas organizações. Onde essas organizações haviam sido protegidas da competição, esta proteção foi removida. Os subsídios foram amplamente eliminados e as EEs tiveram que competir em um mercado aberto e desregulamentado.

Havia ainda uma provisão na Lei das Empresas Estatais, pela qual o governo poderia pagar um subsídio específico para uma EE se responsabilizar por uma atividade específica com propósitos sociais. Na prática, essa regra quase nunca era utilizada. Isso reflete, pelo menos em parte, a realidade política de que os subsídios são muito mais facilmente justificados quando seus valores estão ocultos do que quando são transparentes. No antigo regime, havia muitos "subsídios ocultos". No novo regime, a necessidade de se tornar os subsídios explícitos parece ter imposto uma nova disciplina ao governo.

Mesmo com as substanciais melhorias no desempenho comercial sob a corporatização, a posição das EEs ainda não era totalmente ideal.

Primeiramente, o regime de monitoramento das EEs era inferior ao regime utilizado pelas empresas do setor privado. Quando as ações são negociadas livremente no mercado, seu preço constitui um reflexo diário do desempenho da empresa. Os bancos e os analistas têm uma função importante. E a ameaça do *takeover* é um dos maiores incentivos a um bom desempenho. Essa ameaça não existe no caso de uma EE.

Em segundo lugar, em uma empresa do governo, os ministros que possuem as ações e a diretoria têm grandes chances de, pelo menos em alguns pontos, entrarem em conflito quanto a seus interesses e ambições em relação às futuras decisões da empresa. Os diretores querem sempre expandir seus negócios ou diversificar suas operações. O governo, ao contrário, reluta em fornecer mais capital ou aumentar o risco do negócio.

Existe uma terceira razão para se preferir ver as EEs no setor privado — a oportunidade de desvio político nas regras da EE. Essa oportunidade é potencialmente grande. Por exemplo, o governo pode ser tentado a escolher uma diretoria extremamente política, ao invés de procurar pessoas mais qualificadas. Pode existir uma política de dividendos frouxa para evitar um aumento de preços que seria politicamente inconveniente. Ou pode-se até interferir diretamente no preço. A privatização elimina essas possibilidades.

Finalmente, no caso da Nova Zelândia, planos econômicos que falharam no passado deixaram o país com o ônus de uma grande dívida pública. A privatização dava ao governo os meios de reduzir os riscos gerais, reduzindo o débito no seu balanço.

Por todas essas razões, o governo da Nova Zelândia decidiu conduzir um extenso programa de privatização de EEs e outros ativos do governo.

Um programa de privatização de sucesso deve ter objetivos claros e um processo bem definido para a condução das vendas. Na Nova Zelândia, o nosso objetivo era maximizar o valor de cada venda para o contribuinte. Outros objetivos — como o desejo de implantar o capitalismo popular ou redistribuir as rendas de um grupo ou outro — não tinham um papel importante. Portanto, na Nova Zelândia nós utilizamos um enfoque puramente econômico. Procurando obter o melhor preço por cada transação, não servíamos diretamente apenas ao interesse do contribuinte. Servíamos também a um interesse maior de eficiência econômica, uma vez que aqueles compradores que estavam preparados para pagar o maior preço eram, em geral, os que poderiam utilizar esses bens da maneira mais eficiente.

Um processo correto para qualquer privatização é crucial quando se procura obter o máximo possível de benefícios. Esses passos incluem: atender à estrutura regulatória para a indústria em questão; garantir autoridade legislativa para a venda; assegurar-se de que o ativo esteja estruturado da melhor maneira para venda; desenvolver um processo de venda com integridade comercial; e administrar as questões de comunicação.

Na Nova Zelândia, acreditávamos que era importante em qualquer venda de ativos que a estrutura regulatória da indústria em questão estivesse bem determinada antes de se realizar a venda. Isso dava certeza máxima a todos os envolvidos. Em alguns casos, como a venda do Banco da Nova Zelândia, a estrutura regulatória já era bastante satisfatória no momento em que se decidiu a venda. Em outras ocasiões, como a venda da New Zealand Telecom, algumas questões regulatórias precisaram ser resolvidas antes de a venda ser realizada.

Nós não cometemos o erro de vender os monopólios do Estado de forma que eles se tornassem monopólios privatizados. A desregulamentação e os *contestable markets* tornaram-se a norma nas reformas econômicas da Nova Zelândia. Quando uma indústria tinha algumas características de monopólio natural, ou nos poucos casos em que o preço cobrado dos consumidores era uma preocupação do governo, o enfoque escolhido era o dos *contestable markets* (onde possível) aliado a uma leve regulamentação.

Uma opção regulatória viável, exercida no caso da New Zealand Telecom, é a do governo manter uma participação acionária "dourada" na empresa privatizada. Essa participação pode ditar qualquer preço ou necessidade de serviço que o governo possa querer forçar em benefício dos consumidores — em troca, naturalmente, da redução de preço recebido pela venda da empresa.

Como o ambiente regulatório, a autoridade legislativa para a venda deveria estar completa antes de o processo formal de venda ser iniciado. Se o governo procura maximizar o preço recebido, deve evitar incluir condições arbitrárias na legislação que possam ter motivo político, mas que degrade o processo de venda. Se um grande número de bens está sendo privatizado, a legislação genérica é desejável. No caso da Nova Zelândia, todas as EEs haviam sido formadas sob a Lei das Empresas Estatais. Portanto, por lei, o governo era possuidor de ações dessas empresas e vendê-las para o setor privado não exigia uma nova legislação.

Quando se inicia o processo de venda, a transparência e a integridade são fundamentais para manter a confiança:

- Deve existir a maior abertura possível no processo de vendas, com o mínimo de restrições quanto a quem pode participar das licitações.

- Deve ser fornecido ao licitante o maior número de informações possível.

- A venda não deve estar ligada a um cronograma fiscal. Se um bem está sendo vendido para "melhorar" os números de um ano fiscal, ele está sendo vendido pela razão errada. Esse tipo de enfoque corre o risco de provocar vendas apressadas, erros no processo de vendas, além de comprometer o preço. Por essa razão, quando eu era ministra das Finanças, deliberadamente, não incluía nenhum processo de privatização dentro das previsões fiscais. (Na Nova Zelândia, a mais sofisticada aferição do balanço operacional de um governo não inclui, em caso algum, os ingressos provenientes da venda de ativos.)

- Uma vez decidida a venda pelos ministros, o processo deve decorrer da maneira mais comercial possível. Os ministros, como representantes dos contribuintes, serão chamados para tomar a decisão final sobre o licitante ou licitantes que serão aceitos, e podem ser envolvidos em negociações posteriores. Entretanto, eles devem ter pouco ou nenhum contato com os compradores potenciais até esse estágio do processo. Durante quase todo o tempo, os licitantes devem lidar com pessoas autorizadas.

❏ Ao escolher os licitantes finais, o papel dos ministros é minimizar o risco fiscal para o contribuinte. Isso pode significar baixar o preço em troca de outros elementos na venda, tais como o número de indenizações ou garantias fornecidas ao comprador.

A qualidade na comunicação é importante para maximizar a confiança no processo. O governo deve garantir aos licitantes a abertura e a integridade do processo e o desejo do governo de obter o melhor comprador ao melhor preço; e também deve garantir ao público em geral os benefícios econômicos da privatização, e a garantia de que a privatização reduzirá os riscos fiscais e contribuirá para uma sociedade empresarial.

No programa de privatização da Nova Zelândia, bens totalizando mais de $13 bilhões foram vendidos no período de alguns anos. Mesmo tendo ocorrido alguns erros no começo do programa, as vendas foram conduzidas de acordo com os critérios aqui descritos. A maioria das vendas foi por concorrência aberta.

Dado o pequeno tamanho da economia da Nova Zelândia e o fato de que muitas vezes as corporações neozelandesas estavam sofrendo uma pressão considerável por ajustes pelo programa de ampla reestruturação econômica do governo, foi preciso contar com a participação de compradores estrangeiros. Em contrapartida, houve grande interesse externo, refletindo confiança no programa de reformas econômicas.

A confiança na integridade do processo de privatização também era grande. Vale a pena citar que a Transparency International, uma organização anticorrupção da Alemanha, indicou a Nova Zelândia como o menos corrupto dos 41 países por ela pesquisados.

Garantindo a responsabilidade fiscal

A alta qualidade da informação financeira produzida pelo setor estatal permite ao Tesouro elaborar um relatório financeiro por competências para o governo como um todo. Também é elaborado um balanço consolidado para todo o setor estatal. A Nova Zelândia é o único país no mundo que elabora esse balanço. Se, por um lado, é uma construção artificial, que requer cuidado na sua interpretação, um balanço do governo traz, sem dúvida, informações valiosas. Particularmente, as tendências do valor líquido do Estado durante um período são um indicador fiscal importante.

A produção de contas baseadas no princípio de competências e um balanço do governo têm dois importantes benefícios. Encorajam o governo a prestar atenção nas consequências de longo prazo de suas políticas, ao invés de considerar seu impacto em apenas um ano. Também reduzem as oportunidades de um governo fornecer informações fiscais imprecisas.

A informação financeira do Estado também deve estar de acordo com as práticas geralmente aceitas de contabilidade e uma supervisão independente nos relatórios fiscais é exercida por um corpo estatutário. Nenhum outro Estado soberano no mundo submete suas contas a um tal exame independente. Isso aumenta a credibilidade do regime de administração financeira da Nova Zelândia.

Foram introduzidas três iniciativas legislativas na moderna era da administração fiscal. A Lei do Setor Estatal de 1988 libertou as relações patronais do núcleo do setor estatal e criou um regime descentralizado de administração, no qual o enfoque é o desempenho para a contratação e a contabilidade voltada para os resultados. O Estatuto de Finanças Públicas de 1989 introduziu maiores reformas na administração financeira, tais como a contabilidade por competências e a exigência da elaboração de um balanço do Estado.

Estas reformas deram aos ministros valiosos instrumentos com os quais avaliar a posição fiscal e fazer os cortes necessários nos gastos do governo. No entanto, elas não garantiam que os ministros tomassem boas decisões de gastos. Estas precisam ser associadas à vontade do governo de utilizar essas ferramentas responsavelmente. Esse tipo de política não está sempre presente. Isso me motivou, como ministra das Finanças entre 1990 e 1993, a procurar fortalecer ao máximo o comportamento de responsabilidade fiscal ao longo do tempo. Isso levou a outra iniciativa-chave legislativa no setor das reformas públicas — a Lei de Responsabilidade Fiscal de 1994.

Essa lei foi vista como um marco na legislação. Ela estabelece uma estrutura estatutária para a condução responsável da política fiscal. Como muitos países já descobriram à própria custa, a responsabilidade fiscal é difícil de ganhar e fácil de perder. A lei procura reverter a tendência institucional ou política que geralmente leva ao crescimento dos gastos do governo e a déficits fiscais financeiros.

A Lei de Responsabilidade Fiscal pretende fazer para a política fiscal o que a Lei de Reserva Bancária de 1990 fez para a política monetária — uma estrutura estatutária que promova uma política de credibilidade e que aja como uma proteção contra as tendências políticas que comprometam essa resolução.

Existem dois elementos essenciais para a legislação: os *princípios de responsabilidade fiscal* e a *abertura*. O primeiro é um conjunto de princípios explícitos para a condução prudente da política fiscal, e a abertura é a exigência de total exposição da posição financeira do governo, chegando até à obrigação legal de "abrir os livros" antes de uma eleição.

A nova estrutura legal identifica características-chave da política de responsabilidade fiscal. Cinco "princípios de administração de responsabilidade fiscal" fornecem referências a partir das quais a política fiscal deve ser desenvolvida e julgada.

❑ Reduzir o débito total do Estado a níveis prudentes para poder oferecer um "amortecedor" contra fatores que possam ter impacto negativo no nível do débito total do Estado no futuro, assegurando que, até que estes níveis sejam alcançados, o total de gastos operacionais do Estado, em cada ano fiscal, seja menor que o total de sua receita no mesmo ano fiscal.

Esse princípio reconhece que, atualmente, os níveis de endividamento da Nova Zelândia são muito altos e devem ser reduzidos significativamente, buscando diminuir a vulnerabilidade da economia a eventos adversos. Isso deve ser atingido pela obtenção de um balanço operacional positivo.

❑ Uma vez atingidos níveis prudentes de endividamento do Estado, manter esses níveis, assegurando que, na média, em um período razoável de tempo, o total de gastos operacionais do Estado não exceda o total da receita operacional.

O segundo princípio subentende que, uma vez que o débito tenha sido reduzido, ele não deve (geralmente) ser aumentado. Particularmente, o governo não deve tomar dinheiro emprestado para "pagar à mercearia". Este princípio é elaborado para ser aplicado estritamente a médio/longo prazo. A curto prazo, fatores cíclicos podem bem resultar em desvio, temporário e desejado, do balanço fiscal. Portanto, o segundo princípio descarta o tipo de regra simplista que procura, por exemplo, fazer uma previsão orçamentária anual obrigatória. Na prática, essas regras não têm um bom histórico.

❑ Alcançar e manter níveis de valor líquido do Estado que possam servir como amortecedor contra fatores que possam causar impacto negativo no valor líquido no futuro.

O terceiro princípio reconhece que existe uma ampla gama de fatores que interessam à posição fiscal além do que mostraria o enfoque exclusivo nos débitos. Por exemplo, o balanço do governo inclui uma exposição significativa sobre as responsabilidades de pensão do setor público, que não estão incluídas nas definições comuns de débito público. Não só os níveis do débito importam, mas também os bens que estão por trás deles.

Como nos dois primeiros princípios, o enfoque no valor líquido do Estado também reconhece que, ao longo do tempo, os governos devem se preparar para eventualidades que possam não aparecer no balanço atual.

Por exemplo, uma população que envelhece pode exigir implementações no apoio à saúde e aposentadoria.

- Administrar prudentemente os riscos fiscais que ameaçam o Estado.

O quarto princípio reconhece que a posição fiscal está inevitavelmente sujeita a choques e requer que o Estado administre ativamente os riscos inerentes a seus bens, os seus passivos e itens que estejam fora do balanço, como as garantias.

- Prosseguir com as políticas consistentes com um grau razoável de previsibilidade sobre o nível e a estabilidade das alíquotas de imposto para os anos seguintes.

O quinto princípio reflete a importância da estabilidade de impostos e níveis de gastos para o planejamento do setor privado, investimentos, confiança nos negócios e crescimento.

Estes princípios não impedem um governo de governar e seguir o seu próprio programa político. Sob o Estatuto, o governo ainda é livre para especificar as prioridades estratégicas pelas quais ele se guiará na preparação do orçamento. Ele pode — e deve — avançar suas ambições econômicas e sociais. Isso não está proscrito de maneira alguma na legislação. Mas a existência dos princípios fiscais garante que os objetivos do governo serão buscados de uma maneira fiscalmente responsável. Também se reconhece que o governo pode, em determinada ocasião, ser forçado temporariamente a abandonar os princípios de administração com responsabilidade fiscal. No entanto, quando isso ocorrer, é tarefa do governo justificar esse desvio e projetar como ele pretende voltar a seguir os princípios estatutários.

Tão importante quanto os princípios que asseguram a administração fiscal responsável é o compromisso com a abertura fiscal. A Lei de Finanças Públicas fortalece adicionalmente relatórios de alta qualidade *ex post* através de medidas como exigência de produção de atestados fiscais cumulativos dentro de seis semanas antes do fim do ano fiscal do governo. No entanto, o maior enfoque da Lei de Responsabilidade Fiscal é uma visão futura. A lei está preocupada com a integridade do processo orçamentário e em garantir o maior grau possível de abertura do panorama fiscal do Estado.

O objetivo da lei é assegurar um alto grau de entendimento público e parlamentar dos parâmetros que serviram de base à elaboração do orçamento. Ela exige que o ministro das Finanças publique um relatório de políticas do orçamento (*Budget Policy Statement* — BPS) pelo menos três meses antes do início do ano fiscal. O BPS deve: especificar os objetivos do governo quanto à política fiscal de longo prazo; confirmar que estes objetivos estejam de acordo com os princípios da administração fiscal responsável; especificar as amplas prioridades estratégicas que vão orientar a preparação do orçamento para aquele ano fiscal; indicar explicitamente o caminho escolhido para os principais agregados fiscais sobre o período de planejamento do orçamento; indicar se este caminho está de acordo com os princípios de administração fiscal responsável, ou não, para os objetivos de longo prazo; justificar qualquer mudança do caminho escolhido para estes princípios e objetivos; e comparar os objetivos a longo prazo e as intenções fiscais com os especificados mais recentemente e justificar qualquer mudança.

Portanto, a lei expõe a base sobre a qual o governo está preparando o orçamento para a avaliação parlamentar e a contestação privada mesmo antes de o orçamento ser finalizado. Isso deve levar a um significado mais amplo de propriedade das questões orçamentárias que o governo precisa encaminhar.

A lei requer um conjunto detalhado de três anos de projeções econômicas e fiscais a serem publicadas no momento do orçamento, junto com uma cobrança na política fiscal no contexto dos princípios de administração fiscal responsável. Além disso, ela exige um segundo conjunto de projeções econômicas e fiscais para três anos a serem publicadas na metade do ano fiscal.

A lei requer, depois, um conjunto completo de projeções econômicas de três anos que devem ser publicadas pouco antes de uma eleição geral. Isto permite a todos os partidos políticos e ao grande público debater as questões e prever políticas com a melhor fonte de informação sobre as finanças do país. O ímpeto dos partidos políticos em se engajarem em um leilão de benefícios na corrida por uma eleição é muito reduzido quando o verdadeiro estado das contas do Estado precisa ser aberto antes desta eleição. O relatório da política do orçamento e outros relatórios exigidos pela Lei de Responsabilidade Fiscal são enviados ao Comitê de Finanças e Gastos do Parlamento para sua minuciosa análise. Os princípios da responsabilidade fiscal na lei, em conjunto com a "abertura dos livros" pré-eleitoral e uma revisão do orçamento da estratégia fiscal por um comitê selecionado oferecem grandes incentivos para que os governos ponham em prática a política fiscal de uma maneira responsável.

Portanto, a lei dá aos contribuintes e investidores maior confiança na forma pela qual o Estado administra as finanças e os recursos públicos. Ela ajuda a manter uma boa política fiscal também no futuro. Isso, consequentemente, está tornando a Nova Zelândia um local mais atraente para investimentos e sustentando a ampla estratégia para um maior crescimento econômico e melhores padrões de vida no país. A figura a seguir apresenta a lógica básica dessa estrutura.

Lei de Responsabilidade Fiscal e condução da política fiscal

Lei
define a estrutura da política fiscal

Governo
decide a política fiscal detalhada que pode ser avaliada em relação à estrutura da lei

Parlamento
inicia, com o exame pré-orçamentário dos parâmetros e pressupostos do orçamento e também com o exame pós-orçamentário, a conciliação dos resultados com a estratégia fiscal anunciada

Público em geral
é mais bem-informado e pode julgar melhor o mérito e a credibilidade das políticas fiscais do governo

Administrando a transição

Quando se implementa a reforma no setor público, muitos fatores podem auxiliar para que a transição para o novo regime seja feita da maneira mais suave possível, entretanto, quatro necessitam ser enfatizados.

O primeiro é a coerência da reforma em todo o setor público. Nesse caso o modelo da Nova Zelândia é muito bom. Numa reforma coerente, todos os elementos trabalham para reforçar uns aos outros criando uma transformação mais ampla na cultura.

O segundo é a importância de se ter pessoal de alta qualidade em posições-chave. As reformas de Estado fazem com que inevitavelmente algumas agências percam poder, e ainda resistam às mudanças necessárias. Pessoal de alta qualidade e com boa noção das intenções estratégicas das reformas pode ser utilizado para eliminar esses bloqueios. Na Nova Zelândia, a reforma teria sido muito menos suave se uma pessoa assim não tivesse sido trazida para dirigir a Comissão de Serviços do Estado no momento crucial.

Em terceiro lugar, é necessário ter comunicação de alta qualidade. Para os trabalhadores do setor público, as reformas precisam ser mostradas como um desenvolvimento positivo que lhes dará maior satisfação no trabalho e aumentará as oportunidades de carreira. Para o público em geral, a comunicação precisa ressaltar a melhora nos serviços públicos, resultado das reformas, o caráter mais responsável destes, os benefícios de o governo estar em posição de exercer maior disciplina sobre toda a posição fiscal.

Finalmente, é importante o apoio de todos os partidos. Idealmente, a legislação que implementa a reforma deveria receber apoio dos partidos de oposição. Não foi sempre assim no caso da Nova Zelândia. Um acordo entre todos os partidos dá às reformas maior durabilidade política e aumenta a confiança no programa como um todo.

As reformas do Estado, na escala em que ocorreram na Nova Zelândia, necessitavam claramente de maiores mudanças na cultura das organizações e em muitos casos também na estrutura organizacional. Conforme esperado, o sindicato do setor público opôs-se drasticamente às mudanças no sistema de relações patronais do setor estatal. Ninguém esperaria do sindicato um apoio à mudança de um sistema centralizado de negociação coletiva para um sistema onde cada executivo-chefe poderia negociar diretamente as condições com sua força de trabalho. Tal movimento iria enfraquecer a força do sindicato. A oposição do sindicato, no entanto, nunca foi um problema muito sério, uma vez que o governo mostrou clara determinação de aplicar a reforma. Depois de bem-estabelecido, o novo regime tornou as relações patronais do setor público muito mais suaves do que eram anteriormente.

A reestruturação do núcleo do setor estatal reduziu o tamanho da força de trabalho de mais de 60 mil para 30 mil funcionários públicos. Muitos desses trabalhadores, no entanto, mudaram de uma organização para um emprego reestruturado em uma nova organização. Consequentemente, foram evitadas redundâncias em larga escala. A corporatização das atividades comerciais do Estado produziu, comparativamente, redundâncias substanciais. Isto refletiu o grau de ineficiência e o excesso de pessoal nas operações comerciais do Estado no velho regime.

Assim, a criação das EEs deslocou muitos trabalhadores. Aqui foi cometido um erro instrutivo no programa de reforma. Por alguns anos, uma ampla liberalização do mercado de trabalho no setor privado não foi tentada na Nova Zelândia. Como resultado temos funcionários deslocados das EEs, ou de outros setores da economia, protegidos e ineficientes, que, em muitos casos, não foram reabsorvidos na força de trabalho em nenhum outro lugar do setor privado. O aumento do desemprego tornou-se um grande problema para o então governo trabalhista. Somente quando o governo sancionou a Lei dos Contratos de Emprego, em 1991, é que o mercado de trabalho do setor privado foi liberalizado a um grau comparável com o do núcleo do setor estatal. A grande queda subsequente no desemprego ilustrou o erro que havia sido cometido antes na sequência das reformas.

A lição é que a reforma no setor público precisa ser acompanhada de uma liberalização do setor privado, se se quer que os custos humanos e políticos da reforma sejam minimizados.

Avaliação e conclusão

As reformas do setor público na Nova Zelândia foram descritas como as de maior alcance e mais ambiciosas em comparação com outras do mesmo tipo no mundo. Por exemplo, no último relatório mundial sobre competitividade, feito pelo fórum suíço World Economic Forum, a Nova Zelândia ocupa o primeiro lugar entre todos os países na categoria "governo".

A corporatização dos serviços comerciais do Estado trouxe rapidamente resultados surpreendentes. Em todas as medições sérias de desempenho comercial, os negócios do Estado tiveram resultados muito melhores após a corporatização. Muitas das melhorias na produtividade foram especialmente dramáticas. Por exemplo, a New Zealand Telecom, a nova EE de telecomunicações, quase dobrou sua produtividade; a nova EE de carvão cortou sua força de trabalho pela metade no primeiro ano de operação, enquanto aumentava sua produção; e as rodovias reduziram seu pessoal em quase dois terços em um período de quatro anos.

Estes ganhos de eficiência não beneficiaram as próprias corporações; eles foram repassados para os consumidores em termos de redução de preços e — frequentemente — de melhores serviços. Por exemplo, os preços da eletricidade caíram 13%; os preços das telecomunicações, 20%, assim como os do carvão; os fretes das ferrovias caíram pela metade; o preço de postagem de uma carta simples caiu substancialmente ao longo do tempo; e as novas companhias portuárias também obtiveram grande redução em seus preços; além disso, quase todas as EEs se tornaram muito mais atentas ao consumidor do que suas antecessoras. Por exemplo, na indústria de telecomunicações, o tempo de espera para a instalação de um novo telefone caiu de seis semanas para apenas dois dias.

Houve também grandes benefícios para os contribuintes. A grande maioria das EEs se converteu em negócios rentáveis, em alguns casos revertendo um quadro de anos de prejuízos. Como um todo, as EEs aumentaram o retorno dos fundos de acionistas em cerca de 75% em apenas um ano. Pelos pagamentos de impostos e dividendos, elas se tornaram uma grande fonte de receita para o Estado.

Não era esperado que a privatização das EEs levasse a ganhos de produtividade tão rápidos e quase tão dramáticos como os que ocorreram na corporatização. Na maioria dos casos, a privatização apenas colocou um negócio que já funcionava bem em um ambiente onde ele pudesse se desenvolver e se expandir a longo prazo. No entanto, existem todos os sinais de que a maioria das EEs privatizadas está se beneficiando de maior liberdade e maior oportunidade por serem propriedade privada. Por exemplo, o setor de telecomunicações da Nova Zelândia — que abrange uma antiga EE e uma nova empresa no mercado — obteve o primeiro lugar na categoria de telecomunicações no último relatório mundial sobre competitividade.

Como resultado da Lei do Setor do Estado e da Lei das Finanças Públicas, podemos responder às seguintes questões básicas: o que estamos comprando? Quanto isto custa? Quais os impactos possíveis no caixa geral? Quem é responsável? Em relação à primeira pergunta, no antigo sistema os fundos de *inputs* não garantiam que os *outputs* almejados seriam realmente obtidos. Agora existe precisão sobre os *outputs* e uma relação muito mais firme entre os recursos aplicados e os resultados obtidos. Também, saber apenas o custo em dinheiro não é saber todo o custo. Nas reformas, todas as implicações dos recursos devem ser consideradas: posição de caixa em qualquer ano considerado, custos correntes, comprometimento de capital e responsabilidade contingente. A análise dos impactos possíveis no caixa geral pede uma avaliação do valor dos ativos para balancear com nossos débitos. O cálculo do balanço do governo mostrando a posição de caixa total nos dá um importante indicador do desempenho do setor estatal. Finalmente, em termos de responsabilidade, nós agora temos um sistema de *accountability* claro e a liberdade para administrar. No antigo sistema existia uma *accountability* confusa e as regras baseadas nos *inputs* nos davam toda condição de culpar as regras e a interferência dos outros pelo mau desempenho.

Sobre o sistema de terceirização, os padrões de desempenho são estabelecidos e os *outputs* são especificados, assim como o preço que será pago por esses *outputs*. Agora fica claro que: o Parlamento é responsável pelo controle dos gastos e possui melhores meios para controlar a contabilidade de cada departamento com vistas a melhorar o desempenho; o ministro é responsável por determinar os *outputs* de seu departamento em termos de resultados sociais buscados pelo governo e o executivo-chefe é responsável pelo uso eficiente dos ativos e por determinar os melhores meios de obter os *outputs* pelo preço negociado com o governo.

Enquanto era ministra das Finanças, pude experimentar, em primeira mão, o valor do novo enfoque para as contas públicas, baseado em *outputs*. O panorama fiscal do país quando me tornei ministra, em 1990, era muito grave e exigia uma ação para reduzir os gastos do governo. Nessas condições, a informação fornecida pelo regime de administração financeira provou ser de grande valor. O novo enfoque em *outputs* permitiu aos ministros estabelecer prioridades e fazer permutas de uma maneira que seria impossível há apenas alguns anos. Como resultado, conseguimos progredir substancialmente no campo fiscal. O orçamento de 1991 rendeu maiores economias, e os grandes déficits que vinham se arrastando transformaram-se em superávits fiscais de tal magnitude e durabilidade que o governo iniciará neste ano uma grande redução nos impostos.

Portanto, as reformas no setor público deram aos ministros e departamentos as ferramentas necessárias para conduzir a política fiscal de uma forma mais responsável. No entanto, apenas com o elemento final — a Lei de Responsabilidade Fiscal — é que a administração fiscal responsável passou a ser realmente assegurada. Pelos princípios da administração fiscal responsável e suas severas exigências de abertura fiscal e transparência, a lei fornece uma proteção contra governos futuros que possam ser tentados a fugir da integridade fiscal. De acordo com a revista *Economist*, a Lei de Responsabilidade Fiscal, quando combinada com a Lei da Reserva Bancária, provavelmente dá à Nova Zelândia a melhor estrutura macroeconômica do mundo.

Concluindo, considero que as lições mais valiosas das reformas da Nova Zelândia são:

❏ Melhores resultados virão de uma estrutura conceitual coerente implementada em todo o setor público.

❏ As políticas para o setor privado precisam ser coerentes com a reforma do setor público. Em particular, a liberalização do mercado de trabalho é crucial para assegurar que trabalhadores deslocados do setor público recebam empregos produtivos no setor privado.

❏ Alterações estruturais que envolvam mudança nos incentivos ao desempenho dão mais garantia de mudança cultural do que a simples exortação ou regras prescritivas.

❏ Um enfoque baseado em *outputs* dá aos políticos condições de controlar firmemente os recursos do setor público. Por sua vez, os "libertados" administradores públicos estão mais capacitados para antecipar as ambições econômicas e sociais da nação.

Da administração pública burocrática à gerencial

LUIZ CARLOS BRESSER PEREIRA

A reforma da administração pública que o governo Fernando Henrique Cardoso vem propondo desde 1995 poderá ser conhecida no futuro como a segunda reforma administrativa do Brasil. Ou a terceira, se considerarmos que a reforma de 1967 merece este nome, apesar de ter sido, afinal, revertida. A primeira reforma foi a burocrática de 1936. A reforma de 1967 foi um ensaio de descentralização e de desburocratização. A atual reforma apoia-se na proposta de administração pública gerencial, como uma resposta à grande crise dos anos 80 e à globalização da economia — dois fenômenos que estão impondo, em todo o mundo, a redefinição das funções do Estado e de sua burocracia.

A crise do Estado implicou a necessidade de reformá-lo e reconstruí-lo; a globalização tornou imperativa a tarefa de redefinir suas funções. Antes da integração mundial dos mercados e dos sistemas produtivos, os Estados podiam ter como um de seus objetivos fundamentais proteger as respectivas economias da competição internacional. Depois da globalização, as possibilidades do Estado de continuar a exercer esse papel diminuíram muito. Seu novo papel é o de facilitar que a economia nacional se torne internacionalmente competitiva. A regulação e a intervenção continuam necessárias na educação, na saúde, na cultura, no desenvolvimento tecnológico, nos investimentos em infraestrutura — uma intervenção que não compense os desequilíbrios distributivos provocados pelo mercado globalizado, mas principalmente que capacite os agentes econômicos a competir em nível mundial.[1] A diferença

---

[1] Como observou Fernando Henrique Cardoso (1996:A10): "a globalização modificou o papel do Estado... a ênfase da intervenção governamental [está] agora dirigida quase exclusivamente para tornar possível às economias nacionais desenvolverem e sustentarem condições estruturais de competitividade em escala global".

entre uma proposta de reforma neoliberal e uma social-democrática está no fato de que o objetivo da primeira é retirar o Estado da economia, enquanto o da segunda é aumentar a governança do Estado, é dar meios financeiros e administrativos para que ele possa intervir efetivamente, sempre que o mercado não tiver condições de coordenar adequadamente a economia.

Neste trabalho concentrar-me-ei no aspecto administrativo da reforma do Estado. Embora o Estado seja, antes de mais nada, o reflexo da sociedade, vamos aqui pensá-lo como sujeito, não como objeto — como organismo, cuja governança precisa ser ampliada para que possa agir mais efetiva e eficientemente em benefício da sociedade. Os problemas de governabilidade não decorrem do "excesso de democracia", do peso excessivo das demandas sociais, mas da falta de um pacto político ou de uma coalizão de classes que ocupe o centro do espectro político.[2] Nosso pressuposto é de que o problema político da governabilidade foi provisoriamente equacionado com o retorno da democracia e a formação do "pacto democrático-reformista de 1994", possibilitada pelo êxito do Plano Real e pela eleição de Fernando Henrique Cardoso.[3] Esse pacto não resolveu definitivamente os problemas de governabilidade existentes no país, já que estes são por definição crônicos, mas deu ao governo condições políticas para ocupar o centro político e ideológico e, a partir de um amplo apoio popular, propor e implementar a reforma do Estado.

Depois de uma breve seção em que analisarei a grande crise dos anos 80 como uma crise do Estado e as respostas da sociedade brasileira a essa crise, farei um breve diagnóstico da crise da administração pública burocrática brasileira e dos seus mitos. Em seguida definirei os princípios da reforma do aparelho do Estado em direção a uma administração pública gerencial, e delinearei as formas mais adequadas de propriedade para as diversas atividades que o Estado hoje realiza, em função da redefinição de suas funções. Para essa redefinição, de um lado, distinguirei três formas de propriedade — a pública estatal, a pública não estatal e a privada, e, de outro, dividirei as ações hoje realizadas pelo Estado em quatro setores: núcleo estratégico, atividades exclusivas de Estado, serviços sociais competitivos ou não exclusivos, e produção de bens e serviços para o mercado.

---

[2] Para uma crítica do conceito de governabilidade relacionado com o equilíbrio entre as demandas ao governo e sua capacidade de atendê-las, que tem origem em Huntington (1968), ver Diniz (1995).

[3] Está claro para nós que, conforme observa Frischtak (1994:163), "o desafio crucial reside na obtenção daquela forma específica de articulação da máquina do Estado com a sociedade, na qual se reconheça que o problema da administração eficiente não pode ser dissociado do problema político". Não centraremos, porém, nossa atenção nessa articulação.

Crise e reforma

No Brasil, a percepção da natureza da crise e, em seguida, da necessidade imperiosa de reformar o Estado ocorreu de forma acidentada e contraditória, em meio ao desenrolar da própria crise. Entre 1979 e 1994 o Brasil viveu um período de estagnação da renda per capita e de alta inflação sem precedentes. Em 1994, finalmente, estabilizaram-se os preços através do Plano Real, criando-se as condições para a retomada do crescimento. A causa fundamental da crise econômica foi a crise do Estado — uma crise que ainda não está plenamente superada, apesar de todas as reformas já realizadas. Crise que se desencadeou em 1979, com o segundo choque do petróleo. Crise que se caracteriza pela perda da capacidade do Estado de coordenar o sistema econômico de forma complementar ao mercado. Crise que se define como fiscal, como uma crise do modo de intervenção do Estado, como uma crise da forma burocrática pela qual o Estado é administrado, e, em um primeiro momento, também como uma crise política.

A crise política teve três momentos: primeiro, a crise do regime militar — uma crise de legitimidade; segundo, a tentativa populista de voltar aos anos 50 — uma crise de adaptação ao regime democrático; e finalmente, a crise que levou ao *impeachment* de Fernando Collor de Mello — uma crise moral. A crise fiscal ou financeira caracterizou-se pela perda do crédito público e por poupança pública negativa.[4] A crise do modo de intervenção, acelerada pelo processo de globalização da economia mundial, caracterizou-se pelo esgotamento do modelo protecionista de substituição de importações, que foi bem-sucedido em promover a industrialização nos anos 30 a 50, mas que deixou de sê-lo a partir dos anos 60; transpareceu na falta de competitividade de uma parte ponderável das empresas brasileiras; expressou-se no fracasso em se criar no Brasil um Estado do Bem-Estar que se aproximasse dos moldes social-democratas europeus. Por fim, a crise da forma burocrática de administrar um Estado emergiu com toda a força depois de 1988, antes mesmo que a própria administração pública burocrática pudesse ser plenamente instaurada no país.

A crise da administração pública burocrática começou ainda no regime militar, não só porque não foi capaz de extirpar o patrimonialismo que sempre a vitimou, mas também porque esse regime, ao invés de consolidar uma

---

[4] Não confundir "crédito público" com "credibilidade do governo". Existe um crédito público quando o Estado merece crédito por parte dos investidores. Um Estado pode ter crédito e seu governo não ter credibilidade; e o inverso também pode ocorrer: pode existir um governo com credibilidade em um Estado que, dada a crise fiscal, não tem crédito.

burocracia profissional no país, através da redefinição das carreiras e de um processo sistemático de abertura de concursos públicos para a alta administração, preferiu o caminho mais curto do recrutamento de administradores através de suas empresas estatais.[5] Essa estratégia oportunista do regime militar, que resolveu adotar o caminho mais fácil da contratação de altos administradores através das empresas, inviabilizou a construção no país de uma burocracia civil forte, nos moldes que a reforma de 1936 propunha. A crise agravou-se, entretanto, a partir da Constituição de 1988, quando se saltou para o outro extremo e a administração pública brasileira passou a sofrer do mal oposto: o enrijecimento burocrático extremo. As consequências da sobrevivência do patrimonialismo e do enrijecimento burocrático, muitas vezes perversamente misturados, são o alto custo e a baixa qualidade da administração pública brasileira.[6]

A resposta da sociedade brasileira aos quatro aspectos da crise do Estado foi desequilibrada e ocorreu em momentos diferentes. A resposta à crise política foi a primeira: em 1985 o país completou sua transição democrática; em 1988, consolidou-a com a aprovação da nova Constituição. Já em relação aos outros três aspectos — a crise fiscal, o esgotamento do modo de intervenção e a crescente ineficiência do aparelho estatal —, o novo regime instalado no país em 1985 pouco ajudou.[7] Pelo contrário, em um pri-

---

[5] Esta foi uma forma equivocada de entender o que é uma administração pública gerencial. A contratação da burocracia através das empresas estatais impediu a criação de corpos burocráticos estáveis, dotados de uma carreira flexível e mais rápida que as carreiras tradicionais, mas sempre uma carreira. Como observa Santos (1995), "assumiu o papel de agente da burocracia estatal um grupo de técnicos, de origens e formações heterogêneas, mais comumente identificados com a *tecnocracia* que vicejou, em especial, na década de 70. Oriunda do meio acadêmico, do setor privado, das (próprias) empresas estatais e de órgãos do governo, essa tecnocracia... supriu a administração federal de quadros para a alta administração". Sobre essa tecnocracia estatal ver os trabalhos clássicos de Martins (1976, 1985) e Nunes (1984).

[6] Nas palavras de Nilson Holanda (1993:165): "A capacidade gerencial do Estado brasileiro nunca esteve tão fragilizada; a evolução nos últimos anos, e especialmente a partir da chamada Nova República, tem sido no sentido de uma progressiva piora da situação; e não existe, dentro ou fora do governo, nenhuma proposta condizente com o objetivo de reverter, a curto ou médio prazos, essa tendência de involução".

[7] Constitui exceção a essa generalização a reforma do sistema financeiro nacional realizada entre 1983 e 1988, com o fim da "conta-movimento" do Banco do Brasil, a criação da Secretaria do Tesouro, a eliminação de orçamentos paralelos, especialmente do "orçamento monetário", e a implantação de um excelente acompanhamento e controle computadorizado do sistema de despesas — o Sistema de Informações Administrativas e Financeiras (Siafi). Essas reformas, realizadas por um notável grupo de burocratas liderados por Maílson da Nóbrega, João Batista Abreu, Andrea Calabi e Pedro Parente, estão descritas em Gouvêa (1994).

meiro momento agravou os problemas, revelando-se um caso clássico de resposta voltada para trás. Em relação à crise fiscal e ao modo de intervenção do Estado, as forças políticas vitoriosas tinham como parâmetro o desenvolvimentismo populista dos anos 50; em relação à administração pública, a visão burocrática dos anos 30.

Da administração burocrática à gerencial

A administração burocrática clássica, baseada nos princípios da administração do Exército prussiano, foi implantada nos principais países europeus no final do século passado, nos Estados Unidos no começo deste século e no Brasil em 1936, com a reforma administrativa promovida por Maurício Nabuco e Luiz Simões Lopes. É a burocracia que Max Weber descreveu, baseada no princípio do mérito profissional.

A administração pública burocrática foi adotada em substituição à administração patrimonialista, que definiu as monarquias absolutas e na qual o patrimônio público e o privado eram confundidos. Nesse tipo de administração, o Estado era entendido como propriedade do rei. O nepotismo e o empreguismo, se não a corrupção, eram a norma. Esse tipo de administração revelar-se-ia incompatível com o capitalismo industrial e as democracias parlamentares que surgiram no século XIX. É essencial para o capitalismo a clara separação entre o Estado e o mercado; só pode existir democracia quando a sociedade civil, formada por cidadãos, distingue-se do Estado ao mesmo tempo que o controla. Tornou-se assim necessário desenvolver um tipo de administração que partisse não só da clara distinção entre o público e o privado, mas também da separação entre o político e o administrador público. Surgiu então a administração burocrática moderna, racional-legal.

A administração pública burocrática clássica foi adotada porque era uma alternativa muito superior à administração patrimonialista do Estado. Entretanto, o pressuposto de eficiência em que se baseava não se mostrou real. No momento em que o pequeno Estado liberal do século XIX cedeu definitivamente lugar ao grande Estado social e econômico do século XX, verificou-se que ela não garantia nem rapidez, nem boa qualidade, nem custo baixo para os serviços prestados ao público. Na verdade, a administração burocrática é lenta, cara, autorreferida, pouco ou nada orientada para o atendimento das demandas dos cidadãos.

Esse fato nada tinha de grave enquanto prevaleceu um Estado pequeno, cuja única função era garantir a propriedade e os contratos. No Estado liberal só eram necessários quatro ministérios — o da Justiça, responsável pela polícia; o da Defesa, incluindo o Exército e a Marinha; o da Fazenda e o das Relações Exteriores. Nesse tipo de Estado, o serviço público mais importante era o da administração da Justiça, que o Poder Judiciário realizava. O problema da eficiência não era, na verdade, essencial. No momento, entretanto, que o Estado se converteu no grande Estado social e econômico do século XX, assumindo um número crescente de serviços sociais — educação, saúde, cultura, previdência e assistência social, pesquisa científica — e de papéis econômicos — regulação do sistema econômico interno e das relações econômicas internacionais, estabilidade da moeda e do sistema financeiro, provisão de serviços públicos e de infraestrutura —, nesse momento, o problema da eficiência tornou-se essencial. Por outro lado, a expansão do Estado respondia não só às pressões da sociedade, mas também às estratégias de crescimento da própria burocracia. A necessidade de uma administração pública gerencial, portanto, não decorre apenas de problemas de crescimento, e das decorrentes diferenciação de estruturas e complexidade crescente da pauta de problemas a serem enfrentados, mas também da legitimação da burocracia perante as demandas da cidadania.

Após a II Guerra Mundial houve uma reafirmação dos valores burocráticos, mas, ao mesmo tempo, a influência da administração de empresas começou a se fazer sentir na administração pública. As ideias de descentralização e de flexibilização administrativa ganharam espaço em todos os governos. Entretanto, a reforma da administração pública só ganharia força a partir dos anos 70, quando teve início a crise do Estado, que levaria à crise também sua burocracia. Em consequência, nos anos 80 iniciou-se uma grande revolução na administração pública dos países centrais em direção a uma administração pública gerencial.

Os países em que essa revolução foi mais profunda foram o Reino Unido, a Nova Zelândia e a Austrália.[8] Nos Estados Unidos, essa revolução ocorreu principalmente no nível dos municípios e condados — revolução que o livro de Osborne e Gaebler, *Reinventando o governo* (1992), descreve de forma tão expressiva. Era a administração pública gerencial que estava surgindo, inspirada nos avanços realizados pela administração de empresas.[9]

Aos poucos foram-se delineando os contornos da nova administração pública: a) descentralização do ponto de vista político, transferindo-se recur-

---

[8] A melhor análise que conheço da experiência inglesa foi escrita por um professor universitário a pedido dos sindicatos de servidores públicos britânicos (Fairbrother, 1994).
[9] O livro de Osborne e Gaebler foi apenas um dos trabalhos realizados na linha da administração pública gerencial. Entre outros trabalhos, lembramos Barzelay (1992), Fairbrother (1994), Kettl & DiIulio (1994). No Brasil, além do trabalho de Hélio Beltrão, cabe citar um artigo pioneiro de Nilson Holanda (1993).

sos e atribuições para os níveis políticos regionais e locais; b) descentralização administrativa,[10] através da delegação de autoridade aos administradores públicos, transformados em gerentes cada vez mais autônomos; c) organizações com poucos níveis hierárquicos, ao invés de piramidais; d) pressuposto da confiança limitada e não da desconfiança total; e) controle *a posteriori*, ao invés do controle rígido, passo a passo, dos processos administrativos; e f) administração voltada para o atendimento do cidadão, ao invés de autorreferida.

As duas reformas administrativas

No Brasil, a ideia de uma administração pública gerencial é antiga. Começou a ser delineada ainda na primeira reforma administrativa, nos anos 30, e estava na origem da segunda reforma, ocorrida em 1967. Os princípios da administração burocrática clássica foram introduzidos no país através da criação do Departamento Administrativo do Serviço Público (Dasp).[11] A criação do Dasp representou não só a primeira reforma administrativa do país, com a implantação da administração pública burocrática, mas também a afirmação dos princípios centralizadores e hierárquicos da burocracia clássica.[12] Contudo, já em 1938 temos um primeiro sinal de administração pública gerencial, com a criação da primeira autarquia. Surgia então a ideia de que os serviços públicos na "administração indireta" deveriam ser descentralizados e não obedecer a todos os requisitos burocráticos da "administração direta" ou central. A primeira tentativa de reforma gerencial da administração pública brasileira, entretanto, só aconteceu no final dos anos 60, através do Decreto-lei nº 200, de 1967, sob o comando de Amaral Peixoto e a inspiração de Hélio Beltrão, que iria ser o pioneiro das novas ideias no Brasil. Beltrão participou da reforma administrativa de 1967 e, depois, como ministro da Desburocra-

---

[10] Os franceses chamam a descentralização administrativa de "descontração" para distingui-la da política, que chamam de "descentralização".

[11] Mais precisamente em 1936 foi criado o Conselho Federal do Serviço Público Civil, que, em 1938, foi substituído pelo Dasp.

[12] O Dasp foi extinto em 1986, dando lugar à Secretaria de Administração Pública da Presidência da República (Sedap), que, em janeiro de 1989, foi extinta, sendo incorporada à Secretaria do Planejamento da Presidência da República. Em março de 1990, foi criada a Secretaria da Administração Federal da Presidência da República (SAF), que, entre abril e dezembro de 1992, foi incorporada ao Ministério do Trabalho. Em janeiro de 1995, com o início do governo Fernando Henrique Cardoso, a SAF transformou-se em Ministério da Administração Federal e Reforma do Estado (Mare).

tização entre 1979 e 1983, transformou-se em arauto das novas ideias. Definiu seu Programa Nacional de Desburocratização, lançado em 1979, como uma proposta política que visava, através da administração pública, a "retirar o usuário da condição colonial de súdito para investi-lo na de cidadão, destinatário de toda a atividade do Estado" (Beltrão, 1984:11).

A reforma iniciada pelo Decreto-lei nº 200 foi uma tentativa de superação da rigidez burocrática, podendo ser considerada como um primeiro momento da administração gerencial no Brasil. Colocou-se toda a ênfase na descentralização, mediante a autonomia da administração indireta, a partir do pressuposto da rigidez da administração direta e da maior eficiência da administração descentralizada.[13] O decreto-lei promoveu a transferência das atividades de produção de bens e serviços para autarquias, fundações, empresas públicas e sociedades de economia mista, consagrando e racionalizando uma situação que já se delineava na prática. Instituíram-se como princípios de racionalidade administrativa o planejamento e o orçamento, a descentralização e o controle dos resultados. Nas unidades descentralizadas foram utilizados empregados celetistas, submetidos ao regime privado de contratação de trabalho. O momento era de grande expansão das empresas estatais e das fundações. Através da flexibilização de sua administração buscava-se uma eficiência maior nas atividades econômicas do Estado, e se fortalecia a aliança política entre a alta tecnoburocracia estatal, civil e militar e a classe empresarial.[14]

O Decreto-lei nº 200 teve, porém, duas consequências inesperadas e indesejáveis. De um lado, por permitir a contratação de empregados sem concurso público, facilitou a sobrevivência de práticas patrimonialistas e fisiológicas. De outro, por não se preocupar com mudanças no âmbito da administração direta ou central, que era vista pejorativamente como "burocrática" ou rígida, deixou de realizar concursos e de desenvolver carreiras de altos administradores. O núcleo estratégico do Estado foi, na verdade, enfraquecido indevidamente através da estratégia oportunista do regime militar, que, ao invés de se preocupar com a formação de administradores pú-

---

[13] Conforme Bertero (1985:17), "subjacente à decisão de expandir a administração pública através da administração indireta está o reconhecimento de que a administração direta não havia sido capaz de responder com agilidade, flexibilidade, presteza e criatividade às demandas e pressões de um Estado que se decidira desenvolvimentista".

[14] Essa aliança recebeu diversas denominações e conceituações nos anos 70. Fernando Henrique Cardoso referiu-se a ela através do conceito "anéis burocráticos"; Guillermo O'Donnell interpretou-a através do "regime burocrático autoritário"; eu me referi sempre ao "modelo tecnoburocrático-capitalista"; Peter Evans consagrou o conceito de "tríplice aliança".

blicos de alto nível selecionados através de concursos públicos, preferiu contratar os escalões superiores da administração através das empresas estatais.[15]

Dessa maneira, a reforma administrativa embutida no Decreto-lei nº 200 ficou pela metade e fracassou. A crise política do regime militar, que se iniciou já em meados dos anos 70, agravou ainda mais a situação da administração pública, na medida em que a burocracia estatal foi identificada com o sistema autoritário em pleno processo de degeneração.

A volta aos anos 50 e aos anos 30

A transição democrática ocorrida com a eleição de Tancredo Neves e a posse de José Sarney, em março de 1985, não apresentaria, entretanto, perspectivas de reforma do aparelho do Estado. Pelo contrário, significaria, no plano administrativo, uma volta aos ideais burocráticos dos anos 30 e, no plano político, uma tentativa de volta ao populismo dos anos 50. Os dois partidos que comandavam a transição eram partidos democráticos, mas populista. Não tinham, como a sociedade brasileira também não tinha, a noção da gravidade da crise que o país atravessava. Havia ainda uma espécie de euforia democrático-populista, uma ideia de que seria possível voltar aos "anos dourados" da democracia e do desenvolvimento brasileiro — os anos 50.

Nos dois primeiros anos do regime democrático — da Nova República — a crise fiscal e a necessidade de rever radicalmente a forma de intervir na economia foram ignoradas. Imaginou-se que seria possível promover a retomada do desenvolvimento e a distribuição da renda através do aumento do gasto público e da elevação forçada dos salários reais, ou seja, através de uma versão populista e portanto distorcida do pensamento keynesiano. Manteve-se o modelo de substituição de importações. Aumentaram-se os salários e o gasto público. O resultado foi o desastre do Plano Cruzado. Um plano inicialmente bem-concebido que foi transformado em mais um clássico caso de ciclo populista. Logo após o fracasso do Plano Cruzado, houve uma tentativa de ajuste fiscal, iniciada durante minha rápida passagem pelo Ministério da Fazenda (1987), a qual, entretanto, não contou com o apoio necessário da sociedade brasileira, que testemunhava, perplexa, a crise. Ao invés do ajuste e da reforma, o país, sob a égide de uma coalizão política conservadora no Congresso — o Centrão — mergulhou, em 1988 e 1989,

---

[15] Não obstante o Decreto-lei nº 200 conter referências à formação de altos administradores (art. 94, V) e à criação de um centro de aperfeiçoamento no Dasp (art. 121).

em uma política populista e patrimonialista que representava uma verdadeira "volta ao capital mercantil".[16]

O capítulo da administração pública da Constituição de 1988 resultaria de todas essas forças contraditórias. Seria uma reação ao populismo e ao fisiologismo que recrudesciam com o advento da democracia.[17] Por isso a Constituição sacramentaria os princípios de uma administração pública arcaica, burocrática ao extremo. Uma administração pública altamente centralizada, hierárquica e rígida, em que toda prioridade seria dada à administração direta, e não à indireta.[18] A Constituição de 1988 ignorou completamente as novas orientações da administração pública. Os constituintes e, mais amplamente, a sociedade brasileira revelaram nesse momento uma incrível falta de capacidade de ver o novo. Perceberam apenas que a administração burocrática clássica, que começara a ser implantada no país nos anos 30, não havia sido plenamente instaurada. Viram que o Estado havia adotado estratégias descentralizadoras — as autarquias e as fundações públicas — que não se enquadravam no modelo burocrático-profissional clássico. Notaram que essa descentralização havia aberto espaço para o clientelismo, principalmente nos estados e municípios — clientelismo que se acentuara após a redemocratização. Não perceberam que as formas mais descentralizadas e flexíveis da administração, que o Decreto-lei nº 200 havia consagrado, eram uma resposta à necessidade de o Estado administrar com eficiência as empresas e os serviços sociais. E decidiram completar a revolução burocrática antes de pensar nos princípios da moderna administração pública. Ao agirem assim aparentemente seguiram uma lógica linear compatível com a ideia de que primeiro seria necessário completar a revolução mecânica para só depois participar da revolução eletrônica.

A partir dessa perspectiva, decidiram, através da instauração de um "regime jurídico único" para todos os servidores públicos civis da administração

---

[16] Examinei esse fenômeno em um artigo em homenagem a Caio Prado Jr. (Bresser Pereira, 1988). O primeiro documento do governo brasileiro que definiu a crise fiscal foi o *Plano de controle macroeconômico* (Ministério da Fazenda, 1987).

[17] O regime militar sempre procurou evitar esses dois males. De modo geral, logrou seu intento. O fisiologismo ou clientelismo, através do qual se expressa modernamente o patrimonialismo, existia na administração central no período militar, mas era antes a exceção do que a regra. Esse quadro muda com a transição democrática. Os dois partidos vitoriosos — o PMDB e o PFL — fazem um verdadeiro loteamento dos cargos públicos. A direção das empresas estatais, que tendia antes a permanecer na mão dos técnicos, é também submetida aos interesses políticos dominantes.

[18] Segundo Marcelino (1987:11, apud Pimenta, 1994:155): "havia um claro objetivo de fortalecer e modernizar a administração direta, a partir do diagnóstico de que houve uma fuga ou escapismo para a chamada administração indireta, por motivos justificados ou não".

pública direta e das autarquias e fundações, tratar de igual forma faxineiros e professores, agentes de limpeza e médicos, agentes de portaria e administradores da cultura, policiais e assistentes sociais; através de uma estabilidade rígida, ignorar que esse instituto fora criado para defender o Estado, não seus funcionários; através de um sistema de concursos públicos ainda mais rígido, inviabilizar que uma parte das novas vagas fossem abertas a funcionários já existentes; através da extensão a toda administração pública das novas regras, eliminar toda autonomia das autarquias e fundações públicas.

Por outro lado, e contraditoriamente com seu espírito burocrático-legal, a Constituição de 1988 permitiu que uma série de privilégios fossem consolidados ou criados. Privilégios que foram ao mesmo tempo um tributo pago ao patrimonialismo ainda presente na sociedade brasileira e uma consequência do corporativismo que recrudesceu com a abertura democrática, levando todos os atores sociais a defender seus interesses particulares como se fossem interesses gerais. O mais grave dos privilégios foi o estabelecimento de um sistema de aposentadoria com remuneração integral, sem nenhuma relação com o tempo de serviço prestado diretamente ao Estado. Esse fato, somado à instituição de aposentadorias especiais, que permitiram aos servidores aposentarem-se muito cedo, por volta dos 50 anos, e, no caso dos professores universitários, de acumular aposentadorias, elevou violentamente o custo do sistema previdenciário estatal, representando um pesado ônus fiscal para a sociedade.[19] Um segundo privilégio foi ter permitido que, de um golpe, mais de 400 mil funcionários celetistas de fundações e autarquias se transformassem em funcionários estatutários, detentores de estabilidade e aposentadoria integral.[20]

---

[19] Esses privilégios, porém, não surgiram por acaso: fazem parte da herança patrimonialista herdada pelo Brasil de Portugal. Conforme observa Luís Nassif (1996): "a análise da formação econômica brasileira mostra que uma das piores pragas da herança colonial portuguesa foi o sonho da segurança absoluta, que se entranhou profundamente na cultura social brasileira. No plano das pessoas físicas, a manifestação máxima dessa síndrome foi o sonho da aposentadoria precoce e do emprego público".

[20] Na verdade, a Constituição exigiu apenas a instituição de regime jurídico único. A lei definiu que esse regime jurídico único seria estatutário. Em alguns municípios, a lei definiu para regime único o regime celetista. A Constituição, além disso, no art. 19 do ADCT, quando conferiu estabilidade a celetistas com mais de cinco anos, não os transformou em ocupantes de cargos públicos. Bem ao contrário, exigiu, para que fossem mesmo instalados em cargos públicos, que prestassem "concurso de efetivação". Nesse concurso de efetivação, o tempo de serviço seria contado como "título". O STF tem concedido liminares sustando a eficácia de leis que repetiram o modelo da lei federal que transformou celetistas em estatutários "de chofre". Até o momento, ninguém, porém, se dispôs a arguir a inconstitucionalidade da Lei nº 8.112, um monumento ao corporativismo.

O retrocesso burocrático ocorrido em 1988 não pode ser atribuído ao suposto fracasso da descentralização e da flexibilização da administração pública que o Decreto-lei nº 200 teria promovido. Embora alguns abusos tenham sido cometidos em seu nome, seja a excessiva autonomia concedida às empresas estatais, seja o uso patrimonialista das autarquias e fundações (onde não havia a exigência de processo seletivo público para a admissão de pessoal), não é correto afirmar que tais distorções foram as causas desse retrocesso. Na verdade, ele resultou, em primeiro lugar, de uma visão equivocada das forças democráticas que derrubaram o regime militar acerca da natureza da administração pública então vigente. Como, no Brasil, a transição democrática ocorreu em meio à crise do Estado, esta última foi equivocadamente identificada pelas forças democráticas como resultado, entre outros, do processo de descentralização que o regime militar procurara implantar. Em segundo lugar, foi consequência da aliança política que essas forças foram levadas a celebrar com o velho patrimonialismo, sempre pronto a se renovar para não mudar. Em terceiro lugar, resultou do ressentimento da velha burocracia contra a reforma pela qual a administração central passara no regime militar: estava na hora de restabelecer a força do centro e a pureza do sistema burocrático. Essa visão burocrática concentrou-se na antiga SAF, que se tornou o centro da reação burocrática no país não só contra uma administração pública moderna, mas também contra os interesses corporativistas do funcionalismo.[21] Finalmente, um quarto fator relaciona-se com a campanha pela desestatização, que acompanhou toda a transição democrática: esse fato levou os constituintes a intensificarem os controles burocráticos sobre as empresas estatais, que haviam ganhado grande autonomia graças ao Decreto-lei nº 200.

Em síntese, o retrocesso burocrático da Constituição de 1988 foi uma reação ao clientelismo que dominou o país naqueles anos, mas também foi uma afirmação de privilégios corporativistas e patrimonialistas incompatíveis com o *ethos* burocrático. Além disso, resultou de uma atitude defensiva da alta burocracia, que, sentindo-se acuada e injustamente acusada, defendeu-se de forma irracional.

Essas circunstâncias contribuíram para o desprestígio da administração pública brasileira, não obstante o fato de os administradores públicos brasileiros serem majoritariamente competentes, honestos e dotados de espírito

---

[21] Como observa Pimenta (1994:161): "O papel principal da SAF no período estudado foi garantir o processo de fortalecimento e expansão da administração direta e defender os interesses corporativistas do funcionalismo, seja influenciando a elaboração da nova Constituição, seja garantindo a implementação do que foi determinado em 1988".

público. Tais qualidades, que eles demonstraram desde os anos 30, quando a administração pública profissional foi implantada no Brasil, constituíram um fator decisivo para o papel estratégico que o Estado desempenhou no desenvolvimento econômico brasileiro. A implantação da indústria de base nos anos 40 e 50, o ajuste nos anos 60, o desenvolvimento da infraestrutura e a instalação da indústria de bens de capital nos anos 70, de novo o ajuste e a reforma financeira nos anos 80 e a liberalização comercial nos anos 90 não teriam sido possíveis não fossem a competência e o espírito público da burocracia brasileira.[22]

Evolução recente e perplexidade

A crise fiscal e a crise do modo de intervenção do Estado na economia e na sociedade começaram a ser percebidas em 1987. Foi nesse momento, depois do fracasso do Plano Cruzado, que a sociedade brasileira se deu conta, ainda que de forma imprecisa, de que estava vivendo fora do tempo, de que a volta ao nacionalismo e ao populismo dos anos 50 era algo espúrio, além de inviável.[23] Os constituintes de 1988, porém, não perceberam a crise fiscal, muito menos a crise do aparelho do Estado. Não perceberam que era preciso recuperar a poupança pública. Que era preciso dotar o Estado de novas formas de intervenção mais leves, em que a competição tivesse um papel mais importante. Que era urgente montar uma administração não apenas profissional, mas também eficiente e orientada para o atendimento das demandas dos cidadãos.

Só depois do episódio da hiperinflação, em 1990, no final do governo Sarney, a sociedade abriria os olhos para a crise. Em consequência, as reformas econômicas e o ajuste fiscal ganharam impulso no governo Collor. Esse governo contraditório, se não esquizofrênico — que acabou se perdendo em meio à corrupção generalizada —, é que daria os passos decisivos no sentido de iniciar a reforma da economia e do Estado. Seria nesse governo que, afinal, ocorreria a abertura comercial — a mais bem-sucedida e importante reforma que o país

---

[22] Sobre a competência e o espírito público da alta burocracia brasileira, ver Schneider (1994) e Gouvêa (1994). Escrevi os prefácios dos dois livros em 1994, antes de pensar em ser ministro da Administração Federal.
[23] Foi nesse momento, entre abril e dezembro de 1987, que assumi o Ministério da Fazenda. Embora tenha estado sempre ligado ao pensamento nacional-desenvolvimentista, não tive dúvida em diagnosticar a crise fiscal do Estado e em propor o ajuste fiscal e a reforma tributária necessários ao enfrentamento do problema. O relato dessa experiência encontra-se em Bresser Pereira (1992).

conheceu desde o início da crise. Seria nele que a privatização ganharia novo impulso. Seria no governo Collor que o ajuste fiscal avançaria de forma decisiva, não apenas através de medidas permanentes, mas também através de um substancial cancelamento da dívida pública interna.

Na área da administração pública, porém, as tentativas de reforma do governo Collor foram equivocadas. Nessa área, como ocorreu no caso do combate à inflação, o governo fracassou devido a um diagnóstico equivocado da situação e/ou porque não teve competência técnica para enfrentar os problemas. No caso da administração pública, o fracasso deveu-se principalmente à tentativa desastrada de reduzir o aparelho do Estado, demitindo funcionários e eliminando órgãos, sem antes assegurar a legalidade das medidas através da reforma da Constituição. Afinal, além da redução drástica da remuneração dos servidores, sua intervenção na administração pública desorganizou ainda mais a já precária estrutura burocrática existente, desprestigiando os servidores públicos, de repente acusados de todos os males do país e identificados com o corporativismo. Na verdade, o corporativismo — ou seja, a defesa dos interesses de grupos como se fossem da nação — não é um fenômeno específico dos funcionários, mas um mal que caracteriza todos os segmentos da sociedade brasileira.[24]

No início do governo Itamar a sociedade brasileira começou a se dar conta da crise da administração pública. Havia, entretanto, ainda muita perplexidade e confusão. Um documento importante nessa fase é o estudo *Estrutura e organização do Poder Executivo*, realizado pelo Centro de Estudos de Cultura Contemporânea (Cedec) para a Escola Nacional de Administração Pública (Enap).[25] Na introdução de Régis de Castro Andrade (1993:26), o resumo do diagnóstico:

"A crise administrativa manifesta-se na baixa capacidade de formulação, informação, planejamento, implementação e controle de políticas públicas. O rol de insuficiências da administração pública do país é dramático. Os servidores estão desmotivados, sem perspectivas profissionais ou existenciais atraentes no serviço; a maior parte deles não se insere num plano de carreira. Os quadros superiores não têm estabilidade funcional. As instituições de formação e treinamento não cumprem o seu papel. A remuneração é baixa."

O diagnóstico era em grande parte verdadeiro, mas pecava por uma falha fundamental. O mal maior a ser atacado segundo o documento era o

---

[24] A incompetência técnica na área da estabilização econômica revelou-se na incapacidade do governo de diagnosticar a alta inflação então existente como uma inflação inercial, que exigia remédio específico, que combinasse heterodoxia e ortodoxia.

[25] Andrade & Jacoud, 1993.

"intenso e generalizado patrimonialismo no sistema político"; o objetivo fundamental a ser atingido, o de estabelecer uma administração pública burocrática, ou seja, "um sistema de administração pública descontaminado de patrimonialismo, em que os servidores se conduzam segundo critérios de ética pública, de profissionalismo e eficácia" (Andrade, 1993:27). Ora, não há qualquer dúvida quanto à importância da profissionalização do serviço público e da obediência aos princípios da moralidade e do interesse público. É indiscutível o valor do planejamento e da racionalidade administrativa. Contudo, ao reafirmar os valores burocráticos clássicos, o documento não se dava conta de que, assim, inviabilizava os objetivos a que se propunha. Não se dava conta da necessidade de uma modernização radical da administração pública — modernização que só uma perspectiva gerencial pode proporcionar. Conforme observou Hélio Beltrão (1984:12), "existe entre nós uma curiosa inclinação para raciocinar, legislar e administrar tendo em vista um *país imaginário*, que não é o nosso; um país dominado pelo exercício fascinante do planejamento abstrato, pela ilusão ótica das decisões centralizadas...". Ora, quando começamos a trabalhar com mitos ou com um país imaginário, nossa capacidade de agir sobre a realidade diminui radicalmente.

Na verdade, o documento da Enap de 1993 expressava uma ideologia burocrática, que se tornou dominante em Brasília a partir da transição democrática (1985) até o governo Itamar. Essa perspectiva burocrática levou à transformação da Funcep na Enap — tendo como modelo a École Nationale d'Administration (ENA) — da França. Levou, em seguida, à criação da carreira de gestores públicos (especialistas em políticas públicas e gestão governamental) — uma carreira de altos administradores públicos que obviamente fazia falta no Brasil, mas que recebeu uma orientação rigorosamente burocrática, voltada para a crítica do passado patrimonialista, ao invés de para o futuro e para a modernidade de um mundo em rápida mudança, que se globaliza e se torna mais competitivo a cada dia.[26]

Sob essa ótica, o documento da Associação Nacional dos Especialistas em Políticas Públicas e Gestão Governamental (1994:7-8), que reúne os gestores governamentais públicos, afirmava: "o verdadeiro problema a ser enfrentado é a pesada herança de um processo de recrutamento e alocação de quadros marcado simultaneamente por falta de critérios, clientelismo e heterogeneidade na sua constituição". Ora, esse é sem dúvida um problema

---

[26] Um exemplo competente dessa perspectiva ou ideologia burocrática encontra-se na análise abrangente de um jovem gestor, Aldino Graef (1994), envolvendo "uma proposta de reforma administrativa democrática".

grave, que o documento aponta bem. Mas é um problema antigo e óbvio, que, mesmo devendo ser equacionado, dificilmente poderia se transformar no centro de uma proposta de reforma.

Mais adequada é a afirmação, nesse documento contraditório e abrangente, que a reforma do Estado no Brasil deveria refletir as novas circunstâncias emergentes, entre as quais:

"Novos paradigmas gerenciais: a ruptura com estruturas centralizadas, hierárquicas, formalizadas e piramidais e sistemas de controle 'tayloristas' são elementos de uma verdadeira revolução gerencial em curso, que impõe a incorporação de novos referenciais para as políticas relacionadas com a administração pública, virtualmente enterrando as burocracias tradicionais e abrindo caminho para uma nova e moderna burocracia de Estado" (1994:3).

Dois mitos burocráticos: carreiras e DASs

Na medida em que a Constituição de 1988 representou um retrocesso burocrático, revelou-se irrealista. Num momento em que o país necessitava urgentemente reformar sua administração pública, de modo a torná-la mais eficiente e de melhor qualidade, aproximando-a do mercado privado de trabalho, realizou-se o inverso. O serviço público tornou-se mais ineficiente e mais caro, e o mercado de trabalho público separou-se completamente do mercado de trabalho privado. A separação foi causada pelo sistema privilegiado de aposentadorias do setor público; pela exigência de um regime jurídico único, que levou à eliminação dos funcionários celetistas; e pela afirmação constitucional de um sistema de estabilidade rígido, que tornou inviável a cobrança de trabalho dos servidores.

A estabilidade dos funcionários é uma característica das administrações burocráticas. Foi um meio adequado de proteger os funcionários e o próprio Estado contra as práticas patrimonialistas que eram dominantes nos regimes pré-capitalistas. No Brasil, por exemplo, havia, durante o Império, a prática da "derrubada". Quando caía o governo, eram demitidos não só os portadores de cargos de direção, mas também muitos dos funcionários comuns.

A estabilidade, entretanto, implica um custo. Impede a adequação dos quadros de funcionários às reais necessidades do serviço, ao mesmo tempo que inviabiliza a implantação de um sistema de administração pública eficiente, baseado num sistema de incentivos e punições. Justificava-se enquanto o patrimonialismo era dominante e os serviços do Estado liberal, limitados; deixa de sê-lo quando o Estado cresce em tamanho, passa a realizar um grande número de serviços e a necessidade de eficiência para esses serviços torna-se fundamental, ao mesmo tempo que o patrimonialismo perde força, deixa de ser um valor para ser uma mera prática, de modo que a demissão por motivos políticos se torna algo socialmente inaceitável. Se, além de socialmente condenada, a demissão por motivos políticos for inviabilizada por uma série de precauções como as presentes na proposta de emenda constitucional do governo Fernando Henrique, não há mais justificativa para se manter a estabilidade de forma absoluta, como ocorre na burocracia clássica.[27]

No Brasil, a extensão da estabilidade a todos os servidores públicos, ao invés de sua limitação apenas às carreiras em que se exerce o poder de Estado, e a forma de entender essa estabilidade, que faz com que a ineficiência, a desmotivação, a falta de disposição para o trabalho não possam ser punidos com demissão, implicaram um forte aumento da ineficiência do serviço público. Como observa o documento da Associação Nacional dos Especialistas em Políticas Públicas e Gestão Governamental (1994:19):

"Relativamente à questão da estabilidade, é essencial a revisão de sua sistemática de aquisição e manutenção. Mantida, como deve, a regra de que os servidores somente podem ser demitidos por processo judicial ou administrativo, onde lhes seja assegurada ampla defesa, impõe-se tornar o processo administrativo mais ágil e flexível e menos oneroso..."

O grande mérito da Constituição de 1988 foi ter tornado obrigatório o concurso público para a admissão de todo e qualquer funcionário. Esse foi, sem dúvida, um grande avanço, na medida em que dificultou o empreguismo público. Também aí, entretanto, verificaram-se exageros. Acabou-se com a prática condenável dos concursos internos, mas isso impossibilitou a promoção interna de funcionários. Enquanto no setor privado a promoção interna é uma prática consagrada, no serviço público brasileiro é inviável. Por outro lado, nos cargos para os quais seria mais apropriado um processo seletivo mais flexível, ainda que público e transparente, passou-se a exigir todas as formalidades do concurso. Autarquias, fundações e até empresas de economia mista foram constrangidas a realizar concursos, quando poderiam ter sido simplesmente obrigadas a selecionar seus funcionários de forma pública e transparente.

---

[27] Ou melhor, as justificativas só poderão ser dogmáticas, como, por exemplo, a encontrada em Gurgel (1995:85): "A ideia de flexibilizar a estabilidade no serviço público apenas para algumas funções designadas como funções de Estado confunde Estado com República. Não percebe que, além e acima do Estado, as funções que se destinam a atender necessidades ou direitos públicos são funções separadas do privado e devem ser cumpridas com isenção e equidade. Devem ser conduzidas com impessoalidade — preservadas das pressões políticas e sociais... A questão da impunidade dos servidores desidiosos ou o problema do excesso de contingente não podem ser argumentos para uma medida que põe 'em xeque' um princípio da moderna burocracia".

A promoção interna foi reservada exclusivamente para a ascensão dentro de uma carreira. Essa reserva partiu do pressuposto de que para a instauração de um regime burocrático clássico é essencial o estabelecimento de um sistema formal de ascensão burocrática, que começa por um concurso público e depois passa por um longo processo de treinamentos sucessivos, avaliações de desempenho e exames formais. Ocorre, entretanto, que carreiras burocráticas dignas desse nome não foram instaladas no serviço público brasileiro. Apenas entre militares pode-se falar de carreira no Brasil.[28]

A carreira burocrática propriamente dita dura em média 30 anos, ao fim dos quais o servidor deve estar ganhando cerca de três vezes mais do que ganhava no início. Para chegar ao topo da carreira ele demorará no mínimo 20 anos.[29] Esse tipo de carreira está obviamente superado em uma sociedade tecnologicamente dinâmica, em plena Terceira Revolução Industrial. Nem a Constituição de 1988, nem os servidores federais e os políticos brasileiros, entretanto, foram capazes de reconhecer abertamente esse fato. Continuaram a afirmar que o estabelecimento de carreiras, acompanhado de um correspondente sistema de treinamento e de avaliação, resolveria, se não todos, a maioria dos problemas da administração pública brasileira. A carreira tornou-se, na verdade, o grande mito de Brasília. Mito porque se prega a instauração das carreiras, ao mesmo tempo em que, de fato, não se acredita nelas, e se as destrói na prática.[30]

A destruição das carreiras é realizada através da indução de gratificações de desempenho, que reduzem radicalmente a amplitude das carreiras — ou seja, a distância percentual entre a remuneração inicial e a final. Essa amplitude deveria ser de 200 ou 300%, mas nos últimos anos passou a girar no Brasil em torno dos 20%, exceto no caso das carreiras militares. A ampli-

---

[28] Era possível também falar-se em carreiras entre os diplomatas. A introdução de uma gratificação de desempenho em 1995, porém, reduziu drasticamente a amplitude da carreira diplomática, que assim ficou equiparada às demais carreiras civis.

[29] Na França, por exemplo, a diferença entre o salário inicial de um egresso da ENA e o salário no final da carreira, descontados os adicionais por ocupação de cargo de direção, é de duas vezes e meia.

[30] Segundo Abrucio (1993:74), por exemplo, "na administração pública federal brasileira a questão dos planos de carreira é fundamental, na medida em que a maioria dos servidores públicos brasileiros carece de um horizonte profissional definido". Nesse trabalho, o autor enumera de forma realista os obstáculos à existência de carreiras. Não percebe, porém, como praticamente ninguém percebia na época, que esses obstáculos derivavam menos do patrimonialismo ou da incompetência dos dirigentes políticos, e mais das mudanças tecnológicas dramáticas ocorridas no mundo, com profundas implicações na reformulação da administração pública.

tude da carreira de auditor do Tesouro Nacional, por exemplo, reduziu-se a 6%. A de uma carreira recém-criada, como a dos gestores, reduziu-se a 26%. Através desse processo de redução da amplitude das carreiras elas foram na prática reduzidas a simples cargos.

Por que ocorreu esse fato? Principalmente porque Brasília na verdade não acredita em seu próprio mito. Porque, em um mundo em transformação tecnológica acelerada, em que a competência técnica não tem qualquer relação com a idade dos profissionais, os servidores jovens não estão dispostos a esperar 20 anos para chegar ao topo da carreira. Como, por outro lado, não é possível eliminar as etapas e as correspondentes carências de tempo para se chegar ao topo das carreiras, nem se pode aumentar facilmente o nível de remuneração de cada carreira, o mais prático é reduzir sua amplitude, aumentando a remuneração dos níveis inferiores.

Isso não significa, porém, que não existam carreiras na administração pública brasileira. Sem dúvida elas existem, conforme muito bem analisou Schneider (1994, 1995). São antes carreiras pessoais do que formais. São carreiras extremamente flexíveis, constituídas por funcionários que formam a elite do Estado. Esses funcionários circulam intensamente entre os diversos órgãos da administração e, ao se aposentarem, tendem a ser absorvidos pelo setor privado. Se Schneider acrescentasse que a ocupação de DAS é parte integrante desse processo instável e flexível, mas mais baseado no mérito do que ele supõe, teríamos um bom quadro do sistema de carreiras informais existentes na alta burocracia brasileira. Um quadro que poderá ser aperfeiçoado com a adoção de uma concepção moderna de carreira que compreenda: ampla mobilidade do servidor, possibilidade de ascensão rápida aos mais talentosos; estruturas em "Y" que valorizem tanto as funções de chefia quanto de assessoramento; versatilidade de formação e no treinamento, permitindo perfis bem diferenciados entre os seus integrantes.

A relação entre os DASs e as carreiras nos leva a um outro mito burocrático de Brasília: o mito de que os DASs são um mal, seriam o modo pelo qual se minaria o sistema de carreiras, abrindo espaço para a contratação, sem concurso, de pessoal sem competência. Na verdade, os DASs, por permitirem a remuneração adequada de servidores públicos — que perfazem 75% do total de portadores de DAS, conforme se pode verificar na tabela —, constituem uma espécie de carreira muito mais flexível e orientada pelo mérito. Existe em Brasília um verdadeiro mercado de DAS, através do qual ministros e altos administradores públicos disputam, com essa moeda, os melhores funcionários brasileiros. Se for concretizado o plano, ainda em elaboração, de reservar de forma crescente os DASs para servidores públicos, o sistema de DAS, que hoje já é um fator importante para o funcionamento da administração pública federal, transformar-se-á em um instrumento estratégico da administração pública gerencial.

A tabela nos oferece, aliás, um bom quadro da alta administração pública federal presente no Poder Executivo. A remuneração média dos administradores varia da média de R$2.665 para os portadores de DAS-1 a R$6.339, em média, para os portadores de DAS-6. A percentagem média de portadores de DAS que são servidores públicos baixa de 78,5%, no caso do DAS-1, para 48,4%, no caso dos portadores de DAS-6. O nível de instrução se eleva com o aumento do DAS, enquanto a percentagem de mulheres diminui à medida que transitamos do DAS-1 para o DAS-6. Há ao todo 17.227 portadores de DAS, o que corresponde a 3% do total de servidores ativos.

Ocupantes de DAS

	Nº de servidores	Idade média	Sexo feminino (%)	Nível superior (%)	Servidores públicos (%)	Remuneração média
DAS-1	7.206	41	45,2	50,08	78,5	2.665
DAS-2	5.661	42	39,0	61,80	77,7	3.124
DAS-3	2.265	44	36,0	71,00	71,4	3.402
DAS-4	1.464	46	28,8	81,30	65,4	4.710
DAS-5	503	48	17,3	86,10	60,6	6.018
DAS-6	128	50	16,4	85,90	48,4	6.339
Total	17.227	42	39,5	61,00	75,5	3.112

Fonte: Ministério da Administração Federal e Reforma do Estado (1995).
Obs.: Inclui somente remuneração do cargo e da função; foram considerados no cálculo somente os servidores efetivos.

Através de seus mitos, Brasília justifica a ineficiência e a baixa qualidade do serviço público federal. Ao mesmo tempo, porém, revela a falta de uma política clara para o serviço público. Enquanto se repetem mitos burocráticos, como é o caso do mito positivo da carreira e o mito negativo de que os DASs constituem um mal, o serviço público brasileiro não logra se tornar um sistema plenamente burocrático, já que esse é um sistema superado, que está sendo hoje abandonado em todo o mundo em favor de uma administração pública gerencial. E por esse mesmo motivo não consegue fazer a sua passagem para uma administração pública moderna, eficiente, controlada por resultados, voltada para o atendimento do cidadão-cliente. Ao invés disso, fica acariciando um ideal superado e irrealista de implantar no final do século XX um tipo de administração pública que se justificava na Europa, na época do Estado liberal, como um antídoto ao patrimonialismo, mas que hoje não mais se justifica.

Os dois objetivos e os setores do Estado

A partir de 1995, com o governo Fernando Henrique, surge uma nova oportunidade para a reforma do Estado, em geral, e do aparelho do Estado e de seu pessoal, em particular. Essa reforma tem por objetivos: a curto prazo, facilitar o ajuste fiscal, particularmente nos estados e municípios, onde existe um claro problema de excesso de quadros; a médio prazo, tornar mais eficiente e moderna a administração pública, voltando-a para o atendimento dos cidadãos.

O ajuste fiscal será realizado principalmente através da exoneração de funcionários, por excesso de quadros; da definição clara do teto remuneratório dos servidores e da modificação do sistema de aposentadorias, aumentando-se o tempo de serviço exigido e a idade mínima para aposentadoria, exigindo-se tempo mínimo de exercício no serviço público e tornando o valor da aposentadoria proporcional à contribuição. As três medidas exigirão mudança constitucional. A primeira será aplicada apenas nos estados e municípios, já que na União não existe excesso de quadros. A segunda e a terceira, na União. Uma alternativa às dispensas por excesso de quadros que provavelmente será muito usada será o desenvolvimento de sistemas de exoneração por desligamento voluntário. Nesses sistemas os administradores escolhem a população de funcionários passíveis de exoneração e propõem que parte deles se exonere voluntariamente em troca de indenização e de treinamento para a vida privada. Diante da possibilidade iminente de dispensa e das vantagens oferecidas para o desligamento voluntário, um número substancial de servidores se apresentará.[31]

---

[31] A primeira experiência importante e bem-sucedida de demissão voluntária no serviço público brasileiro ocorreu no Banco do Brasil em 1995. O banco possuía 130 mil funcionários. Apontou 50 mil como passíveis de demissão e ofereceu indenização para que cerca de 15 mil funcionários se demitissem voluntariamente. Depois de uma agitada intervenção dos sindicatos, obtendo liminares em primeira instância imbuídos de espírito burocrático, a política foi considerada legal. Apresentaram-se 16 mil para a demissão voluntária.

Já a modernização ou o aumento da eficiência da administração pública resultará, a médio prazo, de um complexo projeto de reforma, através do qual se buscará a um só tempo fortalecer a administração pública direta, ou o "núcleo estratégico do Estado", e descentralizar a administração pública, através da implantação de "agências autônomas" e de "organizações sociais" controladas por contratos de gestão. Nesses termos, não se pode classificar a reforma proposta de centralizadora, como a de 1936, ou de descentralizadora, como pretendeu ser a de 1967. Nem, novamente, de centralizadora, como a contrarreforma embutida na Constituição de 1988. Em outras palavras, a proposta não é continuar no processo cíclico que caracterizou a administração pública brasileira (Pimenta, 1994), alternando períodos de centralização e de descentralização, mas, ao mesmo tempo, fortalecer a competência administrativa do centro e a autonomia das agências e das organizações sociais. O elo de ligação entre os dois sistemas será o contrato de gestão, que o núcleo estratégico deverá aprender a definir e controlar, e as agências e organizações sociais, a executar.[32]

A proposta de reforma do aparelho estatal parte da existência de quatro setores dentro do Estado: a) o núcleo estratégico do Estado; b) as atividades exclusivas de Estado; c) os serviços não exclusivos ou competitivos; e d) a produção de bens e serviços para o mercado.

No núcleo estratégico são definidas as leis e as políticas públicas. É um setor relativamente pequeno, formado no Brasil, no nível federal, pelo presidente da República, pelos ministros de Estado e pela cúpula dos ministérios, responsáveis pela definição das políticas públicas, pelos tribunais federais encabeçados pelo Supremo Tribunal Federal e pelo Ministério Público. Nos níveis estadual e municipal existem núcleos estratégicos correspondentes.

Atividades exclusivas de Estado são aquelas em que é exercido o "poder de Estado", ou seja, o poder de legislar e tributar. Inclui a polícia, as forças armadas, os órgãos de fiscalização e de regulamentação, e os órgãos responsáveis pelas transferências de recursos, como o Sistema Unificado de Saúde, o sistema de auxílio-desemprego etc.

Os serviços não exclusivos ou competitivos do Estado são aqueles que, embora não envolvendo o poder de Estado, são realizados ou subsidiados

---

[32] Segundo Pimenta (1994:154): "A institucionalização da função-administração no governo federal ocorreu durante todo o período republicano brasileiro de forma cíclica... O Brasil viveu um processo de centralização organizacional no setor público nas décadas de 30 a 50, com o predomínio da administração direta e de funcionários estatutários. Já nas décadas de 60 a 80 ocorreu um processo de descentralização, através da expansão da administração indireta e da contratação de funcionários celetistas. O momento iniciado com a Constituição de 1988 indica a intenção de se centralizar novamente (regime jurídico único — estatutário).

por ele por serem considerados de alta relevância para os direitos humanos, ou por envolverem economias externas, não podendo ser adequadamente recompensados no mercado através da cobrança dos serviços.

Finalmente, a produção de bens e serviços para o mercado é realizada pelo Estado através das empresas de economia mista, que operam em setores de serviços públicos e/ou em setores considerados estratégicos.

Em cada um desses setores será necessário considerar: a) o tipo de propriedade e b) o tipo de administração pública mais adequados. Examinemos o primeiro problema. O quadro da página 260 resume as relações entre essas variáveis.

Propriedade estatal e privatização

No núcleo estratégico e nas atividades exclusivas de Estado a propriedade deverá ser, por definição, estatal. O núcleo estratégico usará, além dos instrumentos tradicionais — aprovação de leis (Congresso), definição de políticas públicas (Presidência e cúpula dos ministérios) e emissão de sentenças e acórdãos (Poder Judiciário) —, de um novo instrumento, que só recentemente vem sendo utilizado pela administração pública: o contrato de gestão. Através do contrato de gestão, o núcleo estratégico definirá os objetivos das entidades executoras do Estado e os respectivos indicadores de desempenho, e garantirá a essas entidades os meios humanos, materiais e financeiros para sua consecução. As entidades executoras serão, respectivamente, as "agências autônomas", no setor das atividades exclusivas de Estado, e as "organizações sociais", no setor de serviços não exclusivos de Estado.

As atividades exclusivas de Estado deverão ser em princípio organizadas através do sistema de "agências autônomas". O dirigente da agência autônoma deverá ser nomeado pelo respectivo ministro, com o qual será negociado o contrato de gestão. Uma vez estabelecidos os objetivos e os indicadores de desempenho, não apenas qualitativos, mas também quantitativos, o dirigente terá ampla liberdade para gerir o orçamento global recebido; poderá administrar seus funcionários com autonomia no que diz respeito a admissão, demissão e pagamento, e também realizar compras apenas obedecendo aos princípios gerais de licitação.

No outro extremo — no setor de bens e serviços para o mercado —, a produção deverá ser em princípio realizada pelo setor privado. Por isso o programa de privatização em curso. Pressupõe-se que as empresas serão mais eficientes se controladas pelo mercado e administradas privadamente. Daí deriva o princípio da "subsidiariedade": só deve ser estatal a atividade que não puder ser controlada pelo mercado. Além disso, a crise fiscal retirou do

Estado a capacidade de realizar poupança forçada e investir nas empresas estatais, o que tornou aconselhável privatizá-las. Essa política está de acordo com a concepção de que o Estado moderno — que prevalecerá no século XXI — deverá ser um Estado regulador e transferidor de recursos, e não um Estado executor. As empresas podem ser controladas pelo mercado, onde prevalece o princípio da troca. O princípio da transferência, que rege o Estado, não se aplica a elas; por isso, e devido ao princípio da "subsidiariedade", as empresas devem ser privadas.

Setores do Estado, formas de propriedade e de administração

	Forma de propriedade			Forma de administração	
	Estatal	Pública não estatal	Privada	Burocrática	Gerencial
Núcleo estratégico Legislativo, Judiciário, Presidência, Cúpula dos ministérios					
Atividades exclusivas Polícia, regulamentação, fiscalização, fomento, seguridade social básica					
Serviços não exclusivos Universidades, hospitais, centros de pesquisa, museus		Publicização			
Produção para o mercado Empresas estatais			Privatização		

Fonte: Ministério da Administração Federal e Reforma do Estado. *Plano diretor da reforma do Estado*. 1995.

Esse princípio não é absolutamente claro no caso dos monopólios naturais, em que o mercado não tem condições de funcionar; nesse caso, a privatização deverá ser acompanhada de um processo criterioso de regulação de preços e qualidade dos serviços. Não é também totalmente claro no caso de setores monopolistas, em que se podem realizar grandes lucros — uma forma de poupança forçada — e em seguida reinvesti-los no próprio setor. Nessas circunstâncias, talvez seja economicamente interessante manter a empresa como propriedade do Estado. Os grandes investimentos em infraestrutura no Brasil entre os anos 40 e os 70 foram em grande parte financiados dessa forma. Finalmente, esse princípio é discutível no caso de setores estratégicos como o do petróleo, em que pode haver interesse em uma regulação estatal mais cerrada, implicando propriedade estatal. Essa é uma das razões da decisão do governo brasileiro de manter a Petrobras sob controle estatal.

Propriedade pública não estatal

Finalmente, cabe analisar o caso das atividades não exclusivas de Estado. Nossa proposta é que a forma de propriedade dominante seja a pública não-estatal.

No capitalismo contemporâneo, as formas de propriedade relevantes não são apenas duas, como geralmente se pensa e como a divisão clássica do direito entre direito público e direito privado sugere — propriedade privada e propriedade pública —, e sim três: a) a propriedade privada, voltada para a realização de lucro (empresa) ou de consumo privado (famílias); b) a propriedade pública estatal; e c) a propriedade pública não estatal. A confusão não deriva da divisão bipartite do direito, mas do fato de que, em seguida, o direito público foi confundido ou identificado com o direito estatal, enquanto o direito privado foi entendido como englobando as instituições não estatais sem fins lucrativos, que, na verdade, são públicas.[33]

Com isso estou afirmando que o público não se confunde com o estatal. O espaço público é mais amplo que o estatal, já que pode ser estatal ou não estatal. No plano do dever-ser o estatal é sempre público, mas na prática não é: o Estado pré-capitalista era, em última análise, privado, já que existia para atender às necessidades do príncipe; no mundo contemporâneo,

---

[33] Como observa Bandeira de Mello (1975:14), para o jurista, ser propriedade privada ou pública não é apenas um título, é a submissão a um regime jurídico específico: um regime de equilíbrio comutativo entre iguais (regime privado) ou a um regime de supremacia unilateral, caracterizado pelo exercício de prerrogativas especiais de autoridade e contenções especiais ao exercício das ditas prerrogativas (regime público). "Saber se uma atividade é pública ou privada é mera questão de indagar do regime jurídico a que se submete. Se o regime que a lei lhe atribui é público, a atividade é pública; se o regime é de direito privado, privada se lhe reputará a atividade, seja, ou não, desenvolvida pelo Estado. Em suma: não é o sujeito da atividade nem a natureza dela que lhe outorgam caráter público ou privado, mas o regime a que, por lei, for submetida." Estou reconhecendo este fato ao considerar a propriedade pública não estatal como regida pelo direito privado; ela é pública do ponto de vista dos seus objetivos, mas privada sob o ângulo jurídico.

o público foi conceitualmente separado do privado, mas vemos todos os dias tentativas de apropriação privada do Estado.

É pública a propriedade que é de todos e para todos. É estatal a instituição que detém o poder de legislar e tributar; é estatal a propriedade que integra o aparelho do Estado, sendo regida pelo direito administrativo. É privada a propriedade que se volta para o lucro ou para o consumo dos indivíduos ou dos grupos. De acordo com essa concepção, uma fundação "de direito privado", embora regida pelo direito civil, é uma instituição pública, na medida em que está voltada para o interesse geral. Em princípio, todas essas organizações sem fins lucrativos são ou devem ser organizações públicas não estatais.[34] Sem dúvida, poder-se-ia dizer que, afinal, continuamos apenas com as duas formas clássicas de propriedade: a pública e a privada, mas com duas importantes ressalvas: primeiro, a propriedade pública se subdivide em estatal e não estatal, ao invés de se confundir com a estatal; e segundo, as instituições de direito privado voltadas para o interesse público e não para o consumo privado não são privadas, e sim públicas não estatais.[35]

O reconhecimento de um espaço público não estatal tornou-se particularmente importante num momento em que a crise do Estado aprofundou a dicotomia Estado-setor privado, levando muitos a imaginar que a única alternativa à propriedade estatal seria a propriedade privada. A privatização é uma alternativa adequada quando a instituição pode gerar todas as receitas da venda de seus produtos e serviços e o mercado tem condições de assumir a coordenação de suas atividades. Quando isso não acontece, abre-se espaço para o público não estatal. Por outro lado, no momento em que a crise do Estado exige o reexame das relações Estado-sociedade, o espaço público não estatal pode exercer um papel de intermediação ou facilitar o aparecimento de novas formas de controle social direto e de parceria, que abrem novas perspectivas para a democracia. Como observa Cunil Grau (1995:31-2):

"A introdução do 'público' como uma terceira dimensão, que supera a visão dicotômica que confronta de maneira absoluta o 'estatal' com o 'privado', está indiscutivelmente vinculada à necessidade de redefinir as relações entre Estado e sociedade... O público, no 'Estado', não é um dado definitivo,

---

[34] "São ou devem ser" porque uma entidade formalmente pública, sem fins lucrativos, pode, na verdade, não sê-lo. Nesse caso, trata-se de uma falsa entidade pública. São comuns casos desse tipo.

[35] Essas instituições são impropriamente chamadas de "organizações não governamentais" na medida em que os cientistas políticos nos Estados Unidos geralmente confundem governo com Estado. É mais correto falar em organizações não estatais, ou, mais explicitamente, públicas não estatais.

mas um processo de construção, que por sua vez pressupõe a ativação da esfera pública social em sua tarefa de influir sobre as decisões estatais."

Finalmente, no setor dos serviços não exclusivos de Estado, a propriedade deve ser em princípio pública não estatal. Não cabe ser estatal porque não envolve o uso do poder de Estado. Deve ser pública para justificar os subsídios recebidos do Estado. O fato de ser pública não estatal, por sua vez, implica a necessidade de a atividade ser controlada de forma mista pelo mercado e pelo Estado. O controle do Estado, entretanto, deve ser necessariamente antecedido e complementado pelo controle social direto, derivado do poder dos conselhos de administração constituídos pela sociedade. E o controle de mercado se materializa na cobrança dos serviços. Dessa forma, a sociedade atesta permanentemente a validade dos serviços prestados, ao mesmo tempo em que se estabelece um sistema de parceria ou de cogestão entre o Estado e a sociedade civil.

Na União, os serviços não exclusivos de Estado mais relevantes são as escolas técnicas, os centros de pesquisa, os hospitais e os museus. A reforma proposta é transformá-los em um tipo especial de entidade não estatal — as organizações sociais. A ideia é transformá-los, voluntariamente, em "organizações sociais", ou seja, em entidades que celebrem um contrato de gestão com o Poder Executivo e contem com autorização do Parlamento para participar do orçamento público. A organização social não é, na verdade, um tipo de entidade pública não estatal, mas uma qualidade dessas entidades, declarada pelo Estado.

A expansão da esfera pública não estatal aqui proposta não significa em absoluto a privatização de atividades do Estado. Ao contrário, trata-se de ampliar o caráter democrático e participativo da esfera pública, subordinada a um direito público renovado e ampliado. Como observa Tarso Genro (1996):

"A reação social causada pela exclusão, pela fragmentação, a emergência de novos modos de vida comunitária (que buscam na influência sobre o Estado o resgate da cidadania e da dignidade social do grupo) fazem surgir uma nova esfera pública não estatal... Surge, então, um novo direito público como resposta à impotência do Estado e dos seus mecanismos de representação política. Um direito público cujas regras são às vezes formalizadas, outras não, mas que ensejam um processo cogestionário que combina democracia direta — de participação voluntária — com a representação política prevista pelas normas escritas oriundas da vontade estatal."

Para transformar os serviços não exclusivos de Estado em propriedade pública não estatal e declará-los uma organização social será necessário um "programa de publicização", que não deve ser confundido com programa de privatização, na medida em que as novas entidades conservarão seu caráter público, mas de direito privado, assegurando, assim, uma autonomia administrativa e financeira maior. Para tanto será preciso extinguir as atuais entidades e substituí-las por fundações públicas de direito privado criadas por pessoas físicas. Dessa forma evitar-se-á que as organizações sociais sejam consideradas entidades estatais, como aconteceu com as fundações de direito privado instituídas pelo Estado, e que sejam, assim, submetidas a todas as restrições da administração estatal. As novas entidades receberão, por cessão de uso precária, os bens da entidade extinta. Os servidores da entidade transformar-se-ão em uma categoria em extinção e ficarão à disposição da nova entidade. O orçamento da organização social será global; a contratação de novos empregados, pelo regime da Consolidação das Leis do Trabalho; as compras deverão estar subordinadas aos princípios da licitação pública, mas poderão ter regime próprio. O controle dos recursos estatais postos à disposição da organização social dar-se-á através do contrato de gestão, estando também submetido à supervisão do órgão de controle interno e do Tribunal de Contas.

Tipos de administração mais adequados

O objetivo geral da reforma administrativa será transitar de uma administração pública burocrática para a gerencial. Essa mudança, porém, não pode ser realizada de um dia para o outro. Nem deve ocorrer com a mesma intensidade nos diversos setores. Na verdade, a administração pública gerencial deve ser construída sobre a administração pública burocrática. Não se trata de fazer tábula rasa desta, mas de aproveitar suas conquistas, os aspectos positivos que ela contém, ao mesmo tempo que se vai eliminando o que já não serve.

Deve-se conservar e aperfeiçoar, se não implantar — visto que até hoje não o foram, apesar de toda a ideologia burocrática que tomou conta de Brasília entre 1985 e 1994 —, certas instituições burocráticas, como a exigência de concurso ou de processo seletivo público, um sistema universal de remuneração, carreiras formalmente estruturadas e um sistema de treinamento. Nesses termos, é preciso e conveniente que continuem os esforços no sentido da instalação de uma administração pública burocrática no país.

Essas instituições, porém, devem ser suficientemente flexíveis para não conflitar com os princípios da administração pública gerencial. E, sobretudo, não impedir a recompensa do mérito pessoal, desvinculado do tempo de serviço, e não aumentar as limitações impostas à iniciativa e à criatividade do administrador público para administrar seus recursos humanos e materiais. Quanto ao treinamento, conforme observa Oslak (1995), deve estar prioritariamente relacionado com as necessidades e os programas do novo Estado que se quer implantar, ao invés de subordinar-se às etapas de uma carreira, como quer a visão burocrática.

Por outro lado, a combinação de princípios gerenciais e burocráticos deve variar de acordo com o setor. A grande qualidade da administração pública burocrática é a sua segurança e efetividade. Por isso, no núcleo estratégico, onde essas características são muito importantes, ela deve ainda estar presente, em conjunto com a administração pública gerencial. Já nos demais setores, onde o requisito da eficiência é fundamental, dado o grande número de servidores e de cidadãos-clientes ou usuários envolvidos, o peso da administração pública burocrática deve ir diminuindo até praticamente desaparecer no setor das empresas estatais. Como observa Roberto Cavalcanti de Albuquerque (1995:36):

"É duvidoso que esse novo paradigma [que Albuquerque chama de 'paradigma empresarial de governo', em oposição ao 'paradigma de gestão político-administrativa']... deva substituir, inteiramente, em especial nos órgãos que diretamente exercem os poderes conferidos ao Estado, o modelo de gestão político-administrativa."

A reforma da administração pública será executada em três dimensões: a) a institucional-legal, por meio da qual se modificam as leis e se criam ou modificam instituições; b) a cultural, baseada na mudança dos valores burocráticos para os gerenciais; e c) a da cogestão.

Na dimensão institucional-legal será preciso modificar a Constituição, as leis e os regulamentos. Em um país cujo direito tem origem romana e napoleônica, qualquer reforma do Estado implica uma ampla modificação do sistema legal.

A dimensão cultural da reforma significa, por um lado, sepultar de vez o patrimonialismo, e, por outro, transitar da cultura burocrática para a gerencial. Tenho dito que a cultura patrimonialista já não existe no Brasil, porque só existe como prática, não como valor. Essa afirmação, entretanto, é imprecisa, já que as práticas também fazem parte da cultura. O patrimonialismo, presente hoje sob a forma de clientelismo ou de fisiologismo, continua a existir no país, embora sempre seja condenado. Para completar a erradicação desse tipo de cultura pré-capitalista não basta condená-la, é preciso também puni-la.

Por outro lado, o passo à frente representado pela transição para a cultura gerencial é um processo complexo, mas que já está ocorrendo. Todo o debate travado em 1995 sobre a reforma constitucional do capítulo da administração pública foi um processo de mudança de cultura.

Finalmente, a dimensão gestão será a mais difícil. Trata-se aqui de pôr em prática as novas ideias gerenciais e oferecer à sociedade um serviço público efetivamente mais barato, mais bem-controlado e de melhor qualidade. Para isso, a criação das agências autônomas, no nível das atividades exclusivas de Estado, e das organizações sociais, no setor público não estatal, serão as duas tarefas estratégicas. Inicialmente teremos alguns laboratórios, onde as novas práticas administrativas serão testadas com o apoio do Ministério da Administração Federal e Reforma do Estado, mas depois é de se esperar que as próprias unidades a serem transformadas e os respectivos núcleos estratégicos tomem a iniciativa da reforma.

Perspectivas da reforma

Um ano depois de iniciada, posso afirmar hoje que as perspectivas em relação à reforma da administração pública são muito favoráveis. Quando o problema foi colocado pelo novo governo, no início de 1995, a reação inicial da sociedade foi de descrença, se não de irritação. Na verdade, caiu uma tempestade sobre mim. A imprensa adotou uma atitude cética, para não dizer abertamente agressiva. Várias pessoas sugeriram-me que "deveria falar menos e fazer mais", como se fosse possível mudar a Constituição sem antes realizar um amplo debate. Atribuí essa reação à natural resistência ao novo. Estava propondo um tema novo para o país; um tema que jamais havia sido discutido amplamente, que não fora objeto de discussão pública na Constituinte, que não se definira como problema nacional na campanha presidencial de 1994, que só constava marginalmente dos programas de governo. Em síntese, que não estava na agenda do país.[36]

À resistência ao novo, entretanto, deve ter-se somado um segundo fator. Segundo Przeworski, o êxito da reforma do Estado depende da capacidade de cobrança dos cidadãos. Ora, a cultura política no Brasil sempre foi mais autoritária do que democrática. Historicamente, o Estado não é visto como um órgão ao lado da sociedade, oriundo de um contrato social, mas como uma entidade acima da sociedade. Dessa forma, conforme observa Luciano Martins, "a responsabilidade política pela administração dos recursos públicos raramente foi exigida como um direito de cidadania. Na verdade, o princípio de que *não há tributação sem representação* é completamente estranho à cultura política brasileira". Não constitui surpresa, portanto, que

---

[36] Para ser mais preciso, itens como a revisão da estabilidade do servidor constavam das propostas de emenda constitucional do governo Collor; foram produto, em grande parte, do trabalho de setores esclarecidos da burocracia, preocupados em dotar aquele governo de um programa mais bem-estruturado na sua segunda fase, após ampla reestruturação ministerial.

a reação inicial às propostas, quando elas estavam ainda sendo formuladas, tenha sido tão negativa.

Contudo, depois de alguns meses de insistência por parte do governo em discutir questões como a estabilidade dos servidores, seu regime de trabalho, seu sistema previdenciário e os tetos de remuneração, começaram a surgir os apoios: dos governadores, dos prefeitos, da imprensa, da opinião pública e da alta administração pública. No final de 1995 havia a convicção não só de que a reforma constitucional tinha ampla condição de ser aprovada pelo Congresso, mas também de que era fundamental para o ajuste fiscal dos estados e municípios, além de essencial para se promover a transição de uma administração pública burocrática, lenta e ineficiente, para uma administração pública gerencial, descentralizada, eficiente, voltada para o atendimento dos cidadãos. A resistência à reforma localizava-se agora apenas em dois extremos: de um lado, nos setores médios e baixos do funcionalismo, nos seus representantes corporativos sindicais e partidários, que se julgam de esquerda; de outro, no clientelismo patrimonialista ainda vivo, que temia pela sorte dos seus beneficiários, muitos dos quais cabos eleitorais ou familiares de políticos de direita.

Fundamental, no processo de reforma, é o apoio da alta burocracia — um apoio que está sendo obtido. Na Inglaterra, por exemplo, a reforma só se tornou possível quando a alta administração pública britânica decidiu que estava na hora de reformar, e que, para isso, era conveniente uma aliança estratégica com o Partido Conservador, que assumira o governo em 1979. Mais amplamente, é fundamental o apoio das elites modernizantes do país, que necessariamente inclui a alta administração pública. Conforme observa Piquet Carneiro (1993:150), nas duas reformas administrativas federais (1936 e 1967), "esteve presente a ação decisiva de uma elite de administradores, economistas e políticos — autoritários ou não —, afinados com o tema da modernização do Estado, e entre eles prevaleceu o diagnóstico comum de que as estruturas existentes eram insuficientes para institucionalizar o processo de reforma".

Após um período natural de desconfiança para com as novas ideias, esse apoio vem ocorrendo sob as mais diversas formas. Ele parte da convicção generalizada de que o modelo implantado em 1988 foi irrealista, tendo agravado o problema, ao invés de resolvê-lo. O grande inimigo não é apenas o patrimonialismo, mas também o burocratismo. O objetivo de instalar uma administração pública burocrática no país continua vivo, já que jamais se logrou completar essa tarefa; mas tornou-se claro em 1995 que, para isso, é necessário dar um passo além e caminhar na direção da administração pública gerencial, que engloba e flexibiliza os princípios burocráticos clássicos.

Referências bibliográficas

Abrucio, Fernando L. Profissionalização. In: Andrade, R. & Jacoud, L. (orgs.). *Estrutura e organização do Poder Executivo*. Brasília, Escola Nacional de Administração Pública (Enap), 1993. v. 2.

Andrade, Régis. Introdução. In: Andrade, R. & Jacoud, L. (orgs.). *Estrutura e organização do Poder Executivo*. Brasília, Escola Nacional de Administração Pública (Enap), 1993. v. 2.

———— & Jacoud, L. (orgs.). *Estrutura e organização do Poder Executivo*. Brasília, Escola Nacional de Administração Pública (Enap), 1993. v. 2.

Associação Nacional de Especialistas em Políticas Públicas e Gestão Governamental. Reforma do Estado e administração pública: diagnósticos e propostas para o novo governo. Out. 1994. versão 2, mimeog.

Bandeira de Mello, Celso Antônio. *Prestação de serviços públicos e administração indireta*. São Paulo, Revista dos Tribunais, 1975.

Barzelay, Michael. *Breaking through bureaucracy*. Berkeley, University of California Press, 1992.

Beltrão, Hélio. *Descentralização e liberdade*. Rio de Janeiro, Record, 1984.

Bertero, Carlos Osmar. *Administração pública e administradores*. Brasília, Funcep, 1985.

Bresser Pereira, Luiz Carlos. De volta ao capital mercantil: Caio Prado Jr. e a crise da Nova República. [1988]. *Revista Brasileira de Ciência Política*, 1(1), mar. 1989; e In: D'Incao, Maria Angela. *História e ideal: ensaios sobre Caio Prado Jr*. São Paulo, Brasiliense, 1989.

————. Contra a corrente: a experiência no Ministério da Fazenda. *Revista Brasileira de Ciências Sociais* (19), jul. 1992. (Testemunho ao Instituto Universitário de Pesquisas do Rio de Janeiro, set. 1988.)

Cardoso, Fernando Henrique. Globalização. Conferência pronunciada em Nova Délhi, Índia, jan. 1996; e *O Estado de S. Paulo*, 28-1-1996.

Cavalcanti de Albuquerque, Roberto. Reconstrução e reforma do Estado. 1995.

Cunil Grau, Nuria. La rearticulación de las relaciones Estado-sociedad: en busqueda de nuevos sentidos. *Revista del Clad — Reforma y Democracia* (4), jul. 1995.

Diniz, Eli. Governabilidade, democracia e reforma do Estado: os desafios da construção de uma nova ordem no Brasil dos anos 90. *Dados*, 38(3), 1995.

Fairbrother, Peter. *Politics and the State as employer*. London, Mansell, 1994.

Frischtak, Leila L. *Governance capacity and economic reform in developing countries*. Washington, D.C., World Bank, 1994. (Technical Paper, 254.)

Genro, Tarso. A esquerda e um novo Estado. *Folha de S. Paulo*, 7-1-1996.

Gouvêa, Gilda Portugal. *Burocracia e elites dominantes do país.* São Paulo, Pauliceia, 1994.
Graef, Aldino. Nova fase do capitalismo de Estado. *Cadernos Enap*, 2(4), dez. 1994.
Gurgel, Cláudio. Reforma do Estado: Weber e a estabilidade. *Archétipon*. Rio de Janeiro, Faculdades Cândido Mendes, 4(10), 1995.
Holanda, Nilson. A crise gerencial do Estado brasileiro. In: Velloso, João Paulo dos Reis (org.). *Brasil: a superação da crise.* São Paulo, Nobel, 1993.
Huntington, Samuel P. *Political order in changing societies.* New Haven, Yale University Press, 1968.
Kettl, D. & DiIulio, J. *Inside the reinvention machine: appraising governmental reform.* Washington, D.C., The Brookings Institution, Center for Public Management, 1994.
Marcelino, Gileno Fernandes. *Evolução do Estado e reforma administrativa.* Brasília, Imprensa Nacional, 1987.
Martins, Luciano. *Pouvoir et développement economique.* Paris, Anthropos, 1976. (Tese de Doutorado, Universidade de Paris V.)
_____. *Estado capitalista e burocracia no Brasil pós-64.* Rio de Janeiro, Paz e Terra, 1985.
Ministério da Administração Federal e da Reforma do Estado. *Plano diretor da reforma do Estado.* Brasília, Presidência da República, Imprensa Oficial, nov. 1995.
Ministério da Fazenda. *Plano de controle macroeconômico.* Brasília, Ministério da Fazenda, Secretaria Especial de Assuntos Econômicos, jul. 1987.
Nassif, Luís. O Brasil e o mito de segurança. *Folha de S. Paulo.* 7-1-1996.
Nunes, Edson de Oliveira. Bureaucratic insulation and clientelism in contemporary Brazil: uneven State building and the taming of modernity. Berkeley, Department of Political Science, University of Berkeley, 1984. (PhD Thesis.)
Osborne, D. & Gaebler, T. *Reinventing government.* Reading, Mass., Addison-Wesley, 1992.
Oslak, Oscar. As demandas de formação de administradores públicos frente ao novo perfil do Estado. *Revista do Serviço Público*, ano 46, v. 119, n. 1, jan. 1995.
Pimenta, Carlos César. Aspectos recentes da organização e das políticas de modernização da função pública federal. *Revista de Administração Pública.* Rio de Janeiro, 28(2), abr. 1994.
Piquet Carneiro, João Geraldo. Requisitos políticos e técnicos da reforma do Estado. In: Velloso, João Paulo dos Reis (org.). *Brasil: a superação da crise.* São Paulo, Nobel, 1993.

Santos, Luiz Alberto. Modelo brasileiro para a organização da alta administração. *Revista do Serviço Público*. Brasília, *119*(2), maio 1995.

Schneider, Ben Ross. *Burocracia pública e política industrial no Brasil*. São Paulo, Sumaré, 1994.

———. A conexão da carreira: uma análise comparativa de preferências e insulamento burocrático. *Revista do Serviço Público*, ano 46, v. 119, n. 1, jan. 1995.

Governabilidade democrática na América Latina no final do século XX

JOAN PRATS I CATALÁ*

Governabilidade democrática, instituições, ação de governo e lideranças

O desencontro que se observa, com frequência cada vez maior, entre muitos políticos tradicionais e seus respectivos povos procede da tendência que os políticos têm de preencher de más atuações as próprias agendas, sejam pequenas querelas do passado, sejam desafios e oportunidades em relação ao futuro. Essa atitude, desculpável em tempos de estabilidade prolongada, é insensata em momentos como o que estamos vivendo, que se podem qualificar, sem exagero, como tempos de autêntica mutação, ou mudança, da civilização. Não estamos, é claro, diante do fim da história; mas estamos no alvorecer de uma nova era histórica.

Nos anos 60 e começo da década dos 70, especialmente na América e na Europa latinas, não eram raros os que acreditavam que o século XX seria o século da superação do capitalismo. Em vez disso, parece que será o século do desaparecimento do comunismo, do triunfo da economia de mercado, do predomínio da democracia liberal e das grandes revoluções tecnológicas e institucionais, da internacionalização, do dinamismo, da complexidade, da diversidade e da interdependência... Já quase no século XXI, adivinha-se facilmente, do outro lado da porta, a emergência turbulenta de uma sociedade cada vez mais global, plural e complexa, interdependente e dinâmica, cujos desafios e oportunidades em nada se parecerão aos que visavam a responder às ideologias e instituições geradas pela Revolução Industrial. Nesse novo contexto, a democracia e o mercado triunfantes, pela primeira vez na história, terão que se enfrentar e sobreviver a si mesmos

---

* Diretor do Barcelona Governance Project, Esade — Universidade das Nações Unidas.

(Rosenau, 1992; Dror, 1994; Comisión de Gestión de los Asuntos Públicos Mundiales, 1995; Sartori, 1994).

Nenhum país governado de forma responsável pode prescindir de uma estratégia nacional de posicionamento na nova ordem internacional emergente, nem mesmo os países latino-americanos, cuja perda do papel de protagonistas internacionais é um dos dados mais característicos dos últimos anos. Convém não esquecer que, como o mostra a história, a hierarquia de países que resultará da grande mutação que está em curso será outra, bem diferente da que existe atualmente. No topo da lista aparecerão os países que souberem desenvolver estratégias nacionais corretas; os demais retrocederão.

A capacidade de formular e pôr em prática estratégias nacionais de recomposição interna e de reposicionamento internacional será, portanto, vital. Essa capacidade depende de muitos fatores. Para o que nos interessa discutir, destacaremos apenas três: a) primeiro, a existência, ou não, de lideranças eficazes, isto é, de direção com credibilidade, capaz de articular uma visão viável, que cimente uma coalizão suficiente para dar impulso a um programa de reformas estruturais e para vencer eventuais resistências; b) segundo, o tecido institucional e cultural profundo do país, isto é, as verdadeiras regras do jogo político, econômico e social, interiorizadas e aplicadas pelos vários atores relevantes; e c) finalmente, a capacidade de formular e implementar as políticas públicas necessárias para enfrentar os desafios.

Esses três fatores estão profundamente inter-relacionados. Essa inter--relação determina o cenário conceitual a que este trabalho responde. Neste cenário teórico, entende-se por "governabilidade democrática" a capacidade de um sistema democrático para se autogovernar e enfrentar positivamente os desafios e as oportunidades. Nesse sentido, a governabilidade democrática refere-se menos aos atributos de um regime democrático e mais às capacidades com as quais uma determinada sociedade democrática pode contar para enfrentar os desafios e para se beneficiar das oportunidades que encontra. Uma estratégia de governabilidade democrática é, pois, uma estratégia de construção de capacidades. Tais capacidades dependem da inter-relação entre o sistema institucional existente (*governance*), das capacidades dos atores políticos, econômicos e sociais (*governing actors*) e, finalmente, da quantidade e da qualidade da liderança transformacional disponível (Kooiman, 1993a e b).

"Governabilidade" é, pois, um conceito diferente do de *governance* ou "sistema institucional" — formal e informal — que demarca a ação dos atores sociais — governamentais e não governamentais — relevantes para a determinação e a alocação autoritária dos bens e dos recursos públicos. Essas determinação e atribuição ocorrem através da ação política e da formulação e implementação de políticas públicas. "Governabilidade" é também um conceito diferente de "ação de governar" ou *governing*, que compreende tanto a política propriamente dita quanto as políticas públicas e a gestão pública (Kooiman, 1993a e b).

Os conceitos de *governance* e *governing* são tão intimamente relacionados que a língua espanhola emprega um só termo para os dois: o antigo *gobernación* (sem as conotações autoritárias que recebeu recentemente; e recuperando o seu significado antigo, genuíno). De fato, *gobernación* significa tanto o exercício de "governar" quanto o sistema institucional no qual se dá a ação de governar. Porque não se governa no vazio nem com completa liberdade, mas no cenário de restrições e incentivos que são as instituições de governo. Essas instituições (*governance*) são o primeiro determinante da governabilidade; o primeiro, não o único.

Sistemas institucionais iguais, contudo, podem apresentar níveis mais altos ou mais baixos de governabilidade (maior ou menor capacidade de lidar com os desafios e oportunidades coletivos). Nesses casos, a causa da diferença deverá ser procurada na diferença entre as capacidades dos atores e do governo (*governing*). A ação desses atores é limitada pela ordem institucional, mas não totalmente: sempre resta aos atores uma margem de autonomia na qual podem e devem exercitar sua competência profissional e sua responsabilidade moral (Popper, 1982). Essas capacidades inscrevem-se hoje no trinômio política, políticas públicas e administração ou gestão pública. As correntes mais atuais postulam que esse trinômio seja integralmente considerado.

Em sociedades como as que conhecemos atualmente, nas quais os atores são, simultaneamente, autônomos e interdependentes, governar é, cada vez menos, a produção de bens e serviços e, cada vez mais, a ação de garantir que os atores se comportem de acordo com determinadas regras que incentivam o comportamento eficaz ante os desafios e as oportunidades apresentados pelo corpo social. Diversos autores consideram que os desafios da governabilidade contemporânea não estão tanto na busca de melhor governo e sim na busca de melhor *governance* (Metcalfe, 1993; Osborne & Gaebler, 1992). Outros autores acrescentam ao mesmo conceito geral a ideia de que o valor criado pelos governos não é só a utilidade ou a satisfação individual a que visam os serviços públicos; que, além desses, deve-se considerar a própria arquitetura social na qual os indivíduos e os grupos buscam a utilidade dos serviços (Moore, 1995).

Finalmente, a governabilidade depende também da qualidade das lideranças, que se pode incluir entre as capacidades de governo. Mas, em nosso modo de ver, o sobrevalor que a qualidade das lideranças acrescenta é tão grande que merece ser discutido à parte. Dedicamos a este assunto o último item deste trabalho. Tratamos, obviamente, de lideranças transformacionais, capazes de mobilizar e orientar o processo de aprendizado coletivo, através do qual se desenvolvem os novos modelos mentais e as novas competências de atuação necessários para que os desafios coletivos possam ser enfrentados com eficácia (Burns, 1979; Grindle & Thomas, 1989; Heifetz, 1994).

Desafios e oportunidades deste final de século para as democracias latino-americanas

Embora com atraso considerável, desde fins dos anos 80, os povos latino-americanos vêm desenvolvendo um grande esforço para adaptar-se às novas realidades da ordem mundial emergente. As grandes coordenadas que orientam esse esforço e delimitam o novo consenso que se vem construindo (Iglesias, 1992; Pnud & BID, 1993; Bradford, 1994; Castañeda, 1995) parecem ser:

❏ o compromisso com a democracia e com seu avanço, o que implica profundas transformações nos atores e em suas capacidades, e no regime e na cultura cívica que estão por trás do comportamento desses atores e o delimitam;

❏ além do que está fixado no chamado "consenso de Washington", a necessidade de substituir os capitalismos mercantilistas, que no passado prevaleceram nesta região, por verdadeiras economias de mercado produtivas e eficientes, o que exige não só que o ajuste econômico seja sustentável, mas também que se desenvolvam as capacidades e a institucionalidade das economias modernas de mercado;

❏ a luta contra a pobreza e o compromisso com a redução das desigualdades, para que se supere a dualização e o populismo, para construir uma sociedade civil de cidadania plena, na qual a liberdade dos indivíduos e dos grupos esteja efetivamente garantida pelo império da lei;

❏ a inserção das economias na ordem global mediante a abertura comercial, a capacidade de manejo das políticas de competitividade e a criação e o desenvolvimento de espaços de integração econômica regional que potenciem os países integrados na ordem econômica global;

❏ a reforma do Estado populista tradicional, grande e arbitrário, mas débil frente às coalizões de interesses privados, para que se comece a criar um Estado desligado das suas funções produtivas, mas forte, a serviço da economia nacional produtiva e de sua competitividade, capaz de compensar as falhas do mercado e de garantir a coesão social.

Todos esses processos, eivados de dificuldades e contradições, correm paralelos à emergência de novos paradigmas, a partir dos quais se deverão abordar e hierarquizar os problemas do desenvolvimento. Em particular, alastra-se entre as classes dirigentes latino-americanas a consciência de que o consenso de Washington e uma mera democracia formal não são suficientes, por si sós, para garantir o desenvolvimento, a legitimidade e a governabilidade. Estes são processos que só podem resultar de verdadeiras reformas estruturais, entendendo-se por essa expressão a reforma da institucionalidade ou das regras subjacentes ao jogo dos atores políticos, econômicos e sociais.

A ordem mundial emergente obriga-nos a desenvolver as capacidades indispensáveis para jogar o novo jogo e para aprender as novas regras. Como não se cansa de repetir a moderna literatura sobre reengenharia e aprendizado, o mais difícil não é apreender e aprender (ou seja, tornar-se capaz de atuar, que é a única aprendizagem verdadeira) as novas regras e capacidades: o mais difícil é "desaprender", desligar-se das ideias velhas. Isso é impossível sem liderança. Devemos felicitar-nos ao ver emergir, na região, lideranças e programas de reformas que ultrapassam a simples modernização organizacional e instrumental e concentram-se na necessidade de uma verdadeira refundação das instituições.

Consequentemente, a introdução de novas equipes, tecnologias e concorrentes de gestão contínua permanece sendo um recurso fundamental para o desenvolvimento. Apenas já não é possível promover reformas isoladas e, portanto, deve-se considerá-las em função de sua compatibilidade e impacto sobre a base institucional e cultural que lhes serve de suporte. O Pnud e o BID, além de diversas agências bilaterais, vêm enfatizando ultimamente que sem desenvolvimento institucional não há qualquer garantia de sustentabilidade dos avanços que eventualmente possam ser alcançados na gestão pública. A mesma ideia pode ser encontrada também nos textos recentes de vários especialistas influentes do Banco Mundial (Edwards, 1995).

A mudança de ênfase do organizacional para o institucional corresponde a mudanças importantes na teoria do desenvolvimento, que só podem ser muito superficialmente citadas aqui (North, 1991; Hirschman, 1992; Ostrom et alii, 1993; March & Olsen, 1995, entre inúmeros outros autores).

Deve-se ter em mente que a estratégia específica de *governance* adotada pelo Pnud em geral e por sua Management Development and Governance Division em particular, a partir da ideia de desenvolvimento humano sustentável, converte-se em uma estratégia integral, na qual os aspectos econômicos, políticos, sociais e ambientais da governabilidade tornam-se inseparáveis e interdependentes.

Progressivamente vai-se gerando entre os diferentes atores, na região, a percepção de que o maior problema para as sociedades latino-americanas em relação aos desafios do desenvolvimento atual não é tanto a carência de recursos naturais, econômicos ou humanos, mas, antes, a inadequação e a ineficiência das instituições que condicionam a produtividade desses recursos. Isso significa uma mudança de ênfase: do desenvolvimento de recursos para o desenvolvimento dos modelos vigentes, a fim de organizar a cooperação e a ação coletiva e seus correspondentes modelos de valoração e culturais. O desenvolvimento deixou portanto de ser principalmente uma questão de aprimoramento das organizações existentes, para ser uma questão de redefinição ou repostulação das regras do jogo que determinam as organizações ou atores participantes, e a posição de cada um deles no processo de ação coletiva. O desenvolvimento deixou, portanto, de ser problema de governo e converteu-se em problema de *governance* (Osborne & Gaebler, 1992; Metcalfe, 1993; Kooiman, 1993).

Ao se adotar a nova perspectiva, vê-se que a quantidade de reformas pendentes é verdadeiramente assustadora:

❑ A adequação e a limpeza dos sistemas eleitorais correm paralelas à necessidade de melhorar a imagem, a organização, a representatividade e o sistema de financiamento dos partidos.

❑ Os grandes consensos que as reformas institucionais exigem não podem ser obtidos a partir da liderança exclusiva do presidente; passa a ser indispensável fortalecer a instituição e o aparelho organizacional dos legislativos nacionais.

❑ A superação do corporativismo exigirá um sistema jurídico que assegure efetivamente as liberdades econômicas e sociais em um Estado de direito garantido por um Poder Judiciário independente, eficaz e responsável.

❑ Em muitos países será necessário avançar na construção das instituições de mercado: definição clara e garantia dos direitos de propriedade e cumprimento dos contratos; legislação e registros comerciais; reforma fiscal e da administração tributária; defesa da livre concorrência de mercado e dos direitos de consumidores e usuários; regulamentação dos mercados de valores; supervisão eficaz do sistema financeiro; desenvolvimento das novas capacidades regulatórias coerentes com a concorrência de mercado, depois de concluídas as privatizações e desregulamentações necessárias.

❑ Estabelecimento de programas e fundos dirigidos à redução da pobreza; garantia pública de acesso universal a certos serviços essenciais, sobretudo aos serviços de saúde e educação; desburocratização dos serviços essenciais e progressivo envolvimento do setor privado na oferta desses serviços; desenvolvimento das capacidades de gerenciamento social.

Essa relação, apesar de incompleta e desordenada, é tão assustadora quanto significativa. Fazer soar os sinos da modernidade — como fizeram alguns de nossos países —, divulgando ostensivamente que a reforma está praticamente pronta depois de ajustes, de privatizações, de desregulamentações e da liberalização do comércio não é agir com responsabilidade histórica. Com tudo isso ter-se-á conseguido apenas firmar um pé para dar o primeiro passo, o que sequer se fez em todos os países. O caminho a percorrer é longo e penoso, mas há muitas esperanças. Precisamos encontrar verdadeiros líderes e estratégias nacionais integrais capazes de orientar e mobilizar a ação coletiva, que é indispensável.

As estratégias de governabilidade democrática terão que se adaptar às condições específicas de cada país. Não obstante, o fundo histórico-institucional comum aos países da região justifica — e até exige — que se criem mecanismos de cooperação continental. Embora cada país conte com recursos próprios e tenha de enfrentar desafios específicos e particulares, com oportunidades específicas, estabelecendo sua própria estratégia e suas prioridades diferenciadas, também é verdade que a visão do horizonte institucional a ser alcançado pode e deve, em grande parte, ser partilhada. Além do mais, o intercâmbio de experiências é uma rica fonte de conhecimento.

A nosso ver, são plenamente justificadas e muito bem-fundamentadas as várias propostas que têm surgido para a constituição, na região, de redes, fundos e projetos, e programas os mais variados de governabilidade democrática, ao calor da primeira reunião de cúpula — a Reunião de Cúpula Ibero-Americana — de 1996, dedicada precisamente a este tema.

Da debilidade ao salto qualitativo institucional no mundo hispânico

Douglas C. North foi provavelmente quem mais insistiu na importância das instituições para condicionar, a longo prazo, o rendimento econômico dos diferentes povos. É bastante conhecida e amplamente aceita a interpretação que dá aos diferentes modelos históricos seguidos por Inglaterra e Estados Unidos, de um lado, e por Espanha, Portugal e América Latina, de outro.

A colonização latino-americana foi, em essência, obra de Castela, que se configurou institucionalmente como uma monarquia fortemente centralizada, apoiada em uma potente burocracia civil, militar e religiosa, com um Parlamento inexistente ou debilitado, sem poder judicial independente e com elevadíssimo grau de interferência na economia, sempre subalterna aos interesses do Estado. Com a perda dos Países Baixos e a queda dos lucros das Índias, a Coroa espanhola entrou em uma espiral de falências; para impedir que continuasse, apertou-se a torquês burocrática dos impostos: houve confisco e reduziram-se as garantias dos direitos de propriedade. Em um país que havia expulsado os mouros e os judeus, cuja burocracia impunha impostos máximos sobre a terra e preços máximos ao trigo, e onde o confisco dos lucros dos mercadores podia ser feito a qualquer momento se assim determinasse a Coroa, as atividades econômicas produtivas eram claramente desestimuladas. As organizações realmente incentivadas eram, em vez das atividades produtivas, o Exército, a Igreja, a burocracia civil e judiciária, submetida à Coroa. A Coroa e suas burocracias, apoiadas pelos detentores dos monopólios ou patentes reais e pelos monopólios gremiais, formaram a coalizão que impediu o desenvolvimento não só do Parlamento e de um direito superior à vontade do rei, mas também do incentivo necessário à livre-empresa. Os direitos de propriedade e o cumprimento dos contratos não estavam legalmente definidos, nem eram assegurados por lei. Em outras palavras, o forte intervencionismo econômico e o poder arbitrário impediram que surgisse no mundo hispânico uma sociedade civil autônoma e poderosa, deixando permanentemente frustrada e pendente a revolução liberal.

As instituições britânicas desenvolveram-se em um quadro que contrasta claramente com este. Para o que nos interessa aqui, basta assinalar que o traslado dessas ideias para as colônias norte-americanas produziu uma história econômica caracterizada por um sistema político federal, de freios e contrapesos, de submissão ao poder do direito e por uma estrutura básica de direitos de propriedade, que incentivou, a longo prazo, o desenvolvimento da contratação, a produção e o intercâmbio, isto é, a criação de mercados e o desenvolvimento econômico.

A história econômica latino-americana, por outro lado, perpetuou a tradição centralizada e burocrática da herança hispano-portuguesa. A caracterização institucional que faremos a seguir do panorama empresarial mexicano no século passado ainda soará familiar em muitas latitudes: "o intervencionismo acentuado e a natureza arbitrária do contexto institucional forçavam cada empresa, urbana ou rural, a operar de modo altamente politizado, utilizando redes clientelistas, influências políticas ou prestígio familiar para aceder ao crédito subsidiado, para impor qualquer estratagema no recrutamento dos trabalhadores, na acumulação de dívidas ou no cumprimento dos contratos, para evadir impostos ou eludir os tribunais, para defender ou reivindicar títulos sobre as terras. O êxito ou o fracasso econômico dependiam quase sempre da relação entre os produtores e as autoridades políticas. As pequenas empresas, excluídas do sistema de privilégios corporativos e do favor político, ficavam obrigadas a operar em um estado permanente de semiclandestinidade, sempre à margem da lei e à mercê dos funcionários locais, jamais seguras contra eventuais atos arbitrários, jamais protegidas frente ao direito ou ao interesse dos poderosos" (Coatsworth, 1978:94).

Nas palavras de North, os modelos institucionais divergentes estabelecidos pela Inglaterra e por Espanha e Portugal no Novo Mundo não convergiram, apesar de diversas tentativas de imitação ou traslado de instituições, sempre fracassadas. Nos Estados Unidos, evoluiu um cenário institucional que permite o intercâmbio pessoal complexo necessário à estabilidade política e necessário também para captar os lucros econômicos potenciais derivados da moderna tecnologia. Na América Latina, por outro lado, as relações pessoais são ainda a chave de grande parte do intercâmbio econômico e político. São consequência da evolução de um panorama institucional que, até agora, não teve por objetivo nem a estabilidade política nem o aproveitamento consistente do potencial da tecnologia moderna. É a debilidade institucional que impede, na América Latina, que se extraia todo o proveito potencial dos generosos recursos naturais e humanos que se concentram na região (Borner et alii, 1992).

Aos poucos, contudo, felizmente, amplia-se a consciência de que há um déficit institucional em toda a América Latina. E começam a surgir respostas: estratégias nacionais de desenvolvimento institucional como item absolutamente indispensável ao fortalecimento da governabilidade democrática. Certamente, nem o diagnóstico nem as terapias são ainda muito claros, convincentes e difundidos, o que é normal em momentos de verdadeira mudança de paradigma. A mudança mais promissora pela qual passa atualmente a América Latina tem caráter mental e cultural e expressa-se pela emergência — ainda conflitiva — de novos paradigmas econômicos e políticos, sociais e empresariais.

Essas mudanças expressam-se também no descobrimento de diferenças entre o capitalismo mercantilista e a economia de mercado; no consenso sobre a necessidade de uma sociedade civil autônoma; no reconhecimento do valor da iniciativa econômica e da livre-empresa; na crítica aos excessos da burocracia; no reconhecimento das falhas do mercado, especialmente no que diz respeito à equidade social; na afirmação da necessidade de um novo tipo de Estado, bem-dimensionado e forte, capaz de oferecer os bens e serviços que o mercado não pode oferecer eficiente ou equitativamente, que respeite a ordem constitucional e as leis, integrante de um Poder Judiciário independente e eficaz, capaz de combater o poder arbitrário e seu corolário — a corrupção —, e de submeter à responsabilidade o exercício da discricionaridade legítima.

A consciência de que as raízes do atraso econômico e social são institucionais já atinge, inclusive, as populações. É o que se pode perceber na reflexão que ouvimos de uma pessoa muito simples, em Honduras: "Compare, doutor, um hondurenho e um japonês: um hondurenho não é pior que um japonês. Mas se o senhor comparar dois hondurenhos com dois japoneses... a diferença entre os dois grupos será praticamente igual à diferença entre a renda *per capita* dos dois países".

A profunda sabedoria popular que se manifesta neste comentário corresponde perfeitamente às descobertas recentes e mais sofisticadas das ciências sociais: falamos da abordagem neoinstitucionalista, seja da economia seja da empresa, da gestão ou da política. Nesse tipo de abordagem, a democracia não é vista simplesmente como um sistema de partidos políticos, eleições e mandato para o exercício de um poder em grande parte arbitrário, mas como ordem institucional, apoiada em uma sociedade civil economicamente autônoma, que permite a organização e a expressão pública de todos os seus membros, baseada mais no mérito que na clientelização, na qual a liberdade dos indivíduos e das organizações fundamenta-se mais no fato de que todos respeitam as mesmas normas abstratas do que no manejo de influências e relações pessoais.

As democracias latino-americanas ainda são frágeis porque seu componente estritamente "liberal" ainda não é liberal. A grande questão portanto não é como importar as instituições do Norte — tentativa antecipadamente condenada a um fracasso estrepitoso —, mas como fazer com que as instituições locais evoluam até se transformarem em sistemas institucionais renovados que incentivem a eficiência econômica e a equidade social de acordo com os próprios parâmetros de valoração nacionais. Não se deve esquecer que, acabado o confronto histórico entre capitalismo e comunismo, o que estamos descobrindo é a riquíssima variedade de modelos capitalistas, com seus correspondentes esquemas institucionais: se há muitos fatores que unem as chamadas democracias industriais avançadas, há também muitos fatores que separam os modelos anglo-americanos, alemães, nórdico-europeus, japoneses ou latino-europeus.

As reformas institucionais, inevitavelmente incrementais, não acontecem da noite para o dia, nem se fazem por decreto. Mas o fato de terem de ser incrementais não significa que tenham de ser uniformes no tempo. Ao contrário, a história mostra que há períodos descontínuos de aceleração e de estabilidade. Além disso, nenhum modelo histórico de desenvolvimento institucional é irreversível. Não há um fatalismo histórico que pese sobre os povos hispânicos. A transformação institucional da Espanha contemporânea, os grandes avanços que conseguiu em todos os campos, e os novos desafios que se prepara para enfrentar são excelente assunto para reflexão, que não cabe analisar aqui, mas que não queremos deixar sem um breve registro.

O Estado espanhol pré-democrático foi resultado de uma longa história de centralismo e de autoritarismo político, fortemente vinculados a um capitalismo público e privado altamente corporativo e fundamentalmente isolado das grandes forças históricas internacionais.

O franquismo não foi outra coisa senão a expressão brutal da radical incapacidade dos atores políticos, econômicos e sociais para construir um consenso a partir do qual se orientasse a modernização da Espanha. Apesar disso, em 1959, o general Franco tomou a decisão de alinhar economicamente a Espanha com o mundo ocidental avançado (na opinião de Stroessner, o único erro que Franco cometeu). Iniciou-se assim um processo de liberalização econômica limitada, sob estrito controle político autoritário, que, apoiando-se no grande desenvolvimento da Europa e na eficácia da própria legalidade administrativa interna, deu alento à grande transformação industrial, urbana e intelectual da Espanha. Desse modo, o país que Franco deixou, ao morrer (homenageado por multidões de espanhóis, sem dúvida), ainda era um país autoritário, mas já se incluía em uma matriz socioeconômica potencialmente democrática.

O grande mérito dos líderes que protagonizaram a transição espanhola para a democracia foi entender e convencer seus representados de que o futuro comum que os esperava era muito mais importante que as diferenças que os havia mantido em campos separados no passado. O rei Juan Carlos desempenhou esplendidamente o papel de árbitro e estimulador desse processo, o que lhe valeu ganhar, para a instituição monárquica, a legitimidade democrática. O resultado global, em meio à forte crise econômica, não poderia ter sido mais espetacular: a Espanha passou da autocracia à democracia; do centralismo a uma singular descentralização (o Estado das autonomias), capaz de integrar institucionalmente os nacionalismos catalão e basco; do isolamento internacional à integração na Aliança Atlântica e na União Europeia; de um capitalismo corporativo ao desenvolvimento de uma economia de mercado cada vez mais integrada internacionalmente; de um Estado polícia a um Estado de bem-estar, como se vê pelo dado elementar da transformação do sistema fiscal e do gasto público, que chega a representar atualmente quase 50% do PIB, em um país cuja renda por habitante aproxima-se da renda da Inglaterra e da Itália e que ocupa o nono lugar no *ranking* do desenvolvimento humano do Pnud de 1995.

Verdade que nem tudo são louros. Hoje, no caudal da recessão europeia dos anos 90, na alvorada de um novo ciclo de expansão econômica, são necessárias outras transformações institucionais e talvez sejam necessários também outros líderes, capazes de renovar a energia coletiva, de acabar com os enclaves corporativos ainda fortes que subsistem e de enfrentar a corrupção para consolidar a legitimidade democrática. Esses problemas não são absolutamente exclusivos da Espanha, pois existem em quase toda a chamada Europa latina e são bem conhecidos da grande família hispânica. Se procedemos de modelos histórico-institucionais comuns, nada mais lógico que possamos e devamos também cooperar para o progresso comum de todas as estratégias nacionais de desenvolvimento institucional e de governabilidade democrática.

Relevância econômica e social das instituições democráticas

Para estabelecer estratégias nacionais de governabilidade democrática solidamente fundadas, é preciso partir de pressupostos conceituais e teóricos que correspondam tanto à experiência quanto às teses mais prestigiadas e promissoras das ciências sociais.

Para começar, fixemo-nos na experiência dos países latino-americanos e das organizações multilaterais mais relevantes de cooperação (Pnud, BID, Banco Mundial). A avaliação da experiência anterior tem levado a um novo consenso intelectual que considera imprescindível o desenvolvimento institucional entre os componentes da governabilidade democrática.

Nenhuma outra região tentou como a América Latina, durante décadas e com tanto empenho, fazer a reforma administrativa. E nenhuma, como a América Latina, conheceu tantas frustrações. No início da década de 80, em um contexto de ajuste econômico e de democracia formal, as soluções da reforma administrativa tecnocrática careciam de legitimidade. Descobriram-se então as "políticas públicas" e diagnosticaram-se as falências dos Estados latino-americanos como "deficiências de capacidade nacional para formular e implementar políticas públicas".

A solução seguinte parecia orientar-se para o esforço nacional e a ajuda internacional com vistas ao fortalecimento dessas capacidades. Mas o diagnóstico continuava a ser principalmente tecnocrático: a deficiência de capacidade não tinha origem nas instituições e era meramente organizacional (o pensamento político e os especialistas ainda não estabeleciam qualquer diferença entre *organizações* e *instituições*); a solução recomendada consistia quase sempre em reorganizações, em formação e desenvolvimento gerencial. O "gerencialismo", associado às políticas públicas, era a orientação dominante. Mas, no final dos anos 80, já era evidente que as capacidades nacionais não dependiam apenas das capacidades individuais ou organizacionais do setor público, mas, e talvez principalmente, do desenho de novos equilíbrios e arranjos institucionais entre o Estado, a sociedade civil e o mercado. A questão então passou a ser a "reforma do Estado", que, por sua vez, implicava a redefinição e o fortalecimento da sociedade civil.

Os organismos multilaterais de cooperação passaram pela mesma experiência. Hoje já é lugar-comum reconhecer-se que o ajuste e a disciplina macroeconômica são, ao mesmo tempo, necessários e insuficientes para garantir o desenvolvimento econômico sustentável. Reconhece-se, também, que a sustentabilidade da democracia implica avançar, a partir da simples alternância de partidos no poder, para níveis superiores de eficiência econômica e equidade social. O fato de que tanto o Banco Mundial quanto o BID e o Pnud tenham situado o tema da *governance* no centro de suas preocupações com o desenvolvimento também expressa o fenômeno do "redescobrimento das instituições" e do impacto que têm sobre o desenvolvimento econômico e social.

Para compreender adequadamente o valor e a funcionalidade das instituições deve-se começar distinguindo instituições de organizações. Instituições são as regras do jogo social, ou o conjunto de restrições a partir das quais uma sociedade molda a interação individual e organizativa. As instituições decorrem da evolução social histórica, mas não foram pré-projetadas ou construídas nem por vontade nem por decreto. Cada país tem seu próprio sistema institucional, que, em grande medida, determina o sistema de incentivos da interação econômica, política ou social e, pela mesma razão, o potencial nacional de eficiência econômica e de equidade.

A eficiência e a equidade das interações humanas dependem não só das instituições, mas também das organizações. A interação humana não é moldada apenas pelas regras do jogo, mas também pelas equipes e organizações constituídas para o jogo. O traço mais característico das instituições é que não têm fins específicos; sua função é facilitar a interação humana. Quanto às organizações, possuem dois traços característicos: têm finalidades específicas e são ou podem ser criadas, dirigidas, modificadas ou suprimidas por vontade ou ordem. Em outros termos, o problema das instituições é determinar se incentivam ou desincentivam — e em que medida — a eficiência econômica e a equidade social. Já no caso das organizações, o problema é saber o que fazer para maximizar sua utilidade, seja dentro das regras de jogo existentes, seja quando se quer alterá-las.

O institucionalismo só pôde oferecer uma boa razão que justificasse a importância que se atribuía às instituições, depois da introdução da teoria dos custos de transação. As instituições existem para reduzir as incertezas que surgem na interação humana em consequência da complexidade dos problemas a resolver e da limitação das mentes individuais no momento de processar a informação disponível. Essa afirmação, contudo, nada esclarece sobre o fato de haver instituições que estimulam a eficiência econômica e instituições que não o fazem. A resposta é que as instituições têm grande importância econômica porque determinam os custos de transação, que nas economias modernas são altos e continuam a aumentar, e porque, além disso, afetam os custos de transformação.

Todo intercâmbio tem um custo de transação, que consiste nos recursos necessários para medir os atributos físicos e legais intercambiados, mais o custo da vigilância e das garantias de que o intercâmbio seja respeitado, mais um desconto de incerteza que reflete o grau de imperfeição da vigilância e da garantia de que o intercâmbio seja respeitado. Quanto maior for a possibilidade de interferência de um terceiro — que lhe permita influir no valor dos atributos incluídos na função de utilidade do comprador (ou seja, quanto maior for o poder arbitrário, público ou privado) —, maior será a taxa de desconto. Em outras palavras, quanto maior a incerteza do comprador, menor o valor do bem comprado. Daí a importância da "segurança jurídica" na história econômica. O grau de incerteza quanto à garantia dos direitos é uma distinção fundamental entre os mercados relativamente eficientes dos países desenvolvidos e os mercados limitados do passado ou dos países atualmente em desenvolvimento.

As instituições também afetam os custos de transformação (isto é, os recursos de terra, trabalho ou capital aplicados à transformação dos atributos dos produtos), pois quando um quadro institucional caracteriza-se por oferecer poucas defesas ou proteção aos direitos de propriedade, os custos de transação acabam sendo altos, assim como aumentam os custos do uso de tecnologias que empreguem pouco capital fixo e não impliquem compromissos de longo prazo. O quadro institucional existente define as oportunidades que incentivam a criação de empresas.

Assim, com direitos de propriedades mal-assegurados ou desprotegidos, empecilhos à entrada e restrições monopolísticas, os empresários maximizadores tendem a optar por horizontes de curto prazo e a investir pouco capital fixo, enquanto as empresas tendem a ser pequenas. Os negócios mais rentáveis estão no comércio, nas atividades de redistribuição ou no mercado negro. As grandes empresas com importante capital fixo ficam ou à sombra da proteção governamental, com subsídios, isenção de tributos e fortes retribuições políticas, ou protegem-se sob o guarda-chuva das grandes companhias estrangeiras, capazes de controlar o jogo político interno e arcar com os custos correspondentes. Nenhuma dessas combinações familiares serve de estímulo à eficiência econômica ou à equidade social. As limitações institucionais aos intercâmbios levam grandes camadas da população à exclusão do mercado, e as condenam à informalidade ou a pobres patamares de sobrevivência.

Toda a argumentação desenvolvida até aqui serve como clara defesa da democracia liberal como forma política mais apropriada para incentivar a eficiência econômica e a equidade social. Mancur Olson (1993:572-3) destacava recentemente que "as condições necessárias para maximizar o desenvolvimento econômico são as mesmas que se exigem para que exista uma democracia sustentável. Uma economia só pode realizar todos os ganhos potenciais de seus investimentos e dos contratos de longo prazo se coexistir com um Estado suficientemente forte para perdurar e capaz de impedir que os direitos de propriedade e as garantias de cumprimento dos contratos sejam violados. A democracia liberal é o quadro político institucional necessário para satisfazer essas duas condições".

Obviamente, uma democracia não é viável se os indivíduos, inclusive os líderes de oposição ao grupo no poder, não têm protegidos a liberdade e seus direitos políticos e econômicos básicos. A democracia liberal é inviável sem um verdadeiro Estado de direito. Daí não haver contradição entre Estado de direito e gestão pública no Estado democrático. Como tem insistido a melhor doutrina ocidental econômica e jurídica, o Estado de direito é o valor prioritário e a condição *sine qua non* do desenvolvimento de uma gestão pública que supere o mero gerencialismo eficientista.

A importância do Estado de direito para o simples crescimento econômico tem sido destacada nas pesquisas mais recentes de Robert Barrow (1995). Depois de analisar e comparar longas séries temporais e geográficas de crescimento, Barrow chegou à conclusão de que o "Estado de direito" é a variável mais significativa nesse tipo de interpretação. É curioso, contudo, que, nas pesquisas, essa variável tenha-se revelado independente da variável "liberdades políticas", que, isolada, não era relevante em termos de crescimento econômico, apesar de significativa em termos de distribuição de renda. Em trabalho mais recente, Mancur Olson estabeleceu com maior precisão as condições para que os sistemas autoritários possam se tornar compatíveis com o crescimento econômico (Olson, 1995). Nos dois casos, contudo, a segurança jurídica aparece sempre como condição necessária, embora não suficiente, para o crescimento.

Essas considerações visam apenas a ressaltar a importância econômica das instituições. De modo algum sugerem que a democracia possa se basear apenas na funcionalidade para prover o crescimento econômico. A experiência histórica mostra que, até hoje, as democracias que se basearam na economia de mercados eficientes puderam se sustentar. E que os mercados eficientes associados a ordens politicamente autoritárias tenderam a evoluir em direção à democracia. Mas é precipitado estabelecer conexões definitivas entre os dois processos. De qualquer modo, a nosso ver, a democracia se justifica por si mesma, sem que se precise alegar qualquer vantagem em termos de crescimento econômico. A vantagem econômica das instituições do Estado de direito democrático são apenas mais uma boa notícia para os democratas. Mesmo que, para estes, a democracia se justifique sobretudo por ser um projeto moralmente superior de convivência cívica e desenvolvimento humano. Esta última afirmação exige um mínimo ajuste de contas com as posições de individualismo radical de certo liberalismo e de suas correspondentes versões no campo das ciências políticas.

Vivemos ainda tempos de exacerbação do individualismo e de desconfiança em relação à comunidade. A teoria do comportamento humano, que prevalece na economia e nas ciências políticas, centra-se nos indivíduos e nas organizações, que tendem a maximizar sua função de utilidade — interesses e preferências — mediante um sistema de intercâmbios em um contexto institucional considerado exógeno a tais intercâmbios. A partir dessa visão, que é a que tem prevalecido e que foi levada ao paroxismo pela escola da "escolha pública", a governabilidade democrática consiste fundamentalmente em competir, negociar, construir e manter coalizões, e em formular e implementar políticas. A coesão social é um agregado equilibrado e estável de interesses, resultante da força e da posição relativas dos atores relevantes. A metáfora do intercâmbio entre indivíduos e entre organizações que maximizam a utilidade (fundamentalmente econômica, se não exclusivamente) passou a prevalecer nos anos 80 e permitiu que a análise econômica invadisse todos os campos da vida social. A democracia passou a ser analisada como "mercado político", aplicando-se a mesma perspectiva também à análise da educação ou da família.

Não se prega aqui que se ignorem as contribuições derivadas da aplicação da análise econômica a realidades sociais, consideradas até há pouco tempo extraeconômicas. O que queremos é combater o reducionismo de algumas análises, ou o fato de que dediquem atenção apenas à dimensão econômica, ao resultado possível de simples intercâmbios entre maximizadores de utilidade. Não ignoramos a importante colaboração, positiva para a governabilidade democrática, prestada pela abordagem científico-política dominante: a metáfora do intercâmbio capta aspectos fundamentais da vida política e social; a insistência, além disso, na construção de sistemas bem--projetados para a produção do intercâmbio político muito ajudou a compreender e a manejar a ação coletiva. Mas, a nosso ver, essa perspectiva só pode ser útil se for devidamente modificada e completada, e isto, fundamentalmente, pelos seguintes motivos:

❑ A insistência em buscar um equilíbrio eficiente em termos paretianos leva a enfatizar os intercâmbios entre os atores existentes e desconsidera a disparidade inicial quanto à riqueza, ao poder e à concorrência. Assim, ao considerar-se aceitáveis quaisquer posições iniciais, sacrifica-se a procura de intercâmbios aceitáveis. As questões de redistribuição têm, portanto, de ficar fora da agenda. E também exagera-se a importância dos cidadãos de hoje, em detrimento dos cidadãos do futuro.

❑ Não se pode tomar por certo que todos e quaisquer intercâmbios sejam feitos voluntariamente, a partir da lógica da maximização. Há esferas da dignidade e da liberdade pessoais que são excluídas da lógica do intercâmbio, baseadas em convenções constitucionais e em imagens da própria identidade pessoal e social. Por outro lado, muitos intercâmbios ocorrem independentemente da vontade e do cálculo do interesse e podem ser considerados apropriados ou devidos, desde que se baseiem em posições e no próprio conceito do que seja socialmente necessário (Walzer, 1983).

❑ Em certas circunstâncias, um sistema político baseado apenas no intercâmbio, ainda que do ponto de vista técnico funcione perfeitamente, pode levar a resultados indesejáveis do ponto de vista moral. Um número cada vez maior de filósofos políticos insiste em que se reconheça a necessidade de um critério moral para a ação coletiva. Para eles, a governabilidade democrática deve contribuir não só para um intercâmbio equilibrado e estável entre atores desiguais, mas também para que se faça justiça. Isso implica a busca de novos equilíbrios entre atores e interesses, guiada por um ideal de justiça e solidariedade que ultrapassa a mera coesão social. Nada garante que a distribuição da virtude seja igual à distribuição da riqueza, do poder ou da competência.

❏ Enfatizar os intercâmbios para a maximização do próprio interesse apresenta, desde logo, a vantagem de ser uma prática consistente com aspectos reais da natureza humana. Mas apresenta também a desvantagem de incentivar esses mesmos aspectos de nossa natureza. Para certas filosofias sociais, o cálculo egoísta seria a base de toda e qualquer construção social sadia. Para outras, essa base é uma evidente autolimitação da motivação humana. Se não acreditamos na existência de uma natureza humana imutável, mas que a natureza humana é o resultado fluido de um processo de evolução social, o projeto das instituições políticas não pode partir de uma natureza humana inamovível, e sim da responsabilidade de construir instituições que estimulem a evolução positiva na direção de equilíbrios melhores entre o interesse individual e o interesse geral (March & Olsen, 1995).

Tais considerações parecem-nos especialmente importantes para a governabilidade democrática na América Latina. Isto porque, dados os níveis em geral existentes de dualização e de desigualdade e as tradições populistas, caudilhistas, corporativas e autoritárias ainda vigentes, o melhor caminho para enfocar a construção da governabilidade democrática não parece ser o da teoria do liberalismo individualista radical (às vezes chamado de neoliberalismo). A América Latina necessita de uma metáfora da política e da sociedade civil que combine valores individuais e valores comunitários. Entre outras razões porque, na maioria dos países, a grande tarefa ainda por ser cumprida é a construção da própria comunidade. E isso não poderá ser feito sem que, primeiro, se construam instituições que, mesmo reconhecendo a importância dos mercados, não façam deles um *deus ex maquina*, mas reconheçam também suas limitações e a radical insuficiência dos mercados para enfrentar os desafios globais que a região tem a enfrentar. Mercados desenvolvidos podem ajudar, mas não garantem, por si sós, a construção de uma cidadania plena, livre e responsável. Para tanto serão necessários outros valores, que integram o que o Pnud chama de desenvolvimento humano sustentável. Governabilidade democrática é, pois, também, construir a cultura cívica para a qual são relevantes esses valores.

Poucos liberais autênticos foram mais veementes que Julio Maria Sanguinetti, ao denunciar os excessos do neoliberalismo latino-americano: "o triunfo do liberalismo sobre o comunismo é político, é econômico; mas o liberalismo é uma filosofia, não uma doutrina. Caiu-se, contudo, no reducionismo ao concebê-lo como mera política econômica, porque sua vitória ocorre em pleno auge do chamado neoliberalismo, uma concepção que começa com algumas ideias interessantes sobre a moeda, logo exige a redução e a modernização do Estado e termina com a glorificação teísta do mercado. Assim, substituiu-se a religião do Estado pela religião do mercado; o que antes se exigia de um, agora se exige do outro. Exorbitando de suas funções naturais, o Estado não pode ser industrial, comerciante hoteleiro, planificador da vida privada para, assim, assegurar a felicidade individual. Mas o mercado tampouco pode fazê-lo. Se as regulamentações da vida econômica forem eliminadas e se o Estado ficar reduzido à expressão mínima, não se poderá assegurar o equilíbrio na sociedade, nem o atendimento das necessidades dos mais pobres, e que a moral reconhece como necessidades primordiais" (Sanguinetti, 1994).

Postas as coisas nestes termos, a questão operacional básica passa a ser como avançar, a partir da situação atual, para a consolidação das democracias liberais de mercado na América Latina. Para resolvê-la, é preciso compreender adequadamente o modo pelo qual se processa a mudança institucional. Sobre esse assunto, embora ainda não haja uma teoria completa e satisfatoriamente comprovada, já há contribuições suficientes para que se criem agendas e estratégias mais bem fundamentadas que todas as já tentadas, sem êxito, no passado.

Agentes, fontes e processos da mudança institucional

O problema dos verdadeiros líderes políticos não é saber o que ainda está por fazer, mas o que não pode deixar de ser feito aqui e agora. A resposta, nesse caso, constitui a verdadeira agenda política nacional de cada momento, a substância da estratégia de governabilidade e de desenvolvimento institucional própria de cada país. A democracia, como o mercado, são realidades sempre inacabadas. Cada momento tem sua tarefa inadiável. Não errar, ao determinar o que é importante em cada momento, é o traço que distingue o grande líder político da multidão de cidadãos, professores e intelectuais inconformados.

A mudança institucional possível depende sempre da demanda existente e da capacidade de oferta ou de resposta possível. Os atores ou agentes da mudança institucional são os *entrepreneurs* ou dirigentes das organizações ou movimentos sociais, políticos, econômicos ou militares. Uma caracterização realista e inevitável obriga-nos a vê-los como "maximizadores de utilidade" para si mesmos e suas organizações ou movimentos. A função de maximização pode assumir a forma de fazer das eleições o quadro institucional existente ou de alterá-lo (ou qualquer das combinações possíveis dessas alternativas). A demanda para alterar o quadro institucional existente procederá dos atores sociais que esperam obter, da mudança, benefícios que compensem suficientemente os custos inevitáveis da mudança institucional.

A visão anterior é, contudo, tão inevitável quanto insuficiente. Em tempos de turbulência, principalmente, não é fácil saber o que mais convém a cada um. A informação é sempre limitada e qualquer ator responsável pensará em salvar, primeiro, a coesão social. Consequentemente, a posição final dos atores frente à mudança institucional será sempre inevitavelmente mediada pela percepção que tiverem acerca dos interesses comuns, bem como acerca dos paradigmas, culturas, ideologias ou identidades predominantes em cada momento.

As fontes das quais procede a demanda de mudança institucional são complexas. Basicamente, consistem em mudanças nos preços relativos e mudanças nas preferências. Nesse caso, desempenham importante papel as ideologias e "culturas" dominantes. Ante qualquer mudança endógena ou exógena, as implicações serão interpretadas em função dos interesses e do poder que tenham, naquele momento, os diferentes grupos sociais. Atores sociais que se sintam ameaçados pelos novos desafios tratarão de impor uma leitura compatível com o *status quo*, exagerarão os custos e minimizarão os benefícios decorrentes da mudança e opor-se-ão claramente a ela. Nesse ponto, uma liderança político-social transformacional exerce um papel importantíssimo: os grandes líderes transformacionais são personalidades capazes de dar sentido de direção aos seus povos, de inspirar-lhes confiança, de colaborar para que uma maioria, ou uma suficiente coalizão de atores, partilhe uma mesma visão consensual sobre os benefícios e os custos da mudança necessária. Os líderes são o fator-chave para que se expliquem diferenças de velocidade ou de ritmo nas mudanças institucionais em países com condições semelhantes.

A demanda de mudança institucional deriva, pois, da percepção de que os novos arranjos institucionais permitirão auferir lucros, individuais ou coletivos, que não são possíveis no atual quadro institucional. Mas a oferta de mudança institucional depende da capacidade e da vontade da ordem política vigente para prover novos arranjos institucionais. Pode-se caracterizar a ordem política vigente acompanhando a orientação política dominante, como um mercado político, como um quadro institucional de trocas políticas. Nessa perspectiva, a eficiência dos mercados políticos depende da quantidade e da qualidade das trocas possíveis em cada caso. Fazer avançar a democracia implica, pois, abrir o processo de tomada de decisões para o maior número possível de indivíduos e de grupos sociais. Quanto pior for distribuído o poder de influir nas decisões políticas, maiores serão as dificuldades para que se possam ver, ponderadamente, os custos e os benefícios tanto das mudanças institucionais, quanto da manutenção do *status quo*. As tarefas de um projeto institucional que vise a melhorar a governabilidade democrática não terminam, contudo, com a aplicação do quadro de participação política.

Se a cultura, as preferências, os interesses, os conhecimentos e as ideologias dos atores são tão relevantes, não podem ser considerados exógenos ao processo de governabilidade democrática, como pretende a corrente dominante. Uma estratégia de governabilidade que tenha como objetivo inabdicável a elevação do padrão de cultura cívica democrática deve incluir ações que visem a:

❑ criar ou apoiar processos e organizações cívicas que facilitem a construção, a manutenção e o desenvolvimento das identidades democráticas; detectar e combater instituições e processos que produzam identidades inequivocamente inconsistentes com a democracia;

❑ desenvolver as capacidades necessárias para que cidadãos e grupos se comportem de modo consistente com as expectativas derivadas das regras do jogo democrático e possam adaptar as próprias expectativas ao aprendizado da experiência. Essas capacidades não podem ser determinadas de antemão; não dependem apenas da vontade política e do aprendizado espontâneo; a produção e a distribuição dessas capacidades devem ser organizadamente distribuídas entre os atores;

❑ desenvolver, num contexto de pluralismo e liberdade, relatos partilhados que sirvam para interpretar os acontecimentos fundamentais da própria história, que lhe deem significado e delimitem as opções para o futuro. A democracia também precisa de mitos políticos e de procedimentos consensuais para que sejam produzidos, transmitidos, retidos e para que possam evoluir pelo aprendizado;

❑ desenvolver um sistema político adaptativo capaz de enfrentar entornos e demandas mutáveis, o que supõe organizações políticas com maior capacidade de aprendizado, de experimentação, de monitoramento de resultados, de avaliação e interpretação de experiências e de constituição e manejo das lições da história.

Pelo fato de a demanda por mudança institucional se basear na captura de benefícios atualmente incapturáveis, será sempre específica de cada tempo e de cada lugar; dependerá das circunstâncias de cada *status quo* específico. Ocorre o mesmo com a oferta de mudanças institucionais. Inúmeras pesquisas têm detectado os fatores que mais afetam a capacidade e a disponibilidade de uma ordem política específica para prover novos arranjos institucionais. Entre esses fatores incluem-se os custos do projeto institucional renovado, o estoque de conhecimentos existentes, os custos previsíveis da implementação dos novos arranjos, a ordem constitucional, os arranjos institucionais existentes, o código normativo de comportamentos, os saberes convencionais e os benefícios líquidos esperados pela elite que detém as posições de poder e domínio. Todos esses fatores já estão muito bem desenvolvidos em uma vasta bibliografia que não cabe aqui mencionar (Ostrom et alii, 1994).

Se prosseguirmos com a caracterização convencional das ordens políticas como mercados ou como espaços de intercâmbio, acabaremos reconhecendo que, sob diferentes aspectos, ambas são altamente imperfeitas. A imperfeição básica está no fato de que o conjunto de organizações ou agentes com poder de negociação ou de decisão sempre exclui do âmbito de representação alguns setores sociais mais ou menos numerosos. A qualidade da representação, além disso, e a autonomia dos representantes também variam muito. Essas circunstâncias contam muito no momento de explicar por que, diante de uma mesma alteração contextual (preços relativos e ideias), certos países conseguem introduzir mudanças em suas instituições e outros sequer tentam fazê-lo.

Ante uma alteração importante de contexto, os atores relevantes responderão reajustando-se dentro dos limites do quadro institucional existente, que não será modificado, desde que a situação lhes pareça ser de "equilíbrio institucional". Esse tipo de situação ocorre quando os líderes organizacionais (*entrepreneurs*), que têm acesso ao processo de decisão, concluem que, dada a força de cada ator social relevante e dados os arranjos institucionais vigentes, ninguém obterá vantagens claras por maiores que sejam os recursos investidos na mudança. Deve-se observar que, nesse caso, não é a situação objetiva que determina a possibilidade de mudança institucional, mas a percepção subjetiva dos dirigentes e líderes e sua capacidade de ação.

No caso inverso, a mudança institucional ocorre quando uma mudança nos preços relativos ou nas preferências leva uma ou ambas as partes de uma possível troca — econômica ou política — a perceber que é possível obter maiores benefícios se forem alterados os termos de um acordo ou de um contrato. O que se tenta, então, é renegociar o acordo ou o contrato; mas como contratos e acordos são itens em uma hierarquia de regras, a renegociação de uma dessas regras só é possível se todo o conjunto de regras for renegociado (ou se uma norma de comportamento for violada). Nesse caso, para obter o benefício que lhe interessa, uma das partes tem que investir recursos na mudança do quadro institucional de seus contratos. A mudança nos preços ou nas ideias acaba erodindo as regras ou as instituições vigentes e determinando sua substituição (North, 1991).

Considerada do ponto de vista histórico, a mudança institucional é inevitavelmente "incremental". Existem, sim, mudanças descontínuas, provocadas por guerras, revoluções, conquistas, desastres nacionais ou outras emergências. Há momentos de aceleração e momentos de sedimentação e estabilidade em todos os processos de mudança. O que não parece ter qualquer fundamento científico nem histórico é a pretensão de que se possam criar instituições, por revolução ou por decreto, que façam do passado uma *tabula rasa*. Esta noção do racionalismo construtivista social carece de fundamento e não se aplica sequer aos casos de revoluções aparentemente radicais, vitoriosas e duradouras.

Nenhuma revolução pode deixar de construir coalizões, mesmo que seja difícil mantê-las, quando se reestruturam as regras formais e o sistema de recompensas inerente a elas. Também é difícil manter, no tempo, o compromisso ideológico das massas, necessário para superar o problema dos *free riders*. Mas mudanças nas regras formais não garantem a coerência nas regras e restrições informais. Muitas regras informais incompatíveis entre si sobrevivem por muito tempo porque, de fato, colaboram para a solução de problemas de intercâmbio entre os participantes do jogo social. Essas regras, com o tempo, levam ao equilíbrio do sistema institucional — formal e informal — e a um resultado final mais evolucionista que claramente revolucionário.

Grande parte do êxito das sociedades ocidentais avançadas deve-se ao fato de que evoluíram na direção de contextos institucionais que favorecem mudanças incrementais contínuas. A chave, nesse caso, está em mudanças institucionais e comportamentais que incentivem uma representatividade maior dos atores, a autonomia dos dirigentes e a deliberação permanente entre eles e sobre os novos equilíbrios institucionais necessários. As instituições políticas (formais e informais) devem evoluir na direção desse quadro, que facilita as mudanças incrementais. Quando não existem essas instituições facilitadoras, ou quando os líderes organizacionais dispõem de pouco poder de manobra ou de pouca liberdade para negociar — porque lhes falta legitimidade ou credibilidade perante seus representados — diminui, ou desaparece, a possibilidade de se chegar a soluções de compromisso.

Quando é impossível o compromisso, entre um número suficiente de atores, para que se tente uma mudança institucional, não há outra solução senão a mais arriscada e custosa de forjar coalizões suficientemente fortes para romper as barreiras da mudança institucional mediante a mobilização da sociedade. Esta é uma solução muito arriscada e de alto custo, porque quase sempre gera uma coalizão contrária à mudança institucional — que também se mobilizará para resistir, com greves, com violência, o que poderá vir a impedir que o jogo de oferta e procura de mudanças estabeleça um novo equilíbrio ou um novo arranjo institucional; eventualmente, o próprio processo poderá se tornar muito agudo, a ponto de impedir que o país usufrua dos benefícios que a mudança institucional permitiria esperar.

A reforma do Estado

Lições aprendidas: reforma do Estado e governabilidade

Passadas quatro décadas de reformas administrativas de caráter burocrático, as sombras ainda impedem que se vejam umas poucas luzes que brilham, apesar de tudo. A reforma da administração foi um verdadeiro movimento internacional. O quanto provocou de frustrações pode ser avaliado pelo silêncio dos *slogans* e pela volta, nem sempre revitalizada por novos conceitos, às políticas públicas, à gestão pública, à modernização administrativa, ao gerenciamento do setor público e, nos últimos tempos, à *governance*. O hábito contudo "não faz o monge", como diz o provérbio, e a chuva de novos termos não consegue esconder as mesmas velhas práticas fracassadas. Para conjurar o risco, é preciso saber por que fracassou a reforma administrativa burocrática.

Por sorte, não faltam diagnósticos (Dror, Kliksberg, Caiden, Pérez Salgado, Flores, Nieto, Prats etc.). A reforma da administração fracassou, em primeiro lugar, porque se definia como uma operação basicamente técnica, politicamente neutra, indiferente ao sistema político em que devesse ser implementada. Não por ingenuidade, mas porque se inscrevia no paradigma de desenvolvimento e na teoria da eficiência organizacional que prevaleceram nos anos 50 e 60.

A crença de que o desenvolvimento derivava necessariamente da combinação de capital financeiro com capital físico, mais ciência e tecnologia, mais capital humano, mais eficiência organizacional, tudo sabiamente administrado pelo planejamento, era uma convicção partilhada pelos dois blocos que se enfrentavam na Guerra Fria. Baseava-se, além disso, na experiência sem dúvida bem-sucedida do Plano Marshall na Europa e aparentemente exitosa dos países do socialismo real. Alguns de seus mais importantes colaboradores receberam o Prêmio Nobel. Mas ainda há países muito pobres que estão pagando os empréstimos que receberam para planejamento e reforma da administração feitos nessas bases. Nessa época, nem a política, nem as políticas públicas, nem as instituições, nem o capital social eram considerados relevantes para efeitos de desenvolvimento. Paralelamente, a teoria organizacional privilegiava o paradigma burocrático. A organização burocrática era vista por quase todos não como opção organizacional, mas como "o modelo" de racionalidade organizacional em termos de eficácia e eficiência. A burocracia servia também para construir o Estado de Bem-Estar no Ocidente, e o socialismo no Oriente. O movimento internacional de reforma da administração foi, em síntese, a tentativa frustrada de introduzir a racionalidade burocrática em todo o mundo em desenvolvimento. Como resultado, sob um verniz burocrático, desenvolveram-se profundas buropatologias, que dificilmente permitiriam que Max Weber reconhecesse como burocracias as organizações públicas latino-americanas.

A burocracia é certamente compatível com a democracia e com o autoritarismo político. Mas não pode desenvolver plenamente nenhuma de suas qualidades e potencialidades se o Estado não gozar de um mínimo de autonomia em relação aos diferentes grupos de interesse. A falta dessa autonomia perverteu quase todas as reformas administrativas na América Latina. Lembro-me de um esplêndido projeto de implantação do sistema de méritos no serviço público de determinado país que incluía a legislação pertinente, o registro informatizado do pessoal, a classificação de cargos e até um sistema de avaliação de desempenho. No papel, era um projeto excelente. Foi devidamente pago. Pena que o projeto não levasse em consideração que o equilíbrio político do país exigia que boa parte das nomeações para cargos públicos ficasse à disposição discricionária da oligarquia partidária que ocupava o poder. Até que ponto é possível se adotar o princípio do mérito, condição necessária da burocracia, sem fazer antes a reforma política do Estado patrimonialista?

A partir de meados dos anos 70, o paradigma do desenvolvimento e o paradigma burocrático entraram em crise. Rapidamente descobriu-se a importância da política e das políticas. Redescobriram-se as instituições, o capital social e a cultura cívica como determinantes do quadro de incentivos e restrições da eficiência organizacional, pública e privada. A teoria organizacional se viu num beco sem saída: a eficácia e a eficiência não eram mais produto de "um" modelo racional de organização, mas dependiam da configuração ou da opção organizacional que fosse mais adequada ao tipo de tarefa a ser cumprida, ao contexto, à tecnologia e a outros fatores.

Essas mudanças de paradigma são processos de adaptação intelectual a um mundo que, desde meados da década de 70, vive uma mudança sem precedentes históricos. O mundo está se tornando cada vez mais global, competitivo, interdependente, dinâmico, complexo e diversificado. Provavelmente, os governantes de hoje são os mais bem-preparados de todos os tempos; mas as dificuldades para governar aumentaram tanto que cresceram também as falhas de governabilidade. O dinamismo e a interdependência tornam mais numerosas as surpresas: apesar do refinamento dos instrumentos de previsão, praticamente tudo que acontece de importante nos pega de surpresa, sobretudo na América Latina, onde ninguém jamais previu a crise do endividamento, o *tequilazo*, nem outros acontecimentos incubados neste mar de contradições. A imprevisibilidade do futuro acaba com as ilusões do planejamento. A globalização, apesar de ter gerado alguns signos culturais universais, só produziu, como resultado indiscutível, o fim das pretensões nacionais de uniformismo cultural. Por toda parte explodem grupos e minorias étnicas que reivindicam seu direito à diversidade. Cria-se, assim, um risco de fragmentação, que só poderá ser neutralizado mediante o desenvolvimento de modelos culturais e políticos capazes de articular a diversidade e a complexidade. O mundo do final do milênio é um vibrante cenário de experimentação social. As metáforas prevalecentes são, quase todas, pós-burocráticas: aprendizagem, flexibilidade, eficiência adaptacional *versus* eficiência atribucional, valores e culturas *versus* regulamentações, responsabilidade pelos resultados *versus* controle normativo.

A América Latina corre hoje um grave risco no que se refere à reforma do Estado. No mundo anglo-americano — que sem dúvida detém a hegemonia intelectual — critica-se abertamente a burocracia. Essa crítica alcançou, mimeticamente demais, a América Latina, como se nossos países todos — salvo o Chile e, em alguns momentos, o Uruguai e a Costa Rica — algum dia houvessem conhecido verdadeiras burocracias. A crítica tende, pois, a descontextualizar-se e começa a confundir realidade e tipo ideal, burocracia e buropatologia. Cria-se uma falsa oposição entre administração burocrática e administração gerencial. O risco é grande porque o necessário reformismo gerencialista tende a ignorar aspectos institucionais básicos, normalmente ligados à burocracia, entre os quais a segurança jurídica, a imparcialidade administrativa, a interdição de atos arbitrários e a responsabilização judicial de autoridades e funcionários. Sem isso não há mercados eficientes. Nos países desenvolvidos esses aspectos são tomados como pressupostos; na América Latina, as jovens democracias têm de desenvolver ao mesmo tempo a cultura administrativa gerencial e o Estado de direito.

Ante a onda crescente de modernização administrativa, já devíamos, portanto, ter aprendido que não há progresso administrativo significativo sustentável sem mudanças no sistema político; que as tecnologias de gestão não são politicamente neutras; que já não há *one best way* e que cada contexto nacional ou local exige estratégias e soluções específicas; que a finalidade das reformas não é só melhorar a eficiência atribucional, mas também a eficiência adaptacional; que, para tanto, deve-se contar com análises e estratégias integrais, mesmo que traduzidas em medidas de reformas seletivas, em sequências bem ordenadas; que as reformas não podem ser só organizacionais, devem ser também institucionais, já que têm o fim último de incrementar o capital social ou a cultura cívica. Algumas expressões conseguem captar a essência do que deve ser aprendido: a mais conhecida é de Osborne e Gaebler, para os quais o problema atual não está em procurar o melhor governo, mas a melhor *governance*. Na América Latina, a resistência cada vez maior à reforma e, mesmo, à modernização da administração e à sua inclusão entre os quadros mais amplos da reforma do Estado ou da governabilidade toma a mesma direção.

Neste ponto, é necessário precisar melhor alguns conceitos. A reforma do Estado tende hoje, na América Latina, a colocar-se em termos de governabilidade. Governabilidade não é o mesmo que estabilidade política. Governabilidade é um traço que distingue algumas sociedades, que lhes permite enfrentar positivamente os desafios. Sem governabilidade não há desenvolvimento. A governabilidade depende fundamentalmente da estrutura institucional formal e informal existente (*governance*) e das capacidades e competências dos atores do governo (*governing actors*). Em espanhol, a palavra *gobernación*, excluídas as conotações autoritárias, designa os dois aspectos, posto que se refere tanto às instituições quanto às capacidades.

A reforma do Estado, vista do ângulo da governabilidade, compreende, pois, não só a reforma dos papéis, do desenho organizacional, do financiamento, dos procedimentos e da responsabilização das organizações públicas e de seus agentes, mas também a reforma do sistema institucional e da correspondente cultura cívica, que constituem o quadro de incentivos das organizações públicas. Progredir, em termos de governabilidade, significa avançar ao mesmo tempo nas capacidades e nas instituições do governo. São dois objetivos muito diferentes, mas intimamente interligados: as capacidades de governo são capacidades organizativas que se podem fortalecer mediante estratégias de mudança planejada; as instituições (*governance*) são, por outro lado, resultado do processo de aprendizado ou de evolução social, no qual sem dúvida podemos e devemos influir, mas sem dirigi-lo planejadamente. Essa distinção entre o que é organizacional e o que é institucional (Hayek, Popper, North) acaba sendo uma distinção-chave para que se estabeleçam estratégias de reforma do Estado.

O fortalecimento das capacidades de formulação e gestão de políticas

A reforma do Poder Executivo continua sendo o ponto mais importante da reforma do Estado. O Poder Executivo inclui a Presidência, os ministérios e o imenso conjunto de aparelhos administrativos que deles depende, incluído aí o setor público empresarial. Sua reforma, hoje, parece haver superado os esquemas tecnocráticos da reforma administrativa e apresenta-se sob o signo da governabilidade, ou seja, como um componente a mais da necessária adaptação ao novo modelo de desenvolvimento. Por isso, a reforma do Poder Executivo envolve atualmente, ao mesmo tempo, aspectos políticos, econômicos, instrumentais (ou gerenciais) e institucionais.

Politicamente, trava-se, na América Latina, um riquíssimo debate sobre o regime político (a institucionalidade) mais conveniente para a consolidação da democracia. Parte-se da constatação universal de que em 200 anos aprendemos muito pouco e avançamos muito pouco na direção de melhores instituições democráticas, que ajudem a superar os problemas de "agência" (sobretudo o risco de que os políticos e os burocratas se desviem dos interesses gerais [Przeworski]). Discute-se, porém, especialmente, a pertinência de se transformar os atuais regimes majoritariamente presidencialistas em regimes parlamentares ou, no mínimo, semipresidencialistas (Linz e Valenzuela, Sartori). Afinal, trata-se de buscar o regime ou o arranjo institucional mais conveniente, para assegurar tanto a representatividade dos presidentes quanto o necessário apoio dos legislativos. Não é o caso, aqui, de entrar nessa discussão. Mas cabe assinalar que, sem representatividade e suficiente respaldo do Legislativo, a ação presidencial — e, por extensão, a ação de todo o Executivo —, de início encontrará um grande obstáculo. Na América Latina, a questão do regime político continua em aberto e, inevitavelmente, deverá reaparecer na agenda da reforma do Estado em muitos países nos próximos anos.

Em tempos de mudança do modelo de desenvolvimento, a qualidade da liderança presidencial é determinante fundamental da qualidade de todo o Poder Executivo. A América Latina não superará os desafios à sua governabilidade se não completar o processo de construção de um novo modelo de desenvolvimento adaptado às atuais condições de competitividade global. Isso implica novas regras de jogo, novos atores, novos equilíbrios de poder e novos paradigmas culturais. A construção do novo modelo de desenvolvimento integra a verdadeira agenda de Estado latino-americana. Cada presidente deve saber que parte da tarefa corresponde a seu mandato. E ninguém pode cometer enganos: nenhum presidente poderá arcar com toda a tarefa, que, por seu alcance histórico, será obra de mais de uma geração; mas todos os bons presidentes deverão saber perfeitamente que parte da tarefa não poderá deixar de ser cumprida durante seu mandato. Este conhecimento — que nada tem a ver com o planejamento tradicional — constitui a base da condução estratégica da ação de governo.

A reforma do Estado latino-americano exige, portanto, que se fortaleçam as capacidades da Presidência como instituição e como organização. Nesse sentido, o primeiro passo é fortalecer a capacidade de negociar os conflitos político-sociais, seja para resolvê-los, seja, pelo menos, para conduzi-los de modo tal que não prejudiquem nem o sistema institucional, nem a estabilidade do regime. O segundo passo é garantir a coerência da ação do governo, entre os diferentes membros e com os atores relevantes da sociedade civil. Isso pressupõe a capacidade de produzir e comunicar uma visão — ou uma agenda — presidencial confiável, que se apoie em comportamentos coerentes e no manejo competente da imagem, de modo que leve à mobilização de uma coalizão adequada de interesses e opiniões (Sulbrandt).

Como afirma Yehezel Dror, é necessário que se estabeleça uma distinção essencial entre funções de serviço, de execução e de gestão dos governos e suas funções superiores. As primeiras, quantitativamente mais numerosas, são objeto das políticas de modernização da administração; as segundas são as mais importantes, pois incluem todas as funções relacionadas com a modificação das trajetórias coletivas mediante decisões que, em essência, constituem intervenções no processo histórico. Todas as políticas que conduzem à construção do novo modelo e das novas capacidades de desenvolvimento incluem-se claramente entre as funções de ordem superior e são da responsabilidade, em última instância, da autoridade presidencial. Fortalecer a capacidade de formular e implementar tais políticas é fator fundamental para o futuro das sociedades latino-americanas.

Para atingir esses objetivos, é necessário transcender as noções convencionais de eficiência e de eficácia (embora sejam muito importantes) e concentrar-se no que se poderia chamar de capacidade para fazer com que o futuro tome o rumo desejado. Este é o principal objetivo da melhoria das políticas públicas. Esta é, também, a razão de ser do movimento internacional que se observa no sentido de criar governos mais compactos, que concentrem seus esforços nas funções básicas superiores e deleguem a outras estruturas (agências independentes, setor privado, administrações descentralizadas) as tarefas de prestação de serviços, execução e gestão.

Para melhorar acentuadamente a capacidade de tomar decisões importantes sobre desenvolvimento, pode-se partir de um modelo de formulação de políticas que leve em consideração os seguintes aspectos:

❏ As políticas devem se inserir numa estratégia nacional de superação das falhas de desenvolvimento, sem contudo deixar de ter uma visão realista; o objetivo, nesse caso, é criar um vínculo mais estreito entre as políticas de longo prazo e as decisões imediatas para, assim, ganhar credibilidade e mobilizar apoios. Para tanto é importante realizar uma difícil combinação: um conhecimento muito preciso da realidade na qual se atua e dos processos históricos profundos que geraram o auge e a decadência das nações.

❏ As políticas devem dar prioridade às questões básicas (com especial atenção ao risco de se cair no "urgentismo"); deve-se introduzir a criatividade no planejamento das opções políticas, considerando-se que as exigências do presente e do futuro estão, cada dia mais, muito distantes dos modelos e opções que deram certo no passado.

❏ A formulação de políticas a partir de uma visão de longo prazo deve necessariamente incorporar o dado inevitável da incerteza; a incerteza faz com que todas as decisões sejam imprecisas se comparadas à história, razão pela qual a formulação de políticas exige grande sutileza para que se obtenham vantagens e se reduzam os riscos de comportamentos inesperados.

❏ A formulação deve ter em conta o enfoque de problemas, uma visão integrada, que atenda à interação das diferentes decisões setoriais; busca-se a coesão mediante equipes de pessoal já razoavelmente integradas, como escritórios de orçamento e diversos mecanismos de coordenação; a experiência demonstra, contudo, que a visão integral é muito difícil, o que leva à necessidade de se adotar um enfoque amplo de sistemas, a fim de que as decisões possam levar em conta interações e amplas repercussões, e de que se possam agrupar várias decisões, a fim de obter efeitos sinérgicos.

❏ As políticas devem se inspirar numa lógica de moralidade e de afirmação de valores, com a finalidade de incrementar o nível de compromisso e de cultura cívica.

❏ Uma formulação de políticas de qualidade deve, em sentido amplo, levar de fato em conta os recursos econômicos e políticos, morais e cívicos, atuais e futuros, o que implica melhorar a capacidade de fazer cálculos de custo das políticas e definir orçamentos.

❏ A formulação de políticas, sobretudo nos países envolvidos em grandes processos de autotransformação, deve ter por objetivo prioritário as instituições e sua evolução, inclusive as estruturas, os processos, o pessoal, os sistemas de incentivos, o meio cultural etc. Nesse caso, o direito reveste-se de particular interesse, dada sua dupla função de elemento restritivo das políticas e de principal instrumento dessas políticas.

❏ O êxito da formulação de políticas depende em grande parte da participação intelectual de toda a sociedade, em bases pluralistas; isso não atende apenas a uma exigência moral; a participação da sociedade é também uma necessidade funcional da formulação de políticas, porque a criatividade é um processo difuso, ao qual não é propícia a atmosfera governamental.

❏ Em ambientes turbulentos como os atuais, a formulação de políticas deve atender à gestão das crises; as crises dão oportunidade de se pôr em prática aquilo que, em circunstâncias normais, seria impossível; por isso, um dos objetivos da formulação de políticas deve ser melhorar a tomada de decisões relacionadas com as crises, contando sempre com a inevitável improvisação, mas tratando de detectar as esferas mais propensas à crise e aprimorando a capacidade das instituições e o pessoal encarregado da gestão das crises.

❏ Um modelo de formulação de políticas deve ter, para concluir, a necessidade de organizar um aprendizado constante; para tanto é indispensável avaliar sistematicamente os resultados das principais políticas, e nem sempre são válidos os indicadores de resultados; quando políticas complexas, de grande alcance, estão sob avaliação, nem sempre os resultados são indicadores de qualidade confiáveis; a avaliação pode avançar, então, mediante um exame crítico das hipóteses e dos processos que levaram àquelas políticas.

Pode-se depreender do modelo que acabo de expor uma série de recomendações claras e específicas. A primeira e mais importante é a necessidade de avançar na profissionalização da formulação de políticas. As aptidões necessárias à formulação de políticas de qualidade exigem a formação de bons profissionais em análise de políticas. Com isto surge a necessidade de fortalecer e ampliar os centros de pesquisa e formação em políticas públicas. Estes, por terem de ser independentes, devem desempenhar a dupla função de produzir conhecimento válido para a ação de governo e de alimentar o debate, o aprendizado e a participação social (além de contribuírem para a formação de futuros profissionais e de quadros para o momento presente). Além desta, impõe-se também a necessidade de criar, nas presidências e em alguns dos ministérios, unidades de análise de políticas, e entregá-las a profissionais que mereçam a confiança dos políticos e que conheçam as realidades da política, mas que atuem a partir exclusivamente de sua competência técnica. Estes centros e unidades podem ser estruturados em redes, que colaborem entre si, em constante disputa, que enriquecerá o processo geral de aprendizado social.

Um caso especial de formulação de políticas públicas é o relativo às "regulamentações". Há consenso quanto ao fato de que um dos pontos mais frágeis do Estado latino-americano é sua capacidade de produzir e supervisionar boas regulamentações, em face dos desafios impostos pelo novo modelo de desenvolvimento. A teoria econômica atual assinala muitos casos em que uma boa regulamentação poderia levar a melhores resultados do que a falta de regulamentação. Mas a má regulamentação também pode dificultar ainda mais as coisas. Temos, portanto, um duplo problema a enfrentar: por um lado, trata-se de capacitar o Estado para que, nos casos tecnicamente fundamentados, possa produzir e supervisionar a aplicação de "boas" regulamentações; por outro, trata-se de assegurar que os agentes do Estado — políticos e funcionários —, além de capazes, preocupem-se em agir em defesa do interesse público.

Segundo a teoria regulatória normalmente aceita (Baron, Laffont e Tirol), para que a intervenção estatal seja melhor que a não intervenção é necessário que os agentes estatais tenham conhecimento suficiente do mercado a regular, a fim de que se organize o *trade-off* mais conveniente entre as empresas e os consumidores. Isto implicará, em muitas ocasiões, dispor da autoridade legal necessária para fixar preços ou para conceder subvenções. Além disso, é necessário que, uma vez estabelecido o equilíbrio de interesses adequado, as instituições vigentes garantam a manutenção duradoura dos compromissos. Qualquer falha em quaisquer dessas exigências pode levar a uma situação pior com regulamentação do que sem regulamentação. Contudo, ainda que se tenha a capacidade de regular e supervisionar adequadamente, nada garante uma efetiva e boa regulamentação. O oportunismo de políticos, funcionários, empresas ou grupos específicos de consumidores pode levar a "más" regulamentações. Para conjurar este risco não temos outros meios senão o redesenho das instituições de relacionamento entre os cidadãos, os políticos e os burocratas ou funcionários profissionais. Este foi um dos principais objetivos das políticas de modernização administrativa, em experimentação desde os anos 80 nos principais países desenvolvidos.

Os países latino-americanos encontram-se em situação paradoxal no que diz respeito à modernização administrativa. Por um lado, têm que construir um verdadeiro serviço público de base meritocrática e superar o risco do comportamento arbitrário das autoridades administrativas, mediante o fortalecimento do Estado de direito. Por outro, devem levar em conta a experiência dos países desenvolvidos e não repetir o modelo de gestão burocrática. É um desafio colossal, mas não insuperável, como demonstra a evolução do caso chileno. A reordenação do serviço público e, mais prioritariamente, dos escalões aos quais cabem as funções superiores de governo é tarefa imprescindível e urgentíssima. A exposição dos critérios que devem servir de base a esta reordenação excede o âmbito deste trabalho, embora caiba registrar que esses critérios implicam um grau considerável de criatividade e de inovação (Ferez).

A América Latina, sem desconsiderar sua especificidade, também deve participar do movimento internacional de transformação da gestão pública burocrática em uma gestão pública gerencial. Esse movimento se orienta não só pelos valores gerencialistas de eficácia e eficiência, mas também por outros valores mais sólidos e orientadores, como os de transparência e acessibilidade dos processos de decisão e de alocação de recursos e pelos valores-chave de prestação de contas e de responsabilidade. O movimento produziu uma extensa literatura, com obras de boa qualidade (Olsen, March, Peters e Savoie, Tomasini, Bresser Pereira, Kettl) num oceano de apologética e de propaganda.

As propostas mais positivas do movimento são: reduzir o Estado, mediante privatizações ou, no mínimo, a "corporatização" do setor público empresarial; melhorar os sistemas de orçamento e de contabilidade, como suportes indispensáveis às políticas de eficiência; determinar objetivos e aferir resultados, em apoio às políticas de eficácia; reconhecer a discricionaridade necessária dos administradores e passar de um sistema de responsabilidade normativa para um sistema de responsabilidade por resultados; concentrar ministros nas funções estratégicas e transferir as funções de provisão de bens e serviços a "agências", mediante contratos de gestão firmados com os respectivos ministérios; atender às necessidades dos clientes e fazer uso intensivo de técnicas de divulgação e esclarecimento do público; subcontratar e criar mercados internos ou quase mercados sempre que possível; estabelecer técnicas de retribuição por desempenho.

Passar de uma administração burocrática para uma administração gerencial impõe enormes desafios. A chave dessa transição está na "responsabilização", não só pelo cumprimento das regras, mas também pela obtenção de resultados. Mas os sistemas e as técnicas de medição de resultados impõem exigências difíceis de satisfazer. Nos Estados Unidos, a lei que, em 1993, implantou um vigoroso programa de medição de resultados em todas as agências do governo federal está produzindo importantes benefícios, embora tenha, ao mesmo tempo, feito surgir problemas novos e imprevistos. Entre eles, os procedentes de públicos com diferentes perspectivas, da falta de clareza na definição das missões e dos objetivos, da formulação de metas múltiplas e contraditórias, da informação diferente requerida para a avaliação e para o monitoramento, da não consideração de todos os resultados e impactos que se verificaram, da dificuldade de medir a satisfação dos clientes em mercados regulamentados. Chega-se, inclusive, à conclusão paradoxal de que os sistemas de aferição de resultados podem desinformar mais que informar, quando os usuários desses sistemas não estão plenamente conscientes de suas sutis limitações.

Evoluir para uma administração gerencial, na qual os resultados devidamente aferidos sejam um incentivo eficaz, implica criar quadros institucionais e condições organizativas que viabilizem os sistemas de aferição. Não é uma tarefa simples e exige tempo. Para se ter uma ideia do quanto isso pode ser difícil, basta considerar o que é preciso para se construir um sistema confiável de aferição de desempenho (Kravshuc e Shack):

❑ uma clara compreensão dos objetivos de cada programa ou do sistema multiprogramas; isso significa partir do conhecimento da missão e das estratégias organizacionais, das quais fluirão os objetivos principais e secundários. Só assim é possível desenvolver os padrões e medidas específicos para o reconhecimento e a interpretação de resultados;

❑ desenvolvimento de uma estratégia explícita de medição, que inclua as categorias a serem medidas (insumos, produtos, resultados etc.), as medições específicas a cada categoria, os dados a considerar, o procedimento de coleta e arquivo de dados e de acesso a eles, o sistema de produção de informações e a especificação do ambiente tecnológico; tudo isso deve ser orientado para a construção de um sistema que permita indicadores fundados na eficácia e na eficiência dos programas;

❑ busca, de fato, da participação — e não apenas a consulta — de clientes e usuários-chave na fase de desenvolvimento do sistema de medição, de modo a que todos tomem ciência das potencialidades e limitações do sistema que afinal for instituído; esse esforço, apesar de grande e trabalhoso, é indispensável para garantir a credibilidade do sistema e para evitar futuros mal-entendidos no momento da implantação;

❑ racionalização da estrutura dos programas, pois não há medição sensata quando a estrutura dos programas não é racional; isso implica rever sobretudo as situações de imbróglio programático, nas quais a mistura ou confusão de programas e de objetivos estratégicos carece de fundamento; o desenvolvimento de sistemas de medição oferece, assim, a oportunidade de resolver algumas inconsistências estruturais;

❑ desenvolvimento de séries múltiplas de medições quando há usuários--chave com interesses e necessidades diversas de informação sobre desempenho. O desempenho de muitos programas está sujeito a interpretações diversas e às vezes conflitantes. Os projetistas devem considerar este dado parte integrante do processo político democrático, uma vez que devem incorporar as necessidades de informação de todos os usuários-chave, para que o processo de aprendizagem organizacional não seja distorcido;

❑ ao se projetar o sistema de medição, deve-se considerar as necessidades, aspirações e critérios de satisfação dos clientes; isso deve ocorrer tanto na fase de determinação de objetivos, quanto na de aferição de resultados; trata-se, enfim, de evitar que se crie um hiato entre a satisfação dos administradores e a satisfação dos clientes, em relação a um mesmo programa;

❑ todo projeto enfrenta um dilema: a completude ou a adaptabilidade; a falta de uma informação pode impedir que se façam inferências sobre o desempenho, mas a informação excessiva pode gerar sobrecargas irremovíveis e tornar o sistema excessivamente rígido; os critérios prevalecentes devem ser a suficiência e a flexibilidade; de fato, todo sistema deve ter um mínimo de flexibilidade, pois precisa permitir adaptações, sempre que sejam modificados os pressupostos do programa ou sempre que a avaliação ou a experiência revelem inconsistências no sistema vigente.

Os especialistas em sistemas de avaliação de desempenho sempre advertem que as medições não devem ser usadas como substitutas nem do conhecimento especializado, nem do conhecimento gerado pela gestão direta dos programas. O processo de aprendizado organizacional não pode depender exclusivamente de "indicadores". Todos os usuários devem conhecer o potencial e os limites desses sistemas e desenvolver fontes adicionais de informações sobre desempenho. Sobretudo no caso de programas amplos, complexos e diversificados, os sistemas de medição do desempenho podem ser, no máximo, complementos do conhecimento especializado gerado pela experiência direta. Não se deve esquecer que é nesta *expertise* e no compromisso ético com os interesses gerais que está a chave do aprendizado, da adaptação e do constante aprimoramento dos programas e dos serviços públicos (Kliksberg).

A América Latina terá de incluir as políticas de modernização administrativa entre a geração de políticas de desenvolvimento. Ao fazê-lo, terá de enfrentar um dilema inevitável: as exigências da administração gerencial levarão à adoção da prestação de contas por resultados; mas as dificuldades e os custos envolvidos na construção desses sistemas farão com que, em muitos casos, a organização administrativa possível baseie-se principalmente em sistemas que estejam de acordo com as normas e com uma deontologia profissional exigente, isto é, em uma burocracia reinventada. Afinal, esse é o sistema que prevalece na organização do serviço público que diz respeito às funções superiores do Estado em países como o Japão, a Alemanha ou Israel, que escaparam à pressão ideológica anglo-americana, e, ao que parece, com resultados que não são de todo maus. Teremos, sem dúvida, de viver um paradoxo: não há como escapar da administração gerencial; e a reinvenção da burocracia também parece ser inevitável.

Lideranças para a governabilidade democrática

A liderança é um aspecto vital da mudança institucional. Mas há equívocos demais na literatura sobre esse assunto, o que nos obriga a fazer alguns esclarecimentos. Em sociedades que vivem em ambientes turbulentos como as atuais, nas quais os novos jogos e suas regras obrigam a desaprender e a desligar-se de algumas das velhas aptidões e dos velhos modelos mentais para desenvolver modelos novos e adaptados, as lideranças meramente transacionais não são suficientes. Esse tipo de liderança não serve para produzir a arquitetura social capaz de incentivar o desenvolvimento da confiança ou do capital social necessários para que a mudança institucional seja sustentável. O grande problema que os líderes atuais têm de enfrentar pode ser assim formulado: como uma sociedade heterogênea — em que é grande o número de atores com interesses conflitivos, em que nenhum dos grupos tem como forçar os demais a cooperar — pode encontrar caminhos para avançar no sentido de arranjos institucionais mais eficientes e mais equitativos? (Dove, 1996).

De uma perspectiva institucional da governabilidade democrática, liderança significa funções e processos, não pessoas. A história flui pela ação de forças impessoais. Mas a história particular de uma sociedade acaba sendo moldada pelo número e pela qualidade das pessoas que se decide pôr à frente do processo de mudança. Esse processo não se produz nunca por si só. Só os deterministas históricos creem no contrário. Sem a função de liderança, a mudança acabaria por não se produzir, ou produzir-se-ia, mas limitada ou inadequada. A emergência dos novos modelos mentais, percepções e aprendizados, a mudança de atitudes, a aquisição de novas aptidões são processos que se podem dar mais rapidamente e melhor quando se dispõe de líderes.

A liderança transformacional não é uma função limitada às altas posições de autoridade, mas deve-se estender a todo o conjunto da sociedade. Em sociedades pluralistas e complexas, os líderes devem provir de toda a sociedade. Ser líder depende de decisão pessoal — tanto ou mais que da posição formal que se ocupe —, de assumir a função de se pôr à frente, de procurar ter visão e sentido de direção, de construir e comunicar confiança. Isso supõe que o líder não desconheça a importância vital da liderança governamental.

Podem ser interessantes algumas comparações entre tipos de liderança e níveis de capital social — outro nome do sistema institucional formal e informal. Nas sociedades com alto nível de capital social, a liderança tende a ser plural, participativa e orientada para o futuro. Nas sociedades com baixo nível de capital social, as lideranças tendem a ser concentradas e de visão curta. Nestas últimas sociedades, o poder está muito concentrado, mas também muito condicionado pelos equilíbrios entre atores cujas ações não se baseiam na confiança nem em fortes tradições cívicas. Nessas sociedades, a liderança tende a ser transacional ou de acomodação entre atores que buscam evitar o conflito. A liderança transformacional emerge com muita dificuldade, afogada pela quase impossibilidade de identificar e manejar positivamente o conflito.

Em primeiro lugar, o líder que a mudança institucional exige deve ter visão. Para que tenha visão, é preciso que: a) compreenda os interesses de um amplo espectro de atores sociais, no curto e no longo prazos; b) tenha uma fina percepção dos equilíbrios implicados nos arranjos institucionais vigentes; c) tenha suficiente consciência dos impactos que as tendências e as forças de mudança, atuais e futuras, virão a ter sobre a sociedade e seus principais atores. O fator decisivo não é a visão ser inovativa, e sim que esteja em conexão com os interesses e as motivações do grande público.

Em segundo lugar, para a governabilidade democrática, os líderes devem ter legitimidade. É a legitimidade que permite uma efetiva comunicação entre o líder e o grande público. Essa comunicação não depende tanto das habilidades de comunicador do líder, mas, muito mais, de ter adquirido credibilidade. A legitimidade da liderança não depende, pois, de o líder deter o poder (todos os líderes são detentores atuais ou potenciais de poder; mas nem todos os que detêm o poder são líderes), mas da credibilidade de que goze e da confiança que inspire ao público. Credibilidade e confiança, nesse caso, não são consequência automática ou natural de qualidades pessoais, e sim produto de um processo de percepção da consistência entre discurso, ações e resultados. Nem sempre, contudo, confia-se no líder pelas razões certas. O ajuste de expectativas entre o líder e seu público é tão necessário quanto a explicação capaz de compensar as inconsistências percebidas (Burns, 1979).

Em terceiro lugar, para a governabilidade democrática, a liderança requer capacidade de tratar adequadamente o conflito. Se o conflito não pode emergir, tampouco emergirá a consciência dos custos da manutenção do *status quo*. A democracia também é uma arena para o reconhecimento e o tratamento civilizados dos conflitos. Os líderes da governabilidade democrática não fogem dos conflitos: utilizam-nos como estímulo para o processo de desenvolvimento e aprendizado social. Para tanto, têm de desenvolver a capacidade de converter demandas, valores e motivações conflitivas em fluxos coerentes de ação, que competirão com outros fluxos alternativos na arena política. Visão e credibilidade ajudam; mas a capacidade de gerir conflitos é fundamental. A mudança institucional gera conflitos não só entre atores, mas também no âmago de um mesmo ator. A incerteza da mudança produz ansiedade e a ansiedade deve ser compensada, paulatinamente, pelo aprendizado de novos modelos e pela aquisição de novas aptidões e de uma nova segurança. Se, por um lado, evitar o conflito pode impedir a mudança, por outro, o conflito descontrolado pode gerar uma incerteza excessiva, que, por sua vez, pode se traduzir em rejeição da liderança (Heifetz, 1994).

Por fim, para a governabilidade democrática, a liderança deve ser capaz de atuar como catalisadora do processo de aprendizado e de adaptação social. O tipo de líder capaz de catalisar a mudança institucional há de ser também capaz de colocar questões e opções difíceis, que precisam ser enfrentadas sem respostas preestabelecidas, o que impõe a necessidade de iniciar processos de aprendizado social. A capacidade de provocar e conduzir esses processos talvez seja a mais importante para o tipo de liderança de que hoje se necessita. Mas a condução do processo de aprendizado social é uma função que pouco tem a ver com a aplicação aos problemas sociais do repertório de ferramentas preestabelecidas. O aprendizado social é um processo de construção da própria história mediante opções difíceis e problemáticas, que, em um esquema democrático, implicam transparência, deliberação e conflito. Nenhum especialista internacional pode tirar da maleta a solução mágica que poupará os povos dessas dores de parto.

Mas os povos e seus líderes caem, muitas vezes, na tentação de buscar a solução mágica. Não percebem que o verdadeiro aprendizado social não consiste em encontrar a solução certa, mas em um processo contínuo de questionamento, interpretação e exploração de opções. O aprendizado para a mudança institucional corresponde ao que Argyris chamou de aprendizado de "laço duplo": no plano individual, requer que cada um examine pessoalmente os temores e desejos que estão por trás de certo modelo de comportamento; no plano organizacional, força os empregados a examinar as políticas, as práticas ou as ações que os protegem de ameaças e incômodos, mas que, ao mesmo tempo, impedem que a organização aprenda a reduzir ou a eliminar as causas das mesmas ameaças ou incômodos. No plano social, esse tipo de aprendizado obriga os atores a compreender como os sistemas institucionais existentes afetam os valores fundamentais da convivência.

Mas o aprendizado social não se limita à mera compreensão intelectual. Saber por que atuamos de determinado modo ou por que existem certas políticas ou regras não é suficiente para que comece o processo de mudança. O verdadeiro aprendizado tampouco consiste em acumular informações ou em acrescentar novas informações ou soluções ao acervo já existente. Em momentos de descontinuidade, o aprendizado implica principalmente a substituição de informações, de modelos, de valores, de aptidões. É preciso desaprender antes de aprender os novos modelos, valores e aptidões que nos capacitarão a continuar aprendendo. A América Latina está vivendo a mudança de um modelo de desenvolvimento. Otimizar as potencialidades do novo modelo exige uma multidão de lideranças que conduzam esse tipo de aprendizado.

Todo processo de aprendizado implica necessariamente incerteza e tensão. Sem tensão não há aprendizado nem mudança. Uma função-chave da liderança é a capacidade de produzir e controlar o tipo de tensão emergente. A tensão que catalisa a mudança é a que Senge chama de "tensão criativa". Nela, os líderes forçam os atores sociais a aceitar a realidade e impedem que fujam para mundos fantasiosos inspirados na realidade. Parte dessa realidade é a consciência dos riscos implícitos no *status quo*, da ameaça que há no imobilismo. Essa consciência gera a tensão, a ansiedade e o conflito necessários para mudar a direção da visão — de início imprecisa, mas confiável — de uma nova realidade. A imprecisão e a confiabilidade dependem da legitimidade ou da credibilidade dos líderes. Cabe a eles manter a tensão entre a realidade atual e a visão do futuro, sem perder o controle sobre o nível de conflito a que leva a ansiedade, a qual eventualmente pode ser paralisante.

O aprendizado social não torna menos complexa a mudança institucional. Mas pode contribuir para melhorar as habilidades dos atores para enfrentar os desafios de um ambiente em mutação acelerada e, em tantos casos, permanente. Nesses ambientes, o aprendizado e a evolução institucional não têm ponto de chegada. Dificilmente se poderá dizer que a democracia está consolidada, que o mercado é plenamente eficiente e que a sociedade é plenamente equitativa. Cada geração deverá assumir sua própria parcela de responsabilidade nessa incessante reconstrução da história. Já se disse, com razão, que a democracia só sobrevive a ela mesma mediante a permanente recriação. Ocorre o mesmo com os mercados e com as instituições da solidariedade social, como demonstra o atual replanejamento do Estado de Bem-Estar em vários países desenvolvidos. Porque as instituições que estão por trás desses conceitos só existem em Estados de evolução e reavaliação permanentes. É provável que o mais decisivo desafio a ser enfrentado pelos líderes para a governabilidade democrática esteja, precisamente, em catalisar a ação dos atores sociais para que esse reexame seja mesmo constante, porque aí está a base de qualquer processo de aprendizado (Burns, 1979).

Referências bibliográficas

Argyris, C. & Schon, D. A. *Organizational learning: a theory of action perspective*. Reading MA, Addison-Wesley, 1978.

Banco Interamericano de Desarrollo. Justicia y desarrollo en América Latina y el Caribe. Washington, D.C., 1993.

Baron, D. T. The economics and politics of regulation: perspectives, agenda and approaches. In: Banks & Hanushek (eds.). *Modern political economy*. Cambridge, Cambridge University Press, 1995.

Barrow, R. Democracy and growth. In: *Growth and political institutions*. Barcelona, Centre de Recerca en Economía Internacional, Universitat Pompeu Fabra, 1995.

Bennis, W. *An invented life: reflections on leadership and change*. Reading, Mass., Addison-Wesley, 1993.

Borner, S.; Brunetti, A. & Eder, B. *Institutional obstacles to Latin American growth*. San Francisco, International Center for Economic Growth, ICS Press, 1992.

Bradford, Colin (ed.). *Redefining the State in Latin America*. Paris, OECD, BID, 1994.

Bresser Pereira, L. C. Da administração pública burocrática à gerencial. In: *Seminário Internacional A Reforma do Estado na América Latina e no Caribe*. Brasília, Ministério da Administração Federal e Reforma do Estado (Mare), 16-17 maio 1996.

Burns, J. MacGregor. *Leadership*. New York, Harper and Row, 1979.

Caiden, G. E. *Administrative reform comes of age*. Berlin/New York, Walter de Gruyter, 1991.

Castañeda, J. *La utopía desarmada*. Barcelona, Ariel, 1995.

Coatsworth, J. H. Obstacles to economic growth em nineteenth-century Mexico. *American Historical Review*, 83:80-100, 1978.

Comisión de Gestión de los Asuntos Públicos Mundiales. *Nuestra comunidad global*. Barcelona, Alianza, 1995.

Croizier, M. *No se cambia la sociedad por decreto*. Madrid, Instituto Nacional de Administración Pública, 1984.
_____. Le changement dans les organisations. *Revue Française d'Administration Publique*, 59(349-54), 1991.
_____ & Friedberg, E. *L'acteur et le système*. Paris, Seuil, 1977.
Demko, George J. & Wood, William B. *Reordering the world. Geopolitical perspectives on the twenty-first century*. Westviex Press, 1994.
Dewitt, David; Haglund, David & Kirton, John. *Building a new global order. Emerging trends in international security*. Oxford, Oxford University Press, 1993.
Dixon, N. *The organizational learning cycle. How we can learn collectively*. London, McGraw-Hill, 1994.
Dove, S. *Ongoing institutional development in Panama*. Barcelona, Esade, 1995.
_____. Leadership for governance. Barcelona Governance Project, Esade, 1996 (minuta).
Dror, Y. *Capacidad de gobernar*. Madrid, Círculo de Lectores, 1994. (Informe al Club de Roma.)
_____. Fortalecimiento de la capacidad de los gobiernos en materia de formulación de políticas. Documento apresentado à 12ª Reunião de Especialistas sobre o Programa das Nações Unidas de Administração e Finanças Públicas. Nueva York, 31-7 a 11-8-1995.
Edwards, S. *Crisis and reform in Latin America. From despair to hope*. Washington, D.C., World Bank, 1995.
Ferez & Prats (eds.). *Reinventando la burocracia: burocracia y gobernabilidad al final del milenio*. Valencia, Espanha, Tirant lo Blanc, no prelo.
Flores, G. & Nef, J. (eds.). *Administración pública: perspectivas críticas*. San José de Costa Rica, Icap, 1984.
Frischtak. *Governance capacity and economic reform in developing countries*. Washington, D.C., World Bank, 1954. (World Bank Technical Paper, 254.)
Grindle, M. S. & Thomas, J. W. Policy makers, policy choices and policy outcomes: the political economy of reform in developing countries. *Policy Sciences*, 22(3-4), Nov. 1989.
Hammergren, L. *Development and the politics of administrative reform*. Boulder, Co., Westview Press, 1983.
Hayek, F. *Law, legislation and liberty*. London, Routledge and Kegan Paul, 1973.
Heifetz, R. A. *Leadership without easy answers*. Cambridge, Mass., Cambridge University Press, 1994.

Hirschman, A. O. *The rethoric of reaction*. Cambridge, Mass., Harvard University Press, 1991.
_____. *Rival views of market society*. Harvard University Press, 1992.
Holcombe, G. *The economic foundations of government*. New York University Press, 1994.
Iglesias, E. V. *Reflections on economic development. Toward a new Latin American consensus*. The Inter-American Development Bank, 1992.
Instituto de Estudios Económicos. El resurgimiento de la economía iberoamericana. *Revista del Instituto de Estudios Económicos* (4), 1992.
Jacobson, D. *Old nations, new world. Conceptions of world order*. Westview Press, 1994.
Kettl, D. The global revolution. Reforming government sector management. In: *Seminário Internacional A Reforma do Estado na América Latina e no Caribe*. Brasília, Ministério da Administração Federal e Reforma do Estado (Mare), 16-17 maio 1996.
Kliksberg, B. *Reforma administrativa en América Latina: una revisión del marco conceptual*. Caracas, Clad, 1982.
_____. *¿Como transformar al Estado? Más allá de mitos y dogmas*. México, Fondo de Cultura Económica, 1989.
_____. El rediseño del Estado para el desarrollo socioeconómico y el cambio: una agenda estratégica para la discusión. *Reforma y Democracia*. Clad (2), jul. 1994.
Kooiman, J. Findings, speculations and recomendations. In: Kooiman, J. (ed.). *Modern governance*. London, Sage, 1993.
Kravchuk & Shack. Designing effective performance-measurement systems under the Government Performance and Result Act of 1993. *Public Administration*, 46(4), July-Aug. 1996.
Laffont, J. J. & Tirol, J. *A theory of incentives in procurement and regulation*. Cambridge, Mass., MIT Press, 1994.
Linz, J. J. & Valenzuela, A. *The failure of presidential democracy. Comparative perspectives*. Baltimore, Johns Hopkins Press, 1994.
March, James G. & Olsen, J. P. *Rediscovering institutions. The organizational basis of politics*. New York, Free Press, 1989.
_____. *Democratic governance*. New York, Free Press, 1995.
Metcalfe, L. Public management: from imitation to innovation. In: Kooiman, J. (ed.). *Modern governance*. London, Sage, 1993.
Moore, M. *Creating public value*. Michigan, Michigan University Press, 1995.
Nabli, N. K. & Nugent, J. B. The new institutional economics and its applicability to development. *World Development*, 17:1.333-49, 1989.
North, D. C. *Structure and change in economic history*. New York, Norton, 1989.

_____. *Institutions, institutional change and economic performance*. Cambridge University Press, 1991.
Olsen, J. P. Modernization programs in perspective: institutional analysis of organizational change. *Governance: an International Journal of Policy and Administration*, 4(2):125-49, Apr. 1991.
Olson, M. Dictatorship, democracy, and development. *American Political Science Review*, 87(3), Sept. 1993.
_____ et alii. Property and contract rights under democracy and dictatorship. In: *Growth and political institutions*. Barcelona, Centre de Recerca en Economía Internacional, Universitat Pompeu Fabra, 1995.
Osborne, D. & Gaebler, T. *Reinventing government*. Reading, Mass., Addison-Wesley, 1992.
Ostrom, E.; Schroeder, L. & Wynne, S. *Institutional incentives and sustainable development*. Oxford, Westview Press, 1993.
_____; Gardner, G. & Walker, J. *Rules, games and common-pool resources*. University of Michigan Press, 1994.
Ostrom, V.; Feeney, D. & Picht, H. (eds.). *Rethinking institutional analysis and development: issues, alternatives and choices*. San Francisco, International Center for Economic Growth, 1989.
Perez Salgado, I. & Sulbrand, J. (eds.). *La reforma administrativa en América Latina: perspectivas críticas*. Madrid, Inap, 1984.
Popper, K. *La sociedad abierta y sus enemigos*. Madrid, Fondo de Cultura Económica, 1982.
Prats, J. *Cultura burocrática y cultura gerencial de las administraciones públicas*. Caracas, Clad, 1988.
_____. Derecho y management en las administraciones públicas. *Reforma y Democracia*. Clad (3), 1995.
Programa de las Naciones Unidas para el Desarrollo & Banco Interamericano de Desarrollo. Reforma social y pobreza. Hacia una agenda integrada de desarrollo. 1993a.
_____. *Un gobierno para el desarrollo humano*. 1993b.
Przeworski, A. On the design of the State: a principal-agent perspective. In: *Seminário Internacional A Reforma do Estado na América Latina e no Caribe*. Brasília, Ministério da Administração Federal e Reforma do Estado (Mare), 16-17 maio 1996.
Rosenau, J. N. Governance, order and change in world politics. In: Rosenau, J. N. & Czempiel, E-O. (eds.). *Governance without government: order and change in world politics*. Cambridge University Press, 1992a.

_____. Citizenship in a changing global order. In: Rosenau, J. N. & Czempiel, E-O. (eds.). *Governance without government: order and change in world politics*. Cambridge University Press, 1992b.

Sanguinetti, J. M. *Meditaciones del milenio, los viejos y nuevos caminos de la libertad*. Montevideo, Arca, 1994.

Sartori, G. *La democracia después del comunismo*. Madrid, Alianza, 1994.

Schiavo-Campo, Salvatore. Institutional change and the public sector in transitional economies. 1989. (World Bank Discussion Papers.)

Stiglitz, Joseph, E. *El papel económico del Estado*. Madrid, Instituto de Estudios Fiscales, 1993.

Sulbrandt. Presidencia y gobernabilidad en América Latina: de la presidencia autocrática a la democrática. *Reforma y Democracia*. Caracas (2), 1994.

Tomasini. *La reforma del Estado y las políticas públicas*. Centro de Análisis de las Políticas Públicas, Universidad de Chile, 1994.

Walzer, M. *Spheres of justice*. New York, Basic Books, 1983.

World Bank. *Governance and development*. Washington, D.C., 1992.

Esta obra foi produzida nas
oficinas da Imos Gráfica e Editora na
cidade do Rio de Janeiro